SV

Niklas Luhmann

Die Religion
der Gesellschaft

Herausgegeben von
André Kieserling

Suhrkamp

Erste Auflage 2000
© Suhrkamp Verlag Frankfurt am Main 2000
Alle Rechte vorbehalten, insbesondere das der Übersetzung,
des öffentlichen Vortrags sowie der Übertragung
durch Rundfunk und Fernsehen, auch einzelner Teile.
Kein Teil des Werkes darf in irgendeiner Form
(durch Fotografie, Mikrofilm oder andere Verfahren)
ohne schriftliche Genehmigung des Verlages reproduziert
oder unter Verwendung elektronischer Systeme
verarbeitet, vervielfältigt oder verbreitet werden.
Satz: TypoForum GmbH, Nassau
Druck: Nomos Verlagsgesellschaft, Baden-Baden
Gedruckt auf holzfreies Schleipen-Werkdruckpapier
Gebunden in Irisleinen der Bamberger Kaliko
Printed in Germany

Die Deutsche Bibliothek – CIP-Einheitsaufnahme
Luhmann, Niklas / Die Religion der Gesellschaft – I. Aufl. –
Frankfurt am Main: Suhrkamp, 2000
ISBN 3-518-58291-7

Inhalt

1 Die Sinnform Religion 7

2 Codierung 53

3 Die Funktion der Religion 115

4 Kontingenzformel Gott 147

5 Die Ausdifferenzierung religiöser Kommunikation 187

6 Religiöse Organisationen 226

7 Evolution der Religion 250

8 Säkularisierung 278

9 Selbstbeschreibung 320

Editorische Notiz 357

Register 359

Kapitel 1

Die Sinnform Religion

I.

Woran erkennen wir, diese Frage muß zuerst gestellt und beantwortet werden, daß es sich bei bestimmten sozialen Erscheinungen um Religion handelt?

Für einen Glaubenden mag diese Frage ohne Bedeutung sein. Er kann das bezeichnen, was er glaubt, und sich daran halten. Er mag bestreiten, daß die Bezeichnung als Religion ihm etwas Zusätzliches bringt. Er mag sie sogar ablehnen, weil er darin eine Phänomenklassifizierung sieht, die ihn in eine Kategorie mit anderen Sachverhalten bringt, deren Glaubenswürdigkeit er ablehnen würde. Der Begriff der Religion scheint dann ein Kulturbegriff zu sein, ein Begriff, der Toleranz impliziert.

Für andere, die nicht glauben oder nicht alles glauben, was sie mit dem Begriff der Religion bezeichnen möchten, oder schließlich für alle, die über Religion kommunizieren möchten, ohne sich im gleichen Kontext auf ihren eigenen Glauben festlegen zu müssen, stellt sich dagegen das Problem des Begriffs, des Begriffsumfangs, der begrifflichen Abgrenzung. Hierbei hilft heute weder die »ontologische« noch die »analytische« Lösung. In der ontologischen Tradition hätte man das Problem gar nicht gehabt, da sich für sie das, was Religion ist, aus dem Wesen der Religion ergibt, und man dann allenfalls noch Irrtümer zu erkennen und zu bereinigen hätte – wie man sieht: eine glaubensnah formulierte Erkenntniseinstellung. Der Analytiker beansprucht dagegen die Freiheit, die Reichweite seiner Begriffe selbst zu bestimmen, da für ihn nicht Begriffe, sondern nur Sätze wahrheitsfähig sind. Er stößt jedoch auf das Problem der Einschränkung seiner (ihm methodologisch konzedierten) Willkür, und dieses Problem hat sich nicht (und am allerwenigsten durch »Empirie«) lösen lassen. Wenn der Ontologe zu religionsnah operiert, so der Analytiker zu religionsfern. Das Verkehrteste wäre es nun, nach einer brauchbaren Lösung irgendwo in der »Mitte« zu suchen.

Zwei (für uns) unbrauchbare Lösungen geben nicht den gering-sten Anhaltspunkt für eine Vermittlung.

Sieht man sich auf einer etwas konkreteren Ebene nach Antwor-ten um, so lassen sich eine soziologische (Emile Durkheim) und eine phänomenologische (Rudolf Otto) unterscheiden.[1] Im Mo-ment interessiert uns aber nicht, was sie sagen, sondern wie sie gearbeitet sind.

Durkheim[2] bezeichnet Religion als moralische (und damit so-ziale) Tatsache. Über Moral und Religion schafft die Gesellschaft sich selbst als diejenige Transzendenz, die der in seiner Faktizität umstrittene Gott nicht mehr bieten kann.

Als moralische Tatsache ist die Religion doppelt bestimmt: durch ein Moment des Begehrens (désir), also der Wertschätzung, und durch eine das Erlaubte einschränkende Sanktion (sacré). Man sieht, daß Moral, und mit ihr Religion, durch einen Doppelpro-zeß der Ausdehnung und Inhibierung entsteht. Zugrunde liegt eine Art Selbstentgrenzung, die zugleich an Formen gebunden wird, die als Einheit, als tension stabilisée, operationsfähig wer-den. Sie *gebieten* dann Beachtung vor dem Hintergrund der unerträglichen Möglichkeit, daß ihre Einheit sich in Differenz wiederauflösen könnte. Die Formenspezifik der Religion ent-steht auf dieser Grundlage durch die weitere Unterscheidung sa-kral/profan. Während also Moral durch eine Unterscheidung bestimmt ist, bei der beide Seiten sich wechselseitig fordern, ist Religion durch ein Ausschließungsverhältnis charakterisiert. In beiden Fällen zielt der Begriff auf die Gesellschaft als umfassen-des System. Das gilt auch für Religion, wenn man nicht nur auf das Sakrale als solches, sondern auf den Ort der Unterscheidung sakral/profan abstellt. Das heißt: die Gesellschaft unterscheidet

---

1 Zum zeitgenössischen soziologischen Kontext siehe Volkhard Krech/ Hartmann Tyrell (Hrsg.), Religionssoziologie um 1900, Würzburg 1995; für die anschließende Entwicklung der Religionssoziologie Hartmann Tyrell, Religionssoziologie, in: Geschichte und Gesellschaft 22 (1996), S.428-457.

2 Siehe als Hauptwerk Emile Durkheim, Les formes élémentaires de la vie religieuse: Le système totémique en Australie, 5. Aufl. Paris 1968 (dt. Übers. Frankfurt 1981). Ferner vor allem die Abhandlung Détermination du fait moral, in: Emile Durkheim, Sociologie et philosophie, Paris 1951, S.49-90 (dt. Übers. Frankfurt 1967).

Religion, indem sie deren Bereich als sacrum abgrenzt gegen alles, was nicht so bezeichnet werden kann. Aber Durkheim sieht nicht in der Unterscheidung selbst die Form der Religion, sondern fragt den Bereich des Sakralen nach spezifisch religiösen Formen ab. (Wir halten dies fest, weil dies der Punkt ist, an dem wir uns von Durkheim trennen werden.)

Ähnliches gilt für die Religionssoziologie Max Webers. Weber vermeidet eine begriffliche Festlegung des Wesens der Religion und begnügt sich, als Ausgangspunkt, mit dem Interesse an »Bedingungen und Wirkungen einer bestimmten Art von Gemeinschaftshandeln«[3] (was natürlich nur sagt, daß man sich in dieser Frage nicht festlegen kann, sondern beobachten muß, was die Leute für Religion halten). Das Problem lag für Max Weber in der Frage, wie menschliches Handeln mit kulturellem Sinn ausgestattet und auf diese Weise verstanden werden könne. Davon abgeleitet stellt sich ihm die Frage, wie es möglich war, daß auch andere Lebensordnungen, etwa Wirtschaft oder Erotik, diese Funktion für je ihren Bereich übernehmen. Die Religion selbst geht von der Unterscheidung alltäglicher und außeralltäglicher Zuständlichkeiten aus und findet im Außeralltäglichen einen Formenbedarf diagnostiziert, der die Welt mit religiösen Zusatzbedeutungen überzieht und innerhalb dieser Wucherungen dann einen eigenen Rationalisierungsbedarf erzeugt.[4] Auch Georg Simmel stellt auf eine Ausgangsdifferenz – hier von religioid und Religion – ab, die auf der Seite der Religion die Möglichkeit bietet, Formen der Steigerung durch Abgrenzung herauszuarbeiten.[5] Die Religionstheorie von René Girard folgt ebenfalls einer Doppelstruktur der Ausweitung und Einschränkung. Sie geht davon aus, daß Begehren sich selbst in einen Imitationskonflikt verwickelt und deshalb das Eingreifen religiöser »interdits« provoziert, die, weil einschränkend, als Religion erscheinen.[6] Der

---

3 So Wirtschaft und Gesellschaft, zit. nach der 3. Aufl. Tübingen 1948, Bd. 1, S. 227.

4 Für einen knapp gehaltenen Überblick siehe das Kapitel Religionssoziologie in: Max Weber, Wirtschaft und Gesellschaft, a.a.O., S. 227ff.

5 Siehe Georg Simmel, Zur Soziologie der Religion, Neue Deutsche Rundschau 9 (1898), S. 111-123; ders., Die Religion, Frankfurt 1912.

6 Siehe René Girard, La violence et le sacré, Paris 1972; ders., Des choses cachées depuis la fondation du monde, Paris 1978.

Imitationskonflikt selbst, das gefährliche Paradox, daß man streitet, weil man dasselbe Begehren hat, muß symbolisiert werden, und das geschieht in der Form eines Opfers, das erlösend wirkt.

Es kommt uns bei dieser Aufzählung nicht auf eine Diskussion bekannter religionssoziologischer Konzepte an, geschweige denn auf Vollständigkeit. Es geht im Augenblick nur um Beispiele für Bewegungsmöglichkeiten in der Frage, woran man Religion erkennen kann; und offenbar geht es in den genannten Fällen um eine spezifische Dynamik – um Steigerungsmöglichkeiten, die Einschränkungen erfordern, oder um Einschränkungen, die Steigerungen ermöglichen. Es wäre daher nicht ganz abwegig, bei Religion immer auch an Geld zu denken: eine geheimnisvolle symbolische Identität in einer Zeit, der es darum ging, Kultur gegenüber dem grassierenden »Materialismus« wieder zur Geltung zu bringen. Und diese Identität – das wäre dann: die Gesellschaft.

Sowohl Durkheim als auch Simmel benutzen einen engeren Begriff von Religion, der nicht alles Sakrale oder alle »religioiden« Bindungen des sozialen Lebens schon als Religion im eigentlichen Sinne gelten läßt. Für Durkheim entsteht Religion erst durch Systematisierungen des Glaubens, für Simmel erst durch ein deutliches, objektiviertes und damit auch mögliche Zweifel weckendes, kritikfähiges Formenbewußtsein. Diese Unterscheidung hat und behält ihren guten Sinn, vor allem für evolutionstheoretische Forschungen, die dem Auftreten anspruchsvollerer, zunächst unwahrscheinlicher Formen nachgehen. Sie ist jedoch in der späteren religionssoziologischen Forschung, was den Religionsbegriff betrifft, aufgegeben worden beziehungsweise in Vergessenheit geraten.[7] Denn die religiösen Neuentwicklungen dieses Jahrhunderts lassen sich dieser Unterscheidung nicht eindeutig zuordnen; sie sind weder in jenem Sinne Religionen, noch lassen sie sich als eine quasi religionsfreie Etablierung neuer Sakralformen begreifen.

Während die soziologischen Ansätze sich von religiösen Glaubensinhalten nach Möglichkeit unabhängig zu halten versuchen

7 Siehe dazu Philipp E. Hammond, Introduction, in: ders. (Hrsg.), The Sacred in a Secular Age: Toward Revision in the Scientific Study of Religion, Berkeley Cal. 1985, S. 1-6.

(und Durkheim verdeutlicht dieses methodische Ziel durch Rückgang auf primitive Religionen ohne Gottesbegriff und ohne Mysterien), geht die phänomenologische Begriffssuche genau umgekehrt vor: Sie sucht Religion dadurch zu bestimmen, daß sie beschreibt, wie Sinngehalte als Religion, und das heißt dann: als »heilig« erscheinen.[8] Die phänomenologischen Analysen gehen von der Möglichkeit eines direkten Zugriffs auf »die Sache selbst« aus, wählen also eine Zugriffsweise, die sich nicht durch gesellschaftliche Bedingungen relativieren läßt.[9] Die Schwierigkeit ist: von da aus zu einer Berücksichtigung der Zeitlichkeit und der Geschichtlichkeit von Religion zu kommen. (Husserls auf das Bewußtsein bezogene Zeitanalysen reichen dafür nicht aus.)

Die Bestimmung des Heiligen als des Numinosen läuft, wenn als Direktive für einen Beobachter verstanden, auf eine Paradoxie hinaus: das Heilige zieht an und läßt erstarren. Es übt eine grausige Faszination aus. Dabei sind jedoch subtile Unterscheidungen zu beachten: Auch wenn man von einer an Gott orientierten Religion ausgeht, ist es nicht die *Absicht* Gottes, Furcht und Schrecken zu bereiten, sondern sein »heiliges« *Wesen*. Und außerdem ist Gott nicht das Schrecken erregende Ereignis selbst, er ist nur *in ihm*.[10] In jedem Falle muß eine (wie immer paradoxe) Einheit angenommen werden. Die Rettung liegt in der Gefahr, die Erlösung in der Sünde. Seit dem 18. Jahrhundert hat man dafür auch die Bezeichnung »sublim« oder »erhaben« gewählt, um Konflikte mit der durch Theologen und ihren guten Gott

---

8 Wir halten uns an Rudolf Otto, Das Heilige: Über das Irrationale in der Idee des Göttlichen und sein Verhältnis zum Rationalen (1917), zit. nach der 31.-35. Auflage München 1963. Nicht unwichtig ist, daß die Beschreibung von vornherein nur für diejenigen bestimmt ist, die ein entsprechendes Erleben kennen. Wem diese Voraussetzung fehlt, der »ist gebeten, nicht weiter zu lesen« (a.a.O. S. 8). Das mag (1917) eine verdeckte Pointe gegen Max Weber gewesen sein.

9 Anders typisch die soziologischen »Phänomenologen«, die aber das mißverstehen, was die Phänomenologie im ursprünglichen Sinne intendiert.

10 »He may be in the thunder, but he is not the thunder«, formuliert John S. Mbiti, Concepts of God in Africa, London 1970, S. 8. Bereits bei Hegel findet man diese Unterscheidung zum Beispiel in der Ablehnung des Pantheismus als möglicher Religion (nicht geistig entwickelbar!). Siehe Vorlesungen über die Philosophie der Religion I, Werke Bd. 16, Frankfurt 1969, S. 98.

domestizierten Religion zu vermeiden. Wie immer: das Heilige ist die Erscheinungsform eines Paradoxes.

Es fällt auf, daß der transzendentaltheoretische Hintergrund, der die Phänomenologie bei Husserl begründet hatte, in der Sozialphänomenologie à la Schütz schlicht weggelassen wird, ohne daß die Risiken und Kosten eines solchen Theorieverzichts kontrolliert worden wären. Man verzichtet, anders gesagt, auf die Superunterscheidung empirisch/transzendental. Man verzichtet damit auch auf die als transzendental deklarierten Bewußtseinsanalysen, mit denen Husserl die Einheit von Selbstreferenz (Noesis) und Fremdreferenz (Noema) im intentionalen Prozessieren des Bewußtseins aufgewiesen hatte. Man hört auch die Warnungen Heideggers vor einem simplen Rückfall in anthropologische oder psychologische oder gar biologische Analysen nicht.[11] Statt dessen fordert man vom Leser schlicht: Eingestimmtsein.[12] Damit fehlt dann aber die in der Transzendentalität des Bewußtseins liegende Begründung für Allgemeinheit, das heißt dafür, daß Aussagen möglich sind, die für *jedes* empirische Bewußtsein gelten. Dieser Verzicht mag – auch und gerade aus der Sicht des Soziologen, aber auch aus der Sicht eines an Sprache orientierten Philosophen wie Jürgen Habermas – gute Gründe haben; aber er darf natürlich nicht dazu führen, daß man das Theorieproblem durch Phänomenbeschau verdrängt. Die Paradoxie des Heiligen ist Ende und Anfang der Analyse in einem. Denn wir haben jetzt immer noch das Problem: Wie unterscheidet ein Beobachter Religion in einer Weise, die auch für andere Beobachter gelten kann und sich von einfachen Glaubenseinstellungen (um die es geht!) unterscheiden ließe?

Durchweg hält der Religionsbegriff der Tradition, dem auch die Soziologie folgt, an einem Bezug auf das personale Sein des Menschen fest.[13] Damit bindet sie sich aber, will sie nicht Verständlichkeit und Plausibilität verlieren, an das, was sonst und anderswo noch über den Menschen gesagt wird; oder sie muß damit zumindest Kontakt halten. Diese »humanistische« Tradition gefährdet sich jedoch selbst durch Variation dessen, was sie

11 Ich meine den berühmten § 10 in Sein und Zeit, zit. nach der 6. Aufl. Tübingen 1949, S. 45 ff.

12 Vgl. oben Anm. 8.

13 Vgl. nur Keiji Nishitani, Was ist Religion?, dt. Übers. Frankfurt 1982.

als »Mensch« verstanden wissen will, und ferner dadurch, daß sie mit einer Vielzahl sehr verschiedener Exemplare der Gattung Mensch rechnen muß und es schwer fällt, jedem einzelnen Menschen mit einer Begriffsbildung gerecht zu werden.

Wenn schon diese humanistische Definition des Religionsbegriffs fragwürdig ist, dann erst recht die Reduktion der Religion auf ein Phänomen des Bewußtseins. Bewußtsein dient der Externalisierung (deshalb Phänomen!) von Resultaten neurobiologischer Operationen und damit der Einführung der Differenz von Fremdreferenz und Selbstreferenz in die Steuerung menschlichen Erlebens und Handelns. Religion muß aber auch diese Differenz noch auf ihren Sinn hin befragen bzw. die Einheit dieser Differenz als Quellpunkt ihrer eigenen Sinngebung auffassen können. Sie ist keine bloße Reflexionsleistung des Bewußtseins; denn das würde heißen: das »Selbst« des Bewußtseins wiederum zum »Gegenstand« zu machen und es unter Begriffen wie Seele, Geist, Person dinganalog zu behandeln. Mit dem Schema des Bewußtseins (Subjekt/Objekt, Beobachter/Gegenstand) läßt sich Religion nicht zureichend begreifen, weil sie auf beiden Seiten dieser Differenz angesiedelt ist.

In dieser Zentrierung auf den Menschen liegt wohl der Grund dafür, daß die klassische Religionssoziologie nicht (oder allenfalls in einem ganz äußerlichen Sinne) von Kommunikation handelt. Dieses Defizit (wenn es denn eines ist) nehmen wir als Ausgangspunkt für eine Neubeschreibung der Aufgabe einer soziologischen Religionstheorie. Wir wollen, anders gesagt, den Begriff Mensch durch den Begriff Kommunikation und damit die anthropologische Religionstheorie der Tradition durch eine Gesellschaftstheorie ersetzen. Die Frage, welchen Ertrag das bringt, wird uns in den folgenden Kapiteln ausführlich beschäftigen. Im Augenblick kommt es nur darauf an, auf die Radikalität dieses Wechsels der Metaphorik, dieser Neubeschreibung hinzuweisen.

In den bisher vorgeführten Versuchen, auf die Frage nach dem Wesen der Religion eine Antwort zu finden, zeigen sich Tendenzen, ihren eigenen Rahmen zu sprengen. Sie erweisen sich, wie man mit Jacques Derrida oder mit Paul de Man sagen könnte, als »dekonstruierbar«. Es sind Texte, die ihr deklariertes Ziel untergraben. Das gilt vor allem im Hinblick auf die klassischen Mittel der Logik und der Erkenntnistheorie. Die Religionssoziologie behandelt Religionen als soziale Tatsachen oder soziale Formen mit dem Anspruch, eine nicht religiös gebundene Beschreibung liefern zu können. Aber: was ist der Standort und die Wahrheit dieser Beschreibung in einer Gesellschaft, die die Religion von Bindungen an Logik und Erkenntnistheorie freistellt, um ihr einen Blick auf das Generieren von Formen schlechthin zu ermöglichen? Die Religionsphänomenologie muß eine transzendentaltheoretische Prämisse annehmen, wenn sie nicht schlicht »Phänomene« mit »Tatsachen« verwechseln und das Paradox der »Inter«subjektivität als Interobjektivität mißverstehen will. Aber zugleich gibt es ja in derselben Gesellschaft Religionen, die ihrerseits über das »Subjekt« sprechen, dessen transzendentale Selbstgewißheit in Frage stellen und auf Selbstungewißheit mit Sinnangeboten zu reagieren versuchen.

Wenn Religion ihrerseits Formen durch Einschränken und Ausschließen konstituiert: ist dann nicht jede Erklärung von Religion religiös, da sie doch ebenfalls auf eine Methode des Einschränkens und Ausschließens zurückgreifen muß? Oder anders gefragt: kann es eine wissenschaftliche Beschreibung von Religion geben, wenn die Religion ihrerseits den Anspruch erhebt, die Ausschließungskraft von Formen (als »dies und nicht das«) begründen zu können? Kann man hier noch kausalwissenschaftlich vorgehen, oder muß man auf kybernetische Theorien zurückgreifen, die zirkuläre, auf der operativen Selbsteinschränkung des Zirkels beruhende Erklärungen bevorzugen? Und wenn Religion eine paradoxe Beobachtungsweise ist: wie erklärt man dann das Generieren von Formen (= Unterscheidungen), an die sich weitere Beobachtungen anschließen lassen? Und: handelt es sich nicht bei beiden Fragen um dieselbe Frage: um den Umgang mit zirkulären, selbstreferentiellen Verhältnissen?

Sobald jemand meint sagen zu können, was Religion ist und wie man Religiöses von Nichtreligiösem unterscheiden kann, kann im nächsten Augenblick jemand kommen und dieses Kriterium (etwa den Bezug auf den existierenden Gott) negieren *und genau dafür religiöse Qualität in Anspruch nehmen.* Denn was sonst soll es sein wenn nicht Religion, wenn jemand das negiert, was jemand für Religion hält? Das Problem liegt nicht, wie Wittgensteinianer meinen könnten, in einem allmählichen Ausweiten von »Familienähnlichkeiten« und auch nicht (das war Wittgensteins Ausgangspunkt) in der Unmöglichkeit einer treffenden Definition. Vielmehr scheint, aber das soll hier zunächst nur als eine Vermutung vorgetragen werden, Religion zu jenen Sachverhalten zu gehören, die sich selbst bezeichnen, sich selbst eine Form geben können. Aber das heißt dann auch, daß die Religion sich selber definiert und alles, was damit inkompatibel ist, ausschließt. Aber wie das, wenn es zum Beispiel um andere Religionen, um Heiden, um die civitas terrena, um das Böse geht? Selbstthematisierung ist nur mit Einschließen des Ausschließens, nur mit Hilfe eines negativen Korrelats möglich. Das System ist autonom nur, wenn es mitkontrolliert, was es nicht ist. Angesichts eines solchen Sachverhalts kann Religion extern nur im Modus der Beobachtung zweiter Ordnung, nur als Beobachtung ihrer Selbstbeobachtung definiert werden – und nicht durch ein Wesensdiktat von außen.

II.

Das allgemeinste, nicht transzendierbare Medium für jede Formbildung, das psychische und soziale Systeme verwenden können, nennen wir *Sinn*. Der Sinnbegriff wird seit mehr als hundert Jahren viel und vieldeutig verwendet – pollachos legomenon könnte man mit Aristoteles sagen.[14] Nur so viel scheint klar zu sein, daß der Sinnbegriff nicht auf Dinge angewandt werden kann. (Es hat keinen Sinn, nach dem Sinn eines Frosches zu fragen.) Historisch gesehen deutet die Sinnsemantik also darauf hin, daß die ontologische Weltbeschreibung abgelöst oder einer Neubeschreibung unterzogen wird. Aber dies klärt noch nicht, was mit »Sinn« gemeint sein könnte. Wir wollen versuchen, diese Vieldeutigkeit durch Rückgriff auf eine Unterscheidung zu beheben, und zwar die Unterscheidung von Medium und Form. Diese Unterscheidung soll die unzureichend formulierte Frage nach dem »Sinn von Sinn« ablösen.[15]

14 Bei Aristoteles bezogen auf das Sein.
15 »Sens du sens« zum Beispiel bei Luc Ferry, L'homme-Dieu ou le Sens de la vie: essai, Paris 1996, S. 19, mit der Erläuterung: »la signification ultime de toutes ces significations particulières«.

Mit dem Begriff des Mediums ist festgelegt, daß Sinn nicht beobachtet werden kann – ebensowenig wie das Licht.[16] Beobachtungen setzen ja unterscheidbare Formen voraus, und diese Formen können nur im Medium und nur in der Weise gebildet werden, daß andere Möglichkeiten der Formbildung im Moment außer acht bleiben. Die Unbeobachtbarkeit von Sinn gibt denn auch einen ersten Hinweis darauf, daß dies etwas mit Religion zu tun haben könnte.

Alle psychischen und sozialen Systeme bestimmen und reproduzieren ihre Operationen ausschließlich in diesem Medium Sinn. Es mag »sinnlose« Irritationen geben, aber auch für sie werden sofort Sinnformen gesucht und gefunden. Andernfalls könnten sie weder erinnert noch für den Anschluß weiterer Operationen verwendet werden. Diese Universalität des systemeigenen Mediums ist die Kehrseite der systemtheoretischen Einsicht, daß ein System nur mit eigenen Operationen (und nicht: in seiner Umwelt) operieren kann; oder anders gesagt: daß es ein operativ geschlossenes System ist. Man kann von innen an Grenzen dieses Mediums stoßen; aber diese Grenzen haben dann nicht die Form einer überschreitbaren Linie, sondern, mit der schönen Metapher Husserls, die Form eines Horizontes.[17] Und so ist die Welt sinnverarbeitenden Systemen nur als Horizont gegeben – freilich nicht als ferne, irgendwo anders gezogene Linie, sondern als Implikat der Rekursivität jeder einzelnen Operation: als Implikat ihrer Identifizierbarkeit.

Sinn als Medium kann deshalb nicht negiert werden. Jede Negation setzt ja, anders ist sie als Operation nicht möglich, eine Bestimmung des Negierten, also Sinn voraus. Die Einheit von Sinn und Nichtsinn hat wiederum Sinn. Und dies, ohne daß wir dafür ein »Sinnkriterium« benötigten, das nur zu der Frage führt, ob dies Kriterium selbst Sinn hat oder nicht. Zwar kann man im Medium Sinn zu der Vorstellung kommen, daß es Entitäten wie

16 Hier drängt sich ein Hinweis auf den gothischen Kirchenbau auf, dessen Eigentümlichkeit nicht zuletzt darin besteht, nur gebrochenes, unterscheidbares Licht hereinzulassen *und damit das Medium Licht sichtbar zu machen.* Man könnte dies verstehen als Symbol dafür, daß die Religion beansprucht, Sinn beobachtbar und beschreibbar werden zu lassen.

17 Siehe etwa Edmund Husserl, Erfahrung und Urteil: Untersuchungen zur Genealogie der Logik, Hamburg 1948, §§ 8 und 9 (S. 26ff.).

zum Beispiel Steine gibt, für die die Welt keinen Sinn hat. Das
mag im übrigen auch für Gehirne gelten. Das Medium Sinn enthält also einen Hinweis auf seine eigenen Grenzen. Aber damit
ist zugleich gesagt, daß diese Grenzen mit sinnhaften Operationen nicht überschritten werden können. Man kann nur die
Grenze auf ihrer Innenseite berühren und sich durch den Sinn
der Form einer Grenze anzeigen lassen, daß es etwas außerhalb
geben müsse.[18]

Deshalb kann man, im psychischen Erleben und im Kommunizieren, mit Sinnlosigkeiten derart umgehen, daß man genau
ihnen eine Form gibt.[19] Diese Form symbolisiert dann für die
weiteren Operationen Unverwendbarkeit; oder auch die Notwendigkeit, andere Anschlußmöglichkeiten zu suchen. Sie wird
in der Tradition als »Paradox« bezeichnet. Wenn unser begriff-
licher Ausgangspunkt zutrifft, daß jeder bestimmte Sinn seine
eigene Negierbarkeit einschließt, kann es keinen Weltsinn geben,
dessen Negation unvollziehbar wäre. Oder in der Art der Lehre
von den Gottesbeweisen formuliert: es gibt keinen Sinn, dem
Existenz als notwendiges Prädikat zukäme. Sinn ist nur als sowohl positiv als auch negativ formulierbar gegeben. Würde man
eine Seite dieser Unterscheidung streichen, verlöre auch die
andere ihren Sinn. Das führt uns zu dem Schluß, daß jeder Sinn
(und also auch: jeder Letztsinn) seine eigene Einheit nur als Paradoxie behaupten kann: als Selbigkeit von Bejahung und Vernei-
nung, von wahr und unwahr, von gut und schlecht – von welchen
positiven und negativen Fixierungen auch immer. Es gibt deshalb
keine Einheit, auf die sich alles andere gründen ließe. Was immer
bestimmt wird, muß die Form der Entfaltung einer Paradoxie
annehmen – der Ersetzung der Einheit der Paradoxie durch eine

18 Gilles Deleuze, Logique du sens, Paris 1969, scheint etwas Ähnliches zu
meinen, wenn er die Paradoxie von Sinn als Sinn von non-sens bestimmt
und im non-sens auf die Reflexion von Sinn als Sinn stößt (»Le nom qui
dit son propre sens ne peut être que *non-sens*«, a.a.O. S. 84), dann aber
hinzufügt: »Le non-sens … s'oppose à l'absence de sens en opérant la
donation de sens« (a.a.O. S. 89) und diese Abwesenheit von Sinn schließlich sous-sens, insens, Untersinn nennt (a.a.O. S. 111).

19 Vgl. im Blick auf einen ausdifferenzierten Literaturbetrieb Winfried Men-
ninghaus, Lob des Unsinns: Über Kant, Tieck und Blaubart, Frankfurt
1995.

(irgendwie plausible, damit aber auch historisch relative) Unterscheidung bestimmbarer Identitäten. Noch für Hölderlin, dem die Antwort nicht mehr durch einen vorgeschriebenen Gott gegeben sein kann, wiederholt sich diese Erfahrung. Wenn man die »Trennungen, in denen wir denken und existieren« in Richtung auf eine letzte Einheit überwinden und dies als Poesie kommunizieren will, bleiben nur paradoxe Formulierungen.[20]

In der unhaltbaren, auflösebedürftigen, supplementierbedürftigen Form des Paradoxes bewährt sich, was wir vom Sinn ohnehin wissen: Auch die negative Selbstreferenz gerinnt zu einer Form, die etwas besagt, etwas symbolisiert, etwas für eine Unmöglichkeit erklärt. Wir werden darauf ausführlich zurückkommen. Im Moment ist nur festzuhalten, daß auch Paradoxien im Netzwerk sinnhaften Operierens, und nur hier, Realität gewinnen.

Sehr formal kann Sinn mithin dadurch charakterisiert werden, daß nur eines ausgeschlossen ist: daß etwas ausgeschlossen werden kann. Für die Füllung dieser Aussage bietet die vorzufindende Literatur zwei Wege an, die genau den beiden Ansätzen zu einer Bestimmung des Religionsbegriffs entsprechen, die wir im vorigen Abschnitt behandelt hatten. In beiden Fällen hat man davon auszugehen, daß sinnhafte Operationen als Selektionen erscheinen. Man kann sagen, daß die Welt (für einen Beobachter) komplex ist und sich daher jede Verknüpfung von Elementen (= Operationen) nur selektiv unter Außerachtlassen bzw. Ablehnen anderer Möglichkeiten vollziehen läßt – anderer Möglichkeiten, die aber an der Operation noch sichtbar sind und ihre Selektion als kontingent erscheinen lassen. Die Welt kann sich selbst nur über Einschränkungen und nur über Inanspruchnahme von Zeit realisieren.[21] Oder man kann in der phänomeno-

20 Vgl. dazu (mit Beleg des Zitats) Bernhard Lypp, Poetische Religion, in: Walter Jaeschke/Helmut Holzhey (Hrsg.), Früher Idealismus und Frühromantik: Der Streit um die Grundlagen der Ästhetik (1795-1805), Hamburg 1990, S. 80-111. Zum Übergang von einer kosmosbezogenen zu einer an Selbstreferenz und Fremdreferenz orientierten (romantischen) Dichtung vgl. auch Earl R. Wasserman, The Subtler Language: Critical Readings of Neoclassical and Romantic Poems, Baltimore 1959.

21 Also nicht, wie Hegel meinte, als Geist. In der Phänomenologie des Geistes hieß es zur Einleitung des entsprechenden Kapitels VI: »Die Vernunft ist Geist, indem die Gewißheit, alle Realität zu sein, zur Wahrheit erho-

logischen Tradition das Erscheinen sinnhafter Formen analysieren und dabei feststellen, daß jedes aktual intendierte Item in der Form eines Sinnkerns gegeben ist, der auf zahllose andere Möglichkeiten der Aktualisierung von Sinn verweist, und wiederum: teils auf gleichzeitig Mitvorhandenes, teils auf Anschlußmöglichkeiten. Die Unterscheidung dieser beiden Darstellungsmöglichkeiten beruht auf der Unterscheidung von Objekt und Subjekt. Das Komplexitätstheorem vertritt einen objektiven (die Gegenseite sagt dann: objektivistischen) Weltbegriff. Die Phänomenologie versteht sich als subjektive (also: subjektivistische) Analyse sinnstiftender Bewußtseinsleistungen. Wenn aber nun beide Ausgangspunkte dasselbe Ergebnis bringen, bricht damit auch die Unterscheidung Objekt/Subjekt zusammen, ohne im »Geist« aufgehoben zu sein; oder sie erscheint doch als vordergründig – eben als eine Unterscheidung, die man treffen kann oder auch nicht, je nachdem, worauf man als Beobachter hinauswill.

Geht man von einer systemtheoretischen Position, also von der Unterscheidung System/Umwelt aus, drängt es sich auf, die klassische Objekt/Subjekt-Differenz auf eine Unterscheidung von Systemen zurückzuführen. Objektiv ist das, was sich in der Kommunikation bewährt. Subjektiv ist das, was sich in Bewußtseinsprozessen bewährt, die dann ihrerseits subjektiv das für objektiv halten, was sich in der Kommunikation bewährt, während die Kommunikation ihrerseits Nicht-Zustimmungsfähiges als subjektiv marginalisiert. Dies Argument soll keine Ansprüche auf Überlegenheit für die Systemtheorie geltend machen. Der Punkt ist, daß man Beobachter beobachten muß mit Hilfe der Frage (Unterscheidung!), welche Unterscheidungen sie verwenden.

Nehmen wir uns daraufhin noch einmal den Begriff des Sinns vor. Subjekte und Objekte und Systemreferenzen beiseitelassend könnte man ihn mit einer rein modaltheoretischen Unterscheidung von Wirklichkeit (Aktualität) und Möglichkeit (Potentialität) bestimmen, und zwar als Begriff für die Einheit genau dieser Unterscheidung. Denn Sinn hat etwas (was auch immer) dann, wenn im aktualen Erleben oder Kommunizieren (in dem, was

ben, und sie sich selbst ihrer als ihrer Welt, und der Welt als ihrer selbst bewußt ist.«

vorkommt) auf andere Möglichkeiten verwiesen wird; und zwar so, daß ohne diese Verweisung auch die Aktualität als sinnhafte Aktualität gar nicht möglich wäre. Sinn ist danach (und wieder: für einen Beobachter, der so unterscheidet) die Einheit der Differenz von Wirklichkeit und Möglichkeit.

Die modallogische Form des Möglichen eignet sich dazu, genauer zu bestimmen, was mit »Medium« gemeint sein könnte. Möglichkeiten hängen untereinander nur lose zusammen. Wenn eine von ihnen aktualisiert ist, folgt daraus nicht ohne weiteres, daß auch bestimmte andere realisiert werden.[22] Es mag Konditionierungen geben, die Anschlüsse mehr oder weniger wahrscheinlich werden lassen bis hin zum Ausschluß jeder anderen Möglichkeit, was einem Beobachter dann als Notwendigkeit erscheint. Ohne uns in die hier anschließbaren modallogischen Probleme zu verlieren, halten wir nur fest, daß auf dieser Grundlage mit der Unterscheidung von loser und fester Kopplung operiert werden kann. Eine (zunächst nur für den Fall von Wahrnehmungsmedien ausgearbeitete) Anregung von Fritz Heider[23] aufgreifend, können wir ein Medium als die Einheit der Differenz von loser und fester Kopplung beschreiben. Das bedarf der Erläuterung.

Massenhaft vorhandene, lose gekoppelte Sinnsplitter (zum Beispiel Worte) dienen als mediales Substrat. Im Prozeß der Sinnselektion, der sie voraussetzt, werden sie zu festen Formen (wahrnehmbaren Dingen, verstehbaren Aussagen) gekoppelt. Nur auf dieser Seite der Unterscheidung lose/feste Kopplung ist die Unterscheidung anschlußfähig (in unseren Beispielen: nur Dinge kann man sehen, nur verstehbare Mitteilungen kann man befol-

---

22 Wir vermeiden deshalb für diesen Bereich die Formulierung »Wissen«, die bei ähnlichen Theorieanlagen oft verwendet wird, so »implizites Wissen« bei Michael Polanyi, Implizites Wissen, dt. Übers. Frankfurt 1985, oder »Hintergrundwissen« (für Lebenswelt) bei Jürgen Habermas, Faktizität und Geltung: Beiträge zur Diskurstheorie des Rechts und des demokratischen Rechtsstaats, Frankfurt 1992, S. 37ff.

23 Siehe: Ding und Medium, in: Symposion 1 (1926), S. 109-157. Wiederbelebt wurde diese Unterscheidung vor allem durch die englische Übersetzung dieses Aufsatzes in: Psychological Issues 1/3 (1959), S. 1-34. Vgl. auch Karl E. Weick, Der Prozeß des Organisierens, dt. Übers. Frankfurt 1985, insb. S. 163ff., 271ff.

gen oder beantworten). Da aber *jeder* Anschluß eine Form wählen, eine Unterscheidung treffen muß, regeneriert sich in allem sinnhaften Operieren zugleich das Medium der anderen Möglichkeiten und letztlich der unmarkierbare Weltzustand, der nichts mehr ausschließt. Immer bleibt etwas Ungesagtes vorbehalten, so daß alles, was bestimmt wird, auch dekonstruierbar bleibt.[24] Jede Unterscheidung schafft sich eine Umgebung[25], in die weitere Unterscheidungen eingeführt werden können. In der Literaturwissenschaft formuliert man einen ähnlichen Gedanken mit dem Begriff der »Intertextualität«, um zum Ausdruck zu bringen, daß bei aller Abgeschlossenheit, zum Beispiel künstlerischer Schließung, von Texten immer eine Verweisung auf andere Texte mitspielt, so daß jeder Text sich von unabschließbaren Bezugnahmen tragen läßt – was dann auch für eine literaturkritische Analyse heiliger Texte gelten würde und von diesen geleugnet werden müßte. Sinn ist Verschiebung, ist »différance« (Derrida), ist »unlimited semiosis« (Peirce), und doch muß man bei jeder Aktualisierung glauben können, daß es irgendwo einen festen Halt gibt, weil man schließlich sicher ist, daß es weitergeht.

Dem entspricht die Auflösung aller ontischen Bestimmtheiten in Zeitverhältnisse. Anschlußfähigkeit heißt auch: daß jede Aktualisierung die Form eines Ereignisses annehmen muß, das mit der Aktualisierung bereits wieder erlischt. Formen müssen daher, aber das rettet sie nicht für immer, die Form einer (wiedererkennbaren) Struktur annehmen. Somit gilt für das Medium Sinn und für alle derivativen Medien (Sprache zum Beispiel) ein eisernes Gesetz: Unverwendetes ist stabil, Verwendetes dagegen instabil. Der große Vorteil dieser Lösung ist: daß sie es den Systemen, die darüber verfügen, ermöglicht, sich vorübergehend vorübergehenden Lagen anzupassen. Sie können sich damit auf eine komplexere, zeitlich instabile Umwelt einlassen. Sie bleiben nicht, einmal auf Umwelt eingestellt, an der Umwelt kleben. Und das ist nur eine andere Formulierung für Ausdifferenzierung und operative Autonomie.

Die Einheit des Mediums (als Einheit von loser und fester Kopp-

---

24 Siehe zu dieser heute verbreiteten Einsicht etwa Jonathan Culler, Framing the Sign: Criticism and its Institutions, Oxford 1988.

25 Formuliert mit Eva Meyer, Der Unterschied, der eine Umgebung schafft, in: Ars Electronica (Hrsg.), Im Netz der Systeme, Berlin 1990, S. 110-122.

lung) zeigt sich deshalb in der Zeit. Die Aktualisierung (einschließlich Reaktualisierung) von Formen dient zugleich der Reproduktion des medialen Substrats. Worte werden erinnert, wenn sie hinreichend häufig gebraucht werden, also in Sätzen immer wieder denselben-und-verschiedenen Sinn geben. Das Medium kann also nur als Einheit seiner Unterscheidung reproduziert werden; aber ebenso deutlich ist, daß dies nur auf der einen Seite, auf der operativ verwendbaren Seite der Unterscheidung geschehen kann.

Auch wenn Sinn im Zeitpunkt der sinnverwendenden Operation aktualisiert werden kann, bleibt das Medium als solches unsichtbar. Das Medium als solches – das heißt: die Einheit der Differenz von loser und fester Kopplung und die Einheit der Differenz von Wirklichkeit und Möglichkeit. Im aktuellen, Formen bestimmenden Operieren wird das Medium zwar reproduziert; aber immer nur in der Form einer Potentialisierung des gerade Ausgeschlossenen oder in der Form des Erinnerns anderer Möglichkeiten der Formenkombination. Jede Determination, auch die Determination als »nur möglich«, als »unwahrscheinlich«, als »unmöglich«, erfolgt als Determination aus einem »unmarked space« heraus, der dadurch mitreproduziert wird. Auch wenn man dem Medium die Bezeichnung »Sinn« gibt oder dem unmarked space die Bezeichnung »Welt«, erfolgt diese semantische Formgebung innerhalb des dadurch bezeichneten Operationsbereichs. Sie verwendet ein Wort, gegebenenfalls einen Begriff im Unterschied zu zahlreichen anderen. Und sie läßt sich dabei auf eben diesen Unterschied ein, den sie nicht im gleichen Zuge bezeichnen kann.

Bezeichnet man Sinn als Medium, so bezeichnet man Sinn als unnegierbare Kategorie. Denn eine Negation wäre eine Bezeichnung, die ihrerseits wiederum ein Medium, also als allgemeinstes Medium Sinn voraussetzen würde. Die Leugnung von Sinn liefe auf einen »performativen Selbstwiderspruch« hinaus. Wenn man etwas als »sinnlos« bezeichnet, muß also ein anderer Gegenbegriff vorausgesetzt sein als »Sinn«. Für dieses Problem schafft aber schon die Sprache Abhilfe. Sie ermöglicht es, unter Verwendung des Mediums Sinn »sinnvoll« und »sinnlos« zu unterscheiden. Das hinterläßt uns aber das Problem, zu klären, was mit »sinnvoll« gemeint sein könnte.

Einem Vorschlag von Alois Hahn folgend, kann man das Gefühl der Sinnlosigkeit und die Suche nach sinnvollem Sinn auf die Selbstbeschreibung von psychischen bzw. sozialen Systemen beziehen.[26] Dabei ist vorausgesetzt, daß mit Selbstbeschreibungen die Identität der Systeme bezeichnet wird, also etwas, was im System als nicht auswechselbar behandelt werden muß. Damit sind Strukturen im Spiel, an denen sich Sinnvolles und Sinnloses bricht. Im Falle des Religionssystems muß man deshalb auf die vorgeschlagenen Glaubensinhalte achten, wenn man erkennen will, was für dieses System keinen Sinn macht. Das ändert freilich nichts daran, daß diese Aussage selbst Sinn aktualisiert und anders gar nicht möglich wäre. Und vielleicht sind wir hier schon einem Problem auf der Spur, das an die Wurzeln religiöser Kommunikation rührt.

Der Übergang von sinnhafter zu sinnvoller Rede hat freilich seine Risiken und seine Kosten, mit denen die Religion bittere Erfahrungen hat machen müssen. Er setzt das als sinnvoll Behauptete der Interpretation, der Wiederbeschreibung, der Neubeschreibung aus. Damit wird die religiös sinnvolle Thematik den Zeitläufen ausgesetzt. Zwar erzeugen Interpretationen und Neubeschreibungen immer zugleich Kontinuität und Diskontinuität, und zwar Kontinuität durch Diskontinuität. Damit ändern sich aber die Formen des Glaubens, die jetzt noch möglich sind. Sie werden zum Beispiel zu »Texten«, die interpretiert werden können; zu Texten, in denen neuer, zeitgemäßer Sinn nachgefüllt werden kann. Dafür ist eine Schriftfassung des Textes hilfreich, aber die Unterscheidung schriftlich/mündlich gibt uns nicht die entscheidende Einsicht. Vielmehr hängt die Glaubensgeltung des Textes von einer laufenden »redescription« ab.[27] Nur in diesem Sinne kann der Text, um es metaphorisch auszudrük-

26 Siehe Alois Hahn, Sinn und Sinnlosigkeit, in: Hans Haferkamp/Michael Schmid (Hrsg.), Sinn, Kommunikation und soziale Differenzierung: Beiträge zu Luhmanns Theorie sozialer Systeme, Frankfurt 1987, S. 155-164. Vgl. auch Georg Lohmann, Autopoiesis und die Unmöglichkeit von Sinnverlust: Ein marginaler Zugang zu Niklas Luhmanns Theorie »Sozialer Systeme«, ebd. S. 165-184.

27 Wir bevorzugen »redescription«, weil wir dadurch nicht genötigt werden, ständig zwischen Wiederbeschreibung und Neubeschreibung zu unterscheiden – eine Unterscheidung, die ihre eigene Fragwürdigkeit hat.

ken, ein lebender Text sein und bleiben. Aber »redescriptions«
sind Kommunikationen, die nur retrospektiv möglich sind und
den Glaubenden im Ungewissen darüber lassen, was demnächst
anders beschrieben werden wird. Man versucht bekanntlich,
dem durch die Unterscheidung von wesentlichen und neben-
sächlichen Textteilen abzuhelfen. Die These, der Text habe nur
einen symbolischen Sinn, hat eine ähnliche Funktion. Aber auf
diese Weise kann das Risiko einer sich als sinnvoll behaupten-
den Kommunikation nicht wirksam abgefangen werden; denn
es liegt nicht in der Sachdimension, sondern in der Zeitdimension. Die Fixierung von Religion als Text eröffnet einen Bereich
der Sensibilität, der auch gegen die Religion genutzt werden
kann.

Daß wir nach diesen Vorüberlegungen Religion im Formenbe-
reich des Mediums Sinn suchen müssen, bedarf keiner weiteren
Ausführungen. Aber damit ist noch nichts darüber entschieden,
welche Unterscheidungen Religion (im Unterschied zum Rest
der Welt) spezifizieren und was ihr damit ermöglichen wird,
»Sinnloses« abzuweisen und eine Brücke vom sinnlosen zum
sinnvollen Leben zu bauen. Und wenn man nach Unterscheidungen fragt, fragt man nach dem, der sie trifft – nach dem Beobachter. Die Frage lautet dann: wer ist der Beobachter der Religion? Theologen werden vielleicht die überraschende Antwort
geben: Gott. Um es nicht selbst sein zu müssen? Und: sollen wir
das glauben?

III.

Mit dem nächsten Schritt müssen wir uns der Frage stellen, wie
die Welt Unterscheidungen generiert. Wieso und wie bildet sich
überhaupt diese merkwürdig-asymmetrische Form, bei der die
eine Seite für anschlußfähige Operationen zur Verfügung steht,
während die andere genau dadurch notwendig mitwirkt, daß sie
unmarkiert bleibt? Und außerdem: was wird aus der Welt selbst,
wenn sie, wie im Akte der Schöpfung, erlaubt, daß Unterscheidungen getroffen werden? Himmel und Erde. Und wieso dieser
Anfang und kein anderer? Wieso fängt es mit einer Einteilung an,
das heißt: einer Unterscheidung von irreflexivem Sein? Weil nur

so der, der die Unterscheidung trifft, es vermeiden kann, in die Unterscheidung selbst einzutreten?

Wir hatten zunächst mit der Antwort gearbeitet, daß es ein Beobachter ist, der die Unterscheidung trifft. Und daß man folglich den Beobachter beobachten muß, wenn man wissen will, welche Unterscheidung er trifft und wie er seine Sinnmittel spezifiziert. Wir wollen bei dieser Terminologie bleiben, müssen sie dann aber in einem Prozeß der Selbstanwendung klären, denn es handelt sich um ein autologisches Konzept. Die Unterscheidung von Beobachter und Unterscheidung ist selbst eine Unterscheidung, und die Frage ist dann: wer ist hier der Beobachter?, oder genauer: wie muß ein Beobachter beschaffen sein, daß er in der Lage ist, seine Unterscheidungen und sich selbst zu unterscheiden? George Spencer Brown stößt bei seinem Versuch, aus der Weisung »draw a distinction« einen Kalkül zu entwickeln, der Fragen der Arithmetik und der Algebra mit nur einem Operator behandeln kann, ebenfalls auf dieses Problem – und löst es in Identität auf.[28] Das braucht jedoch weiteres Fragen nicht zu blockieren. Denn für alle differenztheoretischen Analysen ist Identität ein eher beunruhigendes Konzept.

Wir setzen den Fortgang bei der Überlegung an, daß Operationen im allgemeinen und Beobachtungen im besonderen nicht als Einzelereignisse möglich sind, sondern rekursive Netzwerke voraussetzen, mit deren Hilfe sie sich reproduzieren und damit zugleich diesen Reproduktionszusammenhang gegen eine Umwelt abgrenzen, die keine Operationen, sondern nur Ressourcen und Störungen beisteuert. Dieser Ausgangspunkt verweist auf Systembildung, und genauer: auf die Bildung operativ geschlos-

---

28 Siehe Laws of Form, Neudruck New York 1979, S. 76: »An observer, since he distinguishes the space he occupies, is also a mark. ... We see now that the first distinction, the mark, and the observer are not only interchangeable, but, in the form, identical.« Vgl. auch (in enger Anlehnung an Spencer Brown) Louis H. Kauffman, Self-Reference and Recursive Forms, in: Journal of Social and Biological Structures 10 (1987), S. 53-72 (53): »At least one distinction is involved in the presence of self-reference. The self appears, and an indication of that self can be seen as separate from the self. Any distinction involves the self-reference of ›the one who distinguishes‹. Therefore, self-reference and the idea of distinction are inseparable (hence conceptually identical).«

sener, autopoietischer Systeme, die unter weiteren Bedingungen fähig sein können, sich selbst nicht nur auszudifferenzieren, sondern im Anschluß daran sich selbst von ihrer Umwelt zu unterscheiden. Die Unterscheidung von System und Umwelt wird dabei in sich selbst hineingedoppelt; und dies, wie sich aus unseren Prämissen ergibt, auf derjenigen Seite, die Anschlußfähigkeit bereithält – auf der Seite System. In der Terminologie von Spencer Brown handelt es sich um ein »re-entry« der Form in die Form und damit um jenen rätselhaften Vorgang, der am Ende des Kalküls zeigt, daß er bereits am Anfang vorausgesetzt war.[29]

Und um zu verdeutlichen, was damit geschehen ist: wir haben der Tautologie der Unterscheidung, die sich selber unterscheidet, eine andere Unterscheidung unterschoben, nämlich die von System und Umwelt. Dabei bleibt die Welt das »Worin« dieses Geschehens: der durch diese oder jene Unterscheidung nicht markierte Zustand, der für jede Markierung die andere Seite bildet. Die Substitution einer anderen Unterscheidung ist logisch nicht zu begründen; doch wer es auf die vorgeschlagene Weise nicht tun will, muß es auf eine andere Weise tun, will er nicht an der Paradoxie der Tautologie (das Verschiedene ist Dasselbe) hängen bleiben. Die Operation des Substituierens ist keine logische Operation; aber sie ist weltkompatibel. Und man kann sie an ihren Früchten erkennen.

Die Identität des »markierten« Beobachters ist also die Identität eines Systems. Das darf allerdings nicht zu dem voreiligen Schluß verleiten, daß das System nur seine Umwelt beobachte. Wieweit das für Tiere gilt und wieweit auch für menschliche Wahrnehmungen, wäre zu diskutieren; aber die komplexe Theoriearchitektur, auf die wir uns eingelassen haben, bewahrt uns vor jenem Fehlschluß. Der Beobachter kann, als Bewußtsein oder als soziales System, sich an der in ihn selbst hineincopierten Unterscheidung von System und Umwelt, also von Selbstreferenz und Fremdreferenz orientieren; und er muß dies (obwohl er alle Referenzen intern produziert), weil er andernfalls eigene Zustände ständig mit denen der Umwelt verwechseln würde und sich durch die Umwelt dann nicht einmal irritieren lassen, also auch nicht lernen könnte. Gerade wenn es sich um ein operativ ge-

29 A.a.O. S. 56 f., 69 ff.

schlossenes System handelt, das mit keiner eigenen Operation in die Umwelt ausgreifen oder sie auch nur kontaktieren kann, gerade dann hängt das Überleben (= Fortsetzung der Autopoiesis) ganz und gar von der intern disponiblen Unterscheidung von Selbstreferenz und Fremdreferenz ab, die Lernprozesse steuert. Was immer damit an Strukturen aufgebaut wird, bleibt internes Kondensat, bleibt Konstruktion;[30] und es gibt genügend Beispiele dafür, daß Konstruktionen sich nicht bewähren und Systeme sich durch ihre eigene (obwohl eigene!) Konstruktion selbst zugrunde richten. Ein aktuelles Beispiel ist die Staats- und Wirtschaftskonstruktion des kommunistischen Sozialismus.

Andererseits ist jedoch die Selbstbestimmung (Selbstorganisation) durch den Unterschied von Selbstreferenz und Fremdreferenz unerläßliche Voraussetzung für evolutionäre Selektion. Alle höheren Formen des Bewußtseins und alle soziale Kommunikation bleiben darauf angewiesen. Keine Gesellschaft wäre auch nur in Gang gekommen, wenn man nicht gelernt hätte, zwischen Worten (Selbstreferenz) und Dingen (Fremdreferenz) zu unterscheiden.

Verglichen mit dem Unterscheiden schlechthin, das als Operation aus dem unmarked space der Welt auf etwas Bezeichnetes zugreift und dies dadurch vom unmarkierten Bereich der Welt unterscheidet, – im Unterschied also zu dieser Normalform des Unterscheidens hat die Unterscheidung von Selbstreferenz und Fremdreferenz den bedeutenden Vorzug, *auf beiden Seiten anschlußfähig zu sein.* Das System kann beobachten, daß es beobachtet.[31] Es kann Beobachtungssequenzen auf die Umwelt, aber auch auf sich selber beziehen. Es kann auch ständig hin und her kreuzen, also die Grenze Selbst/Fremd überschreiten und zurückkehren, *ohne dabei die Orientierung zu verlieren.* Spencer Browns »law of crossing« gilt unter dieser Sonderbedingung also *nicht.*[32] Man kann unter dieser Bedingung also extern zu-

---

30 Siehe auch Niklas Luhmann, Erkenntnis als Konstruktion, Bern 1988.

31 Dies war der Ausgangspunkt der »second order cybernetics«. Siehe dazu das Interview mit Heinz von Foerster in: Cybernetics and Human Knowing 4 (1997), S. 3-15.

32 Es lautet: »The value of a crossing made again is not the value of the crossing« (a. a. O. S. 2). Oder anders gesagt: die Seiten können sich nicht wechselseitig spezifizieren; man kann nichts herüberbringen, sondern muß,

gerechnete Spezifikationen benutzen, um die eigenen Zustände (zum Beispiel eigene Bewegungsmöglichkeiten) besser zu verstehen. Und man kann umgekehrt eine Modifikation der eigenen Zustände berücksichtigen, wenn man die Erfahrung macht, daß die Umwelt daraufhin andere Seiten zeigt. Nur unter dieser stark einschränkenden Bedingung sollte man von Information und Informationsverarbeitung sprechen – Information im Sinne von Bateson verstanden als a difference that makes a difference.

Wir hatten den klassischen Begriff des Subjekts durch den Begriff des Beobachters ersetzt, um klarzustellen, daß die Operationen, die das Medium Sinn produzieren und reproduzieren, in der realen Welt ablaufen und nicht in einer transzendentalen Sphäre außerhalb der Realität. Das hat freilich Konsequenzen für den Begriff der Realität. Realität wird damit zu einem rhetorischen Konstrukt, zur »conformity to orthodox practices of writing and reading«.[33] Mit dieser Form verfügt die Kommunikation über die Möglichkeit, einen Gegenbegriff zu Realität zu bilden – sei es Idealität, sei es Subjektivität.

Aber: wo bleibt der Beobachter, der diese Unterscheidung von Selbstreferenz und Fremdreferenz benutzt, um den durch operative Schließung erzeugten »Realitätsverlust« auszugleichen? Es wäre nach allem, was wir gesagt haben, ein schlichter logischer Fehler, das »Selbst« der Selbstreferenz für den Beobachter zu halten. Mit dieser Vermutung hat die Subjekt-Philosophie ihre Enttäuschungen erlebt, und wir brauchen das nicht zu wiederholen.[34] Der Beobachter ist die Einheit der Differenz von Selbst-

wenn man Information akkumulieren oder korrigieren will, auf der Innenseite der Form bleiben. Nur wenn die andere Seite als unmarked state unbestimmbar bleibt, gilt auch das »form of cancellation«.

33 So Richard Harvey Brown, Rhetoric, Textuality, and the Postmodern Turn in Sociological Theory, in: Steven Seidman (Hrsg.), The Postmodern Turn: New Perspectives on Social Theory, Cambridge Engl. 1994, S. 229-241 (229). Siehe auch die Ausführungen unter dem Untertitel »The rhetorical construction of social reality«. Schon jetzt können wir darauf hinweisen, daß die Religion diese rhetorische Konstruktion des Realitätsbegriffs benutzen kann, um ihren Code immanent/transzendent zu etablieren.

34 Siehe hierzu die Unterscheidung des cartesischen Zweifels, der in Richtung auf die Selbstbestätigung des denkenden »Ich«, also durch Selbstbezeichnung behoben werden kann, und des »Großen Zweifels« der

referenz und Fremdreferenz. Er kann sich daher nicht selber bezeichnen. Er bleibt für sich selbst unsichtbar.

Und ebenso die Welt, die für ihn als Einheit der Differenz von System und Umwelt fungieren müßte. Die ganze Beobachtungsapparatur des doppelseitig bezeichnungsfähigen Unterscheidens findet sich in den unmarked space der Welt eingebaut, aus dem heraus auch der Beobachter beobachtet. Daran ändert sich durch diese evolutionäre Errungenschaft »Sinn«, die Bewußtsein, Gesellschaft, Sprache, Kultur (und dürfen wir schon sagen: Religion?) überhaupt erst möglich macht, nichts. Man darf konzedieren, daß die Intention auf Beobachtung der Einheit der Differenz möglich bleibt und in der Sinnwelt Sinn macht. Aber dieser Sinn nimmt die Form des Paradoxes an, die Form des Grundparadoxes der Selbigkeit des Verschiedenen.

IV.

Wir haben die Unbeobachtbarkeit der Welt und des Beobachters beobachtet. Wir haben damit begonnen, Religion zu beobachten. Es bedarf allerdings noch einiger Präzisierungen. Wir müssen erneut Unterscheidungen unterscheiden.

Die Unterscheidung Beobachter/Welt unterscheidet sich von der Unterscheidung Beobachter/Beobachtetes. Diese Unterscheidung läuft auf die Unterscheidung unbeobachtbar/beobachtbar hinaus, mit der die Welt (man weiß nicht wer, man weiß

buddhistischen Religion bei Nishitani, a.a.O., S. 55ff. Man sollte allerdings nicht nur an Descartes denken. Begriffe wie »spirit« bei Berkeley und »pour soi« bei Sartre beziehen sich auf das im bewußten Operieren mitbewußte Bewußtsein, das für sich selbst aber noch nicht Objekt, also noch nicht Erkenntnis ist. Siehe George Berkeley, Of the Principles of Human Knowledge, Part I, II, zit. nach der Ausgabe der Everyman's Library, London 1957, S. 114 zu »mind, spirit, soul, or myself«: »By which words I do not denote any one of my ideas, but a thing entirely distinct from them, *wherein they exist*, or, which is the same thing, whereby they are perceived«. Zu Sartre: L'être e le néant: Essai d'ontologie phénoménologique, 30. Aufl. Paris 1950, S. 115ff. Auch die Religionssoziologie hatte, von Simmel bis Luckmann, Religion immer auf subjektives Bewußtsein bezogen und dabei ein sich seiner selbst bewußtes Bewußtsein vorausgesetzt.

nicht wie) sich selbst beobachtet. Ein Beobachter kann beobachten, daß und wie ein Beobachter beobachtet. Es gibt durchaus beobachtbare Beobachtungen zweiter Ordnung. Doch welcher Ordnung immer: die Beobachtungsoperation stößt aus dem Unbeobachtbaren ins Beobachtbare vor. Die Weisung Spencer Browns: draw a distinction![35] ist die Anweisung zum Kreuzen *dieser* Grenze. Um eine solche erste Unterscheidung kommt man auf keiner Ebene des Beobachtens herum – auch dann nicht, wenn man Beobachter beobachtet, und auch dann nicht, wenn man sich selbst als Beobachter beobachtet. Einfacher gesagt: die Operation des Beobachtens bleibt für sich selbst unbeobachtbar. Sie benutzt eine Unterscheidung. *Deren* Asymmetrie vertritt und verdeckt *ihre* Asymmetrie. Das Beobachten bewegt sich innerhalb, nicht außerhalb seiner Unterscheidung. Für alles Beobachten gilt: »Distinction is perfect continence«.[36] Es selbst ist jedoch das ausgeschlossene Dritte, die Einheit der Unterscheidung, die in der Unterscheidung selbst nicht unterscheidbar ist. Es benötigt, sagt man, einen »blinden Fleck«. Oder in transzendentaltheoretischer Sprechweise: die Unbeobachtbarkeit der Beobachtung ist die Bedingung der Möglichkeit von Beobachtung, die Bedingung des möglichen Zugriffs auf Gegenstände.

Wenn man Beobachter als Beobachter (und nicht als Dinge; als »Subjekte« und nicht als »Objekte«) beobachtet, muß dies auf beiden Ebenen in Rechnung gestellt werden. Der Beobachter zweiter Ordnung kann einen Beobachter erster Ordnung nur dann als Beobachter (und nicht als Ding) beobachten, wenn er sieht, daß dieser Beobachter nicht sieht, daß er nicht sieht, was er nicht sieht. *Formulieren* (Beobachten) kann man dies nur mit Hilfe von Negationen. Aber gerade dies wird dem Tatbestand nicht gerecht. Denn die Operation Beobachtung *operiert* (auch wenn sie negiert) negationsfrei. Sie tut, was sie tut. Darin besteht ihre Realität.

Man kann solche Befunde traditional formulieren etwa als Freiheit des anderen Beobachters, oder als Norm der Achtung vor der Art, wie er sich entscheidet, oder als »innere Unendlichkeit« des Subjekts. Man findet sich dann in der Nähe von Moral. Und

---

35 A.a.O.S.3.
36 Spencer Brown a.a.O. S. 1.

vor der Notwendigkeit, Einschränkungen vorzusehen. Aber solche Formulierungen benutzen bereits soziale Zurechnungskonventionen, und sie treffen auch nur auf psychische, nicht auf soziale Systeme zu (die wir immer miteinbeziehen, wenn wir von Beobachtern reden). Von hier aus könnte man deshalb nur kulturspezifische, nur geschichtsspezifische Begriffe von Religion gewinnen. Deren Recht soll natürlich nicht bestritten werden, aber wir wollen uns andere Möglichkeiten offenhalten.

Wir vermuten in diesem Bereich der Unbeobachtbarkeit, in dem Beobachten und Welt als Voraussetzung des Beobachtens nicht unterschieden werden können (im unmarked state also), den Ausgangspunkt der Probleme, die dann als Sinnformen der Religion behandelt und der Evolution ausgesetzt werden. Diese Vermutung hat noch keinen spezifizierten Inhalt. Aber sie ist durch unsere Analyse des Mediums Sinn gedeckt. Denn dieses Medium bietet genau jene Überschußkapazität an, nach der hier gefragt ist. Auch Unbeobachtbares – wie anders könnten wir hier davon handeln – kann als Sinn in Operationen eingebaut werden, denn Sinn hat keine Exklusionsmöglichkeiten. Man mag dem, was unzugänglich bleibt, die Form der Negation geben oder, bei logisch höheren Ansprüchen, die Form des Paradoxes. Man mag es bezeichnen, wohl wissend, daß die Bezeichnung das Gemeinte nicht trifft, und daraus mag sich ein Verständnis für Symbole entwickeln, die genau diese Unangemessenheit gezielt reflektieren. Mit Begriffen der älteren Kybernetik formuliert geht es um ein Problem der »requisite variety«,[37] und der Ausgangspunkt für jede Lösung scheint in dem Versuch zu bestehen, ein Mysterium durch ein anderes zu kontrollieren.

Dafür gibt es natürlich keine sichere, einzig-richtige Anweisung. Die Mehrheit solcher Möglichkeiten gibt uns einen Vorbegriff für Analysen der Evolution der Religion. Im Augenblick halten wir jedoch nur fest, daß die im Beobachten selbst liegende strukturelle Sperre des Beobachtens in den Sinnkosmos als Irritationsfaktor, als Sinngebungsaufforderung par excellence eingeschlossen werden kann. Religion hat es mit diesem Einschluß des Ausgeschlossenen, mit der zunächst gegenständlichen, dann lokalen,

37 Siehe W. Ross Ashby, An Introduction to Cybernetics, London 1956, S. 206ff. Siehe auch ders., Requisite Variety and Its Implications for the Control of Complex Systems, in: Cybernetica 1 (1958), S. 83-99.

dann universellen Anwesenheit des Abwesenden zu tun. Aber all das, was hier und anderenorts, in der Religion und in ihrer soziologischen Analyse darüber gedacht und gesagt wird, kann nur eine Chiffre sein für das, was gemeint ist.

V.

Noch einmal hilft uns an dieser Stelle ein Begriff Spencer Browns weiter, und zwar der Grenzbegriff seines Kalküls, der Begriff des »re-entry«. Von re-entry kann mit Bezug auf sehr verschiedene Unterscheidungen die Rede sein. Wir hatten oben von der Möglichkeit eines re-entry der Unterscheidung von System und Umwelt ins System gesprochen.[38] Im Falle der Religion geht es dagegen um ein re-entry der Unterscheidung beobachtbar/unbeobachtbar ins Beobachtbare.

Das einfache Beobachten erfordert nur das Kreuzen der Grenze, die das zu Bezeichnende unterscheidet von allem anderen. Diese Grenze gibt es nicht vorher, sie entsteht überhaupt erst, indem man sie kreuzt. Die Unterscheidung muß ein Moment der Operation sein (sonst könnte man nichts im Unterschied zu anderem bezeichnen), aber sie muß nicht als Form markiert werden. Das wird im Falle eines re-entry anders, denn diese Operation kann nur vollzogen werden, wenn die Unterscheidung bezeichnet wird, die in ihren selbstgeschaffenen Bereich wiedereintritt. In Spencer Browns Terminologie: das »cross« (Anweisung zu kreuzen) muß als »marker« (Bezeichnung der Form) benutzt werden.[39] Und das kann man tun, ohne den marker zum Kreuzen zu benutzen.

Die mathematisch voraussetzungsvollen Bedingungen (die operative Vorgeschichte im Kalkül) dieser Möglichkeit eines re-entry brauchen uns hier nicht zu beschäftigen. Wichtiger ist die Form der damit ermöglichten Operation. Das re-entry ist eine paradoxe Operation, da es zwei Unterscheidungen als dieselbe benutzt und die Unterscheidung cross/marker ambivalent werden läßt; aber es ist zugleich eine Operation, die sich von dem

38 Vgl. Abschnitt III.
39 A. a. O. S. 64f.

32

imaginären Raum, den sie voraussetzt, unterscheidet. Der Raum wird durch die Unterscheidung gespalten – und dadurch als Einheit unbeobachtbar. Diese Unterscheidung wird als Form markiert – als Form mit zwei Seiten. Dann wird die Unterscheidung in die eine Seite der Form hinüberkopiert; und eben dafür muß man jenen imaginären Raum unterstellen, der dem gespaltenen Raum jene Selbstbeweglichkeit (oder Selbstbezeichnungsfähigkeit) konzediert. Vielleicht müßte man sagen, daß dieser imaginäre Raum erst im Vollzug des re-entry entsteht. Aber wie immer: die Spezifizität der Operation ist durch die Spezifizität der Unterscheidung – diese und keine andere – garantiert, mit der sie vollzogen wird.

Die Darstellung des re-entry, die seinem Namen folgt, erweckt den Eindruck, daß zunächst die Ausgangsunterscheidung getroffen und dann in ihr das re-entry vollzogen werden muß. Zuerst muß die Bühne errichtet werden, auf der das Stück aufgeführt werden soll; und sie muß vom Zuschauerraum getrennt werden, so daß klar ist, wo Realität und wo vorgetäuschte Realität zu verorten sind. Aber dann kann auch auf der Bühne Täuschung, Irrtum, Unbeobachtbarkeit aufgeführt werden. Und der Zuschauer sieht und versteht die aufgeführte Differenz von Wahrheit und Täuschung als Realität, wenn er davon absieht, daß sie selbst in Wahrheit eine Täuschung ist. Nur über ein re-entry, das daran gehindert wird, sich selbst zu annullieren, kann das Theater die Welt symbolisieren.[40] Aber wenn das so ist: kann man dann nicht ebensogut umgekehrt vorgehen und der Form in der Form den Primat geben? Wird nicht, könnte man vermuten, die Ausgangsunterscheidung als Rahmen des Rahmens hinzuerfunden, wenn man mit der Welt, wie sie sich repräsentiert, zum Beispiel mit der Unterscheidung sakral/profan, nicht mehr auskommt? Kann man nicht in einer Art von »framing up« eine Unterscheidung nach außen projizieren, so daß sie sich selbst enthält?

Fragen dieser Art sind zweitrangig. Vielleicht hat die Konstruktion eines mathematischen Kalküls hier andere Prioritäten als die soziokulturelle Evolution. Daß wir uns diese Frage offenhal-

---

40 Siehe hierzu David Roberts, Die Paradoxie der Form: Literatur und Selbstreferenz, in: Dirk Baecker (Hrsg.), Probleme der Form, Frankfurt 1993, S. 22-44.

ten können, ja müssen, ist durch den Begriff der Beobachtung als Unterscheidungsgebrauch vorbestimmt. Denn Beobachten heißt ja weder vorgegebene Weltstrukturen abzubilden (was richtig oder falsch erfolgen könnte), noch etwas Entsprechendes herzustellen (was je nach Modell oder Zweck gelingen oder mißlingen könnte). Sondern Beobachten ist Herstellung von Anschlußfähigkeit durch Unterscheiden; und dann entscheidet das Weitermachenkönnen und die erreichbare Komplexität über die Ergiebigkeit des Anfangs. Für unsere Zwecke genügt es zunächst, das Problem zu sehen und Vorentscheidungen für die eine oder die andere Sequenz zu vermeiden.

Aber konzentrieren wir uns auf den anstehenden Fall. Es geht, davon gehen wir aus, um die Unterscheidung beobachtbar/unbeobachtbar. Andere Unterscheidungen können folgen je nachdem, wie das Beobachtungsfeld Religion sich entwickelt, aber beginnen muß man mit der Unterscheidung beobachtbar/unbeobachtbar. Die Unterscheidung läßt kein sinnvolles (ergiebiges) Kreuzen der Grenze zu. Wenn man kreuzt, gilt das »law of crossing« mit dem »form of cancellation«. Wenn man zurückkehrt, steht man so da, als ob nichts gewesen wäre,[41] denn Beobachten kann nur auf der Seite des Beobachtbaren stattfinden (auch wenn es diese Seite nur gibt, weil es auch die andere gibt). Es geht auch nicht darum, das Unbeobachtbare beobachtbar zu machen – es abzubilden, darzustellen usw. Dies wäre schlicht ein Kategorienfehler bzw. ein Übergang zu einer anderen Art von Unterscheidung. Es kann sich nach allem nur um das re-entry der Form in die Form, das heißt: der *Unterscheidung* in das durch sie Unterschiedene handeln. Mit anderen Worten: Im Beobachtbaren (wo sonst?) muß die *Differenz* von beobachtbar/unbeobachtbar beobachtbar gemacht werden. Es geht nicht um die eine oder die andere Seite dieser Unterscheidung, sondern um ihre *Form*: um die Unterscheidung selbst.

Da Religion über sich selbst oft unzureichend Auskunft gibt, waren diese komplexen Vorüberlegungen nötig, um zu dem Er-

41 Die religiöse Literatur, vor allem buddhistischer Provenienz, berichtet oft das genaue Gegenteil: Nach der Rückkehr aus der religiösen Auflösungserfahrung seien die Weltdinge *nicht mehr dieselben wie zuvor*. Es ist demnach genau diese logische Stelle, an der die Religion auf ihre Eigenleistung aufmerksam macht.

gebnis zu kommen: Sinnformen werden als religiös erlebt, wenn ihr Sinn zurückverweist auf die Einheit der Differenz von beobachtbar und unbeobachtbar und *dafür* eine Form findet. Religion hat nichts mit »Sinnkrise« zu tun, die es ja als Thema erst seit gut hundert Jahren gibt. Bei Themen wie »Sinnverlust«, »Identitätsverlust«, »Weltverlust« handelt es sich nur um Phantomschmerzen[42] nach großen historischen Amputationen – wie der Ermordung des Königs und der Entleerung des Hauses durch Schulen, Fabriken und Büros; und wenn das zutrifft, wäre es eine Zumutung an Religion, sich damit zu befassen. Religion versteht Sinn auch nicht als ein »Bedürfnis«, das zu befriedigen wäre. Sie ist nicht dazu da, »Sinnsuche« mit Aussichten auf Erfolg auszustatten. Das sind noch anthropologisch-funktionale Bestimmungen. Auch geht es nicht um das Problem, das Jacques Derrida beschäftigt: daß ein Zeichengebrauch nicht wiederholt werden und folglich keine Referenz haben kann, die von Situation zu Situation dieselbe bleibt; und daß die Metaphysik der Präsenz des Seins uns folglich getäuscht hat. Es mag durchaus so sein, daß die Zeit alles verändert und stets neue Einschreibungen erfordert; oder daß alle »différence« letztlich Verschiebung der Differenz, also »différance« ist und jeder Gegenhalt folglich dekonstruiert werden kann. Das mag durchaus so sein, löst aber nur die alte heilige Allianz von Religion und Kosmologie oder Theologie und ontologischer Metaphysik auf, *ohne daß man bestreiten könnte, daß auch dies Religion gewesen war.* Denn auch dies führt nur bis zu der Frage, warum denn so, nämlich im Schema von Sein und Nichtsein oder im Schema Anwesenheit/Abwesenheit oder im Schema Wiederholung/Nichtwiederholung (itération) unterschieden wird und nicht anders. Daß dies durchaus Sinn machen kann, kann nicht gut bestritten werden. Die Frage bleibt, was unbeobachtet bleibt, wenn so oder auch anders unterschieden wird. Und das Problem der Religion, das sie von allen anderen Weltunternehmungen unterscheidet, ist nur: wie Sinn möglich ist, wenn dies so ist.

Dabei ist, wie sich nunmehr rekonstruieren läßt, mit Unbeobachtbarkeit nicht praktische Unzugänglichkeit gemeint, sondern

---

42 So Gudmund Hernes, Comments, in: Pierre Bourdieu/James S.Coleman (Hrsg.), Social Theory for a Changing Society, Boulder – New York 1991, S.125f.

dasjenige, was das Beobachten selbst unbeobachtbar macht. Und das ist immer ein Doppeltes: das Beobachten selbst und der unmarked state der Welt, aus dem heraus es das, was es bezeichnet, unterscheidet. Es sind mithin auch keine Defekte, Sorgen, Unsicherheiten, die mit Religion kompensiert werden, sondern eine notwendige Bedingung jeder Festlegung – sei es im Erleben oder Handeln, sei es durch psychische oder durch soziale Systeme – auf etwas-und-nichts-anderes.

Jede Unterscheidung gibt, wenn sie einmal markiert ist, die Freiheit, sich anderen Unterscheidungen zuzuwenden. Gerade die Markierung hat diesen Effekt, da sie, im Unterschied zum bloßen Vorstoßen auf das, was man bezeichnet, eine Unterscheidung unterscheidbar macht. In der Sprache von Gotthard Günther wäre dies eine »transjunktionale Operation«, das heißt: eine Operation, die darüber entscheidet, ob eine Unterscheidung angenommen oder abgelehnt wird.[43] Das mag schon in dieser Abstraktionslage auf einen Zusammenhang von Religion und Freiheit hindeuten, und sei es nur: die Freiheit zum Zweifel.

Außerdem ergibt sich – mehr beiläufig, aber ausbaufähig –, daß Religion als letzten Abschlußgedanken nur ein Paradox anbieten kann und als darauf bezogene Operationsweise nur das, was man gemeinhin »Glauben« nennt. Religiöser Sinn ist auch in dieser Richtung verweisungsoffen. Es bleibt immer möglich, die Frage der Einheit der Letztdifferenz zu stellen und daran zu scheitern. Aber gerade weil dies so ist und unausweichlich so ist, liegt darin auch eine eigentümliche Sicherheit und ein vorwurfsfreies: es ist eben so.

VI.

Gebunden an Sprache, die im Ja/Nein-Code operiert, und gebunden an die ontologische Metaphysik, die von der Unterscheidung Sein/Nichtsein ausging, hatte die Theologie mit Negationen ihre Schwierigkeiten gehabt. Sie konnte es sich leisten, ihre eigenen Aussagen als negative Theologie zu formulieren. Sie

43 Siehe: Cybernetic Ontology and Transjunctional Operations, in: Gotthard Günther, Beiträge zur Grundlegung einer operationsfähigen Dialektik Bd. 1, Hamburg 1976, S. 249-328.

konnte es sich nicht leisten, die Existenz Gottes zu leugnen. Unter den gegebenen Bedingungen blieb jedoch die Negation eine elementare, nicht weiter analysierbare Operation. Dies könnte sich ändern, wenn man die Ergebnisse der vorstehenden Überlegungen akzeptiert.

Denn Welt und Sinn werden jetzt als unnegierbare Sachverhalte geführt, und Unterscheiden ist ein konstitutives Moment der Operation des Beobachtens, so daß man nicht die eine Seite der Unterscheidung gleichsam wegnegieren kann, ohne die Möglichkeit der Beobachtung selbst zu zerstören. Jedenfalls kann beim operativen Gebrauch von Unterscheidungen nicht davon ausgegangen werden, daß die andere Seite der Unterscheidung unbeachtlich ist, weil es sie gar nicht gibt. Sie muß zwar aus der jeweils gewählten Bezeichnung ausgeschlossen werden, gleichwohl aber für weitere Operationen zugänglich bleiben. Die Grenze zwischen der einen und der anderen Seite einer Unterscheidung ist überhaupt nur vorstellbar, wenn man mitdenkt, daß sie überschritten und daß auch die andere Seite bezeichnet werden könnte. Deshalb läßt sich das Kreuzen der Grenze, das »crossing« im Sinne von Spencer Brown, auch nicht als Negation auffassen. Entsprechend ist, bei Spencer Brown, das »cross« die Bezeichnung der Bezeichnung, weil das Bezeichnen ein Überschreiten (und damit: ein Reproduzieren) der Grenze zwischen unmarked und marked space erfordert. Der Buddhismus weitet die Möglichkeiten des Negierens aus und bezieht den Grund des Seins in sie ein. Aber auch dann hat man die Frage, ob man damit der Welt gerecht wird, von deren »unmarked space« alles Bestimmte sich unterscheiden muß, die aber deswegen doch nicht negiert werden kann.[44] Der unmarked space ist nicht beobachtbar, aber deswegen noch kein Nichts.

Negation ist nach all dem eine sehr voraussetzungsvolle Operation. Sie setzt vor allem Spezifikation des Negierten voraus (da man die Welt und den Sinn der Operation des Negierens nicht negieren kann), und sie setzt Gedächtnis voraus, da das zu Negierende identisch bleiben muß mit dem, was auch bejaht werden könnte. Über Möglichkeiten der Negation verfügen also nur hinreichend komplexe Systeme.

---

44 Dies zu Nishitani, a. a. O.

Vermutlich braucht man Negationen nur dann, wenn die Möglichkeit des Kreuzens einer Unterscheidung sich anbietet *und man sie ablehnen möchte*; wenn man also auf derselben Seite der Unterscheidung bleiben will, zum Beispiel eine Tomate als Tomate und nicht, was im Moment möglich zu sein scheint, als Apfel weiterbehandeln will. Negation wäre danach ein Ablehnen des crossing. Beim Wahrnehmen braucht man folglich normalerweise gar keine Negation, sondern nur deutliche Unterschiede. Negation ist hier nur eine Operation der Abwehr von Täuschungen. Für die Einrichtung binärer Codierungen, wir werden darauf ausführlich zurückkommen, ist dagegen Negation eine konstitutive Komponente, gerade weil das crossing möglich bleibt und vorgesehen ist. Negation ist hier und nur hier die Reflexion des crossing, die Dauerverfügbarkeit der Möglichkeit, die Grenze zu überschreiten *oder nicht*.

Das erklärt zugleich die sprachlichen Schwierigkeiten, mit denen wir es laufend zu tun haben. Denn Sprache ist keineswegs nur eine grammatisch geordnete Menge von Zeichen, sondern vor allem eine binär codierte Form der Kommunikation, die für alles, was mitgeteilt werden soll, Ja-Fassungen und Nein-Fassungen zur Verfügung stellt. Da wir Sprache benutzen müssen, entsteht der Eindruck, als ob die Welt ein *un*marked space oder eine *Un*endlichkeit sei – im Unterschied zum marked space oder zur Endlichkeit der Dinge. Aber das ist nur ein Problem der Sprache, das sich ergibt, wenn man die Welt *sprachförmig* bezeichnen, das heißt: *sprachförmig* unterscheiden will. Aber jede, auch diese Unterscheidung gewinnt Aktualität nur als Operation in der Welt, und auch die Unterscheidung marked/unmarked space erzeugt in ihrem Gebrauch einen – können wir sagen: ununmarked space, der sie aufnimmt.

Manchmal werden Theorien dieser Art als These eines Primats des Positiven beschrieben. Auch das ist unangemessen. Denn von Positivem kann man nur sprechen, wenn man voraussetzt, daß es auch negativ sein könnte. Gerade das soll jedoch bezweifelt werden. Wir sprechen vielmehr von der Eigentümlichkeit sinnhaft prozessierender Systeme und von dem, was Welt, was Sinn, und schließlich: was Religion für sie bedeuten kann. Von »Primat« kann man daher nur sprechen, wenn es um die Wahl genau dieser Systemreferenz geht, also um die Entscheidung, von genau dieser Systemreferenz aus »innen« und »außen« zu bezeichnen, was jedenfalls nur in einem solchen System geschehen kann. Die innen/außen-Unterscheidung, die die Angabe einer Systemreferenz erfordert, tritt an die Stelle, die für die onto-theologische Tradition die Unterscheidung von Sein und Nichtsein eingenommen hatte.

VII.

Bezogen auf psychische Systeme als Beobachter bleiben die vorstehenden Überlegungen auf einem Terrain, das aus der Tradition vertraut ist. Daß das Auge sein Sehen nicht sehen kann, ist ein von Plato bis zu Fichtes Widerspruch durchgehaltener Topos. Eben deshalb braucht es für Reflexion einen besonderen Seelenteil.[45] Überdies sind die kognitiven Unzulänglichkeiten des menschlichen Erkenntnisvermögens nichts irgendwie Überraschendes; schließlich kann auch das Feuer sich nicht selber verbrennen (und damit auslöschen). Es geht aber im folgenden weder um Wahrnehmung noch um Bewußtsein. Das Bewußtsein leistet eine Externalisierung der (intern erarbeiteten) Resultate neurophysiologischer Operationen. Es leistet die Konstitution einer »Außenwelt« und operiert daher mit der Unterscheidung von Fremdreferenz und Selbstreferenz. Es bleibt deshalb an das Subjekt/Objekt-Schema gebunden und kann auch in reflexiver Einstellung sich selbst nur dinganalog, nur als Subobjekt, nur als Seele, Geist, Selbst, Ich vorstellen. Die Religion hat aber nicht zuletzt darin ihr Problem, daß sie auch nach dem Sinn dieser Subjekt/Objekt-Unterscheidung noch fragen kann – und letztlich muß.

Daß in religiösen Thematiken ein Bezug auf den Menschen mitläuft, soll damit nicht bestritten sein, aber das betrifft die Themen, nicht die basalen Operationen der Religion. Es gibt mächtige Mythen, etwa den Mythos des menschgewordenen Gottes oder den Mythos der Subjektivität des Ich, die den Einzelmenschen darüber hinwegtrösten, daß er nur einer unter sehr vielen ist. Aber es gibt diese Mythen nur als Kondensat von Kommuni-

---

45 Aristoteles, De anima III.

kation. Wir können deshalb, im Kontext einer soziologischen Theorie, Religion ausschließlich als kommunikatives Geschehen auffassen. Daß auch Bewußtseinsprozesse mitwirken, soll in keiner Weise bestritten werden. Ohne Bewußtsein keine Kommunikation. Aber die Realisation von Religion, ebenso wie die Realisation sozialer Ordnung schlechthin, ist nicht als Aggregat von (jeweils in sich geschlossenen) Bewußtseinsoperationen zu begreifen. So angesetzt würde eine Theorie der Emergenz sozialer Ordnung auf extreme Unwahrscheinlichkeit stoßen – so als ob bei der Sprengung in einem Marmorbruch eine Skulptur von Michelangelo entstehen könnte. Das Entstehen, aber auch die laufende Erhaltung und Reproduktion einer sozialen Ordnung ist nur auf Grund einer genau dies bewirkenden Operation zu erklären – eben auf Grund von tatsächlich stattfindender, sich selbst reproduzierender Kommunikation. Es geht also ausschließlich um religiöse Kommunikation, um religiösen Sinn, der in der Kommunikation als Sinn der Kommunikation aktualisiert wird. Im Unterschied zu den Aussagen, die die Religion über sich selber macht, haben wir es demnach nicht mit religiösen Entitäten (Gottheiten zum Beispiel) zu tun, von denen gesagt wird, daß sie existieren. Uns interessiert nur, daß dies gesagt wird. (Denn wenn es nicht gesagt würde, hätte man auch keinen Anlaß, darüber nachzugrübeln, ob es zutrifft oder nicht.) Außerdem abstrahieren wir von Aussagen über (jeweils individualisierte) Bewußtseinszustände. Es geht also nicht um eine »Humanisierung«, um eine anthropologische Reduktion der Religion im Stile des 19. Jahrhunderts. Somit ist Kommunikation die einzige Systemreferenz, die wir zulassen, wobei selbstverständlich vorauszusetzen ist, daß Kommunikation nur möglich ist, wenn bestimmte strukturelle Kopplungen psychischer, organischer, chemischer, physischer Art gesichert sind.

Eine Analyse der Eigenleistungen des Bewußtseins könnte Religion nie verständlich machen und vor allem die Evolution von Hochformen der Religion nicht erklären. Die Hauptleistung des Bewußtseins (von Menschen wie von höher entwickelten Tieren) besteht darin, die Resultate der neurophysiologischen Arbeitsvorgänge des Gehirns als »Außenwelt« erscheinen zu lassen und dem bewußt lebenden Organismus daher eine Orientierung an der Differenz von Selbstreferenz und Fremdreferenz zu ermöglichen. Dies kann durch unmittelbare Wahrnehmung, aber auch durch Simulationen der verschiedensten Art geschehen. Man weiß auch, daß das damit gegebene Unterscheidungsvermögen beim Menschen durch Sprache gesteigert und mit einer eigenen Art von Gedächtnis und Lernfähigkeit ausgestattet wird. Der Mensch kann sich dann auch an das erinnern, was er in der Form von Sprache wahrgenommen (gehört oder gelesen) hat. Im Bereich der genuinen Operationen des Bewußtseins würde daher das Unbeobachtbare, wenn es mit Realitätsindex versehen wird, immer als Verdecktes, als »hinter« oder »in« etwas anderem Vorhandenes erscheinen. Religiöse Kommunikation benutzt denn auch, wenn es darum geht, bewußt Vorstellbares anzubieten, solche Metaphern des »hinter« oder des »in«. Aber erst die sprachliche Codierung der Kommunikation nach »Ja« (Annahme) und »Nein« (Ablehnung) erschließt den semantischen Raum, den Religion besetzt und entwickelt. Nur über Kommunikation kann Sinn realisiert werden, der explizit darauf besteht, daß das Gemeinte, Mitgeteilte und zu Verstehende *für Bewußtsein unzugänglich ist.* Damit werden Sinnformen wie Dahintersein, Inetwas-Sein, Unsichtbarkeit, Unabbildbarkeit als Metaphern etabliert und in Umlauf gebracht, und das Bewußtsein hat sich an diese Sprache zu gewöhnen. Dabei bleiben aber die Bewußtseinskorrelate für das, was gepredigt wird, höchst ungewiß und für Kommunikation unverfügbar. Die Kommunikation generiert eigene Formen des Verstehens als Bedingung des Abschließens und Neuanfangens eigener Operationen, und sie registriert Eigenwilligkeiten des Bewußtseins dann nur noch, soweit sie die Kommunikation selbst irritieren. Die Bedingungen einer eigenen soziokulturellen Evolution auf der Basis kommunikativer Autopoiesis liegen eben darin: daß die Kommunikation in hohem Maße *indifferent* und zugleich in spezifischer (aber: selbstbestimmter) Weise *empfindlich* ist gegenüber dem, was gleichzeitig als Bewußtsein abläuft.

Kommunikation begreifen wir demnach als eine sich selbst aus eigenen Produkten reproduzierende Operationsweise, in anderen Worten: als die Operationsweise eines »autopoietischen« Systems. Sie erfordert, daß eine Synthese von Information, Mitteilung und Verstehen erreicht wird, die in ihrem Sinn so weit konvergieren, daß die Kommunikation fortgesetzt werden kann.

Konstative (informative) und performative (mitteilende) Komponenten der Kommunikation müssen in jeder kommunikativen Operation abgeglichen und in ihrem Zusammenhang verstanden werden. Insofern ist und bleibt religiöser *Glaube* immer *Bekenntnis*. Aber die *Einheit* dieses Geschehens wird als Kommunikation erzeugt und nicht als (unvermeidlich prekärer) Bewußtseinszustand der Beteiligten.

Kommunikation ist immer eine Beobachtungsoperation, denn sie setzt als Mindestes voraus, daß (1) Information und Mitteilung unterschieden werden können und daß (2) die Komponente Verstehen, von der aus diese Unterscheidung gemacht wird, selbst nicht mit der Mitteilung zusammenfällt, sondern von ihr unterschieden werden kann. Entsprechend komplex sind die Anforderungen an die Teilnahme psychischer Systeme, die dann störend auf die Kommunikation zurückwirken. Aber Kommunikation ist und bleibt, wenn man von sozialen Systemen ausgeht (und nicht von konkreten Menschen), die primäre Operation; und man kann bei hier ansetzenden Forschungen außer acht lassen, was gleichzeitig psychisch geschieht. Was an psychischen Aktualisierungen kommunikativ relevant werden will, muß sich als Kommunikation bemerkbar machen. Sonst bleibt es eine für das soziale System der Gesellschaft folgenlose Veränderung seiner Umwelt.

Wenn Kommunikation als Synthese der drei Komponenten Information, Mitteilung und Verstehen aufgefaßt wird, läßt dieser Begriff weder eine Reifikation noch einen ontologischen Primat der einen oder anderen dieser Komponenten zu. Die Kommunikation hat keinen Ursprung – weder im Sachsinn der Information noch im subjektiven Akteur, der etwas mitteilt, noch schließlich im gesellschaftlichen Kontext und dessen Institutionen, die ein Verstehen ermöglichen. Die Kommunikation ist ihr eigenes Produkt.[46] Sie ist deshalb in der Lage, ihre Orientierungsschwerpunkte ständig zu wechseln je nachdem, wo die anschließende Kommunikation ihr Problem sucht: in der überraschenden Information, in den Intentionen der Mitteilung oder in den Schwierigkeiten des Verstehens. Diese Analyse führt auf die

---

46 Für eine ähnliche Auffassung, aber mit etwas anderer Bestimmung der Komponenten, siehe Deleuze a.a.O. S. 22ff.

unaufgebbare Voraussetzung von Sinn zurück; denn Sinn ist eben das Medium, das einen solchen Führungswechsel der Komponenten ermöglicht und sich in ihm reproduziert. Auch insofern sind Objekte, Subjekte und Bedingungen des Verstehens nicht vorgegebene Existentialien, sondern »Eigenwerte« der Kommunikation, deren Stabilität sich der Rekursivität des Kommunizierens verdankt.

Wir müssen diesen Begriff der Kommunikation an dieser Stelle ohne ausführliche Erläuterung voraussetzen.[47] Für das folgende ist jedoch wichtig, daß alles, was über Beobachten gesagt wird, auch für Kommunikation gilt. Auch soziale Systeme sind daher beobachtende Systeme – und dies sui generis, mit eigenen Unterscheidungen und vor allem: ohne eine eigene Fähigkeit zur Wahrnehmung. Dies gilt auch für die zentrale Prämisse der Unbeobachtbarkeit des Beobachtens. Zwar hat ein Kommunikationssystem ebenso wie ein Bewußtseinssystem die Fähigkeit, sich auf sich selbst zu beziehen. Kommunikation kann, auf der Ebene basaler Operationen, Kommunikationen bezeichnen, über die dann weiter zu kommunizieren ist. Außerdem kann auch ein Kommunikationssystem die eigene Identität zum Thema machen, Selbstbezeichnungen benutzen, Selbstbeschreibungen anfertigen, Theorien über sich selbst aufstellen und zur Diskussion stellen. Aber immer nur durch Operationen, die nicht ausschließen, sondern gerade voraussetzen (wie Wittgensteins Begriff der Regel), daß es im System auch andere kommunikative Operationen gibt.

Auch hier ist also Reflexion immer bedingt durch, und gebunden an, eine vorgängige Unterscheidung, die in der Beobachtung selbst nicht thematisiert wird, sondern als ihr blinder Fleck fungiert. Und dasselbe gilt bereits auf der basalen Ebene des kommunikativen Operierens, das heißt in bezug auf die Unterscheidung von Information, Mitteilung und Verstehen. Im Augenblick des Aktualisierens der Einheit des so Unterschiedenen kann die Kommunikation sich selbst nicht bezeichnen; sie kann nur operieren. Und wenn es auf diese Einheit ankommt, muß eine weitere Kommunikation eingesetzt werden, die dann ihrer-

---

47 Für Weiteres siehe Niklas Luhmann, Soziale Systeme: Grundriß einer allgemeinen Theorie, Frankfurt 1984.

seits sich selbst nur operativ verwirklichen kann. Haben wir uns verstanden?

Die folgenden Kapitel werden wieder und wieder mit diesem Problem zu tun haben, das (der eigenen Logik folgend) verschiedene Namen erhalten kann wie: Unterscheidung von Operation und Beobachtung; Unbeobachtbarkeit der Welt und des Beobachtens; Paradoxie der Selbigkeit des Unterschiedenen; oder auch: re-entry der Unterscheidung in sich selbst. Für das Verständnis ist wichtig, daß wir uns damit auch, ja durchweg, auf die Beobachtungsoperation Kommunikation beziehen. Daß in der Alltagskommunikation »der Mensch« und nicht die Kommunikation für Unbeobachtbarkeiten verantwortlich gemacht wird und daß auch Sichtschwächen und Ausdrucksschwächen der religiösen (zum Beispiel der mystisch orientierten) Kommunikation auf Konstitutionsbedingungen im Menschen zugerechnet werden, darf uns nicht irreführen. Das ist nur eine der semantischen Formen, in denen das tieferliegende Paradox der kommunikativ erzeugten Unbeobachtbarkeit des Beobachtens sich verbirgt. Und wenn dies zutrifft, ist Soziologie und nicht Psychologie oder Anthropologie die eigentlich zuständige Religionswissenschaft.

VIII.

Die mit der Unterscheidung Operation/Beobachtung erarbeiteten Einsichten lassen sich wiederholen und ausbauen, wenn man nach der Reichweite kognitiver Kapazitäten fragt. Für die religiöse Tradition war es immer selbstverständlich gewesen, von beschränkten kognitiven Fähigkeiten des Menschen auszugehen und Attribute wie Allwissenheit als Gegenbegriffe für Gott zu reservieren. In der heutigen Kognitionswissenschaft tauchen ähnliche Probleme auf, die jedoch nicht mit der Mensch/Gott (endlich/unendlich) Unterscheidung formuliert werden. Die Ausgangsthese ist vielmehr: daß kein System seine Umweltangepaßtheit durch Kognition sicherstellen kann.[48] Kognition ist

48 Siehe für Organismen A. Moreno/J. Fernandez/A. Etxeberria, Computational Darwinism as a Basis for Cognition, in: Revue internationale de systémique 6 (1992), S. 205-221.

immer nur ein in den Systemoperationen basierter Zusatzmechanismus, der vor allem die Funktion hat, die vorübergehende Anpassung des Systems an vorübergehende Umweltbedingungen zu ermöglichen, während dabei immer vorausgesetzt bleiben muß, daß die Welt (oder vom System aus gesehen: die Umwelt) die Selbstreproduktion des Systems toleriert.

Dies gilt nicht nur für alle lebenden Organismen und für das menschliche Bewußtsein, sondern in abgewandelter Form auch für Kommunikationssysteme jeder Art. Jede Kommunikation aktiviert zwar zwangsläufig (sonst wäre es nicht Kommunikation) eine Komponente »Information«. Sie muß sich auf etwas Bestimmtes beziehen und ihrem Bezugspunkt die Form der Information geben. Sie muß das, was sie bezeichnet, als einen Unterschied auffassen, der einen Unterschied macht, indem er kognitiv bearbeitet wird.[49] Aber damit Kommunikation überhaupt zustande kommt, ist außerdem eine Mitteilung der Information erforderlich und schließlich ein für weitere Kommunikation hinreichendes Verstehen, das sich an der Differenz von Mitteilung und Information orientiert. Kommunikation ist also niemals nur eine sich selbst reproduzierende, informationsgestützte Kognition. Ihre Eigenleistung ist nicht ein Hineincopieren (»Repräsentieren«) dieser Umweltbedingungen in das System, sondern eine ständige Vermittlung von informativen (konstativen) und mitteilenden (performativen) Komponenten der *eigenen* Operationsweise. Sie operiert, wie das Gehirn, umweltabhängig, aber ohne Kontakt zur Umwelt. Denn als Operation, die in rekursivem Zugriff auf andere Operationen das System dieser Operationen reproduziert, muß auch Kommunikation sich auf Umweltvoraussetzungen einlassen, die sie nicht in der Kommunikation selbst erfassen und thematisieren kann. Sie setzt eine die Kommunikation im Normalfall tolerierende Umwelt, vor allem Bewußtseinssysteme, aber auch eine hinreichend diskontinuierliche, überraschungsreiche ökologische Umwelt voraus. Ausfälle und Unterbrechungen sind damit nicht ausgeschlossen, aber sie müssen auf die Kommunikation als Irritation einwirken können und

49 Batesons Informationsbegriff: ein Unterschied, der einen Unterschied ausmacht. Siehe Gregory Bateson, Ökologie des Geistes: Anthropologische, psychologische, biologische und epistemologische Perspektiven, dt. Übers. Frankfurt 1981, S. 488.

als Ereignisse gegen den Normalzustand der Welt definierbar sein.

Auch eine auf kognitive Informationsverarbeitung spezialisierte Strukturbildung in der Form von wiederholt verwendbarem Wissen, von semantischer Auszeichnung von Zeichen als bedeutsam oder in der Form von bewährten Methoden zum Gewinnen und Testen von Wissen vermag daran nichts zu ändern. Denn zum einen setzen solche Strukturen Aktivierung durch Kommunikation voraus; sie sind keine operationsfrei vorhandenen Bestände. Und außerdem ist deren Evolution gesteuert durch das Leitinteresse aller Kognition, vorübergehende Anpassung an vorübergehende Lagen zu ermöglichen. Es handelt sich also nicht und niemals um eine immer bessere, zutreffendere, immer tiefenschärfere Bestandsaufnahme der Welt »wie sie ist«, sondern immer nur um eine interne Konstruktion, mit der das System sich selbst weiterhilft. Ausbau von kognitiven Kapazitäten in Richtung auf Digitalisierung, Speicherung, Verfeinerung der Unterscheidungen oder Lerntempo mit vorweg eingerechneter Änderbarkeit allen Wissens wird deshalb nicht die Weltsicherheit des Systems verbessern, sondern allenfalls seine eigene Irritierbarkeit steigern. Das System kann dann mehr Überraschendes und noch Unbekanntes typisieren und verarbeiten und damit den Bereich von Kommunikationen vergrößern, der verstanden werden kann. Aber darin liegt keine Gewähr für die Verbesserung der Anpassungsfähigkeit des Gesellschaftssystems. Evolution heißt denn auch nicht: Selektion desjenigen Wissens, das zur besseren Anpassung des Systems an seine Umwelt beiträgt, sondern nur: Testen von Formen, mit denen die Autopoiesis des Systems trotz einer ins Unwahrscheinliche getriebenen Komplexität – oder in kybernetischer Terminologie: trotz Abweichungsverstärkung[50] – fortgesetzt werden kann. Die Leistung der Evolution liegt darin, bei geringer Entstehungswahrscheinlichkeit hohe Erhaltungswahrscheinlichkeit zu erzeugen, und das heißt: Systeme zu bilden.

Die Autopoiesis kommunikativen Operierens projiziert eine

---

50 Speziell hierzu Magoroh Maruyama, The Second Cybernetics: Deviation-Amplifying Mutual Causal Processes, in: General Systems 8 (1963), S. 233-244. Vgl. auch das Postscript to the Second Cybernetics in: American Scientist 51 (1963), S. 250-256.

noch nicht besetzte, noch unbekannte Zukunft, in der, und nur dies ist gewiß, immer weitere Operationen möglich sein werden. Ungewißheit heißt eben auch: Ungewißheit ohne Ende; Ungewißheit, die sich mit jeder Bestimmung neu konstituiert. Das garantiert Korrekturmöglichkeiten und reicht dafür aus. Dafür braucht man keine transzendentalen Garantien, keine Aprioris. Solch ein Korrekturvorbehalt mag in fast allen Funktionssystemen, in der Politik, in der Wirtschaft, in der Wissenschaft und heute sogar in Intimbeziehungen genügen. Wenn aber mehr verlangt ist, muß man andersartige Sinnressourcen einführen.

Diese theoretischen Ausgangspunkte haben sowohl für die Evolution des Lebens als auch für die Evolution des Kommunikationssystems Gesellschaft weittragende Konsequenzen. Sie brechen mit der traditionellen Annahme einer seinsmäßig vorgegebenen, mit einer zweiwertigen Ja/Nein-Logik erfaßbaren Welt. Von diesen Ausgangspunkten her mußte die Religion sich mit der Ontologie verbünden, also eine Kosmologie akzeptieren oder sogar einen Schöpfer (mit Seinsprädikat) postulieren, der alles, was ist, geschaffen hat und erhält. Die Umstellung des Ausgangspunktes auf einen operativen Konstruktivismus und die Betonung der operativen Voraussetzungen jeder Kognition führen dagegen auf eine ganz andere Problemstellung. Wenn die Welt und die laufend vorauszusetzende Angepaßtheit der Systeme sich der Beobachtung und erst recht der kognitiven Verarbeitung entziehen: Wie kann das System dann so etwas wie Sinnvertrauen entwickeln? Und die Vermutung liegt nicht ganz fern, daß hierfür Religion zuständig ist.

IX.

Eine dieses Kapitel abschließende Überlegung soll sich auf den Sinn des Todes beziehen. In wohl allen Religionen und in allen Religionstheorien spielt der Tod eine bedeutende Rolle. Der Tod gehört zu den Grunderfahrungen menschlichen Lebens, und zwar als eine Erfahrung, die alle betrifft unabhängig von ihren Lebensschicksalen und ihrem sozialen Status. Auch zeitlich hat der Tod die besondere Eigenart, jederzeit eintreffen zu können, auch wenn man gar nicht damit rechnet. Sozial gesehen geht es um den erlebten Tod anderer ebenso wie um den jederzeit möglichen eigenen Tod. Diese Universalismen zeigen auch ohne weitere Erläuterungen an, daß der Sinn des Todes ein Problem ist, an dem sich die Religion zu bewähren hat. Für andere Funktionssysteme und Organisationen spielt der Tod eine begrenzte Rolle: die Medizin stellt mit dem Tod ihre Bemühungen ein, für Versicherungsgesellschaften handelt es sich um eine mit erstaunlicher Treffsicherheit berechenbare Größe, in der die Statistik auf ihr eigenes Paradox verwiesen wird: Genauigkeit der Voraussage bei großen Zahlen als *bedingt durch* die Unvorhersehbarkeit des Einzelfalls. Für Organisationen verursacht der Tod Nachfolgeprobleme, für politische Systeme unter Umständen Momente erheblicher Unsicherheit. Das Recht gibt dem Tod rechtliche Konsequenzen. In keinem dieser Fälle berührt der Sinn des Todes die Funktion des Systems zentral.

Für die Religion scheint dies anders zu sein. Es dürfte keine Religion geben, die vermeiden kann, etwas zu diesem Problem zu sagen; und ebensowenig eine Religion, die den Tod einfach passieren läßt, ohne ein Ritual anzubieten, mit dem die Miterlebenden ihr Betroffensein gestalten und sich der sozialen Teilnahme vergewissern können.[51] Weit verbreitet ist der Glaube an das spirituelle Fortleben der Toten, oft als unheilvolle Ahnen, die besänftigt, oder als unselige Seelen, für die Messen gelesen werden müssen. Die Semantik des leiblichen Lebens enthält Merkmale, die etwas bezeichnen, was den leiblichen Tod überdauert, durch ihn freigesetzt wird oder sogar im Tod erst entsteht (so wie der Leib durch Zeugung und Geburt). Eine klare Leib/Seele-Unterscheidung, wie die christliche Religion sie formuliert, kann dabei nicht vorausgesetzt werden: sie ist vielmehr eine evolutionäre

51 Das muß nicht heißen, daß jedes Ritual dieser Art religiös konnotiert ist. In süditalienischen Dörfern gibt es die Sitte, daß in Todesfällen der Witwer/die Witwe eine Zeitlang das Haus nicht verlassen darf und von Verwandten, Freunden und Nachbarn in streng geregelter Reihenfolge der persönlichen Nähe versorgt wird. Das Problem wird gewissermaßen künstlich dupliziert und so in eine Form gebracht, die durch vorgeschriebenes Verhalten gelöst werden kann. Oder anders: der Tod wird mit Verpflichtungen und Verhaltenseinschränkungen *zusätzlich belastet*, die Differenz verschoben und die Aufmerksamkeit auf eine peinlich-genaue Erfüllung der Anforderungen abgelenkt.

Errungenschaft besonderer Art, die nicht zuletzt zu einer erheblichen Reduktion der Körpersemantik geführt hat, die dann einer naturwissenschaftlich-medizinischen Re-Komplexifizierung überlassen werden konnte.

Die christliche Kosmologie reflektiert den Tod in zwei unterschiedlichen Zeitvorstellungen, die *beide* auf *Leben* verweisen, als Leben formuliert sind. Aeternitas ist die mit allen Zeiten gleichzeitige Zeit des Lebens Gottes: die Zeit eines einfachen, daher unauflösbaren Lebens ohne Werden und Vergehen, daher ohne Sukzession. Tempus dagegen ist die Zeit des menschlichen Lebens als Leben eines auflösbaren compositum, das nur mit der Seele am ewigen Leben teilnimmt. Die Differenz der Zeiten, also auch die differenzhaltige Zeit des »tempus« entsteht erst durch die Schöpfung; die Frage nach der Zeit vor der Schöpfung hat daher keinen Sinn.[52] Die Diskrepanz beider Zeitbegriffe wird durch die Unkennbarkeit der Zukunft zugleich markiert und aufgelöst. Das heißt nicht nur, daß man den Zeitpunkt seines Todes nicht kennen kann, sondern auch: daß die mit dem Tod beginnende Zukunft unerkennbar ist – eine Lücke, die dann durch das Professionswissen der Theologen, vor allem durch das Schema von Himmel und Hölle ausgefüllt wird. Der individuellen wie der priesterlichen Seelsorge fällt damit die Aufgabe zu, Regeln der Lebensführung aufzustellen und zu beachten, die sicherstellen oder doch mit der Gnade Gottes wahrscheinlich machen, daß man mit dem Tode das himmlische Heil erreicht und nicht auf ewig in die Hölle verwiesen wird. Die Kosmologie dieser Doppelzeit ist zugleich ein »Rahmen«, der die Unterscheidung Leben/Tod in eine andere Unterscheidung überführt und ihr dadurch einen Sinn gibt, die ältere, auf den lebenden Körper bezogene Terminologien (im Griechischen zum Beispiel aion) nicht mehr bieten können.

In den üblichen Religionstheorien wird zwischen Funktion (für die Gesellschaft) und Leistungen (für andere Systeme) nicht deutlich unterschieden. Man setzt, auf der Grundlage anthropologischer Annahmen, voraus, daß der Mensch im Falle des Todes Nahestehender des Trostes bedarf und im Blick auf den bevorstehenden eigenen Tod einer Ermutigung. Im Tod spiegelt sich

52 Augustinus, Confessiones XI, 12ff.

das ganze Leben, erst vom Ende her wird es als Einheit faßbar, und daran können religiöse Sinngebungen anschließen. Den entsprechenden Riten wird in moderner, funktionalistischer Interpretation eine »latente« Funktion der Lösung von Spannungen und der Umsetzung des Leidensdrucks in harmlose Aktivitäten zugesprochen. Das mag, was die Leistungen religiöser Glaubensmittel, religiösen Zuspruchs und religiöser Riten angeht, durchaus zutreffen. Auch evolutionär gesehen mag man hier die Anstöße zur Entwicklung und zur Bewährungsauslese bestimmter Semantiken und Praktiken vermuten, die aus Anlaß von Todesfällen aktualisiert werden und hierfür wiederholbare Muster bereithalten. Über die gesellschaftliche Funktion der Religion und der religiösen Behandlung des Todes ist damit jedoch noch nichts gesagt.

Zunächst einmal geht es nicht um den biologischen Tod als solchen, sondern um das *Wissen* vom Tod. Das Wissen ist kommunizierbares Wissen. Es wird im Medium von Sinn artikuliert, und sei es nur mit Hilfe der Unterscheidung von Leben und Tod. Sehr typisch nehmen Lösungen dieses Problems die Form der Wiederaufnahme des Todes in das Leben an;[53] sei es, daß man von einem Leben nach dem Tode ausgeht, sei es, daß man das ewige Leben Gottes vom zeitlichen Leben der Menschen unterscheidet. Da es weder für Bewußtsein noch für Kommunikation sinnfreie Operationen gibt, ist also auch der Tod nur im Medium Sinn präsentierbar, oder genauer: nur als eine der Formen des Mediums Sinn. Und genau hier, also nicht in der angeblichen »Sinnlosigkeit« des Todes, scheint das Problem zu liegen.[54]

Sinn ist ein Medium autopoietischer Systeme. Darin liegt, daß auf der Ebene der (bewußten bzw. kommunikativen) Operationen kein Ende vorgesehen ist. Jedes Element, das produziert wird, wird durch den und für den Reproduktionszusammenhang der Elemente produziert. Es kann demnach kein »letztes

53 Formal gesehen also ein »re-entry« der Unterscheidung Leben/Tod in sich selbst mit all den Konsequenzen einer unresolvable indeterminacy, die man bei Spencer Brown a.a.O. S. 56ff. nachlesen kann.

54 Wir müssen hier natürlich erneut Sinnbegriffe unterscheiden. Die zwangsläufige Sinnförmigkeit des Todes besagt, daß der Tod mit Bezug auf bestimmte Erwartungen an das Leben auch als »sinnvoll« erlebt und kommuniziert werden kann.

Element« geben, denn ein »letztes« Element wäre keines. Die gleiche Struktur finden wir im Medium Sinn und speziell in der Zeitform von Sinn. Jede Form von Sinn bildet sich mit Hilfe von Verweisungen auf andere Möglichkeiten. Zeitlich gesehen gibt es daher weder einen absoluten Anfang noch ein absolutes Ende, bei dem nicht die Frage nach dem Vorher bzw. Nachher sich stellen würde. Das Abweisen dieser Frage, etwa in Augustins Lehre von der ewigen Gegenwart des Lebens Gottes und in den dies stützenden Psalmenzitaten,[55] operiert mit einem unvorstellbaren, in sich paradoxen, differenzlosen Zeitbegriff und erweist sich eben damit als religiös. Im Medium Sinn können solche Festsetzungen nicht anders erscheinen denn als Setzungen des Glaubens. Die differenzlose Zeit ohne Zukunft und Vergangenheit, ohne Jahr und Tag, ohne Sukzession ist selbst ein Einschnitt, ein Akt der »Schrift« im Sinne Derridas, der darauf angewiesen ist, sich vom Zeitverständnis der lebenden Menschen zu unterscheiden.

Auf der Ebene der autopoietischen Operationen ebenso wie auf der Ebene der Semantik, die ihrer Beobachtung dient, kann es deshalb kein Ende ohne »danach«, keinen Tod ohne »danach« geben. Das Bewußtsein kann keinen letzten Gedanken denken und sich deshalb auch nicht vorstellen, wie ein letzter Gedanke sich gleichsam anfühlen würde. Und erst recht versteht es sich von selbst, daß über jeden Todesfall danach immer noch kommuniziert werden kann; und daß das, was geschehen ist, zumindest so weit verstanden werden kann, daß weitere Kommunikation möglich bleibt. Für psychische wie für soziale Systeme (und für *beide*, weil es um Sinn als Medium der Beobachtung ihrer Operationen geht) ist der Tod sicheres Wissen und sicheres Nichtwissen zugleich. Im Begreifen des Todes tritt das Medium Sinn in Widerspruch zu sich selbst. Es geht um eine Grenzerfahrung, die der Form von Grenze widerspricht, die ja voraussetzen muß, daß es eine andere Seite gibt. Jede hier angebaute Deutung kann daher nicht leugnen, daß sie nur eine Deutung ist. Sie kann ihr eigenes Nichtwissen ontologisch in der Welt verorten, sie kann es gleichsam kosmologisieren. Sie kann es im Schema Immanenz/Transzendenz interpretieren. Aber das kann offenbar

55 Vgl. erneut Confessiones a.a.O., insb. XI, 14, 17-20.

nicht derart geschehen, daß man den Tod als Einzelproblem her- ausgreift und dafür ein Angebot vorlegt (das dann sofort bestreitbar wäre). Plausibilität gewinnen solche Deutungen nur als Religion, und das heißt: nur als System, das genügend Welt- wissen mobilisieren, genügend Redundanzen aktualisieren kann, so daß der Tod als Fall, an dem Sinn selbst als paradox erfahrbar wird, zurücktritt und aufgenommen wird in eine Welt, die als bekannt und vertraut behandelt werden kann.

Kapitel 2

Codierung

I.

Was immer Religion sein mag: sie ist darauf angewiesen, Formen im Medium von Sinn zu bilden. Wie jedes andere Prozessieren von Sinn auch. Das läßt zunächst noch nicht erkennen, worin das Spezifische von Religion liegen könnte. Wir können gleichwohl, zur Überleitung, auf die im vorigen Kapitel begonnene Formenanalyse zurückgreifen. Uns wird es nicht weiterhelfen, nach dem »Sinn von Religion« wie nach etwas Vorhandenem zu fragen, da jede Antwort auf diese Frage eine Form benutzen, also eine Unterscheidung treffen muß, die etwas, eben die Religion, bezeichnet und »alles andere« ausschließt. Wie könnte aber eine Religion eine Sinngebung akzeptieren, die »alles andere« ausschließt, die die Innenseite ihrer Form gleichsam als Entschuldigung benutzt, um sich um den unmarked state der Welt und also: den Beobachter, nicht weiter zu kümmern? Wie immer die Grenze zwischen marked und unmarked gezogen wird: als Religion kann uns nur eine Sinngebung gelten, die genau darin ihr Problem sieht.

Das heißt vor allem: daß *jeder* Formgebrauch Religion involviert, da jeder Formgebrauch einen unmarked state erzeugt. (Ohne Markierung gäbe es selbstverständlich auch nichts »*Un*markiertes«; die Welt muß immer zuerst durch die Unterscheidung markiert/unmarkiert in einen imaginären Raum transformiert werden.) Aber dennoch hat Religion bei *universaler* Sinnzuständigkeit eine *spezifische* Unterscheidung im Auge, eben die von marked/unmarked (beobachtbar/unbeobachtbar). Doch wie kann dies als eine Unterscheidung bezeichnet, als eine Form markiert werden, wenn sich die andere Seite, die Außenseite der Unterscheidung, der Markierung entzieht *und genau dies die Bedingung der Markierung selbst ist?* Wir geben diesem Problem eine Zweitfassung, indem wir nach dem Code der Religion fragen. Eine Codierung setzt voraus, daß *beide* Seiten der Unterscheidung, die als Code dient, bezeichnet werden können, wenngleich nur mit Hilfe der Unterscheidung eines positiven und eines negativen Wertes. Wir kommen darauf zurück. Im Moment interessiert nur ein vorgängiges Problem, nämlich die Frage, was geschieht, wenn der Code der Religion den Platz übernimmt, den auf ursprüngliche und formuniversale Weise die Unterscheidung marked/unmarked innehatte. Man kann vermuten: damit macht sich die Religion selbst unterscheidbar, nämlich als ein System mit diesem (und keinem anderen) Code. Ferner läßt sich dann auch der Beobachter beobachten, nämlich als jemand, der diese Form benutzt, der mit Hilfe dieser Unterscheidung dem, was er bezeichnet, einen religiösen Sinn gibt. Und schon damit kommt die Sünde in die Welt.

Eigentlich müßten jetzt *beide* Seiten des Codes gegen je ihren unmarked state unterschieden werden. Zwei unmarked states kann es nicht geben, da dies Digitalisierung, also Markierung voraussetzen würde. Offenbar handelt es sich also um das aus logischen Ordnungsgründen ausgeschlossene Dritte, um das in einer ordentlichen Welt nicht zulaßbare Chaos. Aber war es denn nicht die Welt selbst gewesen, die jetzt aus der Welt ausgeschlossen ist? Wie kommt es zur Welt in der Welt, zum Einschluß des ausgeschlossenen Dritten?

Läßt man sich durch diese Frage leiten, erkennt man rasch eine Mehrzahl von Möglichkeiten, dem abzuhelfen. Es gibt Mythen der Weltentstehung, die erzählt werden können und durch die Erzählung, also durch Sequenzierung von aufeinander abgestimmten Unterscheidungen, Plausibilität gewinnen. Es gibt Ausgrenzungen, Tabuisierungen, Reinheits- und Reinigungsvorschriften, die die Ordnung am Ausgeschlossenen vorführen.[1] Eine andere Lösung ist: die Welt selbst für unterscheidbar zu halten. Sie wird bezeichnungsfähig, wenn man ihr etwas anderes gegenüberstellt – sei es den einen Gott, sei es das eine Nichts. Man kann dann die Nichtwelt-Seite dieser Unterscheidung mit einer Symbolik aufladen, die Unverstehbarkeit signalisiert. Das scheint zu genügen, um die Welt selbst im Modus der Beobachtbarkeit voraussetzen zu können. Es können, wie im Paradies,

---

1 Hierzu die bekannte Monographie von Mary Douglas, Purity and Danger: An Analysis of Concepts of Pollution and Taboo, Harmondsworth UK 1970.

Erkenntnisverbote eingesetzt werden; oder dann die Vorstellung, der Beobachter sei der Teufel. Mit all dem bringt die Religion eine Semantik ihrer Codierung hervor, die für Zwecke der Kommunikation und der Unsicherheitsabsorption in bestimmten historischen Gesellschaften ausreicht. Die Religion kanonisiert sich und marginalisiert Fragende.

Aber man kann nicht effektsicher ausschließen, daß Fragen zurückdirigiert werden auf die Einheit des Codes, die Einheit von positiv (zum Beispiel gut) und negativ (zum Beispiel schlecht), die Einheit von markiert und unmarkiert, die Einheit der formnotwendigen Unterscheidung schlechthin. Philosophen konzedieren, daß eine Skepsis (die aber zu nichts führt) als die »freie Seite einer jeden Philosophie« mitgeführt werden muß.[2] Aber das ist nur eine andere Variante für die Formulierung unseres Problems. Hinter jeder bestimmenden Bezeichnung steckt immer die für sie unbeobachtbare Einheit ihrer Differenz. Und das heißt: eine Paradoxie.

II.

Wenn eines gewiß ist, dann dies: Nie kann eine Paradoxie (und habe sie die Form einer Tautologie) sinnverlustlos in eine Identität umgewandelt werden. Weder in die Identität eines erlösenden Gottes, noch in die Identität eines erlösenden Nichts, noch in die Identität eines Prinzips. Will man eine Paradoxie in anschlußfähige Identitäten auflösen, bedarf es dazu einer Unterscheidung. Für das schwarze Loch der Paradoxie, die keine Information aus sich herausläßt, müssen unterscheidbare Identitäten substituiert werden, die einschränken, was ihnen anschließend zugemutet werden kann. Die Sprache mag darüber hinwegtäuschen, indem sie ein Satzsubjekt mit Eigenschaften oder mit Aktivitäten ausstattet. Abstrahiert man aber von dieser Zuordnungsgewohnheit, sieht man sofort die Differenz: Gott und Erlösung, Nichts und Erlösung, Prinzip und Anerkennung. Wir haben dazu die

2 So Georg Wilhelm Friedrich Hegel, Verhältnis des Skeptizismus zur Philosophie, Darstellung seiner verschiedenen Modifikationen und Vergleichung des neuesten mit dem alten, Werke Bd. 2, Frankfurt 1970, S. 213-272 (229). Den Hinweis auf diese Stelle verdanke ich Karl Eberhard Schorr.

Frage, welche Unterscheidungen für die von beobachtbar/unbeobachtbar substituiert werden, so daß die Paradoxie entfaltet werden kann in anreicherungsfähige Identitäten – wie eben »Gott« und »Erlösung«.

Sobald es um Entfaltung einer Paradoxie geht, geht es auch um Geschichte. Denn die Umwandlung erfolgt nicht logisch, sondern kreativ, nicht in notwendiger Form, sondern kontingent.[3] Die Gesellschaft kann daher geeignete Paradoxieauflösungen seligieren je nachdem, mit welchen Bezeichnungen sie plausibel operieren kann.[4] Das besagt auch, daß bestimmte Figuren unterscheidbar sein müssen und deshalb der »Kritik« ausgesetzt sind. Überraschende Angriffe aus dem Hinterhalt des unmarked state können, eben weil dort die Markierung fehlt, nie wirksam ausgeschlossen werden. Langfristige (evolutionäre) Stabilität ist dann nur durch Modifizierbarkeit zu gewinnen: Dasselbe in immer anderer Gestalt. Identität konstituiert sich durch Wiederholung, aber Wiederholung ereignet sich in anderen Situationen, aktiviert andere Kontexte, oft sogar andere Unterscheidungen, die Dasselbe an anderen Gegenbegriffen profilieren. In der Wiederholung wird das, was sich darin als identisch erweist, zugleich kondensiert und konfirmiert, zugleich auf einen Sinnkern (Wesen, essentia) reduziert und durch Erweiterung seiner »Bedeutung für ...« konfirmiert. Die ontologische Metaphysik hatte dem durch die Unterscheidung von substantiellen und akzidentiellen Bestimmtheiten Rechnung getragen. So kann es zu Identitätsbildungen kommen, die sich selbst überleben, zu bewahrenswerter Semantik, die bewahrenswerte Kommunikation vertritt.[5]

Aber die Verweisungsüberschüsse allen Sinns halten immer auch die Möglichkeit offen, Bestimmtheiten *als Einschränkungen* zu

3 Vgl. Klaus Krippendorff, Paradox and Information, in: Brenda Derwin/ Melvin J. Voigt (Hrsg.), Progress in Communication Sciences Bd. 5, Norwood N.J. 1984, S. 45-71.

4 Für eine Fallstudie aus dem Bereich des Rechts siehe Niklas Luhmann, The Third Question: The Creative Use of Paradoxes in Law and Legal History, in: Journal of Law and Society 15 (1988), S. 153-165.

5 Von »preserved communication« spricht Eric A. Havelock, Preface to Plato, Cambridge Mass. 1963, S. 134 u.ö. Vgl. auch ders., Origins of Western Literacy, Toronto 1976, S. 49.

sehen und nach der anderen Seite zu fragen. Daraus wurde in der Technik der quaestiones disputatae des Mittelalters geradezu ein Gelehrtensport, der dann schließlich, als die Autorität nicht mehr ausreichte, um die aufgeworfenen Streitfragen zu beantworten, zur kommunikativen Legitimierung des Paradoxierens führte.[6] Es gibt also immer wieder Wege zurück zum Ursprung, zum Paradox und damit zu einer Form, in der die Wiedererkennbarkeit der Religion als Religion verschwindet. Aber zugleich mobilisiert die Religion, eben deshalb, Tendenzen, dies zu verhindern (oder kleinen Zirkeln der Selbstbeobachtung des Systems im System zu überlassen), um nicht der Gleichgültigkeit eines »anything goes« zu verfallen. So bleibt die Frage: welchen Sinnformen dies gelingt, wie lange und für welche Gesellschaft.

Unter ungezählten möglichen Unterscheidungen, die im Kontext von Religion aufgetreten sind, suchen wir eine, die es ermöglicht, Religion als Religion zu erkennen. Religion als Religion erkennen: das ist zunächst ein Zuordnungsvorgang, über den Beobachter sich verständigen – oder auch nicht. Die klassische Frage nach dem »Wesen« der Religion kann denn auch von verschiedenen Beobachtern verschieden beantwortet werden. Stellt man die Frage so, und das heißt: von außen, kann die Unterscheidung der Religion verschieden getroffen werden, oft orientiert an den Sinngehalten, die man als Religion qualifiziert sehen möchte. Für den einen gehört schon das Alternativessen in der Mensa dazu, für den anderen nicht. Bleibt man bei der Wesensfrage und bei einer gleichsam ontologischen Behandlung des Problems, ist unter heutigen gesellschaftlichen Bedingungen ein religiöser Pluralismus nicht zu vermeiden – und dies nicht nur im Sinne einer Mehrzahl von Religionen mit je ihren Anhängern, sondern auch im Sinne eines Dissenses darüber, was überhaupt Sinngehalte als religiös qualifiziert.

Wir verschieben deshalb die Fragestellung und fragen nur einen einzigen Beobachter: die Religion selbst. Die Frage lautet dann: woran erkennt religiöse Kommunikation, daß es sich um religiöse Kommunikation handelt? Oder in anderen Worten: wie unterscheidet die Religion *sich selbst*? Als externe Beobachter

---

6 Zu dieser Genealogie der Paradoxie-Vorliebe der Renaissance-Literatur vgl. A.E. Malloch, The Technique and Function of the Renaissance Paradox, in: Studies in Philology 53 (1956), S. 191-203.

verlassen wir uns dann auf die Selbstbeobachtung der Religion. Wir schreiben nicht vor, wir nehmen hin, was sich selbst als Religion beschreibt. Allerdings setzen wir voraus (und können in diesem Punkte irren und empirisch widerlegt werden), daß es dafür eine Leitunterscheidung gibt, die das Grundparadox des re-entry der Form in die Form reformuliert. Wir setzen voraus, daß Religion überhaupt einen Anlaß hat, sich zu unterscheiden und den Unterschied in sich selbst hineinzukopieren. Wir setzen also voraus, daß Religion über die Unterscheidung von Selbstreferenz und Fremdreferenz verfügt, und auch: daß das »Selbst« dieser Referenz noch nicht die Antwort gibt auf die Frage, *wie* Religion sich als Religion erkennt.

III.

In einem ersten Überlegungsgang greifen wir zurück auf die These, daß die Sinnwelt (oder in anderen Worten: die Realität) gespalten werden muß, soll etwas beobachtet werden. Aber das besagt zunächst nur, daß jede Beobachtung von einer operativ vollzogenen Unterscheidung abhängt. Bei religiöser Kommunikation geht es um einen besonderen Fall, den wir (immer noch zu allgemein) als *Realitätsverdoppelung* bezeichnen können. Irgendwelchen Dingen oder Ereignissen wird eine besondere Bedeutung verliehen, die sie aus der gewöhnlichen Welt (in der sie zugänglich bleiben) herausnimmt und mit einer besonderen »Aura«, mit besonderen Referenzkreisen ausstattet. Ähnliches gilt für die Markierung als Spiel oder für die Kunst oder für die statistische Analyse – für die Religion vielleicht überraschende, nicht ganz ebenbürtige Verwandte.[7] Eine solche *Unterscheidung*

7 Für Spiel (und Phantasie) siehe Gregory Bateson, Ökologie des Geistes: Anthropologische, psychologische, biologische und epistemologische Perspektiven, dt. Übers. Frankfurt 1981, S. 241 ff.; für Kunst Arthur C. Danto, Die Verklärung des Gewöhnlichen: Eine Philosophie der Kunst, dt. Übers. Frankfurt 1984; für Statistik und ihre probabilistischen Schlußfolgerungen George Spencer Brown, Probability and Scientific Inference, London 1957, S. 1 ff. Für (semiotische) Markierungen schlechthin auch Jonathan Culler, Framing the Sign: Criticism and its Institutions, Oxford 1988.

scheint es in allen sozialen Systemen zu geben;[8] nur die Art, wie Zustände und Ereignisse ihr zugeordnet werden, variiert, und darin wird man dann auch den Ausgangspunkt finden für mögliche Differenzierungen, die schließlich Irrtümer, Normverstöße, religiöse Probleme, künstlerische Extraleistungen usw. unterscheiden und getrennt klassifizieren. Auch die »transzendentale Reduktion« der Husserlschen Phänomenologie folgt diesem Schema: Die ontologische Frage und die »natürliche Einstellung« zur Welt werden ausgeklammert (Epoché), und die damit gewonnene Freiheit des Durchvariierens von Möglichkeiten wird benutzt, um stabile Eigenwerte (hier noch »Wesen« genannt) herauszufinden, die dem standhalten.

Für die Welt hat das zunächst zur Folge, daß der Begriff der Realität einen qualifizierenden Sinn annimmt. Erst dadurch entsteht überhaupt Realität (und mit ihr: Schicksal), die bezeichnet, das heißt: von anderem unterschieden werden kann. Die Welt enthält dann etwas, was nicht in diesem engeren Sinne real ist, aber gleichwohl als Position eines Beobachters dienen und seinerseits beobachtet werden kann. Es ist dann nicht mehr einfach alles, was ist, real, indem es ist, wie es ist, sondern es wird eine besondere, sagen wir reale Realität dadurch erzeugt, daß es etwas gibt, was sich von ihr unterscheidet. Das religionswissenschaftliche Interesse hat bisher vorwiegend, wenn nicht ausschließlich, dem Verständnis des Sonderphänomens des Heiligen oder Sakralen gegolten in der Annahme, man käme mit »Was ist ...?«-Fragen der Sache näher. Läßt man sich dagegen von einer differenztheoretischen Fragestellung leiten, so kann man zusätzlich fragen: was geschieht mit der *anderen* Seite, wenn die Welt in Sakrales und anderes eingeteilt wird? Für einen Beobachter entsteht erst dann Realität, wenn es in der Welt etwas gibt, wovon sie unterschieden werden kann; erst dadurch kann Realität gewissermaßen gehärtet werden im Vergleich zu einer eher fluiden Welt der Imagination. Und erst dann kann man Mutmaßungen anstellen über Beziehungen, Spiegelungsverhältnisse oder intervenierende Aktivitäten, die diese beiden Weltteile, die reale und die imaginäre Realität, miteinander verbinden. Insofern dürfte es

8 Siehe auch Erving Goffman, Relations in Public: Microstudies of the Public Order, Harmondsworth UK 1971.

die primäre Leistung der Religion gewesen sein, Realität zu konstituieren, indem sie etwas für Beobachtung bereitstellt, was *nicht* unter diese Kategorie fällt.

Schon mit der sprachlichen Verwendung von Zeichen muß eine solche Revolutionierung verbunden gewesen sein, die dann kaskadenhafte Folgen hatte. Einerseits wird Kognition mit Irrtumsfähigkeit ausgestattet und Kommunikation mit der Fähigkeit zur Lüge. Man kann dann Realitäten beobachten, die, wenn wir so formulieren dürfen, nicht referenzreal sind. Aber damit nicht genug: man kann außerdem die Realität artifiziell und konsensuell verdoppeln, das heißt: reduzieren und erweitern. Eben darum geht es in den genannten Fällen von Spiel, Kunst, Statistik, Religion. Anders als im Falle des Irrtums ist diese Doppelung nicht für ein Wiederauslöschen bestimmt, sondern wird positiv konnotiert und als bewahrenswert reproduziert. Sie projiziert gleichsam das erste Gebot allen Beobachtens: triff eine Unterscheidung!, auf die Welt mit der Folge, daß man dann immer angeben muß, auf welcher Seite der Unterscheidung man weitere Unterscheidungen, Bezeichnungen, Beobachtungen anschließt.

Das führt auf die weitere Frage: Wie wird eine solche ernst gemeinte Unterscheidung zwischen Realität und Imagination (die gleichwohl kein Irrtum sein soll) reproduziert? Es muß Zeichen geben, die vor einer Konfusion bewahren – etwa Quasi-Objekte[9] wie Propheten oder Fußbälle, die erkennen lassen, daß Sequenzen dem Doppel der Realität zuzuordnen sind, oder die Regeln des Spiels oder die Regeln der Statistik, die sicherstellen, daß man im Bereich des Wahrscheinlichen/Unwahrscheinlichen bleibt und nicht etwa den Fehler macht, auf konkrete Ereignisse zu schließen. Aber muß es, gerade im Falle der Religion, nicht auch Möglichkeiten geben, Konfusion zuzulassen, ja sie in bestimmten Situationen, etwa in der Form ekstatischer Kulte, planmäßig zu erzeugen?

Die vielleicht bemerkenswerteste, sicher aber eine sehr frühe Form der Kennzeichnung einer imaginären Realität des Religiösen findet man in der *Einschränkung von Kommunikation* durch die Form des *Geheimnisvollen,* das sich nur unter besonderen Umständen oder nur besonders Eingeweihten (also zunächst:

9 Im Sinne von Michel Serres, Genèse, Paris 1982, S. 146ff.

nicht prinzipiell nicht) erschließt. Das Sakrale distinguiert und schützt sich selbst durch diese Form des Geheimnisses gegen Trivialisierung. Damit wird die in der Realitätsverdoppelung an sich liegende Problematik der Beliebigkeit möglicher Behauptungen über die andere Seite der Realität einer sozialen Kontrolle unterworfen: es kann nicht *jeder* kommen und *irgend etwas* behaupten. In der klassischen Soziologie wird dies durch den Begriff der Institutionalisierung als Voraussetzung sozialer Kontrolle umschrieben.

Die Darstellung des Sakralen als eines Geheimnisses hat gewichtige Vorteile. Sie verfremdet das, was man wahrnimmt, beläßt es aber im Zustand des Wahrnehmbaren. Es handelt sich beispielsweise um Knochen;[10] oder um Statuen, oder um Bilder, oder um bestimmte Naturobjekte wie Berge oder Quellen oder Tiere. Es handelt sich also, in der Begrifflichkeit des vorigen Kapitels, um Veranschaulichungen eines re-entry. Es ist etwas »zum Anfassen« – und zugleich mehr als das, so daß man nicht wirklich zugreifen darf, obwohl man es könnte. Das Problem der Doppelung wird in eine durch »Scheu« (aidós) geschützte Ambivalenz überführt und so durch eine objektspezifische Zweideutigkeit neutralisiert.

Solange das Geheimnis im Wahrnehmbaren objektiviert werden kann, kann es in der Kommunikation vorausgesetzt werden. Es bleibt ein Mysterium, das es, wie man zeigen kann, gibt. Man sieht es, weil auch andere es sehen. Damit wird ein Problem umgangen, das auftritt, sobald das Geheimnis als Geheimnis kommuniziert werden muß. Denn Geheimnisse werden in der Kommunikation dem Erraten oder Verraten ausgesetzt. Sie können durch Kommunikation nicht konstruiert, sondern nur dekonstruiert werden. Sie können nicht ohne performativen Widerspruch als Artefakt der Kommunikation dargestellt werden. Im kommunikativen Kontext hilft man sich mit Tabuisierungen. Das hat zur Folge, daß Tabubrüche nicht mehr ausgeschlossen werden können, denn auch das Tabu hat als Form eine andere Seite, eben die Verletzung. Das kann, unter geeigneten Umständen (und das ist ein Hinweis auf Möglichkeiten der Evolution),

10 So im Falle von Fredrik Barth, Ritual and Knowledge among the Baktaman of New Guinea, Oslo – New Haven 1975, einer explizit auf Kommunikation bezogenen Untersuchung.

dazu führen, daß ein Tabubruch, ein unerhörtes Verhalten, als Stiftung einer neuen Religion auftreten kann.

Ein anderer Ausweg liegt darin, daß das Geheimnis funktional äquivalent als Widerspruch oder sogar als Paradox formuliert wird. Dann wird das Verbot der Beobachtung ersetzt durch die Selbstblockierung des Widerspruchs oder, im Falle des Paradoxes, dadurch, daß seine Behauptung ihr Gegenteil behauptet. So ist Gott zu fürchten und zu lieben, so kann er seinen eigenen Tod am Kreuz nicht akzeptieren. So ist er nur vorstellbar, wenn man über das hinausdenkt, was größer und kleiner nicht gedacht werden kann. Und schließlich heißt dies auch, daß die Moral mit religiösen Begründungen und mit Selbstwiderlegung aufgeladen wird. Gerade wenn man sich auf seine guten Werke verläßt, ist das fatal, und empfohlen wird: zu sündigen und zu bereuen.

Solange das Mysterium im Bereich des Wahrnehmbaren gehalten bleibt, kann man sich noch gut vorstellen, daß die Unterscheidung kollabiert, daß die Gottheit selbst erscheint, daß sie zum Guten oder zum Schlimmen provoziert werden kann, daß es also nicht nur um Symbolisierung, nicht nur um Repräsentation geht, sondern um etwas Außeralltägliches, das aber von der normalen Abwesenheit in die Anwesenheit überwechseln kann, so daß es dann nur noch darum geht, diesen Vorgang, der in der Sakralität von Objekten, Ereignissen, Riten, Kulten angekündigt und vorbereitet ist, in seinem Eintreffen zu erkennen und es durch Beschwörungen, Opfer und dergleichen auf eigene Interessen abzustimmen. Oder es bilden sich, wie in der Antike, Mysterienkulte, die das Geheimnis zugänglich machen unter der Voraussetzung von Initiation und Anwesendsein (was es ausschließt, Außenstehenden darüber angemessen und in verständlicher Form zu berichten).

Eine andere Art von Realität zwar, aber doch ein Ding unter Dingen, ein unterscheidbares Ereignis und damit etwas, wozu man sich konditioniert und eingeübt verhalten kann. Diese Form gesellschaftlicher Religiosität wird nicht annulliert, nicht ausgelöscht, wird aber doch überformt, wenn es zu einer Strukturänderung kommt, für die wir den Begriff der Codierung verwenden. Die alte Unterscheidung von realen bzw. real imaginierten Dingen und Ereignissen kann weiterhin praktiziert werden, aber sic wird überformt durch eine sehr viel radikalere Unterscheidung, die die Welt selbst betrifft und für alles, was es gibt, eine zweifache Bewertung bereithält – im Falle der Religion die Doppelbewertung als immanent und als transzendent. Und alles, was vorher schon religiös war, muß dann diesem neuen Kontext angepaßt und entsprechend modifiziert, reprimiert oder interpretiert werden. Jetzt läßt die Doppelung der Realität sich abstrakter darstellen als transzendentes Sinnkorrelat alles immanent Beobachtbaren. Aber das ist nur durchführbar, wenn die Frage beantwortet werden kann, mit welchen Inhalten ein derart abstraktes, universales Sinnschema gefüllt werden kann.

Zu den eindrucksvollsten Belegen des Anfangs von Religion in einer Realitätsverdoppelung gehört die frühe sumerische Religion. Hier werden allen relevanten Erscheinungen der Welt in Natur und Kultur Hintergötter zugeordnet, um die Erscheinung zu erklären.[11] Das setzt zunächst keinerlei Ordnung im Verhältnis der Götter, keine Sondersystematisierung des religiösen Kosmos voraus. Erst die weitere Entwicklung der sumerisch-semitischen Religion Mesopotamiens ersetzt diese Punkt-für-Punkt-Zuordnung durch eine System-zu-System-Zuordnung. Die Götterwelt wird ihrerseits nach dem gesellschaftlichen Muster von Familienbildung und politischer Herrschaft systematisiert. Dann kann die Analogie der Plausibilisierung der Ordnung im Jenseits und im Diesseits dienen. Die Übereinstimmungen bestätigen die Notwendigkeit dieser Formen – und dies gerade deshalb, weil man zunächst die diesseitige und die jenseitige Realität unterschieden hatte.

Die Basis dieser Entwicklung hat noch archaisch-primitive Merkmale. Offenbarungen des Götterwillens erfolgen situativ, ad hoc, in der Form von Inspiration, das Kreuzen der Grenze also fallweise und konkret. Erst die Hochreligionen kennen »Heilige Schriften« und damit eine Kanonisierung der Offenbarung als Selbstdarstellung Gottes. Zu den Reichtümern der europäischen Tradition gehört es, daß die jüdische Tradition eine rein religiös, in Textform fixierte Realitätsverdoppelung festgehalten und damit partiell auf die christliche Lehre eingewirkt hat, wäh-

---

11 Siehe Jean Bottéro, Mésopotamie: L'écriture, la raison et les dieux, Paris 1987, S. 259f.

rend die griechische Philosophie den ganz anderen Weg einer sprachlich-begrifflichen Abstraktion genommen hat.[12] Die Theologie der Rabbiner hält an einem kommunikativ bindenden Verhältnis zu Gott fest mit der Folge, daß der Text nicht täuschen kann, sondern in ständiger Bemühung interpretiert werden muß – wie immer kontrovers das Resultat ausfällt. Kontroverse bleibt daher, als Form der Paradoxieentfaltung, eine zu bewahrende Struktur der Tradition.[13] Für Plato sind umgekehrt Bezeichnungen (Namen) täuschungsanfällig[14] und bedürfen daher einer ständigen Rückversicherung an der Realität in der Form der Erinnerung an urbildhafte Ideen. In beiden Fällen geht es um Erinnerung, im einen aber um Bewahrung und Aktualisierung des Textes, der als Schöpfungsplan gedient hatte, und im anderen um den Rückblick auf die nicht mehr rein erfahrbaren Formen, die das Wesen der Dinge ausmachen. Beide Versionen artikulieren eine Distanz von imaginärer und realer Realität und liefern dafür eine das Programm je verschieden ausfüllende Semantik. In beiden Fällen wird die andere Seite der Erinnerung, das Vergessen vergessen. Die dunkle Seite des Hervorbringens und Bewahrens der Formen bleibt in den religiösen Formen das in sie eingeschlossene ausgeschlossene Andere.[15]

IV.

Der Begriff des Codes soll eine Form bezeichnen, mit der dieses Problem der Realitätsverdoppelung und Neustiftung der realen Realität in Operationen umgesetzt werden kann. Codierung ist keineswegs ein bloßes Erkennen, ein bloßes Bezeichnen der

12 Siehe zu diesem Vergleich Susan A. Handelman, The Slayers of Moses: The Emergence of Rabbinic Interpretation in Modern Literary Theory, Albany N.Y. 1982.

13 Vgl. David Daube, Dissent in Bible and Talmud, in: California Law Review 59 (1971), S. 784-794; Jeffrey I. Roth, The Justification for Controversy Under Jewish Law, in: California Law Review 76 (1988), S. 338-387.

14 Kratylos 436 Aff.

15 Dazu Michel Serres, a. a. O., S. 98 – allerdings mit einer bloßen Umkehrung, die sicher nicht ausreicht: »J'entend par religion des choses oubliées depuis toujours.«

Realitätsverdoppelung. Der Code projektiert *eine andere Art von Unterscheidung*, aber eine solche, die erst auf Grund der Realitätsverdoppelung möglich wird und sie in die Einheit einer gespaltenen Weltsicht zurückführt.

Ein Code ist eine Leitunterscheidung, mit der ein System sich selbst und sein eigenes Weltverhältnis identifiziert. Diese Begriffsverwendung unterscheidet sich von der in der Linguistik und zum Teil auch in der Soziologie üblichen.[16] Unter Code soll hier ein strikt binärer Schematismus verstanden werden, der nur zwei Positionen oder »Werte« kennt und alles weitere im Sinne eines »tertium non datur« ausschließt. Codes werden generiert in einem Prozeß der Duplikation des Vorhandenen – etwa der mündlichen Sprache in Schrift, der unterstellten Wahrheit in mögliche Unwahrheit usw.[17] Man könnte auch sagen, daß die zunächst »analog« aufgefaßte, das heißt gleichzeitig mitfungierende Wirklichkeit »digitalisiert«, also in ein Zweierschema uminterpretiert wird, so daß das Vorgefundene nur die eine Seite des Schemas in Anspruch nimmt und die andere Seite frei ist für Kontrolle und Reflexion. Bereits daran ist die Artifizialität aller Codierungen ablesbar, und darauf beruht die Möglichkeit, sie als Unterscheidungen zu unterscheiden. Man kann deshalb Codes

16 Hierzu für die Linguistik Roman Jakobson/Morris Halle, Fundamentals of Language, Den Haag 1956, S. 5 ff.; für die Soziologie etwa Shmuel N. Eisenstadt, Tradition, Change, and Modernity, New York 1973, insb. S. 133 ff., 321 ff. Eine begriffliche Präzisierung sucht man vergebens. Sie wird ersetzt durch Formulierungen wie »kulturelle Symbole«, models, cognitive maps, kategoriale Strukturen und durch die Unterscheidung einer strukturellen Ebene und einer Ebene des situativen Handelns. Zumeist wird verlangt, daß erkennbar ist, ob die Symbole eines Codes zutreffend oder unzutreffend angewandt werden. Talcott Parsons, Societies: Evolutionary and Comparative Perspectives, Englewood Cliffs N. J. 1966, S. 20, behandelt deshalb auch linguistische Codes als normative Strukturen. Das heißt aber letztlich nichts anderes, als daß es um Ausformulierungen eines zweiwertigen Schematismus geht. Wir werden dem durch die Unterscheidung von Codierung und Programmierung Rechnung tragen.

17 Ein anderes, gebräuchliches Beispiel wäre die Festlegung einer Kennzahl, die alle anderen Zahlen als unzutreffend und unwirksam ausschließt. Auch dies nennt man »Code«.

mit Hilfe »transjunktionaler Operationen«[18] akzeptieren oder dies vermeiden; und nur deshalb eignen sie sich zur Identifikation der Systemzugehörigkeit von Operationen.

Binäre Codes sind Unterscheidungen besonderer Art. Sie sind nicht einfach Bezeichnungen, die sich dadurch unterscheiden, daß sie etwas durch sie Bestimmtes gegen den unmarked state isolieren. Sie sind andererseits auch nicht qualitative Duale wie Himmel und Erde, Mann und Frau oder Stadt und Land, die auf beiden Seiten äquivalente Spezifikationsmöglichkeiten (= Anschlußmöglichkeiten) in Aussicht stellen. Sie legen das System vielmehr auf eine Asymmetrie fest, die üblicherweise als Unterscheidung eines positiven und eines negativen Wertes vorgestellt wird (wie: gut/schlecht, wahr/unwahr, Recht/Unrecht, Eigentum haben/nicht haben).

Gotthard Günther bezeichnet die positive Seite der Unterscheidung als Designationswert und die negative als Reflexionswert.[19] Darin kommt bereits ein (logischer) Funktionsunterschied zum Ausdruck: Die Designation dient nur der Bezeichnung dessen, was in ontologischer Sprache Sein oder Seiendes heißt. Der nicht-designierende Wert bleibt somit frei für andere Aufgaben, die sich zunächst allgemein als Reflexion der Einsatzbedingungen des Designationswertes begreifen lassen. Übersetzt man diese Unterscheidung aus der Logik in die empirische Systemforschung, bekommt der positive Wert den Sinn, die Anschlußfähigkeit der Operationen des Systems für Operationen des Systems zu bezeichnen. Das System kann nur auf dieser Seite operieren. Der negative Wert ist dann wiederum frei, um den Sinn solcher Operationen als Information beobachtbar zu machen mit der Maßgabe, daß auch die Beobachtung nur in der Form einer systeminternen Operation erfolgen kann.

Binäre und in sich asymmetrisch gebaute Codes haben ein komplexes Verhältnis zu anderen Unterscheidungen, auf die die ope-

---

18 Im Sinne von Gotthard Günther, Cybernetic Ontology and Transjunctional Operations, in: ders., Beiträge zur Grundlegung einer operationsfähigen Dialektik Bd. I, Hamburg 1976, S. 249-328.

19 So vor allem in: Strukturelle Minimalbedingungen einer Theorie des objektiven Geistes als Einheit der Geschichte, in: ders., Beiträge zur Grundlegung einer operationsfähigen Dialektik Bd. III, Hamburg 1980, S. 136-182 (140ff.).

rative Schließung eines Systems sich gründet. Vor allem ist wichtig, daß sie quer stehen zur Unterscheidung von System und Umwelt bzw. Selbstreferenz und Fremdreferenz. Es wäre eine Fehlanwendung des Codes, wenn das System sich selbst mit dem positiven Wert und die Umwelt mit dem negativen Wert auszeichnen würde; denn damit wäre die mit der Codierung eingeführte Beweglichkeit wieder verschenkt. Überhaupt gibt es in der Umwelt des Systems keinerlei Entsprechung für dessen Code. Vielmehr dienen Codes zum internen Ausgleich der Folgen operativer Schließung. Denn an sich müßte ein System, das mit seinen eigenen Operationen die Umwelt nicht kontaktieren kann (weil es nicht grenzüberschreitend operieren kann), jeden Umweltzustand für gleichwahrscheinlich halten. Die Codierung setzt das System jedoch in die Lage, Überraschungen als Irritationen zu behandeln, sie zu digitalisieren, sie als Problem der Zuordnung zu den Codewerten aufzufassen und entsprechende Programme für wiederholten Gebrauch zu entwickeln – kurz: zu lernen. Irritationen werden an intern erzeugten Erwartungshorizonten, an Normalitätsannahmen oder an dafür vorgesehenen Unbestimmtheitsstellen sichtbar gemacht als Differenzen, die Differenzen, also Informationen werden können. Immer bleibt alles, was in der Praxis codierter Operationen entwickelt wird, rein interne Konstruktion. Aber da Irritationen, wenn die Umwelt ihrerseits Strukturen aufweist, nicht beliebig kommen, kann mit Hilfe dieses Instruments eine interne Ordnung aufgebaut werden, die zwar die Umwelt nicht abbildet und ihr auch in keiner Weise entspricht, die aber gleichwohl ausreicht, um die Fortsetzung der Autopoiesis des Systems wahrscheinlich zu machen, solange die Umwelt sich nicht in entscheidenden (und dann destruktiv wirkenden) Hinsichten ändert.

Bemerkenswert an der besonderen Unterscheidungsform der Codierung ist, daß und wie Reflexivität in sie eingebaut ist. Codes unterscheiden sich von Unterscheidungen, die nur der Bezeichnung dienen, also einwertig operieren. Sie unterscheiden sich von bloßen Einteilungen (Himmel und Erde), die das Eingeteilte in irreflexivem Sein belassen in der Weise von Arten und Gattungen. Sie unterscheiden sich auch von den bloßen Behauptungen von Copien (imago Dei) oder Spiegelungen, die eine analogia entis unterstellen müssen, um das Unterschiedene zu verknüpfen. Sie unterscheiden sich schließlich von Unterscheidungen, bei denen Reflexivität als Eigenschaft der unterschiedenen Objekte geführt wird – und das sind dann Menschen wie Mann und Frau oder Herr und Knecht. Statt dessen benutzen Codierungen Unterscheidungen, deren Reflexivität *sich aus der Unterscheidung selbst ergibt*, in sie eingebaut ist, ja die spezifische Form und Funktion der Unterscheidung ausmacht. Nur um der Reflexivität willen wird das Vorgefundene und somit unmittelbar Beobachtbare dupliziert. Und das heißt nicht nur, daß ein Zusatz mit besonderen Fähigkeiten hinzugefügt wird. Sondern *beide* Seiten der Unterscheidung werden für ein Beobachten zweiter Ordnung eingerichtet und *dadurch* verbunden. Der positive Wert ist ohne den negativen nicht zu haben.[20] Die Forcierung eines Codes hat daher immer positive und negative Resultate.

Aber das gilt nur für die Beobachtungen zweiter Ordnung, also nur für den Fall, daß das System seine eigenen Beobachtungen beobachtet. In den unmittelbaren Operationen der Systeme erscheint der Hinweis auf Codewerte als entbehrlich. Kein Gericht verwendet die Unterscheidung von Recht und Unrecht zur Begründung seiner Urteile, es setzt sie voraus. Die Bezugnahme auf Wahrheit ist kein Moment der Forschungssprache, so wenig wie ein Künstler sich verstanden fühlt, wenn man ihm sagt, er habe etwas Schönes gemacht. Und auch eine Bezugnahme auf Codewerte der Religion spendet keinen Trost, gehört nicht in die Predigt, ist kein Argument der Bekehrung und des Glaubens.

In der Beobachtung zweiter Ordnung aber wird die komplexe Struktur der Codierung sichtbar, auf die man sich immer schon eingelassen hat. Die Codierung verändert den Sinn des Kreuzens der Grenze. Der positive Wert kann seine Positivität nur halten, wenn der *Gegenwert positiv ausgeschlossen ist*. Man setzt voraus,

---

20 Das wird, selbst für Moral, seit langem betont. Siehe z. B. Thomas Browne, Religio Medici (1643), zit. nach der Ausgabe der Everyman's Library, London 1965, S. 71: »They that endeavour to abolish Vice, destroy also Virtue; for contraries, though they destroy one another, are yet the life of one another«. Man beachte die Zuspitzung auf ein Paradox! In anderer Version wird dieses Problem der Selbstreferenz des Moralcodes als Problem der Theodizee behandelt; oder religiös auch als Erscheinen Gottes in der dadurch gegliederten historischen Zeit.

daß er für den gesamten Anwendungsbereich des Codes (wieder ein Indikator für Einheit) in Betracht kommen könnte, aber durch bestimmbare Operationen ausgeschlossen werden kann. Wahrheit, sagt bekanntlich Popper, ist nur möglich für Aussagen, die auch unwahr sein könnten. Eigentum, sagt Bartolus, ist durch Disponibilität charakterisiert, das heißt durch die Möglichkeit, Nichteigentum gewesen zu sein oder werden zu können; die Schutz- und Herkunftstheorien des Eigentums werden durch Erwerbstheorien verdrängt und definieren nur noch deren Gegenstand. Die Erbsünde wird durch Taufe umgewandelt in einen status, in dem es sich lohnt, zu sündigen und sich dies vergeben zu lassen. Daher gilt für codierte Bereiche die Modalform der Kontingenz, und eben deshalb muß es in diesen Sinnprovinzen Zusatzeinrichtungen (suppléments im Sinne Derridas) geben, die entscheidbar machen, in welchem Zustand sich das, was man bezeichnet, befindet.

Codes sind eine genaue Copie des Paradoxes, zu dessen Entfaltung sie dienen. Auf den ersten Blick ist daher kein Gewinn zu erkennen. Sobald man fragt, worin denn die Selbigkeit des positiven und des negativen Wertes bestehe, oder: was die Einheit der Unterscheidung ausmache, stößt man wieder auf das Grundparadox der Selbigkeit des Differenten. Auch hier muß also die Frage entfragt, der Rückgang auf Einheit untersagt werden. Der Vorteil ist aber (und das ist entscheidend), daß es mehrere Codierungen gibt: gut/schlecht, aber auch wahr/unwahr, Eigentum/Nichteigentum, Machtüberlegenheit/-unterlegenheit. So kann man die Codes durch *Unterscheidung voneinander* identifizieren, *anstatt die Frage nach ihrer inneren Einheit zu stellen.* Es handelt sich zum Beispiel um Moral, nicht um Recht; um Eigentum, aber nicht um Macht. Die Trennung setzt eine Kombinatorik frei – zum Beispiel unmoralischen Rechtsgebrauch, unrechtmäßige Eigentumsbeschaffung oder auch: unwillkommenen (willkommen/unwillkommen!) Umschlag von Eigentum in Macht. Solche Binnenprobleme des Kombinationsraums der Codierungen ziehen Aufmerksamkeit und Kommunikation an und lassen vergessen, daß genau damit das Paradox der Selbigkeit des Unterschiedenen invisibilisiert wird. Das gilt speziell für die moderne, nicht mehr hierarchisch (stratifikatorisch) geordnete Gesellschaft, während Hierarchien und folglich Adelsgesellschaften darauf angewiesen waren, in der Spitze – im »guten Leben«, letztlich in Gott – ein Zusammenfallen aller positiven Werte zu behaupten als Kulminationspunkt von Gutheit (Tüchtigkeit, virtus), Ausstattung mit Gütern, mit Macht und mit Kompetenz zur Beurteilung von Recht und Unrecht (iurisdictio). Unter dieser Voraussetzung konnte die Transzendentalienlehre das Eine, das Wahre und das Gute als Dasselbe erklären und die Unterscheidung in den Naturbegriff auslagern – es gibt gelungene und mißlungene Naturen. In einer funktional differenzierten Gesellschaft, in der die Systemdifferenzierung auf unterschiedlichen Codierungen beruht, muß dagegen diese Form der Integration und damit die Höchstrelevanz der Moral aufgegeben werden. Typische Systemcodes unterscheiden sich daher von der moralischen Codierung und vermeiden die Kongruenz ihrer Positiv/Negativ-Werte mit denen der Moral. Eigentum und Recht, Wahrheiten und selbst politische Macht müssen auch für unmoralische Verwendungen zur Verfügung stehen. Sie werden lediglich durch den semantischen Apparat ihres eigenen Feldes beschränkt – was nicht ausschließt, sondern gerade die Möglichkeit eröffnet, alles hemmungslos auch moralisch zu bewerten. Entsprechend müßte eine Logik bereitgehalten werden, die »polykontexturale« Beschreibungen (Günther) ermöglicht.[21]

Zusätzlich zu diesem Sichabstützen auf die Unterscheidung verschiedener Codes liegt schon in der Funktionsasymmetrie der Codes ein Hinweis für die Auflösung der Paradoxie. Wenn schon gilt, daß nur der positive Wert operationsfähig (= brauchbar, = funktionstüchtig) ist, kann man diesen Wert als dominierend behaupten. Das Argument lautet dann: man unterscheidet zu Recht zwischen Recht und Unrecht (sonst könnten die Gerichte nicht arbeiten), und es ist gut, zwischen gut und schlecht zu unterscheiden (denn sonst könnte man alles legitimieren, auch den Rassismus). In Diskussionen kann man noch heute dieses Argument schwer ausräumen (und ich spreche hier aufgrund von Erfahrungen). Die Alternative ist ja nur der Rückgang auf das Paradox der Indifferenz des Differenten; und man stößt auf eine fast zwanghafte Angst vor dem Paradox, die dazu führt, daß die

---

21 Ich interpretiere hier den Begriff der Kontextur, der die Indifferenz nach außen betont, mit Spencer Browns Definition »distinction is perfect continence«. Ob das ganz im Sinne Günthers ist, muß ich offen lassen.

Logik der Selbstreferenz, das heißt der Anwendung des Codes auf den Code selbst, nicht mitvollzogen wird.

Auch die Logik muß, wenn sie Positiv/Negativ-Unterscheidungen *operativ*, und das heißt: als Einheit, behandeln will, wieder auf eine Unterscheidung rekurrieren, und das klassische Angebot lautet: Konjunktion oder Disjunktion. *Nie* versteht sich eine Einheit von selbst. Wie Gotthard Günther[22] zeigt, besteht jedoch ein Bedarf für strukturreichere Logiken, die nicht auf die Sachdimension fixiert sind, sondern auch die Sozialdimension (für Günther heißt das: Mehrheit von Subjekten, Du-Subjektivität) und die Zeitdimension (für Günther vor allem: das geschichtlich Neue) einbeziehen können. Günther nennt die zusätzlich einzuführende Operation Transjunktion. Ihre Leistung besteht darin, Positiv/Negativ-Unterscheidungen zu seligieren. Sie gibt, anders gesagt, die in der klassischen zweiwertigen Logik nicht konstruierbare Freiheit, Unterscheidungen zu akzeptieren bzw. abzulehnen. Damit wird, ganz abgesehen von den Konsequenzen für die Logik, der Übergang von einer Beobachtung erster Ordnung zu einer Beobachtung zweiter Ordnung vollzogen.[23] Es wird deutlich, daß codierte Systeme zwar unter der Voraussetzung strikter Zweiwertigkeit operieren (beobachten) müssen – und sei es nur, weil dies die schnellste Art ist, Ordnung aufzubauen. Sie können also auf das »tertium non datur« nicht verzichten. Aber zugleich zeigt die logische wie die gesellschaftstheoretische Reflexion, daß dabei Indifferenz gegen alle anderen Codierangebote vorausgesetzt ist, so daß eine vollständige logische Beschreibung einen dritten Wert hinnehmen muß, der die Akzeptanz des eigenen Codes unter Rejektion aller anderen bezeichnen kann.[24] Diese Codeselektion mag als »self-indication«

22 Cybernetic Ontology a.a.O.

23 Zu Verbindungslinien zwischen Beobachtertheorie und Güntherscher Logik siehe Elena Esposito, L'operazione di osservazione: Costruttivismo e teoria dei sistemi sociali, Milano 1992.

24 Zur Klarstellung sei noch angemerkt, daß die Benutzung eines Rejektionswertes nicht in die abgelehnte Unterscheidung eingreift (denn das würde ja die Akzeptanz der Unterscheidung voraussetzen). Wenn das Recht die moralische Unterscheidung gut/schlecht rejiziert, heißt das nicht, daß man so nicht unterscheiden könne, und nicht einmal: daß das Recht keiner moralischen Beurteilung unterliege. Es heißt nur, daß

bezeichnet werden[25]; aber auch das würde dann eine unterscheidungsabhängige Operation sein und vor die Frage nach der anderen Seite dieser Unterscheidung führen. Für Beobachter gibt es keine Abschlußoperation, keine Ruhe, keinen Fixpunkt ihrer Kalkulationen. Sie stoßen auf der Suche nach Einheit zwangsläufig auf ein Paradox, und das heißt: auf die Aufforderung weiterzumachen. Denn Beobachter sind autopoietische Systeme, die ihre Operationen nur unter der Voraussetzung produzieren können, daß andere Operationen folgen; und ihre Welt ist daher eine Endloswelt, ein »Horizont«, der immer weitere Möglichkeiten in Aussicht stellt.

Die gesellschaftstheoretische Relevanz dieser unvermeidlich abstrakten Analyse ergibt sich aus der Einsicht, daß die Unterscheidung zwischen Akzeptieren und Rejizieren eines Codes auf der Ebene der Beobachtung zweiter Ordnung erfolgt. Es geht also nicht um Ablehnung des Systems, das (oder der Person, die) einen bestimmten Code benutzt. Es geht nicht um Provokation zu einer Gegenrejektion, nicht um Gegensätze, nicht um Konflikte. Die logische Struktur transjunktionaler Operationen hat ihr gesellschaftliches Korrelat in einem Prinzip der Toleranz (wenn man will: der Ironie). Das wiederum ist ein Erfordernis funktionaler Differenzierung, die einerseits die operative Schließung der Teilsysteme voraussetzt und andererseits die Möglichkeit schafft, Probleme jeweils in das System zu verlagern, dessen Code sich zu ihrer Definition und Lösung eignet.

Schließlich muß man sich darüber verständigen, daß die gesellschaftliche Ordnung der Codierungen und ihrer Rejektionswerte nicht nur die zweiwertige Logik, sondern auch die Metacodierung der Tradition sprengt, nämlich die Metacodierung

die anstehende Operation diese Unterscheidung nicht benutzt, um sich auf den Code des Rechts zu konzentrieren. Nicht die Werte der rejizierten Unterscheidung werden negiert, denn das wäre nur unter Benutzung eben dieser Unterscheidung möglich, sondern nur die Unterscheidung selbst. »The very choice is rejected« (Günther, Cybernetic Ontology a.a.O. S. 287). Der Leser wird gebeten, sich dies zu merken, weil es andernfalls gerade in normativ heiklen Fragen unaufhörlich zu Mißverständnissen kommen würde.

25 So Francisco J. Varela G., A Calculus for Self-Reference, in: International Journal of General Systems 2 (1975), S. 5-24.

durch die Unterscheidung Sein/Nichtsein. Schon Husserls Transzendentale Phänomenologie hatte in dieser Richtung einen Rejektionswert eingeführt. Husserl nannte ihn Epoché. Das hat hier und erst recht in Heideggers *Sein und Zeit* zu einem Tieferlegen der Zeitstruktur als Bedingung des Erscheinens von Welt geführt.[26] Im operativen Konstruktivismus muß infolgedessen der logische Satz der Identität umformuliert werden. Er lautet dann nicht mehr »A ist A«, sondern »wenn A dann A«. Damit ist gesagt, daß Identität nur in operativen Sequenzen konstituiert werden kann und dann als Strukturbedingung dafür fungiert, daß eine hochselektive, sich selbst abgrenzende (unterscheidende) Sequenzbildung überhaupt möglich ist. Und auch dies führt wieder auf eine Unterscheidung zurück. Jede Wiederholung muß das Wiederholte identifizieren und dabei *kondensieren* auf das, was aus dem vorigen Kontext übernommen wird. Und sie muß diese Identität *konfirmieren*, also sicherstellen, daß sie auch zu einem anderen Kontext paßt.[27] Damit werden die Voraussetzungen für eine weitere Unterscheidung geschaffen, nämlich die von Generalisierung und Respezifikation, deren evolutionstheoretische Relevanz vor allem Parsons herausgestellt hat.[28]

---

26 Siehe die auf ein adäquates Verständnis von Zeit zielende Kritik der ontologischen »Filiation« Aristoteles – Hegel bei Martin Heidegger, Sein und Zeit, 6. Aufl. Tübingen 1949, S. 432 f. Anm. 2.

27 Die Unterscheidung condensation/confirmation stammt von George Spencer Brown und wird von ihm auf elegante Weise durch eine weitere Unterscheidung erläutert, nämlich die, daß man die Gleichung ⌐⌐⌐ von links nach rechts (condensation) und von rechts nach links (confirmation) lesen kann (a. a. O. S. 10). Hier wie immer: unter der Voraussetzung eines Beobachters, der diese Lesarten unterscheidet und sich in dieser Unterscheidung entscheiden kann. Der gleiche Gedanke läßt sich auch mit Wittgensteins Begriff der Regel formulieren, die Anwendbarkeit auf mehr als einen Fall voraussetzt, oder mit Derridas Begriff der différance.

28 Vgl. Talcott Parsons, The System of Modern Societies, Englewood Cliffs N. J. 1971, S. 26 ff.; ders., Comparative Studies and Evolutionary Change, in: ders., Social Systems and the Evolution of Action Theory, New York 1977, S. 279-320 (insb. 307 ff.).

V.

Für eine Theorie von Religion zahlen sich Ansprüche an größere Genauigkeit im Verständnis binärer Codierungen nur aus, wenn auch Religion eine binäre Codierung benutzt. Das versteht sich nicht von selbst, sondern muß gezeigt werden. Daß Religion nur beobachtet und beschrieben werden kann, wenn man sie unterscheiden kann, ist klar. Auch gehen wir davon aus, daß diese Unterscheidung von der Religion selbst getroffen werden muß und daß nur diese Selbstlokalisierung auf der einen und nicht auf der anderen Seite der identitätgebenden Unterscheidung die Religion zum System werden läßt. Aber damit ist noch keineswegs ausgemacht, ja zunächst einmal eher unwahrscheinlich, daß Religion sich mit einer Unterscheidung identifiziert – und nicht schlicht mit heiligem Sinn, mit einer Idee, mit einem Stifter, mit Gott. Man könnte deshalb meinen, daß es der Selbstsinngebung von Religion zutiefst widerspricht, wenn man ihr zumutet, sich mit einer Differenz zu identifizieren und sich über die Spezifikation ihres eigenen Codes von den mehr mundanen Anliegen dieser Welt zu unterscheiden.

Aber diese Bedenken gehen vermutlich von unzureichenden Vorstellungen über die Aussagenwelt des operativen Konstruktivismus, der differentialistischen Philosophie, des Formenkalküls und der Kybernetik zweiter Ordnung aus. Ein zureichender Begriff des Codes liegt nicht vor und muß erst einmal angeboten werden. Allein schon die Beobachtung, daß anspruchsvolles theologisches Denken (und auch den Buddhismus könnte man einbeziehen) es immer wieder mit Tautologien und Paradoxien zu tun gehabt hat, könnte zu einer Neubesinnung anregen. Denn beide Formen, Tautologie und Paradoxie, sind auf Unterscheidungen gebaut, die sich selbst sabotieren. Die moderne »dekonstruktivistische« Texttheorie, die heute weit über ihren Heimatbereich im »Literary Criticism« hinausgreift, kommt zum gleichen Resultat.[29] Gelänge es, einen Code der Religion zu identifizieren, könnte man die hier verborgenen Anregungen aufgreifen und vielleicht mehr darin finden als nur ein Bekenntnis zur Unzu-

29 Siehe nur die zahlreichen Aufsatzsammlungen von Paul de Man, etwa Blindness and Insight: Essays in the Rhetoric of Contemporary Criticism, 2. Aufl. London 1983; The Resistance to Theory, Minneapolis 1986.

länglichkeit menschlichen Begreifens (was hinausliefe auf eine Entfaltung der Paradoxie/Tautologie mit Hilfe der identitätsfesten Unterscheidung von Gott und Menschen).

Ein zweites Problem wird uns größere Schwierigkeiten bereiten. Die Ausdifferenzierung von Religion ist auch ein geschichtlicher Vorgang, der für einen soziologisch vorinformierten Beobachter zusammenhängt mit der Evolution des Gesellschaftssystems – mit der Erfindung von Schrift und mit dem Übergang zu anspruchsvolleren Formen der gesellschaftlichen Differenzierung. Wir können keinesfalls davon ausgehen, daß Religion sich von Anfang an in der strengen Form einer binären Codierung bemerkbar macht. Wenn von Unterscheidung der Religion gesprochen wird, müssen daher historisch sehr unterschiedliche Bedingungen der Plausibilität religiöser Semantik in Rechnung gestellt werden. Zunächst sind religiöse Benennungen, in Mesopotamien zum Beispiel,[30] eng verknüpft mit der allgemeinen gesellschaftlichen Unterscheidung von vertrautem, bewohnbarem Land, wo auch die Kulte gepflegt werden können, und umgebender, bedrohlicher Wildnis. Erst in komplexeren Gesellschaften tauchen spezifisch religiöse Gegensatzpaare auf und damit auch die spezifisch religiösen Bezeichnungen der Codewerte, mit denen diese von anderen Wertpaaren (zum Beispiel reich/arm oder mächtig/ ohnmächtig) unterschieden werden. Erst die Unterscheidbarkeit der religiösen von anderen Leitunterscheidungen macht es sinnvoll, den Begriff der binären Codierung anzuwenden.

Was die historische Semantik der Religion angeht, können wir also nicht von identischen Benennungen ausgehen. Aber das darf uns nicht hindern, einen zeitabstrakten Begriff der Codierung zu bilden und anzuwenden; denn ohne einen solchen Begriff (oder anders gesagt: mit der Historikerthese, eine Epoche könne nur auf Grund ihrer eigenen Begriffe beschrieben werden) könnte man allenfalls Inkommensurabilitäten der historischen »Diskurse« feststellen, aber nicht einmal fragen, ob sich Zusammenhänge zwischen Veränderungen in der Gesellschaftsstruktur und der historischen, für Referieren geeigneten Semantik erkennen lassen. Wir setzen den zeitabstrakten Begriff des Codes (ebenso

---

30 Vgl. Gerdien Jonker, The Topography of Remembrance: The Dead, Tradition and the Collective Memory in Mesopotamia, Leiden 1995.

wie eine Reihe von anderen systemtheoretischen Begriffen) auf der Ebene der Beobachtung zweiter Ordnung ein und müssen dann die Ebenentrennung respektieren. Das heißt: wir müssen dem, was historische Religionen selbst sehen und formulieren können, und dem, was sich ihnen entzieht, sein Eigenrecht lassen; aber das zwingt nicht zum Verzicht auf eine abstraktere Analyse mit Hilfe von Begriffen, die sich beim Aufbau theoretischer Komplexität im Wissenschaftssystem bewähren (oder nicht bewähren). Auch insofern halten wir uns an den operativen Konstruktivismus und an die Theorie operativ geschlossener Systeme. Die Begriffsanstrengung verläuft ausschließlich auf der Innenseite dieser Wissenschaft konstituierenden Form. Sie gilt ausschließlich der Verbesserung wissenschaftlicher Leistungen.

Die These der folgenden Überlegungen ist: daß die semantische Ausarbeitung eines religionsspezifischen Codes in Zusammenhang steht mit der gesellschaftlichen Ausdifferenzierung eines Funktionssystems für Religion. Wir vermeiden jede kausale Festlegung, derzufolge das eine die Ursache des anderen wäre oder umgekehrt. Es handelt sich um ein Verhältnis wechselseitiger Begünstigung oder evolutionärer Passung. Doch nur in dem Maße, als Religion sich im Hinblick auf Situationen, Rollen, Kulte, Sinnformeln, sozialkritische Distanz und Systematisierung der Lehre ausdifferenziert, können abstraktere Fassungen des religionsspezifischen Codes einleuchten. Ebenso müssen aber alle Autonomiegewinne und muß erst recht jede kritische Distanz zu den Alltagsgeschehnissen »dieser Welt« in dieser Welt erläuterungsfähig sein, und daraus ergibt sich für die Religion ein Anlaß zu differenzorientiertem Denken. Die Ausdifferenzierung begünstigt den Code, der Code begünstigt die Ausdifferenzierung. Evolution ist folglich eine Evolution dieses Zusammenhanges, und erst die moderne Gesellschaft benötigt einen sowohl abstrakten als auch analytisch komplexen Begriff des Codes, um verständlich zu machen, was Religion *für sie* bedeutet.

VI.

Zur Bezeichnung der beiden Werte des religionsspezifischen Codes eignet sich am ehesten die Unterscheidung von *Immanenz* und *Transzendenz*. Man kann dann auch sagen, daß eine Kommunikation immer dann religiös ist, wenn sie Immanentes unter dem Gesichtspunkt der Transzendenz betrachtet. Dabei steht Immanenz für den positiven Wert, für den Wert, der Anschlußfähigkeit für psychische und kommunikative Operationen bereitstellt, und Transzendenz für den negativen Wert, von dem aus das, was geschieht, als kontingent gesehen werden kann. In Günthers Terminologie: Immanenz ist der Designationswert und Transzendenz ist der Reflexionswert des Codes. Wir erinnern: darin kommt keine Präferenz zum Ausdruck (obwohl es durchaus Präferenzcodes geben kann). Das Positive ist nicht in irgendeinem Sinne »besser« als das Negative. In der Einheit des Codes setzen beide Werte einander wechselseitig voraus. Erst von der Transzendenz aus gesehen erhält das Geschehen in dieser Welt einen religiösen Sinn. Aber Sinngebung ist dann auch die spezifische Funktion der Transzendenz. Sie hat keine Existenz für sich. Sie ist die Überschreitbarkeit jeder Grenze in Richtung auf ein Anderes. Aber auf der Grenze kann man nicht wohnen und im immer anderen keine »feste Burg« bauen.[31] Daß es Religionen, vor allem Gottesreligionen gibt, die hier anders urteilen, wird damit nicht bestritten. Aber Existenzurteile sind Urteile eines Beobachters erster Ordnung, und sie haben an dieser Stelle, so könnte ein Beobachter zweiter Ordnung sagen, die Funktion, das re-entry des Codes in den Code zu vollziehen und zu verdecken, nämlich die Differenz von Immanenz und Transzendenz denkbar und sagbar zu machen.

Aber wir greifen vor. Zunächst gilt es, die Vorgeschichte der Ausdifferenzierung einer spezifisch religiösen Codierung zu klären.

In vielen älteren Religionen liegt dem eine Raumvorstellung zugrunde, die Transzendenz mit Immanenz verbindet. Das Ferne ist zwar unerreichbar, aber zugleich etwas, das, wenn man dort

---

31 »On ne s'installe jamais dans une transgression«, liest man bei Jacques Derrida, Positions, Paris 1972, S. 21, »on n'habite jamais ailleurs. La transgression implique que la limite soit toujours à l'œuvre.«

wäre, so beobachtet werden könnte wie die aus dem Alltag vertraute Welt. Wenn man auf den Gipfel des Olymp gelangen könnte (aber die Scheu hält von Versuchen ab), würde man sehen können, wie die Götter tafeln. Theologen mögen deshalb bestreiten, daß es sich hierbei schon um Transzendenz (etwa im jüdischen oder christlichen Sinne) handelt. Aber in evolutionstheoretischem Sinne ist dies doch eine Vorgängerfigur. Sie erlaubt es nicht, Transzendenz durch ein nur für sie geltendes Existenzprädikat auszuzeichnen, aber die Übergänge sind flüssig und der religiösen Imagination bleibt es überlassen, die Ferne, die man nicht erreichen kann, mit ganz andersartigen Objekten zu besetzen. In religionsvergleichender und in evolutionstheoretischer Perspektive wird man daher diesen Fall der (nur) räumlichen Transzendenz kaum ausschließen können – bei allen Zugeständnissen an evolutionäre Innovationen.

Für die abendländische Tradition wäre vor allem das Verhältnis der codierten Religion zur ontologischen Metaphysik zu klären. Dabei genügt es nicht nachzuzeichnen, wie sehr die religiöse Kosmologie mit metaphysischen Grundannahmen gearbeitet ist. Entscheidend ist vielmehr, daß sowohl die Ontologie als auch ihre Logik auf der Unterscheidung von Sein und Nichtsein und damit auf der Annahme einer logischen Zweiwertigkeit aufgebaut waren, die Restprobleme undiskutiert läßt.[32] Alles Denken, alles Bemühen um Erkenntnis kommt danach im Sein zur Ruhe, und umgekehrt gibt es kein logisch nichterschließbares Sein. Es fehlt, anders gesagt, eine strukturreichere Logik, um darin ein Problem zu sehen. Die ontologische Metaphysik geht von einer einzigen Leitunterscheidung aus; sie beschreibt die Welt (in Gotthard Günthers Begrifflichkeit) monokontextural.

Rückblickend kann man deshalb fragen, was gesehen und was nicht gesehen werden kann, wenn ein Beobachter sich auf Ontologie und auf zweiwertige Logik als Primärunterscheidung stützt. Oder: Was geht verloren und bleibt unsichtbar, wenn man mit der Unterscheidung von Sein und Nichtsein und einem entsprechend zweiwertigen logischen Instrumentarium *anfängt*? Selbstverständlich kann die ontologische Metaphysik Begriffe

32 Das ist vor allem ein Thema von Gotthard Günther gewesen. Siehe seine Beiträge zur Grundlegung einer operationsfähigen Dialektik, 3 Bde. Hamburg 1976-1980.

wie Nichts oder Unendlichkeit oder Zeit bilden und damit gewisse Überschneidungen in Richtung Religion erzeugen. Das Problem liegt im Ausschließungseffekt der logisch-ontologischen Zweiwertigkeit oder, anders gesagt, in der Unsichtbarkeit des Beobachters, der dieses Schema »unkritisch« angenommen hat und sich selbst nicht bezeichnen kann. Hier bleibt eine Welt, eine Realität unbeobachtet, von der die Metaphysik mit ihrer zweiwertigen Logik nicht einmal sehen (formulieren) kann, daß sie nicht sieht, was sie nicht sieht. Insofern schleppt, was immer die geistlichen Formulierungen der Theologie besagen mögen, die Metaphysik gleichsam auf ihrem Rücken einen Bedarf für Religion in die Neuzeit.

Wenn man dies als Struktur und als Problem einer hochentwikkelten Semantik akzeptiert, bleibt immer noch die Frage, wie die Religion ihren Code und damit sich selbst in die Realität einfügt, die in der gesellschaftlichen Kommunikation unterstellt und akzeptiert wird. Unser Ausgangspunkt liegt in der These einer Realitätsunterscheidung, die das eigentlich Reale von einer imaginären, nicht unmittelbar zugänglichen Welt absondert und damit, wie oben gezeigt,[33] »harte« Realität in der Welt konstituiert. Das geschieht zunächst und auf lange Zeit sicher nicht in der perfekten Form einer Codierung, sondern, wahrnehmungsnah konstruiert, als Einteilung der Welt in einen vertrauten, bekannten, operational zugänglichen Bereich und eine andere Welt. Wir wollen, ohne damit schon gleich Codierung zu implizieren, diese Gegenwelt der Realität »Transzendenz« nennen, weil man sich das Überschreiten einer Grenze vorstellen muß, wenn man sie bezeichnen will.

Dieser Begriff der Transzendenz bietet sich an als Vergleichsgesichtspunkt für sehr unterschiedliche religiöse Semantiken, besonders auch der Religionen primitiver Gesellschaften, die damit als Religionen ernster genommen werden, als es in manchen eher folkloristischen Forschungen der zuständigen Fachwissenschaften geschieht.[34] Transzendenz ist zunächst eine Richtungsangabe,

33 Vgl. Abschnitt III.
34 Siehe als einen solchen Vergleich Edwin Dowdy (Hrsg.), Ways of Transcendence: Insights from Major Religions and Modern Thought, Bedford Park, South Australia (The Australian Association for the Study of Reli-

sie verweist auf ein Überschreiten von Grenzen. Aber gemeint sind von Anbeginn nicht territoriale Grenzen (auch wenn Orte »sakralisiert« werden), sondern Grenzen zum Unerreichbaren nicht nur außerhalb, sondern auch innerhalb der Gesellschaft, von der man ausgeht. Transzendenz ist und verdeckt durch ihre Fixierung zugleich das Unheimliche, das jeden Sinn zersetzen, auflösen, überschreiten kann. Wir interpretieren Transzendenz deshalb als eine so nicht formulierbare, ja durch Religion gerade verdeckte Duplikation des Vorhandenen, Erreichbaren, Vertrauten in einen anderen Sinnbereich.

Ein operativ unzugänglicher Bereich, eine zweite Welt, setzt zunächst der Phantasie keine Schranken. Man könnte alles behaupten, denn nichts läßt sich prüfen – so wie man generell mit Negationen zügellos umgehen kann. Das Transzendieren erzeugt einen Überschuß an Sinnmöglichkeiten und entsprechend einen Bedarf für Einschränkung. Nicht zufällig liegt der Wortgeschichte von religio die Vorstellung einer Wieder-Bindung zugrunde; und nicht zufällig betont Durkheim im Begriff des sacré die Sanktion einer Einschränkung. Aber Einschränkung dessen, was als Transzendenz heilig zu halten ist, erzeugt immer (wie jede bezeichnende Operation) eine neue Grenze, die man überschreiten könnte. Womit sich zeigen würde, daß die Transzendenz noch gar nicht *die* Transzendenz ist, die ins Unbegrenzbare ausfließt.

Das Bedrängtsein durch dieses Problem läßt verständlich erscheinen, daß frühe Religionen Gegenmaßnahmen ergreifen. Sie richten Kommunikationssperren ein, die ihrerseits, Reflexivität absorbierend, geheiligt werden. Die Bestimmtheit des Heiligen ist ein Geheimnis. Andernfalls könnte man auf die Idee kommen, daß die Knochen der Vorfahren, die im Männerhaus als Bezugspunkt aller Riten aufgehoben werden, ganz gewöhnliche Knochen sind, und überdies solche, die bei Verlust oder Verfall erneuert werden müssen.[35] Das Problem wird durch die einzige

gions) 1982. Vgl. auch Thomas Luckmanns ebenfalls allgemein gehaltene Bestimmung der Funktion von Religion als Vergesellschaftung des Umgangs mit Transzendenz, in: Über die Funktion der Religion, in: Peter Koslowski (Hrsg.), Die religiöse Dimension der Gesellschaft, Tübingen 1985, S. 26-41.

35 Dies auf Grund von Fredrik Barth a. a. O. Man könnte auf die Idee kom-

Operationsweise gelöst, die dem Sozialsystem Gesellschaft zur Verfügung steht: durch Kommunikation, und zwar durch den Doppelprozeß des Ausweitens und Inhibierens von Kommunikationsmöglichkeiten. Das Heilige wird als Geheimnis, also als Verbot oder als Unmöglichkeit einer die Sache bestimmenden Kommunikation dargestellt. Und das neugierige Nachfragen (curiositas) wird untersagt oder entmutigt mit der Auskunft, man würde nur triviale Ergebnisse erzielen, die erkennen lassen, daß man am Wesentlichen vorbeigegriffen habe.

Üblicherweise wird in primitiven Religionen die Immanenz/ Transzendenz-Unterscheidung als *Einteilung* einer unbezweifelbar vorhandenen Welt präsentiert (und auch das verdrängt die Möglichkeit, den Code als Realitätsverdoppelung zu denken). Man erläutert den Code durch die Unterscheidung von Nähe und Ferne oder von Himmel und Erde.[36] Mit dem religiösen Ort des Himmels verbindet sich oft die Vorstellung eines ewigen Lebens nach dem Tode und damit einer Aufhebung der fatalen Differenz von Immanenz und Transzendenz. In stärker ausgearbeiteten (sicher durch Hochreligionen beeinflußten) Versionen findet man auch die Vorstellung, Transzendenz sei Grenzüber-

men, sie (oder auch andere Arten von »Reliquien«) als umgewandelten, kanonisierten Abfall zu bezeichnen – im Sinne von Culler a.a.O. S. 108 ff., im Anschluß an Michael Thompson, Rubbish Theory: The Creation and Destruction of Value, Oxford 1979, der seinerseits die Katastrophentheorie René Thoms verwendet, um solche Diskontinuitäten der Bewertung in Form zu bringen. Auch sonst findet man in Forschungen über die Religionen tribaler Gesellschaften viele Belege für einen durchaus pragmatischen, und doch distinktionsscharfen Umgang mit Sakralem – sofern nur das Geheimnis gewahrt bleibt und mittabuiert wird. Das setzt natürlich voraus, daß die Frage, ob man glaubt oder nicht, sich gar nicht stellt. Oder anders gesagt: daß Glauben hier nicht die »Form« von Religion ist, die sich von einer anderen Seite her, vom Nichtglauben her bestimmt.

36 Zur Kulturgeschichte des Himmels vgl. Bernhard Lang/Colleen McDannell, Der Himmel: Eine Kulturgeschichte des ewigen Lebens, dt. Übers. Frankfurt 1996. Beispiele aus afrikanischen Religionen bei John S. Mbiti, Concepts of God in Africa, London 1970. Dort S. 171 ff. auch bemerkenswerte Entstehungsmythen: Gott habe zunächst mit den Menschen oder doch in ihrer Nähe gelebt, sich dann aber, um Belästigungen zu vermeiden oder um Ungehorsam zu bestrafen, von ihnen entfernt.

schreitung, also selbst ohne Grenzen, also auch in der Immanenz vorhanden.[37] Man kann dann glaubwürdig sagen, Gott sei zugleich fern und nah, er sei überall gegenwärtig. Dabei kann man sich auf die wichtige, leicht zugängliche semantische Form des »In-etwas-Seins« stützen: Gott ist nicht eine bestimmte Erscheinung; aber er ist *in ihr.*

Als typische, sicher vorherrschende semantische und institutionelle Reaktion auf die Unterscheidung einer diesseitigen und einer jenseitigen Welt findet man einen Bedarf für Vermittlungen – sei es durch Objekte, sei es durch Handlungen. Die weite, wohl universelle Verbreitung dieser Form des Vermittelns beweist zugleich, daß die zugrundeliegende Unterscheidung sehr urtümlichen Charakter hat und wohl mit Recht zur Genealogie der Religion zu rechnen ist. Die Unterscheidung selbst ist nur an Hand einer Markierung der Grenze faßbar. Man hilft sich zum Beispiel mit der Einteilung von Räumen oder Zeiten oder mit dem artifiziellen Unsichtbarmachen eines Teils des Geschehens. Die Markierung der Grenze selbst hat einen ambivalenten Status: sie gehört der einen ebenso wie der anderen Seite an, also beiden Seiten oder keiner. Sie symbolisiert und vollzieht damit die Einheit der Unterscheidung. Daher ist die Markierung selbst ein sacrum, heilig und schrecklich zugleich. Von Anbeginn gibt es also das Problem der Einheit der Differenz, auch wenn es nicht als solches reflektiert wird, sondern eine Annäherung nur mit Schauder und Scheu oder nur im Schutz bestimmter »Weihen« zuläßt; oder mit bestimmten technischen Vorkehrungen, die zum Beispiel dem Schamanen eine glückliche Rückkehr von seinem Ausflug in diese andere Welt garantieren sollen. Das Sakrale kondensiert gewissermaßen an der Grenze, die die Einheit der Unterscheidung von transzendent und immanent darstellt.[38] Die Religion selbst findet keineswegs im Jenseits statt.

Wenn es nicht um Markieren, sondern um Überschreiten der Grenze geht, um ein Kreuzen hin und zurück, sind Vermittler nötig. Auch sie sind, wenn man von ihrer jeweiligen Befindlich-

37 Vgl. Mbiti a. a. O. S. 12 ff.

38 Hierzu gibt es zahlreiche ethnographische Belege. Für eine knappe Zusammenfassung siehe z. B. Edmund Leach, Culture and Communication: The Logic by which Symbols are Connected, Cambridge Engl. 1976, S. 71 ff.

keit abstrahiert und sie zu identifizieren sucht, Inkarnationen des Paradoxes. In seinem Weltleben ist Jesus von Nazareth Mensch (wenngleich Mensch ohne Sünde). Als Christus ist er Sohn Gottes. Als Teil der Trinität ist er Gott, also sein eigener Vater, so wie Gottvater sein eigener Sohn ist. Das Mysterium sabotiert die Unterscheidung, auf der es beruht. Die Differenz von Transzendenz (Gottvater) und Immanenz (Erdenleben des Sohnes) wird als Explikation des Problems vorausgesetzt und zugleich annulliert. Der Verzicht auf Logik ist kein Fehler, sondern die angemessene Form des Problems. Man kann es bei dieser Feststellung belassen, kann aber auch eine Neubeschreibung des Problems versuchen.

Sowohl Markierungen als auch Vermittlungen dienen dazu, die in der Transzendenz liegende unvertraute Welt in der vertrauten Welt erscheinen zu lassen. Beschränkungen können ja nur als Formen, als bezeichenbare und operativ anschlußfähige Sinngehalte institutionalisiert werden. Es muß sich um diese oder jene Gegenstände, diese oder jene Plätze, diese oder jene Gesten oder Handlungen handeln, die in der Immanenz der vertrauten Welt als heilig ausgezeichnet werden. Nimmt man die Religion konstituierende Differenz in ihrer ursprünglich-konkreten Form als Differenz von vertraut/unvertraut, dann entsteht Religion erst durch ein re-entry dieser Form in die Form: durch einen Wiedereintritt der Differenz von vertraut/unvertraut ins Vertraute und Umgängliche. Denn nur so kann man das religiös Unvertraute (die Transzendenz) unterscheiden von dem, was bloß unbekannt oder ungewöhnlich ist. Auch diese Unterscheidung ist jedoch eine evolutionäre Errungenschaft; und man sieht dies daran, daß noch sehr lange das Unerwartete oder Ungewöhnliche, das Überraschende und Monströse einen Anlaß gibt für religiöse Interpretation.

Im Vergleich zu den klassischen Religionssoziologien, die Religion durch Bereichsabgrenzungen, also durch einfache Unterscheidungen wie sakral/profan (Durkheim) oder außeralltäglich/alltäglich (Weber) charakterisiert hatten, bietet uns die Figur des Wiedereintritts einer Unterscheidung in das durch sie Unterschiedene den Ausgangspunkt für eine komplexere Analyse und zugleich den Zugang zu einem in der Religion immer verborgenen Paradox. Es kann in Fragen der religiösen Evolution[39] dabei bleiben, daß im imaginären Bereich der religiösen Phantasie dem Hypertrophieren der Formen keine Grenzen gezogen sind und daß von hier Variationsimpulse ausgehen; aber zusätzlich kommt ins Spiel, daß die Entfaltung der fundamentalen Paradoxie des re-entry zeitgemäß-überzeugende Formen verlangt, die das disziplinieren, was letztlich angenommen werden kann. Es muß, anders gesagt, im Diesseits mit Plausibilität, wenn nicht zweifelsfreier Evidenz, mit Bezug auf das Jenseits kommuniziert werden; und es muß verhindert werden, daß die Differenz von Diesseits und Jenseits als »performativer Widerspruch« (etwa schon: als Mißlingen der magischen Leistung) in die Kommunikation eindringt und sie »dekonstruiert«.

Eine ausgearbeitete Religionscodierung setzt ein »re-entry« der Unterscheidung in das durch sie Unterschiedene voraus.[40] Nur so kann vermieden werden, die Unterscheidung des Codes als Zwang zur Option für die eine oder die andere Seite aufzufassen. Man findet auf beiden Seiten immer beide Seiten. Die logische (mathematische) Konsequenz ist, daß eine unkalkulierbare Intransparenz entsteht, die nur durch Imagination aufgelöst werden kann. Gewonnen wird damit die Möglichkeit, auf seiten der Immanenz am Gesamtcode zu partizipieren, und andererseits die Möglichkeit, sich vorzustellen, daß es der Transzendenz nicht gleichgültig ist, was in der Immanenz geschieht. Nur so kann der Glaubende am Code teilnehmen. Nur so kann die in der Immanenz ablaufende Kommunikation sich auf den Code beziehen. Allerdings führt ein solches re-entry zu einer strukturellen Unbestimmtheit und ist damit auf Supplemente (parerga) angewiesen, die die jetzt notwendigen Selektionen anleiten. Anders gesagt: die Kommunikation muß sich auf ein Gedächtnis stützen und gerät, was Zukunft angeht, ins Oszillieren. Man hat sich zum Beispiel das eigene Leben als Teil einer Sünden- und Heilsgeschichte vorzustellen, kann aber auch auf Vergebung der Sünden hoffen, ohne Gewißheit erlangen zu können, ob man zu den geretteten Seelen gehören wird oder nicht.

Über ein re-entry der Form in die Form erreicht man, wenn es glaubwürdig gelingt, vor allem eines: eine soziale Stabilisierung

39 Siehe unten Kap. 7.

40 »re-entry« im Sinne von George Spencer Brown, Laws of Form, Neudruck New York 1979, S. 56f., 69ff.

der Religion. Sie verlagert ihre Sinngebung in die Primärunterscheidung ihres Codes und wird damit vom Zufall des Auftretens ungewöhnlicher Ereignisse – von Sonnenfinsternissen bis zu epileptischen Anfällen – unabhängig. Religion kann dann maschinengleich organisiert werden in einer Weise, die auch die Ursachen der in Betracht kommenden Operationen einbezieht und sich damit vom Weltlauf abkoppelt. Nicht zufällig können sich dann kreisförmig konzipierte Verhaltensmodelle ergeben; die Wiederholung der Riten wird in der Religion der Azteken parallel zum Kreislauf der Welt aufgeführt und dient dessen Erhaltung. Man mag dann immer noch bei Bedarf religiöse Zeremonien in Gang setzen;[41] aber man weiß dann und kann wiederholen, was zu tun ist. So kann Religion in der Weise eines kybernetischen Rückkopplungsmechanismus funktionieren – allerdings mit den wichtigen Unterschieden, daß sie sich von der Auslösung durch Umweltereignisse (Trockenheit, Seuchen, Kriege) unabhängig machen kann und ferner: daß sie auch zu Überreaktionen und Schlechtanpassungen führen kann, wenn sie der Eigenlogik ihres Vollzugsapparates zu sehr traut.[42]

Religionen unterscheiden sich durch den Vollzug des re-entry und die von daher bestimmte Ausmalung der Transzendenz. Ohne Assistenz (oder mindestens: Beruhigung) transzendenter Mächte kann nichts Wichtiges gelingen, das ist die vielleicht wichtigste, jedenfalls älteste Version. Sie motiviert magische Prozeduren – nicht in dem Sinne, daß man meinen würde, zusätzlicher empirischer Ursachen zu bedürfen; wohl aber in der Vorstellung, daß mögliche Widerstände auf der anderen Seite der Großen Grenze ausgeräumt werden müssen. Die Magie beruht auf der einfachen Unterscheidung sichtbarer und unsichtbarer Dinge in ein und derselben Welt. Sie ist Ausdruck des Reichtums der Natur, der über das Sichtbare hinausgeht. Es handelt sich also

---

41 Siehe Roy A. Rappaport, Pigs for the Ancestors: Ritual in the Ecology of a New Guinea People, New Haven 1967. Vgl. auch ders., The Sacred in Human Evolution, in: Annual Review of Ecology and Systematics 2 (1971), S. 23-44; ders., Ritual, Sanctity and Cybernetics, in: American Anthropologist 73 (1971), S. 59-76.

42 Hierzu Roy A. Rappaport, Maladaptation in Social Systems, in: Jonathan Friedman/Michael J. Rowlands (Hrsg.), The Evolution of Social Systems, Pittsburgh 1978, S. 49-71.

nicht um eine Metatheorie, auch nicht um einen Modus der Beobachtung zweiter Ordnung mit all den logischen Problemen, die das aufwerfen würde. Nur die Differenz selbst, die die Welt nach sichtbar/unsichtbar einteilt, bleibt ungeklärt. Der Wirkungszusammenhang bleibt unbekannt – und eben deshalb glaubwürdig. Er läßt keine Fehlerkontrolle zu und auch keine Wissensentwicklung durch Lernen. Das Unbekanntbleiben respektiert gewissermaßen das Heilige. Und es hat die Nebenfunktion, den mit Autorität auszustatten, der sich glaubwürdig auf Erfahrung berufen kann. In dem Maße, als Riten festgelegt werden, finden sich auch die dazugehörigen Mythen ein, deren Erzählung erklärt, warum man es so macht, wie man es macht. Man mag dies, im Rückblick, für eine Naivität halten. Aber Naivität ist nicht Irrtum. Und es ist nie zu einer radikalen Veränderung gekommen; auch nicht, als eine Theologie entstand, die die Unschuld im Unsichtbarmachen des Paradoxes verlor und deshalb die ganze Welt in den Sündenstand versetzen und für erlösungsbedürftig halten mußte.

Max Weber hatte bekanntlich mit gewohnter Schärfe formuliert: »Religiös oder magisch motiviertes Handeln ist, in seinem urwüchsigen Bestande, diesseitig ausgerichtet.«[43] So zu formulieren ist sinnvoll, wenn es nur darum geht, theologische Voreingenommenheiten abzuwehren und auch die Frühzeit noch als religiös motiviert beschreiben zu können. Schon im nächsten Absatz folgt jedoch die Korrektur, die Einführung der Differenz.[44] In der Tat könnte nicht einmal die alltägliche Welt des praktischen Nutzens, der Interessen, Widerstände und Gefahren als solche zusammenfassend erfahren werden und auch die Charakterisierung als »diesseitig« bliebe eine moderne Rekonstruktion, gäbe es nicht schon in jenen frühesten Religionen einen

43 So am Anfang seiner Religionssoziologie im § 1 Die Entstehung der Religionen, hier zit. nach Wirtschaft und Gesellschaft, 3. Aufl. Tübingen 1948, Bd. 1, S. 227.

44 »Immerhin ist dabei meist eine nur scheinbar einfache Abstraktion vollzogen: die Vorstellung von irgendwelchen ›hinter‹ dem Verhalten der charismatisch qualifizierten Naturobjekte, Artefakte, Tiere, Menschen, sich verbergenden und ihr Verhalten irgendwie bestimmenden Wesenheiten: der Geisterglaube« (a.a.O. S. 228). Statt »hinter« würde man für viele Fälle übrigens besser sagen: »in«.

Blick über die Grenze. In seinem Versuch, dem Religionsverständnis Max Webers näherzukommen, betont auch Hartmann Tyrell[45] gerade diese Differenz: »Soziales Handeln darf demnach dann *religiös* heißen, wenn an den Orientierungen des oder der Handelnden eine *Sinnschicht* mitgegeben ist, die auf ›Extraempirisches‹: auf eine bedeutungsvolle ›Hinterwelt‹ verweist, und wenn das Handeln dem in seinem Ablauf auf irgendeine Art, zunächst symbolisch, ›Rechnung trägt‹«. Erst diese Differenz konstituiert eine ergänzungsbedürftige Realität, und genau darin liegt ihre religiöse Form. Für die Anfangszeit heißt dies aber selbstverständlich nicht: daß auch die *Zwecke* des Handelns ins Jenseits zielen, also Erlösungszwecke sein müßten; sondern nur: daß die Welt in religiöser Einteilung erfahren werden kann.

In den Frühfassungen von Religion begegnen uns jenseitige Mächte als willkürliche, launische, verletzbare (insofern dann aber auch beeinflußbare, versöhnbare) Akteure. Sie symbolisieren das Ausgeliefertsein des menschlichen Lebens an eine unkontrollierbar einwirkende Umwelt; sie sind das Resultat einer Externalisierung des Gefährdungsproblems der Gesellschaft. Von einer deutlichen, formulierten Differenz von Jenseits und Diesseits kann man noch nicht sprechen. Wenn diese Unterscheidung in der Form einer prinzipiellen Ausgrenzung verfügbar wird, ermöglicht eben diese Differenz auch eine Disziplinierung der Götterwelt, vor allem durch Hineincopieren gesellschaftlich vertrauter Strukturen der Familienbildung, der politischen Herrschaft und der Schrift. Diese Entwicklung kann man vor allem an der in den Grundlagen noch archaisch-primitiven Religion Mesopotamiens ablesen.[46] Hier gibt es, obwohl die Götter die Schrift beherrschen und das Schicksal Jahr für Jahr schriftlich festlegen, noch keine »Heiligen Schriften« und deshalb auch keine dadurch bedingte Abstraktion des re-entry. Statt dessen obliegt die Regulierung der Beziehungen zur Götterwelt einem komplexen System von Regeln der Divination. Erst die späteren Hochreligionen benutzen die im Kontext von Divina-

---

45 In: ›Das Religiöse‹ in Max Webers Religionssoziologie, in: Saeculum 43 (1992), S. 172-230 (194).

46 Vgl. Madeleine David, Les dieux et le destin en Babylonie, Paris 1949; Jean Bottéro, Mésopotamie: L'écriture, la raison et les dieux, Paris 1987, S. 243 ff. Siehe auch Kap. 5.

tion entwickelte Schrift auch, um heiligen Sinn in heiliger Form zu fixieren und ihn so einer vor allem mündlichen Fortbildung zu überantworten.

Im Moment mögen diese Andeutungen genügen, um unsere These zu verdeutlichen. Religion ist von Anbeginn (was davor liegt, würden wir noch nicht als Religion gelten lassen) durch eine sie identifizierende Unterscheidung charakterisiert, die am re-entry der Unterscheidung in das Unterschiedene greifbar wird. Die Sorgfalt in der Begriffsbildung zahlt sich hier aus. Mit dem re-entry wird eine in sich paradoxe Operation vollzogen, deren Paradoxie invisibilisiert werden muß. Die dazu benutzten Chiffrierungen erscheinen als Religion – in allen Hochreligionen dann mit dem Zusatzwissen, daß sie selbst nicht das Wesen dessen sind, was gemeint ist.

Außerdem ist festzuhalten, daß das, was in sich selbst hineincopiert wird, eine Unterscheidung ist und eine Unterscheidung bleibt. Vereinfachungen kommen immer wieder vor – und werden als Idolatrie bekämpft.[47] Aber man würde die Spezifik der altägyptischen Frömmigkeit, die die Statuen für die Götter hielt, verkennen, würde man nicht sehen, daß hier eine inkarnierte Differenz angebetet wird. Auch die Theologie eines Augustinus zum Beispiel behauptet nicht, daß Gott die Ordnung und das Gute sei, aber das Gegenteil als eine Art Fatalität seiner Schöpfung in Kauf nehmen müsse; sie behauptet sein Interesse an der Differenz.[48] Es geht nie einfach um ein (möglicherweise konventionelles) Zeichen für das Andere. Auch nachdem die Vorstellung des Symbolischen verfügbar ist, ist damit mehr gemeint als nur ein Zeichen. Immer geht es um die Realpräsenz der Differenz – so wie man durch Größe und Ausschmückung eines Portals darauf hingewiesen wird, daß man über diese Schwelle einen anderen Raum betritt.

Nur im Bereich des Vertrauten, nur in dem Bereich, der (im Un-

---

47 Vgl. Louis Schneider, The Scope of ›The Religious Factor‹ and the Sociology of Religion: Notes on Definition, Idolatry and Magic, in: Social Research 41 (1974), S. 340-361.

48 Siehe De ordine libri duo I.6.18; zit. nach Corpus Scriptorum Ecclesiasticorum Latinorum 63 (1922), Nachdruck New York 1962, S. 133: »ita quasi ex antithesis quoadam modo, quod nobis etiam in oratione incundum est, ex contrariis, omnium simul rerum pulchritudo figuratur.«

terschied zu Transzendenz) dann Immanenz heißen darf, kann man Beobachtungen machen. Nur hier kann man etwas bezeichnen, kann man etwas in Unterscheidung von allem anderen hervorheben und für anschließende Operationen bereithalten. Das heißt auch: alle Unterscheidungen, die jemals getroffen werden können, sind immanente Unterscheidungen – auch die von Sein und Nichtsein, auch die von sakral und profan, auch die von Gott und Mensch. Sie gewinnen Realität nur durch Kommunikation. Das, wovon aber alle Bezeichnungen und alle Unterscheidungen unterschieden sind, bleibt als unmarked space zurück. Und im unmarked space bleiben, wie bereits ausgeführt,[49] die Welt und der Beobachter als blinder Fleck seiner Beobachtungen zurück – unbeobachtbar, weil ununterscheidbar.

Religion kann als der Versuch angesehen werden, dies Unvermeidliche nicht bloß hinzunehmen. Deshalb wird die durch Unterscheidungen beobachtbare Welt dupliziert und schließlich mit der Leitdifferenz von Immanenz und Transzendenz in die strenge Form eines Codes gebracht. Codierung ist nichts anderes als ein Umschreiben der Realitätsunterscheidung in eine andere, strenger gekoppelte, besser unterscheidbare Form. Sie wird dadurch einer neuartigen Welterfahrung angepaßt, mit höherer Kontingenz kompatibel gemacht. Einerseits werden Identitäten dadurch destabilisiert. Es ist jetzt, jedenfalls bei anspruchsvoller Hochform religiöser Beobachtung, nicht mehr möglich, Dinge oder Ereignisse nach sakral/profan zu sortieren; denn jetzt ist *alles* aus transzendenter oder aus immanenter Sicht beschreibbar, und es kommt auf den Beobachter an, den man beobachten muß, wenn man wissen will, wie Dinge und Ereignisse zugeordnet werden. Dafür müssen Religionen jetzt Kriterien, Regeln, Programme bereitstellen. Andererseits findet die Religion jetzt ihren Halt nicht mehr an ausgezeichneten Dingen oder Ereignissen, sondern an der in sich geschlossenen, Welt interpretierenden Unterscheidung, so daß auch höhere »weltliche« Unsicherheit verkraftet werden kann.

Den wohl markantesten Einschnitt in dieser Entwicklung finden wir in der Religion der Hebräer, und zwar in der Form einer resoluten Verweigerung der Rückkehr des Jenseits ins Diesseits.

49 Vgl. Kap. I.

Bei allen Inkonsequenzen einer dann wieder anschließenden Priesterreligion: der Gott der Hebräer hat keinen Namen.[50] Er entzieht sich der Erkenntnis und der Behandlung, indem er sich vorstellt als die Zukunft, die er sein wird. Er gibt sich als Text in die Welt. Der Text, der der Welt als Bauplan zugrunde liegt, ist als doppelgleisige Tradition offenbart, als *schriftliche* Fixierung für eine zukunftsoffene *mündliche* Überlieferung der Interpretation. Er ersetzt alle anderen Formen des immanenten re-entry, besonders nach der Zerstörung des zweiten Tempels. Und Aufgabe der Tradition des Talmud ist es, die endlos mögliche Interpretation *als Kontroverse* zu bewahren. Bei Entscheidungsnotwendigkeiten, also vor allem in Rechtsfragen, gilt ein Mehrheitsprinzip, das sich durch Interventionen aus dem Jenseits nicht mehr beirren läßt.[51] Im strengen Sinne verlagert sich damit das re-entry der Unterscheidung in sich selbst auf die andere Seite: in die Transzendenz. Der transzendente Gott wird als Beobachter der Welt, als Einheit von Beobachter und Beobachtung geführt. Und alle Heiligkeiten dieser Welt bleiben demgegenüber bloßer Reflex.

Erst damit kommt es zu einer voll entwickelten Codierung der Religion, in der beide Seiten der Form auf beiden Seiten wiedervorkommen. Es geht jetzt nicht mehr nur um eine Einteilung der Welt in sichtbare/unsichtbare, vertraute/unvertraute, nahe/ferne Bereiche, wobei nur unterstellt werden mußte, daß die eine Seite der Unterscheidung nicht die andere ist. Sondern die beiden Werte des Codes leisten eine wechselseitige Sinngebung und schließen dadurch die religiöse Signifikation gegen andere Codierungen ab. In soziologischer Sicht könnte dies zusammenhängen mit dem Entstehen kultureller Eliten außerhalb der

50 Am besten wohl zu verstehen als Entgegensetzung zur Tradition Mesopotamiens. Der Gott Marduck hatte 50 Namen (warum nicht 51?), und Namen waren hier nicht nur verbalen Bezeichnungen, sondern die Kompetenzen selbst. Siehe dazu Bottéro a. a. O., S. 125 f. Der Verzicht auf Identität von Name und Sein löst zugleich das Problem der Richtigkeit des Namens und der Vollständigkeit/Unvollständigkeit jeder Liste von Namen des Gottes.

51 Festgehalten in der viel (und wiederum kontrovers) diskutierten Legende des Ofens von Akhnai. Siehe etwa Ishak Englard, Majority Decision vs. Individual Truth: The Interpretation of the Oven of Achnai Aggadah, in: Tradition: A Journal of Orthodox Jewish Thought 15 (1975), S. 137-151.

askriptiv gegebenen sozialen Einheiten der Familien und Geschlechter.[52] Religion wird zugleich spezifisch und universal instituiert und in ihrer Spezifizität auf die verschärfte Differenz von transzendent und mundan gegründet. Dabei entsteht eine Besonderheit, die die religiöse Codierung von anderen Codierungen unterscheidet. Der Negativwert der Transzendenz wird als Grund und Quelle der Codierung selbst angesetzt. Die Transzendenz wird, ihren Code erzeugend, zum Gegenüber jeder anderen Unterscheidung. Sie muß als qualitätslos vorausgesetzt werden. Selbst die Unterscheidung von Unterscheidung und Nichtunterscheidung ist ihr, wie Nikolaus von Kues notiert, fremd.[53] Das verändert, im Vergleich zu anderen Codierungen, die Form von Begründungen. Im Falle von Religion ist Begründung nicht durch *Ausschluß*, sondern nur durch *Einschluß* des Gegenwertes zu erreichen, nicht wie Wahrheit durch Ausschluß von Unwahrheit, sondern durch Neubewertung aller Unterscheidungen in transzendenter Sinngebung. Dann muß aber das, was als Transzendenz angesetzt wird, diskriminieren können – und sei es nur als Hinweis auf den rechten Weg zur Erlösung. Auch das erfordert eine Operation des re-entry, damit wenigstens dies noch beobachtet werden kann.

Keine andere Codierung setzt an genau diesem Punkte an. Die Besonderheit von Religion liegt in der Radikalität dieses gegen das Unterscheiden gerichteten Unterscheidens. Nur so kann das gefaßt werden, worauf es ankommt: daß *alles* Beobachten (alles Unterscheiden, Erleben, Handeln, Kommunizieren) *immer* aus der Unbeobachtbarkeit heraus operiert und daß jedes Zurückkommen auf diesen Punkt deshalb ihre eigene Spezifikation des-

---

52 So Shmuel Noah Eisenstadt, Social Division of Labor, Construction of Centers and Institutional Dynamics: A Reassessment of Structural-Evolutionary Perspective, in: Protosoziologie 7 (1995), S. 11-22 (16f.).

53 Allerdings: ohne dies in den Randgängen einer möglichen Theologie letztlich durchhalten zu können. So kann die Personalität und die Dreifaltigkeit Gottes nicht bezweifelt werden. In de venatione sapientiae liest man: Gott sei ante omnia quae differunt (zit. nach Philosophisch-Theologische Schriften, hrsg. von Leo Gabriel, Bd. 1, Wien 1964, S. 1-189, 56). Aber die Unzulänglichkeit des auf Unterscheiden angewiesenen menschlichen Begreifens wird reflektiert. Und man weiß dann schließlich auch, was man an der Kirche hat.

avouiert. Daher ist das historische Auftreten von Religion unvermeidlich an den Vollzug eines re-entry gebunden, auch wenn man erst am Ende sehen kann, daß dies der Anfang gewesen ist.

VII.

Konkrete Objekte, Ereignisse, Handlungen, die ein religiöses re-entry vollziehen, werden in der religiös inspirierten Kommunikation weder durch diese Funktion ausgezeichnet, noch als formal-paradox beschrieben. Solche Kontingenz freisetzenden Beobachtungsformen stehen in der Frühzeit der Gesellschaftsgeschichte noch nicht zur Verfügung. Statt dessen erscheinen sie in einer gewissen Ambivalenz – vor allem an Hand der Unterscheidung bedrohlich/hilfreich. Es kommt auf Einstimmungen an, die dann ihrerseits konditioniert werden können. Als markant ausgewiesene Objekte oder als Riten erhalten sie eine eindeutige, invariante Form; und nur an der Strenge, mit der diese Invarianz Beachtung erfordert und Fehler erkennen läßt, kann man erkennen, daß damit ein Kreuzen der inneren Formgrenze, ein »entweder diese oder die andere Seite« verhindert werden soll. Das Kreuzen ist keine mögliche Operation, es gerinnt, könnte man sagen, zur Identität des sakralen Objekts. Das erspart zunächst die Benennung der Differenz immanent/transzendent, die als Code fungiert. Und in einer Hinsicht wird es so bleiben: Einen Unterschied kann man nicht anbeten.
Nichts hindert zunächst, daß man formtreu dabei bleibt und in endloser Variation Dasselbe wiederholt. Die Inhalte (Objekte, Bauten, Riten) mögen wechseln, die Formtypik der Überführung von Ambivalenz in Identität bleibt. Oder so ist es zumindest möglich. Aber es kann auch geschehen, daß nach der Welt gefragt wird und damit: nach der Einheit der Unterscheidung, die im Sakralen als Identität festgelegt ist. Hochreligionen entstehen nur, wenn dieser Tendenz zur Kosmologisierung nachgegeben wird. Der Code erscheint als Einteilung der Welt, auch als zeitliche Einteilung der Welt, die es ermöglicht, eine Geschichte zu erzählen und die Transzendenz als Ursprung oder auch als Sinn der Einteilung in ein Vorher und ein Nachher mitzuführen. Die Einteilung (und wir wählen dies Wort explizit und buchstäb-

lich, als Begriff) erfolgt ontologisch, das heißt: in der Form von Aussagen über »das, was ist«. Also im Unterschied zu dem, was nicht ist. Aber diese andere Seite der Seinsform verblaßt, solange man sich nicht bereitfindet, die Welt, wie sie erscheint, in Zweifel zu ziehen. Und wenn das geschieht, ist eben dieses die Einteilungen negierende Nichts die Transzendenz, die die Einteilungen der Welt (zum Beispiel in soziale Kasten) generiert oder doch toleriert, um sich dagegen abzusetzen.

Es kommt im vorliegenden Zusammenhang nicht auf eine Religionsgeschichte, auf eine Theorie der Morphogenese oder der Evolution von Religion an, sondern nur auf die (wenn man so sagen darf) Phänomenologie des Codes der Religion. In dem Maße, als die Differenz von Immanenz und Transzendenz als Form der Religion sichtbar wird, ergeben sich Zuordnungsprobleme. Das gilt für jeden Code. Denn die binäre Struktur besagt noch nicht, welcher Wert, der positive oder der negative, im Einzelfall in Betracht kommt. Der Sinn der Codierung liegt ja gerade darin, diese Entscheidung offenzuhalten. Codes benötigen also ein jeweils codespezifisches »Supplement«,[54] das für die nötigen Instruktionen sorgt. Schon in der alten Welt hatte man hierfür Formulierungen wie kánon, kritérion, regula, die gerade in der Emphase ihrer eigenen Richtigkeit den Bezug auf eine binäre Struktur voraussetzten.[55] Wir werden von Programmen (Vorschriften) sprechen. So kann eine wechselseitig exklusive Codierung nach Recht und Unrecht nur eingeführt werden, wenn es Rechtsnormen mit entsprechenden institutionellen Ausstattungen (Gerichten) gibt, die im Einzelfall entscheidbar machen, was Recht und was Unrecht ist, und nicht das Insistieren auf Recht wie im Falle von Orest oder von Michael Kohlhaas ins Unrecht stürzt. Ein Lehrer kann gute oder schlechte Zensuren nur erteilen, wenn ein Bildungskanon feststeht, an dem abgelesen werden

---

54 So im Anschluß an Jacques Derrida, Grammatologie, dt. Übers. Frankfurt 1974, S. 244 ff.

55 Derselbe Problemaufriß findet sich noch bei Kant, wenn Freiheit als ratio essendi des Sittengesetzes begriffen und dessen moralischer Imperativ in seiner Kanonizität (sit venia verbo) als Faktum des vernünftigen Bewußtseins abgesichert wird und schließlich *beides* in *einem* Begriff des Subjekts zusammengeführt wird (womit Philosophen noch heute ihr Vermögen machen).

kann, was zu verlangen ist. Der Wahrheitscode braucht Theorien und Methoden, der Eigentumscode im Falle seiner Monetarisierung Regeln der Wirtschaftsrechnung (Budgets, Bilanzen).[56] Wenn dies aber allgemein gilt, wird man auch im Falle eines Religionscodes nichts anderes erwarten können.

Auch hier ergibt sich jedoch ein Problem historischer Relativität, das wir an dieser Stelle nicht ausarbeiten, aber auch nicht ignorieren können. In älteren Gesellschaften, die sich noch nicht voll auf funktionale Differenzierung umgestellt haben, wird die Programmebene benutzt, um die abstraktere Extravaganz der binären Codierung in die Gesellschaft zurückzuintegrieren. Hier werden dann Plausibilitäten wiedereingeführt, die sich aus den Einschränkungen ergeben, die die Struktur der Gesellschaft und vor allem ihre hierarchische (stratifikatorische) Ordnung auferlegen. Die Codes selbst werden hierarchisch ausgelegt, nämlich mit einem naturalen und normativen Übergewicht ihrer guten Seite versehen. Im Recht geschieht dies zum Beispiel durch das Naturrecht, wobei über den Naturbegriff auf normative Evidenzen, aber auch darauf verwiesen wird, daß die Menschen ihrer Natur (= Geburt) zufolge verschiedenen Schichten angehören. Das Naturrecht selbst konnte dann, obwohl mit Zwecken befaßt, nach Meinung mittelalterlicher Theologen als Teilnahme an der lex aeterna begriffen werden.[57] Die Wissenschaft hat sich mit common sense und mit überliefertem Wissen zu arrangieren. Wenn sie diesen Rahmen zu sprengen sucht, erscheint dies als in der Form unwissenschaftlich: als Paradox. Die Wirtschaft hat das zu respektieren, was man noch in der Frühmoderne als »Nahrung« oder als »Hausnotdurft« bezeichnete, also das, was zur Erhaltung der ständischen Differenzierung der »Häuser« erfor-

---

56 Vgl. für solche anderen Codes Niklas Luhmann, Codierung und Programmierung. Bildung und Selektion im Erziehungssystem, in: ders., Soziologische Aufklärung 4, Opladen 1987, S. 182-201; ders., Die Wirtschaft der Gesellschaft, Frankfurt 1988, S. 243 ff. u.ö.; ders., Die Wissenschaft der Gesellschaft, Frankfurt 1990, S. 401 ff.; ders., Das Recht der Gesellschaft, Frankfurt 1993, S. 165 ff.; ders., Die Kunst der Gesellschaft, Frankfurt 1995, S. 301 ff.

57 Siehe Thomas von Aquino, Summa Theologiae I IIae, q. 91 art. 2: »lex naturalis nihil aliud est quam participatio legis aeternae in rationali creatura«.

derlich war.[58] Erst in der funktional differenzierten modernen Gesellschaft werden diese Beschränkungen aufgehoben. Die Funktionssysteme übernehmen die alleinige Verantwortung für ihre Funktion und damit zugleich das Risiko der Abstraktheit ihrer Codierung. Die Programme werden von gesellschaftlichen Integrationsansprüchen entlastet und spezifisch auf je ihren Code zugeschnitten. Das Recht wird zum positiven Recht (was natürlich nicht ausschließt, daß im geltenden Recht auf moralische Kriterien, Übung, technische Standards usw. verwiesen wird). Wissenschaftliche Theorien sind jetzt exklusiv wissenschaftliche Theorien (was nicht ausschließt, daß sie sich mit Theologie usw. befassen). Die Programme kompensieren den Ausschluß dritter Werte durch Wiedereinschluß des Ausgeschlossenen – wenn auch nur auf der Ebene der Supplemente, auf der ein akzeptierter (nicht rejizierter) Code vorausgesetzt ist und es nur noch darum geht, die Operationen des Systems den Werten dieses Codes richtig und nicht falsch zuzuordnen.

Die Religion sucht und findet eine mögliche Lösung für die evolutionäre Unwahrscheinlichkeit ihrer Codierung dadurch, daß sie sich auf eine (bleibend prekäre) Allianz mit Moral einläßt. Dieses Bündnis mag dadurch erleichtert worden sein, daß die Moral selbst, vor allem in ihren negativen Urteilen, kosmologisch verankert war und so mit ungehemmter Abscheu urteilt. Das Böse oder den Bösen findet man in der Nähe des Verdorbenen, des Unreinen, des (mit oder ohne Absicht) Schädlichen, auf der dunklen Seite der Welt, gegen deren unerklärbare Macht man sich zu schützen sucht.[59] Dann mag die gute Seite der Moral an die jeweils akzeptierten gesellschaftlichen Konventionen anschließen. Erst mit dem Abflauen magischer Vorstellungen im Europa des 17. und 18. Jahrhunderts[60] bahnt sich eine Art Rück-

---

58 Speziell hierzu Renate Blickle, Hausnotdurft: Ein Fundamentalrecht in der altständischen Ordnung Bayerns, in: Günter Birtsch (Hrsg.), Grund- und Freiheitsrechte von der ständischen zur spätbürgerlichen Gesellschaft, Göttingen 1987, S. 42-64.

59 Siehe mit sehr unterschiedlichen Belegen, die sowohl regional als auch nach Hochkultur/Volkskultur divergieren, David Parkin (Hrsg.), The Anthropology of Evil, Oxford 1985.

60 Siehe namentlich Keith Thomas, Religion and the Decline of Magic, London 1971; ders., Man and the Natural World, London 1983.

zug der Moral auf sich selbst an mit der Folge, daß schließlich auch die Religion selbst dem moralischen Urteil unterworfen, enteifert und zur Toleranz aufgefordert wird.

Aber dies ist nur eine und eine sich sehr spät durchsetzende Entwicklungslinie. Schon lange vorher hatte die Religion selbst Schwierigkeiten gehabt, ihren Code der Transzendenz an den Code der Moral zu koppeln. Das mag unter anderem damit zusammenhängen, daß wichtige Hochreligionen im Zuge sozialer Erneuerungsbewegungen entstanden waren. Aber auch wenn man davon absieht, stellt sich für jede mit Transzendenz argumentierende Religion die Frage, welchen *religiösen* Sinn die auf Erden anzutreffende Differenz von gutem und schlechtem Verhalten hat, besonders wenn man mitberücksichtigt, daß Glück und Leid nicht nach moralischen Kriterien verteilt zu sein scheinen.

Außerdem hat Moral die Tendenz, die Aufmerksamkeit in Sündenrichtung zu lenken, denn das Schlechte läßt sich besser spezifizieren als das Gute. Die Kanzelrhetorik kann die Sünden leichter benennen als die Aufforderung zum Guten präzisieren. Die Beichtspiegel können eine Liste der Sünden zusammenstellen, die man vermeiden sollte. Eine Liste der guten Taten wird immer lückenhaft sein und diejenige auslassen, auf die es unter Umständen gerade ankommt. Ein Register des Guten kann dann den Vorwand begünstigen, daß etwas, worauf es hier und jetzt ankommt, nicht erwähnt ist. Das Leben bietet mehr Chancen, gut zu sein, als sich listenförmig aufzählen ließe, während die Registrierung des Schlechten geschlossen und notfalls erweitert werden kann.

Die Hochreligionen verstehen Transzendenz als Option für die *gute* Seite menschlichen Verhaltens. Schon die noch »wilden« Religionen tribaler Gesellschaften hatten sich mit den gesellschaftlich akzeptierten Normen arrangieren müssen – zum Beispiel dadurch, daß sie Normverstöße nicht auf Einwirkung von Magie zurückführten (was zur Verschiebung der Schuldzuweisung hätte führen müssen), sondern den offensichtlich Schuldigen als Schuldigen akzeptierten. In den Hochreligionen und vor allem in den monotheistischen Religionen findet man dagegen eine Art Selbstdisziplinierung der Religion im Sinne moralischer Werte. Die Programme, die benutzt werden, um zu explizieren, welche Handlungen im Sinne der Transzendenz liegen und welche nicht, werden mit Bezug auf die moralische Codierung nach gut und schlecht formuliert. Die transzendente Seite des Codes wird entsprechend personalisiert, so daß man begreifen kann, daß Gott (oder der im Götterbereich dominierende Gott) das Gute will.[61] Das muß nicht auf eine religiöse Akzeptanz der herrschenden Moralvorstellungen hinauslaufen, wie die prophetische Kritik zeigt; aber wenn Moralvorstellungen kritisiert werden, dann im Sinne einer anderen, religiös bestätigungsfähigen Moral – etwa einer Moral der Vertragstreue im Verhältnis zu Gott, einer Moral der Unterordnung unter den Willen Gottes, wie er sich in authentischen Kommunikationen manifestiert und exemplarisch (Abrahams Opfer – in deutlicher Unterscheidung von Agamemnons Besänftigungsopfer) gegen die vorherrschende familiale und clanorientierte Moral verstoßen kann; oder in einer Moral des durch Gott diktierten Gesetzes und schließlich in einer Moral der Liebe, die die Freiheit respektiert, angenommen oder abgelehnt zu werden. In tribalen Religionen, die Anregungen aus monotheistischen Hochreligionen aufnehmen, aber synkretistisch mischen, bleibt das Verhältnis des Hochgottes zur Moral aus all diesen Gründen ambivalent und wird in Regeln des Umgangs mit intermediären religiösen Mächten oder Erscheinungen umgeleitet, die allein beeinflußt und von nachteiligen Vorhaben abgebracht werden können.[62] Aber es gibt auch andere Fälle einer institutionell unterstützten Moralpolitik der Hochreligionen, die tribale und folglich partikulare Moralmuster auszurotten sucht, um sie durch die universalistische Moral zu ersetzen, die als Ausdruck des Willens Gottes dargestellt werden kann. Das eindrucksvollste Beispiel dafür findet man im Mittelalter mit Hilfe der Beichte, mit Hilfe einer ausgebauten Rechtsstellung der Kirche, aber auch dank der direkt zum Volk predigenden Orden, etwa der Franziskaner. Die semantische Innovation, die dieses Programm trug, lag in einem individualistischen, auf innere Einstellungen oder auf innere Zustimmung zu eigenem Handeln abstellenden Moralbegriff[63] – ein typischer Beleg dafür, daß In-

---

61 Wir kommen darauf aus Anlaß der Diskussion des Beobachtergottes zurück. Siehe Kap. 4.

62 Vgl. mit Belegen aus Afrika Mbiti a. a. O., S. 17f., 35f., 247ff.

63 Wegweisend die Ethik Peter Abelards, zit. nach der Ausgabe Oxford 1971.

dividualisierung benutzt wird, um überholte soziale Einteilungen zu unterlaufen.

An sich könnte gerade die christliche Theologie wissen, daß die Moral, das heißt: die Unterscheidung von gut und böse, vom Teufel ist. Man sollte ja nicht vom Baum der Erkenntnis essen, und der Frevel rächt sich, indem die Benutzung moralischer Begriffe immer wieder zu der Frage nach den Motiven und Interessen führt, die dahinterstecken und durch die Moral nicht gedeckt sind – so in der bekannten Diskussion, ob man auch »im Dunkeln« moralgerecht handeln würde oder dies nur wegen des damit verbundenen guten Rufes tut. Andererseits können Theologen, wenn sie in einem durch Moral imprägnierten gesellschaftlichen Kontext predigen müssen, kaum vermeiden, Stellung zu nehmen und im Namen des guten Gottes das Gute zu fordern. Jede Urteilsenthaltung würde kontraproduktiv wirken. Auch die Theologie ist mithin ein Opfer des Sündenfalls, und sie kann sich allenfalls damit trösten, daß das Ganze ohnehin eine von Gott inszenierte Geschichte und die Schlange nur eine vorgeschickte, die Ambivalenz der Moral verdeckende Figur gewesen ist.

Im Verhältnis der Religion zur Moral gibt es demnach symptomatische Eigenständigkeiten, die als Beleg für das Festhalten eines eigenen Codes gelesen werden können, dessen Werte nicht ohne weiteres mit dem gut/schlecht-Code der geläufigen Moral konvergieren. Die eine liegt in der bereits erwähnten Möglichkeit der Kritik. Sie hat ihr soziales Substrat in der schon angebahnten Rollen- und Systemdifferenzierung zwischen Königtum und Priestertum, Palast und Tempel, oder auch in der Möglichkeit prophetischer oder innovativer Religionskritik innerhalb der Religion, die auf Annäherungen innerhalb der herrschenden Kreise reagiert. Zweitens gibt es das explizite Offenlassen der moralischen Endbewertung – paradigmatisch in der Figur des Jüngsten Gerichts –, sozusagen als Transzendenzvorbehalt in der

Hier wird Laster (vitium) als Sünde definiert, wenn man innerlich zustimmt. »Hunc vero consensum proprie peccatum nominamus, hoc est, culpam animae qua damnationem meretur vel apud deum rea statuitur. Quid est enim iste consensus nisi Dei contemptus et offensa ipsius?« a.a.O. S. 4. Laster an sich kann dabei als natürliche Einstellung (habitus) aufgefaßt werden, die vor Gott aber nur zählt, wenn man ihr zustimmt.

Moral. Und schließlich als heimliches Motiv für diese beiden Distanzierungen das später so genannte Problem der Theodizee. Offenbar läßt Gott in der Welt auch Sünde und auch unschuldiges Leiden zu – als Hinweis darauf, daß er seine Selbstverwirklichung jenseits aller Unterscheidungen vollzieht. Sein Angebot ist dann nur: in allem, was geschieht, einen Bezug auf Transzendenz herstellen zu können oder konkreter: alles als Form seiner Liebe und Nähe, als Form seiner Dauerbegleitung, als Form seines Beobachtens zu erfahren – aber dies mit dem dann nur noch schwer verständlichen Zusatz, daß er selbst für das Gute und nicht für das Schlechte optiert.

Als Ausweg (der dann freilich immer wieder der Moralisierung ausgesetzt war) bietet die christliche Religion das Thema »Sünde« an. Die Markierung als »Erbsünde« weist darauf hin, daß es sich um Schicksal, nicht um Schuld handelt. Vor allem ist Sünde aber ein zeitlicher Status, der mit dem Tod beendet wird und weder im Himmel noch in der Hölle fortgesetzt werden kann. Ein Zeitstatus (Zeit im Sinne von »tempus«) auch insofern, als er einerseits dem Menschen auf Lebenszeit auferlegt ist, andererseits ihm aber die Möglichkeit gibt, den Heilsweg zu beschreiten. Demgegenüber haben die Normen der Moral eher die Form eines zu korrigierenden Fehlers und vor allem die Möglichkeit, andere im Hinblick auf Moralverstöße zu beobachten und zu beurteilen. Die Problematik liegt damit in der Sozialdimension, nicht in der Zeitdimension. Gerade diese Differenz schließt es aber nicht aus, Sünder auf Schuld hin zu beobachten und sie schon zu Lebzeiten zu loben oder zu tadeln, ohne zu wissen, was der Himmel dazu sagt. Aber die moralische Beurteilung kann ihrerseits wieder eine Form von Sünde sein, vielleicht sogar (was Priester und Theologen freilich ungern zugeben würden) einer ihrer schlimmsten Fälle.

Die Theologie hat sich an diesem moralischen Paradox abgemüht und entsprechende Gründe in die Absichten Gottes hineincopiert, vor allem: Zulassung von Freiheit als Kulminationspunkt der Schöpfung.[64] Aber es fällt nicht schwer, auf die Paradoxie zurückzugehen, die darin liegt, daß die Differenz von

---

64 Siehe Anselm von Canterbury, De casu diaboli, zit. nach Opera omnia, (1938ff.), Nachdruck Stuttgart – Bad Cannstatt 1968, Bd. 1, S. 233-272.

gut und schlecht gut sein soll und nicht schlecht.[65] Aus der Sicht eines externen Beobachters zweiter Ordnung gibt es andere Möglichkeiten der Entfaltung dieses Paradoxes durch Substitution anderer Unterscheidungen. Uns hilft die Unterscheidung von Codierung und Programmierung. Das Problem tritt nur deshalb auf, weil die Religion sich der Moral bedient, um die Programme, die ihr beim Interpretieren der Differenz von Immanenz und Transzendenz unentbehrlich sind, der Gesellschaft zuzuordnen. So gesehen wäre die religiöse Indienstnahme des Codes der Moral (der ja seinerseits nur ein paradoxiebelasteter binärer Code ist) nur ein Zwischenschritt, über den die Religion Kontakt sucht zu gesellschaftlich akzeptablen Unterscheidungen. In einer Gesellschaft, in der zwar der Code der Moral noch durchgehend praktiziert wird, aber die Programme der Moral, ihre Prinzipien, Regeln und Wertkonfliktlösungen nicht mehr konsensfähig sind, könnte man gerade deshalb eine religiöse Verankerung der Moral, eine religiöse Ethik für unentbehrlich halten, auch wenn sie mit religiösem Pluralismus bezahlt werden muß. Aber es könnte auch sein, daß das Gegenteil, der Rückzug aus moralischen Bindungen, eher angemessen wäre.

Wenn aber die Moral als Form religiös fundierter Programme versagt oder jedenfalls nicht abgedichtet werden kann gegen die sinnhaft stets mögliche Frage nach ihrer Berechtigung und ihren oft desaströsen Folgen: welche andere Möglichkeit der Programmierung des Religionscodes könnte es geben? Oder ist dies Versagen nur ein Beispiel dafür, daß die Sinnform der Religion jede Festlegung auf Prinzipien und Kriterien sprengt und damit die Unterscheidung von Codierung und Programmierung scheitern läßt? Dafür könnte auch sprechen, daß andere Funktionssysteme auf einen laufenden Wechsel ihrer Programme (Theorien, Methoden, Bildungskriterien, Rechtsgesetze, Budgets usw.) eingestellt sind, während die Religion eine Art Glauben verlangt, der zwar als pluralistisches Angebot verschiedener Religionen diversifiziert werden, aber jedenfalls nicht in die Form des »heute dies, morgen das« gebracht werden kann.

Diese Bedenken müssen nicht dazu führen, mit der Idee der Pro-

---

65 Wir hatten oben Abschnitt IV, S. 70f., bereits auf die prekäre Plausibilität solcher zirkulären Selbstlegitimation eines Codes durch seinen positiven Wert hingewiesen.

grammierung auch die Idee der Codierung aufzugeben. Eher müßte man nach anderen Möglichkeiten fragen, die zunächst leere binäre Codierung mit Inhalten anzureichern und ihr dadurch in konkreten Situationen Informationswert zu geben. Man könnte hier an die Möglichkeit denken, daß Schemata für religiöses Gedächtnis ausgewählt werden, die sich dazu eignen, *Themen* und *symbolische Gehalte* der Kommunikation zu unterscheiden, zum Beispiel: Schicksal als Gnade zu begreifen.

VIII.

Es wäre sicher verfehlt, den binären Code schlicht als Ausgangsursache oder als unabhängige Variable anzusetzen, von der aus man die Entwicklung der Religion erklären könnte. In welcher semantischen Ausstattung der Code benutzt wird, so daß religiöse Kommunikation sich als solche erkennen kann, hängt, das hatten wir mehrfach betont, seinerseits von evolutionären Veränderungen im Gesellschaftssystem ab, die einer gesonderten Untersuchung bedürften.[66] Die Auflösung des Codierzusammenhangs von Religion und Moral setzt zum Beispiel ein funktionierendes Rechtssystem voraus (so wie man umgekehrt vermuten kann, daß die Wiederverschmelzung von Religion und Moral den Rechtsstaat in Schwierigkeiten bringt). In Europa war diese Voraussetzung auf mittelalterlichen Grundlagen sowohl im Bereich des Zivilrechts als auch im Bereich des common law erfüllt, und sie wurde noch ergänzt durch ein seit dem 17. Jahrhundert auf territorialstaatlicher Basis entstehendes »öffentliches Recht«, dem zum Beispiel die Sicherung religiöser Toleranz anvertraut werden konnte. Mit diesen gesellschaftsstrukturellen Überlegungen ist jedoch noch nichts darüber ausgemacht, wie der Religionscode selbst seine Ablösung von Moral überdauern konnte.

Ein Verzicht auf die produktive Differenz eines eigenen Codes scheint nicht in Betracht zu kommen. Binäre Codes bilden in ihrer Geschlossenheit (»distinction is perfect continence«) und in

---

66 Für einen knapp gehaltenen Überblick siehe Niklas Luhmann, Die Gesellschaft der Gesellschaft, Frankfurt/Main 1997, S. 413 ff.

ihrer Offenheit für weitere Bestimmungen (Supplemente, Programme) einen Anreiz für morphogenetische Prozesse, die hier anschließen. Mit einer Metapher, die Michel Serres eingeführt hat,[67] könnte man von parasitären Anschlußentwicklungen sprechen. Die im vorigen Abschnitt behandelte Generierung von codeabhängigen Programmen ist dafür nur ein Beispiel. Zusätzlich ist zu bedenken, welche Entscheidungslasten eine Codierung auslöst. Es kommt zu Fragen, die eine Antwort suchen; aber auch zu Antworten, die ihre Frage suchen, wenn im Hintergrund der Dogmatik die binäre Codierung sichtbar wird. Es muß dann nicht nur Richtlinien und Texte geben, die klären, was gesagt werden kann, sondern auch Rollen und Adressen für kompetente Auslegung oder einfach für Verkündung religiöser Inspiration.

Formal gesehen liegt das Problem auch hier in der Zweiwertigkeit des Codes, die einen Ausschluß dritter Werte vorsieht. Aber es handelt sich um eine künstliche, wenn auch funktionale, Abstraktion, die der gesellschaftlichen Kommunikation nicht genügt. Der Code leistet eine extreme Reduktion von Komplexität mit der einzigen Funktion, den Aufbau einer Ordnung mit höherer Komplexität zu ermöglichen. Eben deshalb dient er als evolutionärer »Attraktor«, zieht er Parasiten an, die bereit sind, sich der Vorgabe des Codes zu fügen und sich nicht als dritte, vierte, fünfte Werte anzuhängen, sondern den Bedarf für Konditionierungen zu nutzen – bei welchen Gelegenheiten und in welchem Interesse auch immer. Sie nutzen, in anderen Worten, die Offenheit der Geschlossenheit des Codes, den Bedarf für hinzugesetzte Sinnbestimmungen.

Das erfordert Entscheidungen, die dann ihrerseits parasitiert werden können. Die Entscheidungslage ergibt sich aus der durch den Code prästabilierten Differenz. Aber die Entscheidung selbst ist nicht Teil der Alternative, über die zu entscheiden ist. Wenn zu entscheiden ist, ob ein bestimmtes Handeln dem Willen Gottes entspricht oder nicht, seelenheilsgünstig ist oder nicht, die Ahnen erzürnt oder nicht, kann die Entscheidung sich selbst nicht als weitere Variante der Wahl einbringen. Sie bleibt Parasit – und nun im genauen Sinne des eingeschlossenen ausge-

---

67 In: Le parasite, Paris 1980.

schlossenen Dritten. Die Frage selbst ist auf sie hin angelegt, aber die Antwort kann nicht einfach in der Selbstbezeichnung der Entscheidung bestehen, nicht darin, daß die Entscheidung sagt: ich entscheide mich für mich selbst. Die Entscheidung darf sich zu ihrem Paradox nicht bekennen,[68] sie muß sich selbst mystifizieren, ihr Verursachtsein leugnen – und all dies am besten durch Zurechnung auf die Person, die entscheidet. Und das setzt dann einen Prozeß der Abweichungsverstärkung in Gang: die Person individualisiert ihre Entscheidungen, ihre Entscheidungen individualisieren die Person.

Mit der Einrichtung eines (wie immer zunächst formulierten) binären Codes wird dieser Einschluß des ausgeschlossenen Dritten, diese Voraussetzung der Anwesenheit des Abwesenden zum Dauerproblem. Daraus folgen Wiederholungssituationen und daraus Regeln, auf die man rekursiv zurückgreifen kann. Wir hatten sie Programme genannt. Immer wenn Entscheidungen verknüpft werden, kommt es zu Unsicherheitsabsorptionen, indem die vorangegangene Entscheidung nur in ihrem kommunikativ überlieferten Resultat, nicht aber in ihrer konkreten Situation und in ihrer Abwägung wiederholt wird.[69] Die klassische Form der Unsicherheitsabsorption trägt den Namen Autorität. Sie läßt etwas wachsen, nämlich Komplexität. Sie setzt voraus, daß vorausgesetzt wird, daß sie für ihre Entscheidung stichhaltige Gründe angeben könnte; aber zugleich, daß diese Voraussetzung nicht – oder nur in Einzelfällen und dann nur symbolischdemonstrativ – eingelöst werden muß. Sie wirkt, mit einer treffenden Formulierung Hegels, »ohne Verbot des Gegenteils«.[70] In diesem Sinne beruht die mittelalterliche Technik der quaestiones disputatae auf der Annahme, daß Autorität für das »respondeo« verfügbar ist. Und man kann an der Geschichte dieser Form ablesen, daß und wie (bereits bei William von Ockham) die Autoritätsprätention unsicher wird und eventuell das offene

---

68 Hierzu ausführlicher Niklas Luhmann, Die Paradoxie des Entscheidens, in: Verwaltungsarchiv 84 (1993), S. 287-310.

69 Dies ist nur eine andere, entscheidungsnähere Formulierung für das, was wir oben in Abschnitt IV, S. 73 im Anschluß an Spencer Brown Kondensierung und Konfirmierung genannt hatten.

70 Vorlesungen über die Philosophie der Religion I, Werke Bd. 16, Frankfurt 1969, S. 215 (Hervorhebung durch Hegel).

Paradox von Meinung und Gegenmeinung übrigbleibt. Das ist dann zugleich die Zeit, in der Organisationsfragen wichtig werden, denn die Unsicherheitsabsorption muß nun durch organisatorisch dafür ausgewiesene Rollen übernommen werden – sei es das Konzil, sei es die Kurie in Rom im Namen des Papstes. Damit entsteht jedoch das für die Neuzeit typische Problem (dem zum Beispiel die französische Monarchie zum Opfer fiel), daß Autorität, wenn sie in Anspruch genommen wird, sich selbst riskiert.

Pierre Bourdieu hat offenbar ähnliche Derivationen im Sinn, wenn er von violence symbolique, von décollage sémantique und von habitus spricht.[71] Der Ausgangspunkt für ihn liegt jedoch nicht in der Form der Codierung, sondern im Verhältnis der Gesellschaft zu ihrer Wirtschaft, das nicht offengelegt werden könne. Deshalb reflektiert Bourdieu am Begriff der violence symbolique nicht, daß es sich um ein autologisches, auf sich selbst anwendbares Konzept handelt, mit dem wiederum nur die Praxis der violence symbolique ausgeübt wird. Das wird man aber zu akzeptieren haben; und eben deshalb empfiehlt sich eine abstraktere Fassung des Ausgangsproblems.

Jedenfalls wird im Parasitieren des Codes oder in der décollage sémantique eine Symptominszenierung geschaffen, die dann gutgläubig akzeptiert werden muß. Die Spur zurück zum Paradox muß verwischt werden (was uns erlaubt, die Spur des Verwischens der Spur aufzudecken[72]). Dann kann man das Spiel spielen und sich mit den Unterscheidungen begnügen, die im Spiel zugelassen sind, ohne zu beachten, daß diese Unterscheidungen nur deshalb einen Unterschied machen, weil das Spiel selbst unterschieden werden kann. Die Unterscheidungen im Spiel repräsentieren die Unterscheidung des Spiels, und dies kann aus-

---

71 Man könnte das Gesamtwerk zitieren. Eine knappe Skizze, angereichert durch den Begriff der pieuse hypocrisie findet man, bezogen auf Juristen, in Pierre Bourdieu, Les juristes, gardiens de l'hypocrisie collective, in: François Chazel/Jacques Commaille (Hrsg.), Normes juridiques et régulation sociale, Paris 1991, S. 95-99. Siehe ferner ders., Sozialer Sinn: Kritik der theoretischen Vernunft, dt. Übers. Frankfurt 1987; ders., Ce que parler veut dire: L'économie des échanges sociales, Paris 1982.

72 Dies mit Derrida formuliert. Siehe Jacques Derrida, Marges de la philosophie, Paris 1972, S. 76f.

gebaut werden, wenn auch hier ein Referieren auf die Paradoxie, das Geheimnis, das Mysterium, den unerforschlichen Willen Gottes oder direkt mit der Metapher des Spiels[73] zugelassen ist. Man muß nur wissen, wann solches Referieren angebracht ist – zur Erklärung des Todes und seiner Umstände ja; aber nicht, wenn die Seile reißen, mit denen der Sarg ins Grab gelassen werden sollte.

Aber damit wird für jeden Religionspraktikanten professionelle Assistenz unentbehrlich. Zumindest muß der Laie sich beim Experten informieren, wenn er nach dem richtigen Weg sucht. Denn sonst kann es zu dem Irrtum kommen, »as if a man should think to finde a way to *Heaven* as to *London*, by the greater track«.[74]

IX.

Geht man davon aus, daß die Unterscheidung immanent/transzendent die Funktion eines binären Codes der Religion erfüllt und erkennbar macht, was als religiöse Kommunikation anschlußfähig ist und was nicht, fällt eine bedeutende – vielleicht korrupte, vielleicht mißratene, jedenfalls säkularisierte Abweichung auf: die kantische Transzendentalphilosophie. Kant kommt mit der Frage nach den Bedingungen der Möglichkeit von Erfahrung und mit der Absicht, bei der Beantwortung dieser Frage einen logischen Zirkel zu vermeiden (also nicht: Erfahrung durch Erfahrung zu erklären), zu der Unterscheidung von empirisch und transzendental, bezogen auf Operationen des Bewußtseins. In quasi ontologischer Sprache kann dann auch ein Reich der Kausalität und ein Reich der Freiheit unterschieden werden. Im Reich der Freiheit gibt es Faktizitäten eigener Art, die dem Bewußtsein selbstreflexiv zugänglich sind. An solche Fakten appellierend unternimmt Kant den Versuch, Bedingungen der Möglichkeit der Erkenntnis, des praktischen Handelns und des ästhetischen Urteilens zu klären, ohne dabei auf empirische Bedingtheiten zurückgreifen zu müssen.

73 So z. B. Keiji Nishitani, Was ist Religion, dt. Übers. Frankfurt 1982, S. 379 ff.

74 So Charles Herle, Wisdomes Tripos, or rather its inscription, Detur Sapienti, In Three Treatises, London 1655, S. 49.

Ob und wie weit dieses Unternehmen gelungen oder gescheitert ist, steht hier nicht zur Diskussion. Es fällt aber auf, daß es in den Diskurs der ontologischen Metaphysik hineinformuliert ist, um diesen zu sprengen. Daß es sich auch um eine Säkularisierung des Codes der Religion handelt, ist zumindest an der Oberfläche nicht zu erkennen (und dies schon deshalb nicht, weil Religion für Kant eine Frage der Glaubensthematiken ist und nicht eine Frage der primären Unterscheidung). Wenn man Religion aber nicht durch die Spezifik ihres Glaubens definiert, sondern durch ihren Code, also durch diejenige Unterscheidung, mit der sie die Welt für sich beobachtbar macht, fällt die Parallelität auf. Die terminologische Nähe von transzendent/transzendental dürfte dann kein Zufall sein, sondern eine Problemverschiebungsabsicht anzeigen. Vielleicht eine Absicht, die ein Beobachter (wie wir) als Absicht auf Säkularisierung auffassen könnte.

Übernimmt man diese Blickstellung, dann kann eine Reihe von Folgeerscheinungen nicht mehr überraschen. Allen voran die peinlichen Tendenzen zur Vergöttlichung des Subjekts in der Zeit um 1800. Oder, an Kant und Fichte vorbeiformuliert, die romantische Suche nach einer neuen Mythologie, die ebenfalls in einer teils ironischen, teils als reflektiert dargestellten Distanz zur Realität operiert. Es geht jetzt um schriftliche, um für den Druck bestimmte Kommunikation, und das erlaubt es, das Problem in inadäquaten Formulierungen zu verstecken, die erkennen lassen, daß man nicht meint, was man sagt, ohne daraufhin mit Fragen rechnen zu müssen. Deshalb schätzt man »Fragmente«. Ihren (vorläufigen) Abschluß, ihr selbstbestimmtes Ende findet diese Bewegung in der Geistphilosophie Hegels, oder genauer: in der Formulierung der Paradoxie als »absoluter Geist«, der alle Unterscheidungen in sich aufhebt und nur noch Exklusion – ausschließt.

Was diese Philosophie mit der Religion und ebenso mit der Kunst teilt, ist das Vorhaben, die Welt in eine Realität und etwas anderes zu zerlegen (so wie es dann in Wittgensteins *Tractatus* die Sprache der Weltbeschreibung geben wird und die Sprache, in der man nur schweigen kann). Diese Struktur mag Philosophen, Logiker oder auch Mathematiker wie George Spencer Brown[75]

75 Vgl. Laws of Form a. a. O. S. 105.

beschäftigen; eine Weltwissenschaft wie die Soziologie hat es angeblich nur mit Realitäten zu tun. Dann kommt es aber zu einer weiteren Verschiebung, wenn man in soziologischen Theorien den Menschen (als Träger von Transzendenz) vermißt.[76] Am Ende der Säkularisationskette stehen vermeintliche Theoriedefizite, und die Geschichte der semantischen Deterioriationen schließt es aus, an dieser Stelle ein Bekenntnis zu einer transdefizitären Religion zu vermissen. Religion – das ist deutlich ein anderes System, das in wissenschaftliche Auseinandersetzungen nicht einzugreifen hat. Aber wenn dies so ist, müßte man im Wissenschaftssystem die Form kontrollieren und gegebenenfalls die Unterscheidung rejizieren können, an der Religion als Religion zu erkennen ist.

Der in ein Subjekt verzauberte Mensch ist für die Gesellschaftstheorie ein besonders wichtiges Objekt. Aber weshalb? Bloß weil wir es selber sind? Oder weil er die Position der Transzendenz besetzt, von der aus alles, was real ist, beschrieben und begründet werden kann? Aber wenn dies: wie kann man dann den Menschen seinerseits als real erkennen? Die Bemühungen um eine Lösung dieses transzendentalen Rätsels haben verschiedene Wege genommen – von der schlichten Dekonstruktion des Menschen (im Singular) über eine auf Linguistik setzende, Sprache analysierende Philosophie, dann über eine den Menschen anonymisierende, ihn auf verfahrensgeregelten Vernunftgebrauch reduzierende Diskurstheorie bis hin zu einer Theorie des Beobachters als eines unsichtbaren Parasiten seiner Beobachtungen. Man könnte aber auch, parallel dazu, der Soziologie eine ganz andere Aufgabe stellen, nämlich: statt (oder zusätzlich zu) einer Dekonstruktion des Menschen eine Rekonstruktion der Religion zu versuchen, indem man der Religion und nur ihr ein ursprüngliches Beobachten mit Hilfe des Codes immanent/transzendent zubilligt. Denn dann könnte man vermeiden, einer so einfach gebauten Asymmetrie wie der Kants, also der These, die Bedingungen der Erfahrung könnten nicht in der Erfahrung selbst liegen, zu folgen; man könnte die mit dieser Unterschei-

76 Siehe mit aller wünschenswerten Deutlichkeit Horst Baier, Soziologie als Aufklärung – oder die Vertreibung der Transzendenz aus der Gesellschaft, Konstanz 1989.

dung verdeckte ursprüngliche Paradoxie anleuchten und dann sehen, welche Wunder an Imagination und Kreativität die religiöse Kommunikation vollbringt, um ihre Paradoxie aufzulösen.

X.

Wir kehren nunmehr zu der Frage zurück, wie denn die Positionen des Religionscodes, die Positionen Transzendenz und Immanenz, besetzt sein können. Die naheliegende, wohl übliche Antwort ist: Gott die Position der Transzendenz vorzubehalten. Das ist die Antwort der Hochreligionen, soweit sie überhaupt einen Gott vorsehen. Die Gegenseite wird durch den Menschen mit all seinen Unzulänglichkeiten besetzt. Sie ist durch Sünde, durch Freiheit zum Bösen, durch Erkenntnisschwäche charakterisiert. Die Brücke wird durch die Beobachtungsverhältnisse geschlagen, die wir in einem späteren Kapitel sorgfältiger analysieren werden. Der Mensch kann, wie unzulänglich und wie sündenanfällig auch immer, beobachten, wie Gott ihn beobachtet.

Dieses Besetzungsschema hat beträchtliche Folgelasten abzuarbeiten, die bei einem Rückblick auf die Tradition (wenn man den Begriff des Codes zugrunde legt) nicht übersehen werden können. Einmal belastet sich diese Positionszuweisung mit der Paradoxie des Moralcodes und mit dem Problem der Unerkennbarkeit der Beobachtungskriterien Gottes, nach denen der Mensch sich doch richten soll. Das inzwischen klassische Thema der Theodizee widmet diesem Problem eine angestrengte Reflexion, die jedoch nicht über die Problemstellung hinausgeht. Es kommt hinzu, daß man Gott nicht als Transzendieren jeder Unterscheidung denken kann, wenn man ihm innerhalb einer Unterscheidung (und sei es des Codes der Religion) die eine und nicht die andere Seite zuweist. Aber andernfalls würde die Transzendenz zu dem Wert werden, der die Immanenz einschließt (wie man immer schon annehmen mußte, wenn man Transzendenz als Überschreiten jeder Grenze, auch ihrer eigenen, verstehen wollte). Dann aber hebt die Transzendenz als der eine Wert des Codes den Code selbst in sich auf, und man hat eine Form der Paradoxiebewältigung, die man auch findet, wenn man hört, daß es gut sei, zwischen gut und schlecht zu unterscheiden. Der Code wird über ein re-entry der Form in die Form, der Unterscheidung in sich selbst operationalisiert.

Die alte, auch in der Transzendentalphilosophie noch durchgehaltene Vorstellung war gewesen, daß das immanent Erfahrene aus der Transzendenz heraus begründet werden könne. Gott habe die Welt geschaffen, sie entspreche daher seinem Willen. Oder: das transzendentale Subjekt leiste die Synthesen, die zur Ordnung seiner Erfahrungswelt notwendig seien. Das Referieren auf Transzendenz konnte damit erklären – *und beruhigen.* Im Unterschied dazu führt die systemtheoretische Analyse zu der Einsicht, daß die Welt das Bewußtsein und die Kommunikation *überfordere* und in *diesem* Sinne transzendent sei. So verstanden wirkt der Hinweis auf Transzendenz nicht beruhigend, sondern *beunruhigend.* Rückgriffe auf Traditionselemente wie Erlösungsbedarf oder Glaubenszweifel können gerade diese Umkehrung der Charakterisierung bestätigen. Offenbar macht es nicht viel Sinn, diesen Deutungskonflikt entscheiden und die Religion auf eine der beiden Ansichten festlegen zu wollen. Die Theorie der binären Codierung regt statt dessen eine Neubeschreibung aller Traditionselemente an. Wenn es diese zentrale, das System definierende, binär codierte Differenz gibt, konfrontiert das Religionssystem sich selbst mit der Frage nach der Einheit der Differenz, auf die es keine Antwort geben kann. Es erzeugt durch Festlegung auf diese (und keine andere) Unterscheidung einen dazugehörigen unmarked space, und ein externer Beobachter mag auch noch sehen können, daß ein re-entry der Unterscheidung in das durch sie Unterschiedene zwar verschiedene historische Semantiken mit prekärer Plausibilität und »Glaubwürdigkeit« erzeugen kann, aber dies wiederum nur in der Form der Entfaltung einer Paradoxie. Sieht man Transzendenz als Begründung, gerät man mit der Frage nach der Begründung der Begründung in einen infiniten Regreß. Sieht man sie als Gegenbegriff zur operativen Geschlossenheit der sinnhaft operierenden Systeme, bleibt ebenfalls offen, was dieser Projektion als Realität entsprechen könnte.

Die Soziologie wird die hier anstehenden Fragen nicht beantworten können und auch nicht beantworten wollen. Sie ist als empirische Wissenschaft auch und gerade in diffizilen Fragen dieser Art darauf angewiesen, daß die Gesellschaft entsprechende Fakten schafft, und hier also: daß die Religion über Formen der Kommunikation von Glaubensangeboten entscheidet. Immerhin kann die Soziologie der Reflexionsinstanz des Religionssystems, der Theologie also, theoretisch präparierte Fragen vorlegen. Eine erste Vorlage besteht in der Analyse von Codierungen (die mit logischen und mathematischen Mitteln erheblich weitergeführt werden könnte, als es hier geschehen ist). Das beschränkt sinnvolle theologische Optionen oder belastet sie mit dem Verzicht auf Verständlichkeit. Ferner könnte man mit sozialstrukturellen und semantischen Untersuchungen belegen, daß das Individuum sich in der modernen Gesellschaft in einer radikal anderen Situation vorfindet als in den Gesellschaften, die Hochreligionen hervorgebracht haben.[77] Die funktionale Differenzierung der modernen Gesellschaft hat die Regulierung der gesellschaftlichen Inklusion den Funktionssystemen überlassen und damit auf eine über Schichtung und Moral laufende Zentralinklusion verzichtet. Die Religion reagiert darauf mit Intensivierung von Überzeugtseinserwartungen bei Freistellung der Teilnahme. Das Individuum ist auf der Basis eines ihm selbst intransparenten Selbst identitätsbedürftig geworden. Es kann soziale Resonanz, Liebe oder Karriere zum Aufbau der eigenen Identität verwenden, aber das bleibt ein in unsicheren Grund gesetztes Konstrukt. Liegt es dann nicht nahe zu sagen, das Individuum sei für sich selbst transzendent? Und dies nicht mit dem Endziel der Vergewisserung transzendentaler Aprioris, sondern im eher romantischen Sinne eines ironischen (weil reflektierten) Verhältnisses zu sich selbst.

Es ist alte Weisheit, zu sagen, das Individuum könne die Frage »wer bin ich?« nicht selbst beantworten. In der Tradition war dies ein Zeichen der Schwäche seiner immanenten Existenz – seiner Orientierung am Eigeninteresse, seiner Erkenntnisschwäche, seiner Sündhaftigkeit. Diese Qualifizierung war diktiert durch das Gegenüber einer selbstvollkommenen Transzendenz. Eine andere Auffassung könnte sagen: das Individuum selbst ist die Transzendenz[78] und eben deshalb darauf angewiesen, sich

---

77 Siehe zu Zusammenhängen zwischen Semantik und Sozialstruktur Niklas Luhmann, Individuum, Individualität, Individualismus, in: ders., Gesellschaftsstruktur und Semantik Bd. 3, Frankfurt 1989, S. 149-258.

78 So Luc Ferry, L'homme-Dieu ou le Sens de la vie: essai, Paris 1996, z. B.

auf eine stets prekäre Selbstbestimmung festzulegen. Dann wäre zu verstehen, daß das Individuum die Paradoxie der Einheit der Differenz von Immanenz und Transzendenz in sich selbst erfährt und dazu tendieren mag, sie durch Externalisierung, durch Realitätsverdoppelung, durch Annahme eines Nirwana oder durch Annahme eines sich unmittelbar gebenden Gottes aufzulösen. Damit geht die Möglichkeit verloren, Glauben auf Grund von Autorität anzunehmen. Und man könnte sogar meinen, daß Schuld und Leid, Ausgeschlossensein und Fehlschläge aller Art diese Möglichkeit näher legen als all die Bestätigungen, die die Gesellschaft anbietet. Religion aber böte dann, mit oder ohne Gott, die Möglichkeit einer Kommunikation der Einheit von Immanenz und Transzendenz, einer Kommunikation also, die dem Individuum bestätigt, daß es in allem, was geschieht, sich selbst wiederfinden kann.

In einer Gesellschaft, die »subjektiven« Individualismus erfindet und annimmt, wird, so scheint es, eine grundlegende Revolutionierung des Codes der Religion notwendig, die auf semantischer Ebene als Umsturz (Nihilismus usw.) registriert wird. Nicht, daß die Codewerte Immanenz/Transzendenz aufgegeben werden und damit die Erkennbarkeit von Religion verloren geht. Aber die Besetzungen dieser Werte, ihre Verbindungen zur Welt werden umgedreht. Die Transzendenz liegt jetzt nicht mehr in der Ferne (zu der man sich letztlich auch gleichgültig verhalten kann), nicht mehr im »Himmel droben«.[79] Sie findet sich jetzt in der Unergründlichkeit des jeweils eigenen Selbst, des Ich. Damit wird die christliche Dogmatik mit ihrer Vorstellung eines personalen Gottes Schwierigkeiten haben, und dies könnte die gegenwärtige Attraktivität des Buddhismus erklären, der lehrt, daß es darauf ankomme, die Unterscheidungsgewohnheiten des täg-

S. 237: »Transcendances, donc, dans l'immanence à soi«. Auch Theologen streifen zumindest die Möglichkeit einer solchen Umdisposition. »Wenn gefragt wird, wie ein Reden von Gott möglich sein kann, so muß geantwortet werden: nur als ein Reden von uns.« (Rudolf Bultmann, Glauben und Verstehen, Tübingen 1960, Bd. I, S. 33. Das Zitat entnehme ich der Dissertation von Michael Hochschild, Die Kirchenkrise und die Theologie, Ms. Bielefeld 1997, S. 163).

79 Zu dieser Tradition vgl. Bernhard Lang/Colleen McDannel, Der Himmel: Eine Kulturgeschichte des ewigen Lebens, dt. Übers. Frankfurt 1996.

lichen Lebens abzulegen und in der Meditation zu der Leere zurückzufinden, auf die letztlich alles, was ist, das eigene Selbst eingeschlossen, gründet (damit allerdings die Vorstellung des Individuums als »Subjekt« verweigernd). Ungeachtet aller Probleme des Kontinuierens der verschiedenen religionsdogmatischen Positionen wird man registrieren müssen, daß in der modernen Welt die Ferne ein wenig überzeugender Ort für Transzendenz ist und daß statt dessen die Ungewißheit zunimmt, in der das einzelne Individuum zu erfahren sucht, was es selbst ist oder was, wie man sagt, seine »Identität« ausmacht.[80]

XI.

Die bisherigen Analysen hatten sich an die Systemreferenz »Gesellschaft« gehalten und Bewußtseinsprozesse außer acht gelassen – in krassem Unterschied zu allen Versuchen, Religion anthropologisch zu begründen, wenn nicht gar aus »Bedürfnissen« der Individuen abzuleiten. Auch die Sondercodierung spezifisch religiöser Kommunikation ist eine soziale Struktur, für die man psychische Äquivalenzen nicht ohne weiteres voraussetzen kann. Wenn man innerhalb des Rahmens der Theorie autopoietischer, operativ geschlossener Systeme bleibt, ist daran nicht zu rütteln. Aber man kann die Analyse ergänzen, wenn man nach den Bedingungen der Möglichkeit religiösen Erlebens fragt, also die Systemreferenz wechselt und von Bewußtseinssystemen und ihrem neurophysiologischen Unterbau ausgeht.

Unbestreitbar hält das Bewußtsein sich für Erregungs- und Überraschungszustände bereit. Man kann auch davon ausgehen, daß das Gehirn Intensitäten durch eine rasche Wiederholung von bio-elektrischen Reizen erzeugt, die aber vom Bewußtsein nicht als Sequenz, sondern als Intensität registriert werden und irgend-

80 Thomas Luckmann, The New and the Old in Religion, in: Pierre Bourdieu/James S. Coleman (Hrsg.), Social Theory for a Changing Society, Boulder – New York 1991, S. 167-182 (177) spricht von »sacralization of subjectivity«. Ob »sacralization«, das ja Zugänglichkeit für andere voraussetzt, ein treffender Ausdruck ist, wäre zu überlegen. Jedenfalls arbeitet der Text oben nicht mit der Unterscheidung sakral/profan, sondern mit der Unterscheidung transzendent/immanent.

wie, jedenfalls ohne Rückgriff auf die neuronalen Operationen, interpretiert werden müssen.[81] Man fragt sich dann: woher kommt die Interpretation, woher die Namengebung, woher die Unterscheidbarkeit von Affekten?

Daß das Bewußtsein eine Sequenz durch eine besonders zu qualifizierende Einheit ersetzt, sichert ihm die autopoietische Autonomie im Verhältnis zum Gehirn. Daß dies nur nachträglich geschehen kann (es geht natürlich oft um Bruchteile von Sekunden, etwa um die berühmte Schrecksekunde im Straßenverkehr), besagt zugleich, daß das Bewußtsein nur nachträglich operieren kann, also Eigenzuständen ausgesetzt ist, die schon eingetreten sind und nun beobachtet werden müssen. Das gilt auch dann, wenn das Bewußtsein gelernt hat, mit unerwarteten Irritationen zu rechnen, etwa: sich im Dunkeln zu fürchten oder Fremden mit Vorsicht zu begegnen. Mit all dem ist eine Basis, eine Empfänglichkeit für Sinngebungshilfen angelegt, die je nachdem, was man hier »Lebenswelt« nennen könnte, sehr verschiedene Formen annehmen können. Typisch und vor allem gesellschaftsgeschichtlich sind dafür Realisationen in der Form von Kulten erforderlich, die die Wahrnehmung der Beteiligten binden.

In jedem Falle ist die Wahrnehmungsbasis für religiöses Erleben unspezifisch, auch religiös unspezifisch und gleichsam formlos gegeben. Um eigenes Erleben als religiös beobachten zu können, ist das Bewußtsein auf Externalisierungen angewiesen. Es muß eigene Wahrnehmungen aktivieren oder doch erinnern können, mit deren Hilfe es Eigenzustände über Fremdreferenz definieren kann. Dazu können Mythen dienen, deren Erzählung gehört wird und die voraussetzt, daß die Geschichten bekannt sind. Als Erzähler wie als Zuhörer sind Körper und Bewußtsein Teil einer gleichsam orchestralen Gesamtinszenierung, in die das Bewußtsein sich »rhapsodisch« einbezogen findet.[82] Ähnliche Funktionen erfüllen eigens dafür bereitgestellte Objekte, Plätze, Zeiten, Inszenierungen. Sie können als heilig markiert werden und mit

---

81 Siehe dazu Brian Massumi, The Autonomy of Affect, in: Cultural Critique 31 (1995), S. 83-109.
82 In unserer Kultur, die dazu tendiert, Erzählsituationen nach dem Modell schriftlicher Texte zu verstehen, ist dies schwer begreiflich zu machen. Siehe dazu neben vielen anderen Dennis Tedlock, The Spoken Word and the Work of Interpretation, Philadelphia 1983.

der Mythenerzählung ein Verhältnis wechselseitiger Verstärkung eingehen unter Überbrückung der Differenz verschiedenartiger Wahrnehmungsmedien.[83] Die Ritualisierung solcher Inszenierungen kondensiert und verstärkt Sinngehalte, die über Wahrnehmung, nicht über Denken (!), dem Bewußtsein dazu verhelfen, der internen Unbestimmtheit Form zu geben.

Diese sehr allgemeinen Überlegungen lassen noch offen, was dazu führt, daß das entsprechende Erleben mit Religion assoziiert wird. Unsere These ist, daß dies nicht über eine bestimmte Sprachregulierung erreicht werden kann, sondern nur über die binäre Codierung der Religion im Schema von Immanenz und Transzendenz. Das Schema hat ja einerseits Platz für das Alltägliche, in dem die Wahrnehmung Vertrautes wiedererkennt, und andererseits Sinn für das Unvertraute im Vertrauten. Es kann die Grenze markieren und damit den Hinweis geben, daß es auf etwas anderes ankommt. Das Bewußtsein mag sich dann durch das Heilige, durch Schrecken und Ehrfurcht fasziniert finden und an nichts anderes denken. Aber möglich ist das nur, wenn die soziale Kommunikation den Unterschied als Unterschied reproduziert.

Wir können somit festhalten, daß die Codierung des Religionssystems zugleich der strukturellen Kopplung von Religion und Bewußtsein dient. Da beide Bereiche ganz verschiedene Operationen vollziehen, kommt es nicht darauf an, ob das Bewußtsein wirklich erschüttert miterlebt oder doch fromm und andächtig, oder ob es nur so tut. Das gilt auch und gerade für die aktiv und dirigierend Mitwirkenden, etwa die Prediger. Die Kommunikation schützt sich selbst, notfalls durch Formstrenge, gegen allzuviel Irritation durch Bewußtsein. Genau darin liegt aber auch die Bedingung dafür, daß das Bewußtsein sich auf Externalisierungen stützen kann und sich nicht ständig mit dem Verdacht beschäftigt, es handele sich um eine selbstgemachte Realität, die nur existiert, wenn man daran glaubt. Es mag dann fatal sein, wenn die Theologie lehrt, es handele sich bei Religion um eine Frage des Glaubens, und von dieser Position aus Überzeugungsarbeit zu leisten versucht.

83 So unter dem Gesichtspunkt von Externalisierung Edmund Leach, Culture and Communication: The Logic by which Symbols are Connected, London 1976, S. 37 ff.

Kapitel 3

Die Funktion der Religion

I.

Es hat sich eingebürgert, die Differenzierung der modernen Gesellschaft durch das Prinzip der funktionalen Spezifikation zu bezeichnen. Das lag dem Durkheimschen Konzept der gesellschaftlichen Arbeitsteilung zugrunde und ebenso der analytischen Dekomposition des Handlungsbegriffs/Handlungssystems durch Parsons. Auch Probleme der Religion in der modernen Gesellschaft werden vor dieser Hintergrundannahme erörtert.[1] Die einzige eine Zeitlang noch diskutierte Alternative einer Klassengesellschaft nach dem Modell der auf Ausbeutung bezogenen Fabrikorganisation hat jede Plausibilität verloren. Dieses Ausmaß an Akzeptanz der Differenzierungsthese darf jedoch nicht darüber hinwegtäuschen, daß wesentliche und zentrale Fragen ungeklärt geblieben sind. Vor allem ist es nie befriedigend geklärt worden, ob und wie gesellschaftsstrukturelle Differenzierung sich, wie das 19. Jahrhundert annahm, direkt auf individuelles Verhalten auswirke – etwa über Variablen wie Konsens/Dissens, Kooperation/Konflikt, über Anomie-Probleme mit Folgen für ordnungswidriges Verhalten oder einfach dadurch, daß man zunehmend auf Interaktion mit Leuten angewiesen ist, die man nicht kennt und die keine Rücksichten nehmen.[2] Läßt man diese Annahme einer relativ direkten Kopplung makrosoziologischer und mikrosoziologischer Phänomene (oder vielleicht sogar diese Unterscheidung selbst) fallen, fallen auch die Direktschlüsse auf religiöse Auswege aus letztlich gesellschaftlich verursachten Lebensproblemen weniger überzeugend aus.

1 Vgl. Alois Hahn, Religiöse Wurzeln des Zivilisationsprozesses, in: Hans Braun/Alois Hahn (Hrsg.), Kultur im Zeitalter der Sozialwissenschaften: Friedrich H. Tenbruck zum 65. Geburtstag, Berlin 1984, S. 229-250.

2 Auf derartige Annahmen bezieht sich zum Beispiel die Kritik am Differenzierungskonzept von Charles Tilly, Big Structures, Large Processes, Huge Comparisons, New York 1984.

Wir können uns hier nicht mit einer detaillierten Diskussion der Differenzierungskonzepte des 19. Jahrhunderts aufhalten. Wir beschränken uns im folgenden auf *System*differenzierungen und speziell auf die Art und Weise, in der die moderne Gesellschaft Funktionssysteme ausdifferenziert. Die These der Dominanz funktionaler Differenzierung bestreitet natürlich nicht, daß es auch andere Formen der Differenzierung gibt. Auch werden Entwicklungen des Abbauens älterer Gesichtspunkte der Differenzierung (Entdifferenzierung) nicht bestritten. Die These eines Primats funktionaler Differenzierung besagt nur, daß sich von der Differenzierung in Funktionssysteme her einreguliert, als was und wo andere Formen der Differenzierung oder Entdifferenzierungen vorkommen. Die kritische Frage ist deshalb nur: was eigentlich unter der funktionsspezifischen Ausrichtung eines Teilsystems der Gesellschaft verstanden wird. Diese Frage muß geklärt werden, bevor wir uns der spezielleren Frage zuwenden können, ob und in welchem Sinne die Religion eine spezifische, nirgendwo sonst relevante Funktion erfüllt und ob dies eine ausreichende Grundlage ist für die Ausdifferenzierung eines besonderen Funktionssystems für Religion in der modernen Gesellschaft, wenn nicht schon früher.

Zunächst müssen wir uns also über den Gebrauch des Begriffs der Funktion verständigen. Wir abstrahieren diesen Begriff sowohl von mathematischen als auch von teleologischen oder empirisch-kausalwissenschaftlichen Verwendungen. In der Abstraktion bleibt als Funktion ein Bezugsproblem zurück, das mehrere Lösungen annehmen kann. Da es anderenfalls kein Problem wäre, kann man eine Funktion auch als Einheit der Differenz von Problem und mehreren, funktional äquivalenten Problemlösungen definieren, gleichviel ob eine oder mehrere Problemlösungen schon bekannt sind oder nicht. Die Problemlösung kann im Erreichen eines Zwecks bestehen oder auch in der Konkretisierung von mathematischen Gleichungen (= Variationskonditionierungen) oder im Finden einer Antwort auf eine Was- oder eine Wie-Frage. Der mit Funktionalisierung angestrebte Gewinn liegt nicht in der Problemlösung selbst (denn es kann sich ja auch, ja es wird sich zumeist um längst gelöste Probleme handeln), sondern im Hinweis auf eine *Mehrheit* von funktional äquivalenten Problemlösungen, also in der Etablierung von Alternativität oder funktionaler Äquivalenz. Das kann sich, muß sich aber nicht, praktisch als Substitutionsmöglichkeit auswirken; es mag auch als Anreiz der Suche nach anderen Möglichkeiten dienen. In diesem Seitenblick auf Ersatzmöglichkeiten liegt denn auch die Brisanz der Frage nach der Funktion der Religion.

Schon diese wenigen Bemerkungen lassen zwei wichtige Schlüsse zu. In funktionalistischer Perspektive wird alles, was sich einfügen läßt, *kontingent*, nämlich dem Vergleich mit anderen Möglichkeiten ausgesetzt. Die Abstraktion des Bezugsproblems reguliert die Reichweite dieser Modalisierung, nämlich das Ausmaß an Verschiedenheit, das noch als funktional äquivalente Lösung desselben Problems beschrieben werden kann. Zu starke Abstraktion wirkt kontraproduktiv. Man probiere es mit »Reduktion von Komplexität«. Zweitens wird der Funktionsbezug als *Entfaltung eines Paradoxes* erkennbar, nämlich des Paradoxes der Selbigkeit (hier: funktionalen Äquivalenz) des Verschiedenen. Offenbar ist also Kontingenz (das heißt: der Verzicht auf Notwendigkeit und Unmöglichkeit = der Verzicht auf Wesensstabilitäten) der Preis, der für Paradoxierung/Entparadoxierung gezahlt werden muß. Wer sich auf eine solche Welt einläßt, muß sich auf seine eigenen Operationen verlassen können. Er verzichtet auf die Sicherheiten, die einst der Naturbegriff geboten hatte.[3]

Im allgemeinen Rahmen einer Theorie des Beobachtens gilt natürlich auch hier die Grundbedingung: daß man das Bezugsproblem muß unterscheiden können – zumindest also herausheben können aus dem unmarked state der Welt. Auch wächst die Ergiebigkeit dieser Technik im Maße ihrer Einschränkungen. Nur wenn man präzise genug fragt, bekommt man greifbare Äquivalenzen als Antwort. Wie kann man etwas weit Entferntes genauer erkennen? Durch Hingehen oder durchs Fernrohr.[4] Aber immer wenn dieser Vorteil gesucht und gewonnen wird, wird auch die Unterscheidung der Form des Bezugsproblems deut-

3 Nämlich durch Ausgrenzung von Überflüssigem und durch Einbau von Notwendigem. Siehe Thomas von Aquino, Summa Theologiae I IIae q. 91, art. 2: »Sed natura non abundat in superfluis, sicut nec deficit in necessariis«.

4 Hier übrigens wie so oft: beides *zugleich* zu wollen, kann sich fatal auswirken, man denke an Mr. Pief und sein Perspektiv.

lich: Man könnte sich auch mit ganz anderen Problemen befassen.

So viel ist damit klargestellt: Funktionen sind immer Konstruktionen eines Beobachters. Das bringt uns auf die Frage: wer ist der Beobachter, wenn nach der Funktion der Religion gefragt wird? Wessen Interesse reguliert die Reichweite des beabsichtigten Vergleichs? Wer unterscheidet welches Bezugsproblem? Wer traut sich, auf die Paradoxie durchzugreifen, und welche Unterscheidungen werden dann aktiviert, um sie zu entfalten? Die Frage nach der Funktion ist also nur eine Form für die Frage nach dem Beobachter und seinen Möglichkeiten der Kontingenzbearbeitung und der Paradoxieentfaltung. Und nochmals zugespitzt: Wer ist der Beobachter, wenn es um die Frage nach der Funktion der Religion geht: das Religionssystem selbst oder die Wissenschaft als externer Beobachter?

II.

Was Codierung betrifft, so waren wir davon ausgegangen, daß die Leitdifferenz von Immanenz und Transzendenz, in welcher zeitangepaßten semantischen Formulierung auch immer, im Religionssystem selbst bearbeitet wird. Sie verhilft dem System dazu, religiöse Operationen (also: eigene Operationen) von anderen zu unterscheiden. Sie dient als Form der Konstruktion von Kontingenz, als Form auch, die als Ausgangslage für Paradoxieentfaltungen dienen kann, und all dies für das Religionssystem selbst. Für das Kontingenzschema Funktion gilt das Gegenteil. Dieses Schema dient der Öffnung für funktional äquivalente Problemlösungen, es generiert Alternativen und dient damit der Sprengung etablierter religiöser Formen. Selbst auf konkreteren Ebenen fällt es schwer, diese Öffnung zu akzeptieren. Man kann zwar fragen: wenn Wein und Brot nicht verfügbar sind, warum nicht Malzbier und Bananen? Aber dann müßte zuvor bestimmt werden, welches Problem hier gelöst wird, denn sonst verlöre man jede Beschränkung aus dem Blick. Und dies Problem stellt sich erst recht, wenn man die Frage nach der Funktion der Religion so abstrahiert, daß funktionale Äquivalente (etwa: Rauschmittel) sichtbar werden, die im Religionssystem selbst nicht (oder nur in sehr spezifischen settings, etwa in indianischen Pilzkulten) anschlußfähig sind.

Um das Kontingenzschema der Frage nach der Funktion ausreizen zu können, müssen wir deshalb die Position eines externen Beobachters einnehmen. Man kann sich dann an die Unterscheidung von manifesten und latenten Funktionen halten. Manifest heißt: für das beobachtete System selbst zugänglich, und latent heißt: für dieses System unzugänglich.[5] Die Frage nach latenten Funktionen überspielt zwar das Selbstverständnis des untersuchten Systems, bleibt aber selbst an die Grenzen jeder funktionalistischen Fragestellung gebunden: Sie erklärt nicht, warum etwas so ist, wie es ist, und nicht anders. Sie vermag also keinen Glauben zu begründen, sondern setzt alles, was angenommen ist, dem Vergleich aus.[6] Das ändert sich nicht, wenn man zwischen manifesten und latenten Funktionen unterscheidet. Offensichtlich ist auch dies eine Unterscheidung, die ein Beobachter macht; eine Unterscheidung auf der Ebene des Beobachtens von Beobachtern; und damit eine Unterscheidung, die sich der Frage zu stellen hätte, in welchem (latenten?) Interesse hier gerade so und nicht anders unterschieden wird. Wir sollten die Möglichkeit dieser Unterscheidung nicht ausschließen, aber für die folgenden Überlegungen genügt als Ausgangspunkt die Einsicht, daß wir es beim Religionssystem mit einem sich selbst beobachtenden System zu tun haben und daß unsere Frage nach der Funktion nicht ohne weiteres in dieses System hineinkopiert werden kann.

Eine weitere Vorentscheidung betrifft die Frage, ob man von einer einzigen Funktion oder von mehreren Funktionen der Religion sprechen soll. In der Soziologie ist es üblich, bei der Er-

---

5 Das in der Soziologie übliche Klassikerzitat ist hier: Robert K. Merton, Social Theory and Social Structure, 2. Aufl. Glencoe Ill. 1957, S. 60ff. Die Ahnenreihe Marx–Freud liegt auf der Hand. Die Forschung hat sich dadurch in eine Richtung bringen lassen, die man als Einschränkung werten muß, nämlich beschränkt auf die Frage nach dem Interesse an Nichtwissen, womit zum Beispiel das Problem einer prinzipiellen Intransparenz aller Systeme oder auch das Problem des blinden Flecks aller Beobachtungen ausgeklammert war.

6 So mit Recht Robert Spaemann, Funktionale Religionsbegründung und Religion, in: Peter Koslowski (Hrsg.), Die religiöse Dimension der Gesellschaft, Tübingen 1985, S. 9-25.

örterung von Funktionssystemen wie Recht, Wirtschaft, Politik, Familie, Religion ganze Listen von Funktionen aufzustellen. Das kann man tun, denn das Unterscheidungsschema Problem/Problemlösung läßt sich auf sehr verschiedene Weisen anwenden. So kann man es als Funktion der Religion ansehen, Trost zu spenden, Ängste zu besänftigen, Sinnfragen plausibel zu beantworten, Gemeinschaft in kultischem oder auch Glauben bestätigendem Handeln herzustellen. Das alles und mehr. Allerdings verdünnt sich dann die Einheit der Religion zur Einheit einer solchen Liste, die unterschiedlichsten funktionalen Äquivalente brechen das auseinander, was noch als Kernfunktion der Religion gelten kann, und die Frage, ob die Einheit der Liste eine religiöse Einheit ist, müßte mit der Auskunft beantwortet werden, daß die Funktion der Religion eben die Herstellung der Einheit der Liste der religiösen Funktionen sei. Oder man verzichtet an dieser Stelle auf die Angabe einer Superfunktion und setzt statt dessen auf religiösen »Sinn«.

Schließlich und vor allem: die Annahme einer Mehrheit von Funktionen würde mit der Vorstellung kollidieren, daß die moderne Gesellschaft ihre Differenzierungsformen an spezifischen Funktionen ausrichtet. Denn dies setzt voraus, daß der Systemeinheit die Einheit einer (wie immer dann unterteilbaren) Funktion entspricht. Gäbe es mehrere religiöse Funktionen, die nicht auf eine Grundfunktion zurückgeführt werden können, wäre schwer erkennbar, was dieses Konglomerat dann als Religion erkennbar macht. Es gibt zwar innerhalb des Religionssystems unterschiedliche Religionen, aber deren Differenzierung folgt eher dem Prinzip der Segmentierung, jedenfalls nicht dem Prinzip funktionaler Differenzierung. Wir nutzen deshalb die Distanz eines externen Beobachters, um die Frage nach *der* Funktion *der* Religion zu stellen.

Unter dieser Voraussetzung hat man nur noch begrenzte Wahlmöglichkeiten. Die These Durkheims, Religion habe eine solidaritätsstiftende, moralisch integrierende Funktion wird heute wohl kaum mehr vertreten.[7] Religion gehört, ganz im Gegenteil,

---

7 Explizit kritisch z.B. Richard K. Fenn, Toward A New Sociology of Religion, in: Journal for the Scientific Study of Religion 11 (1972), S. 16-32. Andererseits bleibt Fenn dem Konzept insofern verhaftet, als er diese Funk-

zu den erstrangigen Konfliktquellen, und dies nicht nur in der modernen Gesellschaft. Vielleicht ist die These haltbar für ohnehin konfliktrepressive tribale Gesellschaften; aber dann würde gerade die funktionale Spezifikation mit der für sie typischen Intensivierung religiöser Erfahrung und Kommunikation diese Funktion der Religion sabotieren. Auch die Variante René Girards, Religion reguliere einen Imitationskonflikt durch Verbote und durch Opfer, auf die die Ablehnung sich konzentrieren kann,[8] vernachlässigt sozialstrukturelle Korrelate, vor allem die Effekte von Schichtung als Einrichtung zur Unterbrechung der Vergleichbarkeit von Lebenslagen und Ansprüchen und zur Erzeugung von Indifferenz. Die Notwendigkeit des Opfers, das Gott verlangt und schließlich an sich selbst exemplarisch vorführt, läßt sich gut belegen. Aber als Hinweis auf die Funktion der Religion deuten sie eigentlich nur darauf hin, daß Gott Unterscheidungen anordnet, ohne die nichts legitimiert, nichts bezeichnet, nichts beobachtet werden könnte. Und das fällt um so mehr auf, als Gott *unschuldige* Opfer verlangt – Isaak, Iphigenie, schließlich den eigenen Sohn. Es darf sich also gerade nicht um eine bloße Konsequenz von Schuld, um einen bloßen Rechtsvollzug handeln.

Das Stichwort Unterscheidung bringt uns zurück auf unsere Ausgangsüberlegungen über Sinn und über Beobachtung von Formen. Im Medium Sinn gibt es keine »Natur« und keine »Wesen«, keine Grenzen, die nicht überschritten werden könnten (denn sonst hätten sie als Grenzen, als Hinweise auf anderes, keinen Sinn), sondern nur Horizonte, die sich mit jeder Bewegung mitbewegen. Und Sinn kann nur selbstreferentiell bestimmt werden in rekursiven Vernetzungen, die auf anderes und immer auch auf den unmarked state der Welt verweisen, also ins

tion vermißt und der Religion deshalb einen Funktionsverlust und Reduktion auf Residualfunktionen zuschreibt. Siehe zu einer fast wieder funktionalen Analyse der Durkheim-These auch Horst Firsching, Die Sakralisierung der Gesellschaft: Emile Durkheims Soziologie der ›Moral‹ und der ›Religion‹ in der ideenpolitischen Auseinandersetzung der Dritten Republik, in: Volkhard Krech/Hartmann Tyrell (Hrsg.), Religionssoziologie um 1900, Würzburg 1975, S. 159-193.

8 Siehe die Literaturhinweise oben Kap. 1 Anm. 6; ferner René Girard, Le Bouc émissaire, Paris 1982.

Haltlose verfließen. Identitäten kommen durch Wiederholung von Operationen zustande und sind zugleich die Struktur, an der sich die Wiederholung als Wiederholung erkennt. Mit einem Wort: Sinn wird »autopoietisch« konstituiert durch Systeme, die nur im Prozeß der Sinnkonstitution ihre eigenen Grenzen erkennen können, indem sie *sich selbst* mit der Doppelreferenz nach innen und nach außen, mit der *eigenen* Unterscheidung von Selbstreferenz und Fremdreferenz ausstatten. Jede beobachtende Operation trifft eine Unterscheidung und unterscheidet sich selbst dadurch, daß sie das Unterscheiden vollzieht. Darin ist sie beobachtbar für andere Beobachtungen, für die aber dasselbe gilt. Immer wird eine andere Seite mitgeführt, die man als nichtanschlußfähig ausweisen muß. Selbst wenn man annimmt, daß Beobachtungen sich selbst mit »Intentionalität« ausstatten können (für Husserl ein zwingendes Erfordernis, ohne dessen Erfüllung Bewußtsein sich selber nicht prozessieren könnte), selbst dann bleibt die andere Seite der Intention, also die Unterscheidung der Intention, also die Intentionalität der Intention undefiniert.

Religion scheint immer dann vorzuliegen, wenn diese Vorgaben zum Problem werden, das heißt: wenn man einzusehen hat, weshalb nicht alles so ist, wie man es gerne haben möchte.[9] Gerade dies kann der Einzelne, da es seinem Selbstbewußtsein widerspricht, nicht durch Selbstreflexion herausfinden. Der Grund dafür muß ihm mitsamt der Problemstellung durch Kommunikation gegeben sein. (Für Hegel würde dies heißen: durch den Begriff des Begriffs.)

Die ontologische Metaphysik hatte seit Aristoteles' Bezeichnung eines bestimmten Seienden (nicht nur: Klarheit und Distinktheit der Ideen) als Voraussetzung der Wahrheitsfähigkeit von Aussagen behandelt.[10] Das lief, der Form nach, auf die Notwendigkeit einer externen Vorgabe hinaus. Und noch Husserl hatte (unter Ausklammerung der Seinsfrage) angenommen, daß jede horizonthaft mitgegebene Unbestimmtheit auf »Bestimm-

9 »Religion ist nun eben dies«, liest man bei Georg Wilhelm Friedrich Hegel, Vorlesungen über die Philosophie der Religion I, Bd. 16, Frankfurt 1969, S. 308, »daß der Mensch den Grund seiner Unselbständigkeit sucht«.
10 Vgl. Metaphysik 1006 a 19-24.

barkeit eines fest vorgeschriebenen Stils« zurückzuführen sei,
und in der Tat: wie anders sollte man von einer Operation zur
nächsten kommen, wenn man sie nicht im Vollzug des Übergangs bestimmen könnte. Zugleich taucht aber eben damit das,
was man bestimmt hatte, wieder ins Unbestimmte zurück: »... in
umgekehrter Richtung geht freilich das Klare wieder in Unkla-
res, das Dargestellte in Nichtdargestelltes über usw. *In dieser
Weise in infinitum unvollkommen zu sein, gehört zum unaufheb-
baren Wesen der Korrelation Ding und Dingwahrnehmung«.*[11]
Man könnte vermuten: dies sei so, weil dieser Beschreibung bereits die Unterscheidung von Selbstreferenz (Dingwahrnehmung, Noesis) und Fremdreferenz (Ding, Noema) zugrunde
liege, die als ein transzendentales Faktum, als Ergebnis der
Selbstanalyse des Bewußtseins eingeführt wird. Der Formenkal-
kül von George Spencer Brown stellt sich demselben Problem in
anderer Weise. Er beginnt mit einer Weisung: »draw a distinction«. Diese Weisung kann als Bedingung der Möglichkeit einer
Autopoiesis der Sinnproduktion begriffen werden.[12] Es gibt keinen im Sein oder in der Natur liegenden Zwang, sie zu befolgen.
Jede Operation ist kontingent im Doppelsinne von »auch anders
möglich« und »abhängig von der Befolgung dieser Weisung«. Es
gibt keine Notwendigkeit, aber es gibt eine Sanktion[13]: Wenn
man die Weisung nicht befolgt, geschieht nichts. Die Autopoiesis
beginnt nicht – oder sie wird nicht fortgesetzt. Die Weisung hat
dieselbe Härte wie die Autopoiesis der Systemproduktion: es
geschieht, oder es geschieht nicht. Es gibt keine dritte, keine
»weichere« Möglichkeit.
Sie hat dieselbe Härte, das muß uns auffallen, wie ein Code. Dieselbe binäre Struktur, derselbe Ausschluß dritter Möglichkeiten.
Codierung ist dann offenbar eine »Fassung« eines Problems, das
wir wahlweise Unbestimmbarkeit, selbstreferentielle Rekursivi-

---

11 Beide Zitate aus: Edmund Husserl, Ideen zu einer reinen Phänomenologie und phänomenologischen Philosophie Bd. I (1913), zit. nach Husserli-
   ana Bd. III, Den Haag 1950, S. 100f. (Hervorhebungen durch Husserl).
12 Siehe dazu Elena Esposito, L'operazione di osservazione: Costruttivismo
   e teoria dei sistemi, Milano 1992.
13 Bei Sanktion kann man, hier schon, sich an Durkheims Zusammenhang
   von sanction und sacré erinnern. Aber der Hinweis verdeutlicht zugleich
   den theoretischen Erläuterungsbedarf Durkheimscher Begriffe.

tät, Unbeobachtbarkeit der Welt und des Beobachtens in der Welt oder, mit einer schon religionsnäheren Formulierung, »Leere« nennen können. Der Code, und zunächst: jeder Code, scheint eine Form zu sein, die das Formproblem reformuliert; die dem Zwei-Seiten-Problem und der inneren Asymmetrie des bezeichnenden Unterscheidens (Beobachtens) eine andere, besser handhabbare Form gibt. Dabei bleibt die eingebaute Kontingenz und die Möglichkeit der Paradoxierung/Paradoxieentfaltung durch Anwendung des Codes auf sich selber erhalten. Und ebenso gilt die Härte des Startsignals für Autopoiesis: wenn nicht, dann nicht. Aber zugleich gibt der Code dem Problem der Form eine spezifischere Fassung, und damit eine Fassung, die man transjunktionalen Operationen aussetzen, das heißt: akzeptieren oder rejizieren kann.[14] Man könnte also von einer »Fassung« des Formproblems sprechen, vielleicht auch von einem »Rahmen« (frame) im Sinne von Goffman.[15]

Der Vorteil, der im Verhältnis zum Ausgangsproblem gewonnen wird (und das können wir auch die »Funktion« der Codierung nennen), liegt in der Spezifikation der Operationen, die man an den positiven Wert des Codes anschließen kann: Mit dem Ja/Nein-Code der Sprache kann man nur reden, eventuell schreiben; mit Geld kann man nur zahlen, mit Wahrheit kann man nur kognitive Strukturen erzeugen usw. Aber dieser Gewinn muß mit der Unterscheidung der Codes erarbeitet werden, mit jenen transjunktionalen Operationen, die ihrerseits aus dem »unmarked state« der Welt heraus erfolgen müssen.[16] In dieser Hinsicht sind die verschiedenen Codes der verschiedenen Funktionssysteme also funktional äquivalent. Sie erzeugen jeweils eigene Kontingenzen, jeweils eigene Paradoxien, jeweils eigene Pro-

14 Vgl. oben Kap. 2.
15 Nach Erving Goffman, Frame Analysis: An Essay on the Organization of Experience, New York 1974 (dt. Übers. Frankfurt 1977).
16 Mit Gotthard Günther mag man der Meinung sein, daß für die Darstellung solcher Verhältnisse mehr als nur zwei logische Werte erforderlich sind; oder man kann daraus folgern, daß die Realisation solcher Verhältnisse Zeit braucht, also zur immer gleichzeitig mitfungierenden Welt kein bestimmbares Verhältnis gewinnen kann. Aber solche Überlegungen bereiten nur weitere Fragen vor, die sich dann im Unbeantwortbaren verlieren.

gramme oder sonstige Supplemente. Sie dienen als Leitunterscheidungen für das rekursive Reproduzieren besonderer gesellschaftlicher Funktionssysteme und differenzieren damit die Gesellschaft in entsprechende System/Umwelt-Verhältnisse, die ihre eigenen Grenzen selbst erhalten.

Diese Analyse erschließt weitreichende Perspektiven. Sie interpretiert das Theorem »funktionale Differenzierung«, also eine mögliche Beschreibung der modernen Gesellschaft. Sie besagt: alle Funktionssysteme haben ein unmittelbares Verhältnis zur Gesellschaft. Das würde dann auch für das Religionssystem gelten – nicht anders als für die anderen. Es wäre eine Umschreibung der These, daß die moderne Gesellschaft durch einen Primat funktionaler Differenzierung charakterisiert werden kann. Und es würde harmonieren mit einer Beschreibung der modernen Gesellschaft als säkularisierter Gesellschaft, in der es durchaus Religion gibt (und vielleicht sogar mit einer Intensität und mit Ansprüchen, die sich in älteren Gesellschaftsformationen nicht oder nur gekoppelt an Askese, an »Austritt« aus der Gesellschaft finden), *in der aber Religion nicht mehr eine notwendige Vermittlungsinstanz ist, die die Beziehung aller gesellschaftlichen Aktivitäten zu einem Gesamtsinn herstellt.* Die alte These, Religion diene der gesellschaftlichen Integration, dürfte sich deshalb kaum halten lassen. Eher könnte, zumindest für volkskirchliche Formen der Religion, das Gegenteil gelten: daß die Religion selbst auf ein hohes Maß gesellschaftlicher Integration angewiesen ist.[17] Alle Funktionssysteme finden in ihrer Funktion selbst den Sinn ihres Beitrags zur Autopoiesis der Gesellschaft. Sie benötigen *dafür* keine Religion. Sie entwickeln für ihre eigenen Formparadoxien eigene Entfaltungen und können sich damit eigenen Zeitbedingtheiten anpassen, die nicht mehr gesamtgesellschaftlich synchronisiert werden müssen. Wenn dann gleichwohl noch eine religiöse Sinngebung mitgeliefert wird, wirkt das wie eine unnötige, technisch nicht sehr hilfreiche Sinnüberhöhung.[18] Der frag-

---

17 So mit Bezug auf die Situation in der früheren DDR Detlef Pollack, Kirche in der Organisationsgesellschaft: Zum Wandel der gesellschaftlichen Lage der evangelischen Kirchen und der politisch alternativen Gruppen in der DDR, Habilitationsschrift Bielefeld 1993, Ms. S. 107f.

18 Siehe als ein Beispiel den Rückgriff auf die Torah am Ende einer Erörterung des Amendment-Paradoxes (Vorschrift der Verfassung über die

würdige und umstrittene Begriff der »Säkularisation« kann somit durch funktionale Differenzierung definiert werden.[19]
Will man eine Funktion der Religion angeben, die auch in einer Gesellschaft dieses Formats durchhaltbar ist, muß man genauer sagen, was denn das Specificum der Sondercodierung der Religion ausmacht; oder: worin die besondere als religiös erkennbare Typik von Anschlußoperationen besteht, die, wenn sie sich zu einem zugleich sequentiellen und rekursiven Netzwerk verknüpfen, ein System ausdifferenzieren, das als Religion erkennbar ist. Die Unterscheidung der beiden Codewerte als Immanenz und Transzendenz gibt dafür den entscheidenden Hinweis, der aber einer genaueren Ausarbeitung bedarf.[20]
Die Ambition der religiösen Codierung scheint dahin zu gehen, jeder Unterscheidung, die beim Beobachten (Erkennen, Imaginieren, Handeln usw.) benutzt werden kann, den Gegenwert der Transzendenz gegenüberzustellen – mit Formeln wie: alles ist letztlich Leere, alles ist letztlich als Wille Gottes hinzunehmen. Aber der Code selbst ist ja eine Unterscheidung. Wenn hier das Bezugsproblem der religiösen Funktion liegt, würde man folglich die Einheit des Codes entparadoxieren, würde man sagen müssen, daß religiöser Sinn sich auf die Einheit der Differenz von Immanenz und Transzendenz bezieht. Man würde, in der Nähe der Theologie eines Nikolaus von Kues, annehmen müssen, daß Gott selbst keinerlei Unterscheidung trifft, weil er keine benötigt; daß er nicht unterscheidet zwischen sich selbst und der Welt mit der Konsequenz, die Sündenlast selbst auf sich zu nehmen; daß er auch kein selbstreferentielles Verhältnis zu sich selbst her-

Änderung der Verfassung) bei David R. Dow, When Words Mean What We Believe They Say: The Case of Article V, in: Iowa Law Review 76 (1990), S. 1-66 (62f.). Die Auskunft lautet: das Paradox sei hinzunehmen, siehe Torah.

19 Siehe ausführlicher Niklas Luhmann, Funktion der Religion, Frankfurt 1977, S. 225 ff. In den begrifflichen Diskussionen überwiegen seit langem skeptische Distanz, Versuche, einen mehrdimensionalen Begriff zu bilden, bis hin zur glatten Ablehnung des Begriffs als unbrauchbar. Wir kommen darauf in Kap. 8 zurück.

20 Etwa im Verhältnis zu Thomas Luckmann, Über die Funktion der Religion, in: Peter Koslowski (Hrsg.), Die religiöse Dimension der Gesellschaft, Tübingen 1985, S. 26-41, der die Funktion der Religion schlicht als Vergesellschaftung des Umgangs mit (großer) Transzendenz bestimmt.

stellt, weil er dazu zwischen Selbstreferenz und Fremdreferenz unterscheiden müßte. Ob dies eine alltagstaugliche Theologie sein könnte oder ob man mit dem Nirwana besser bedient wäre, bleibe dahingestellt. Bemerkenswert bleibt, daß die Paradoxie der Einheit des durch den Code different Gesetzten auftaucht *und über den negativen Wert des Codes, über den Reflexionswert, über die Transzendenz aufgelöst wird.* Bemerkenswert deshalb, weil andere Codes für diese letztmögliche Operation ihren positiven Wert benutzen, also sagen, es sei gut, zwischen gut und schlecht zu unterscheiden, es sei eine logische oder methodologische Wahrheit, daß man die Werte wahr und unwahr unterscheiden müsse, usw.

Es muß einen verborgenen Zusammenhang geben zwischen dem re-entry der Differenz von Immanenz und Transzendenz ins Immanente (also dem Sakralen) und der Vorstellung einer gänzlich differenzlosen Transzendenz, die jede Unterscheidung, auch die von Immanenz und Transzendenz absorbiert, also der Annahme eines gestaltlosen, formlosen Letztsinnes, der weder als Person noch als Nichts adäquat zu bezeichnen ist. Der Code wäre, wenn dies zutrifft, auch noch in der Entfaltung seiner Paradoxie bistabil; und man könnte sich vorstellen, daß die gesellschaftliche Evolution der Religion ihren Schwerpunkt von der einen zur anderen Möglichkeit verlagert, also Religion desakralisiert.

Diese Überlegungen beziehen sich bereits auf den Spielraum einer semantischen *Struktur* des Religiösen. Von ihnen her läßt sich aber auch die Frage nach der *Funktion* der Religion beantworten. Je nachdem, welche Formulierung man für das Ausgangsproblem der Unbestimmbarkeit aller selbstreferentiell operierenden Sinnverwendung bevorzugt: die Religion bezieht sich auf dieses Problem und bietet speziell dafür Lösungen an. Religion garantiert die Bestimmbarkeit allen Sinnes gegen die miterlebte Verweisung ins Unbestimmbare. In älteren Gesellschaften konnte man dafür die Unabänderlichkeit der Vergangenheit in Anspruch nehmen. Das erlaubte es, Religion als Gedächtnis zu begreifen.[21] Dies ändert sich jedoch, wenn theolo-

21 Vgl. für Mesopotamien Gerdien Jonker, The Topography of Remembrance: The Dead, Tradition and Collective Memory in Mesopotamia, Leiden 1995, S. 177 ff.

gische Reflexion hinzukommt. Sie erlaubt es, mit Paradoxien in die Kommunikation einzutreten, weil gerade damit eine nicht anders formulierbare Einheit symbolisiert werden kann. Sie setzt an der Transformationsstelle vom Unbestimmbaren zum Bestimmbaren Chiffren ein, zum Beispiel die Annahme eines »Willens« oder einer Entscheidung der Götter mit der Konsequenz, daß die Menschen dazu Stellung beziehen müssen.[22] Die Theologie, die von Gedächtnis auf Willen umstellt, ersetzt an diesem Punkte Sicherheit durch Unsicherheit. Sie bietet aber die Sicherheit an, daß alles, was geschieht, was mit Überzeugung getan wird, einer transzendenten Zweitwertung unterliegt, die eine Selbstakzeptanz des Erlebens und Handelns ermöglicht. Formulierungen dieser Art lassen sich vielfältig variieren und näher heranbringen an die Aussagemöglichkeiten bestimmter historischer Religionen. Aber das braucht hier nicht zu geschehen. Es genügt für den Moment der Nachweis einer Möglichkeit, wie Religion sich selbst im Kontext transjunktionaler Operationen, im Kontext gesellschaftlicher Funktionsdifferenzierung als irreduzibel behaupten kann.

Die Form, in der dies Problem der offenen Selbstreferenz im Medium Sinn in der Kommunikation aktuell wird, hängt von den Strukturen des Gesellschaftssystems, also von der gesellschaftlichen Evolution ab. Bei zunehmender struktureller Komplexität, bei zunehmender Sichtbarkeit von Entscheidungen und Entscheidungsabhängigkeiten (zum Beispiel politischer Art[23]) und wenn neu erfundene Kommunikationstechnologien wie vor allem Schrift und Buchdruck sich auszuwirken beginnen, weitet die Offenheit der Verweisungshorizonte, mit denen man in der Kommunikation rechnen muß, sich aus. Schrift setzt Sinn, setzt also die Einheit von Aktualität und Virtualität voraus, ermöglicht aber, obwohl basiert in einer stets aktuell erlebten Verankerung, eine immense Ausweitung der mitfungierenden Virtualität. Annahmen über das Wesen der Dinge oder ihre Natur oder über unabänderliche Ideen verlieren ihre Plausibilität als Schutz ge-

22 Auch dazu für Mesopotamien Jonker a. a. O. S. 180f.
23 Speziell hierzu: John G. Gunnell, Political Philosophy and Time, Middletown Conn. 1968; Hartmut Gese, Geschichtliches Denken im Alten Orient und im Alten Testament, in: Zeitschrift für Theologie und Kirche 55 (1958), S. 127-145.

gen das Sichaufdrängen anderer Möglichkeiten. Entsprechend schwieriger und entsprechend reflektierter wird die Religion. Wie in anderen gesellschaftlichen Funktionsbereichen auch müssen dann Strukturen auf Funktionen hin gestrafft und zugleich spezifischer und universeller einsetzbar sein. Wenn das gelingt, kommt es zu einer an der Funktion orientierten Ausdifferenzierung der Religion, die höhere Ansprüche an Sinnvergewisserung auch in einem »säkularisierten« gesellschaftlichen Kontext noch befriedigen kann – und sei es nur in der Form eines kirchlich organisierten Entscheidungs- und Interpretationsbetriebs oder in der Form eines Pluralismus tolerierter, als Religion erkennbarer Seltsamkeiten. Denn wenn es zu einem Überforderungsbewußtsein kommt, geht es auch so, geht es irgendwie.

III.

Unsere Überlegungen zur Funktion der Religion sind an dem Punkte angelangt, an dem wir die Analyse des Mediums Sinn abgebrochen hatten. Was immer Sinn in Anspruch nimmt, kann Negierbarkeit nicht ausschließen. Und noch grundsätzlicher: wer immer beobachtet, muß eine Unterscheidung einsetzen und kann dann nicht zugleich von der Selbigkeit des Unterschiedenen ausgehen. Die Unterscheidung Bejahung/Verneinung (das Sein/Nichtsein der ontologischen Metaphysik) ist hierfür nur ein Anwendungsfall. Jede Behauptung eines unterscheidungsfrei gegebenen Sinnes (zum Beispiel: eines unnegierbaren Sinnes) läuft demnach auf eine Paradoxie hinaus. Es wird Sinn behauptet, den es im Medium Sinn nicht geben kann. Das Medium dient eben nur dazu, Formbildungen (das heißt: Unterscheidungen) zu ermöglichen, wobei die Unterscheidung Medium/Form ihrerseits dem eigenen Gesetz entspricht. Auch sie ist eine nur paradox faßbare, sich selbst enthaltende Form.

Dieses Ergebnis können wir durch einen zweiten Überlegungsgang bestätigen. Dabei müssen wir den historischen Bezugsrahmen sehr viel stärker einschränken als bei der Analyse der Codierung des Religionssystems. Seit der zweiten Hälfte des 19. Jahrhunderts wird ein Sinnproblem formuliert, mit dem auf das verwiesen wird, was für ein Subjekt sinnvoll ist. Dieser

Ansatz setzt voraus, daß das allgemeine Medium Sinn, dem niemand entfliehen kann, durch die Unterscheidung sinnvoll/sinnlos strukturiert wird. Es bleibt möglich, die innere Grenze dieser Unterscheidung zu kreuzen, das heißt: zu denken oder zu sagen, etwas sei sinnlos. Dann hat man aber das Problem: wer benutzt diese Unterscheidung und wer bestimmt, nach welchen Kriterien die Welt auf sinnvoll und sinnlos aufgeteilt wird? – also wieder: das Problem des Beobachters.

Die klassische Antwort: der Beobachter sei das Subjekt, befriedigt nur, wenn man allen Subjekten irgendeine transzendentale Gemeinsamkeit unterstellt. Das ist, wenn man das Subjekt als menschliches Individuum denkt, kaum möglich. Nicht einmal eine Restmenge (»Rest« im übrigen ein Modebegriff unserer Tage) kann ausgemacht werden, in der für alle Menschen Dasselbe sinnvoll ist. Auf diese Zweifel an purer Subjektivität haben Theorien reagiert, die das Gemeinsame in den Erzeugungsmechanismus des sinnvollen Sinns verlegen. Es kann nicht einfach die Autobiographie sein oder die frei gewählte Selbstthematisierung. Vielmehr formiert sich, so die These, das, was als Sinn sinnvoll ist, in sozialen Situationen bestimmter Art.

René Girards Theorie des Imitationskonfliktes hatten wir schon mehrfach erwähnt.[24] Etwas macht Sinn, wenn auch andere danach streben. In einer endlichen Welt führt das zu der Paradoxie eines Konfliktes mit dem, den man nachahmt. Die Lösung findet sich im Religionssystem: in der Bestimmung eines Opfers, über das man sich verständigen kann; oder schließlich in nicht mehr zu überbietender Weise: im Opfertod Gottes und der daran anschließenden Mythologie der erlösenden Auferstehung.

Pierre Bourdieu[25] sieht die soziale Vermittlung der Sinnsuche in einem sozialen, aber an Objekten manifestierten Unterscheidungsbedürfnis. Kunst, Bildung, Sprachvermögen oder sonstige Statussignale haben einen Sinn, dessen Sinn darin besteht, vor anderen auszuzeichnen. Damit wird eine in der Form von Geburtsrang schon nicht mehr gegebene Ordnung nochmals copiert und der Schein reproduziert, als ob die Gesellschaft hierar-

24 Siehe nochmals René Girard, Des choses cachées depuis la fondation du monde, Paris 1978, oder ders., Le Bouc émissaire, Paris 1982.
25 Siehe nur Pierre Bourdieu, La Distinction: Critique sociale du jugement du goût, Paris 1975.

chisch geordnet sei. Ebenso wie bei Girards Wahl eines Opfers funktioniert das nur, wenn die Distinktionen verstanden und ihre Signale übereinstimmend interpretiert werden, und zwar gegen den Oberflächensinn interpretiert werden, der den Dingen zunächst anhaftet.

Bei einem Vergleich dieser sehr verschiedenen Theorien fällt vor allem auf, daß die Analyse auf einen Erlösungsbedarf zuläuft, der aber nicht in die Theorie selbst aufgenommen wird, sondern als eine Art von »Supplement« (im Sinne von Derrida) fungiert, das dann faktisch, aber latent, kontrolliert, was die Theorie sagen will. Bei Girard spitzt sich das Problem auf eine christlich-religiöse Lösung zu, wie unakzeptabel auch immer die Theorie selbst für Theologen sein mag. Bei Bourdieu würde die Erlösung über eine soziologenübliche Gesellschaftskritik laufen. Latent bleiben Erlösungsbedarf und Erlösungsweg in beiden Fällen, weil die Theorie sich nicht auf ein religiöses Bekenntnis bzw. auf die Vision einer ganz anderen Gesellschaft festlegen kann. Der Ausweg liegt in einem performativen Selbstwiderspruch, der letztlich zur Dekonstruktion der Unterscheidung sinnvoll/sinnlos führen muß.

Wir können dieses Argument abkürzen durch den Hinweis, daß Alltagstheorien oder wissenschaftliche Theorien, die von sinnvollem und sinnlosem Sinn sprechen, die Unterscheidung sinnvoll/sinnlos selbst für sinnvoll halten, sie also auf sich selbst anwenden müssen. Das führt in einen nicht zu stoppenden, infiniten Begründungsregreß oder, wenn man darauf (und damit auf Begründung) verzichtet, zu der paradoxen Figur des re-entry einer Unterscheidung in sich selbst. Oder zum Rückgang zur Idee einer subjektiven Sinnstiftung mit der Folge einer milliardenfachen Multiplikation des Problems ohne erkennbare Ordnung. Wir finden uns also erneut (und in Sprachformen, die für manche Soziologen und Theologen plausibler sein könnten als die der Codierung) vor dem Problem, welche Unterscheidungen in das allgemeine unnegierbare Medium Sinn eingeführt werden können, um dann über die Zwischenform einer nur paradox formulierbaren Einheit des Unterschiedenen weitere Unterscheidungen zu generieren. Und damit finden wir uns erneut auf der Suche nach der Funktion der Religion, die offenbar den Anspruch erhebt, dies leisten zu können.

Paradoxien sind, das muß immer wieder betont werden, keine Kommunikationshindernisse. Im Gegenteil: sie können formuliert werden. Sie haben sogar hohen expressiven Gehalt. Sie drücken etwas Erstaunliches aus, sie machen stutzig. Gerade ältere Gesellschaften tendieren dazu, Totalität durch einen inneren Gegensatz zu bezeichnen: Himmel und Erde, das Größte und Kleinste, überall und nirgendwo, Stadt und Land bis hin zu court and country. Die Konjunktion mit »und« verhindert, daß man dies für einen logischen Fehler oder, wie die Paradoxien der rhetorischen Literatur, für einen Scherz hält. Und wie sollte man eine umfassende Allheit, die nichts ausläßt und keine Grenzen hat, anders zum Ausdruck bringen?

Dann stellt sich freilich die Frage, was man damit anfangen kann. Mit logischen Mitteln ist dieses Problem nicht zu lösen. Es ist kein Problem, dessen Lösung man errechnen könnte, denn damit wäre die Unterscheidung Problem/Problemlösung aufgehoben, und sowohl das Problem als auch die Lösung würden verschwinden. Im Begriff der »Entfaltung« der Paradoxie (einschließlich: der als Tautologie gefaßten Paradoxie) liegt vielmehr ein kreatives, Information erzeugendes Moment. Es bedarf dazu, wie Religionen immer wieder betont haben, einer Entscheidung, und entscheiden kann man nur (um auch dies paradox zu formulieren), was im Prinzip unentscheidbar ist.[26]

Paradoxien sind, auch so kann man es formulieren, die einzige Form, in der Wissen *unbedingt* gegeben ist. Sie treten an die Stelle des transzendentalen Subjekts, dem Kant und seine Nachfolger einen Direktzugang zu unkonditioniertem, a priori gültigem, aus sich selbst heraus einsichtigem Wissen zugemutet hatten. Auch nach Verzicht auf diese Figur kann jedoch die Unterscheidung unbedingt/bedingt erhalten bleiben. Aber man muß die Paradoxie entfalten, sie durch eine Unterscheidung ersetzen, um Konditionierungen einführen zu können, die regeln, unter welchen Bedingungen die eine und nicht die andere Seite benutzt werden kann, also zum Beispiel Wahrheit und nicht Unwahrheit der Fall ist. Mit dem Verzicht auf das transzendentale Subjekt fällt allerdings auch die Vorstellung, daß a priori gültiges

26 »Only *those* questions that are in principle undecidable, *we* can decide«, liest man bei Heinz von Foerster, Ethics and Second-Order Cybernetics, in: Cybernetics and Human Knowing 1 (1992), S. 9-19 (14).

Wissen höherrangiges Wissen sei, das anderes Wissen begründen könne. Im Gegenteil wird man davon ausgehen müssen, daß nutzbares (anschlußfähiges) Wissen immer konditioniertes Wissen ist[27] und daß der Wissensgewinn im Aufbau von komplex konditionierten Systemen liegt, also in Paradoxieentfaltungen, die mit Kontingenz bezahlt werden müssen.

Das schließt es keineswegs aus, nach typischen Strukturen zu fragen, in denen Paradoxieentfaltungen relativ stabile Formen gewinnen, die sich historisch bewähren und dann wie Eigenwerte des Religionssystems die weitere Kommunikation leiten. Keine religiöse Semantik, die in diesem Kontext der Paradoxieentfaltung Plausibilität sucht, kann dafür ausschließliche Richtigkeit beanspruchen. Eben deshalb mag sie, aber das ist kein zwingendes Erfordernis, auf der Ebene der Kommunikation Autorität in Anspruch nehmen und Exklusivität durchzusetzen versuchen.[28] Vor allem aber gibt es angesichts dieses Ausgangsproblems mehr oder weniger überzeugende semantische Erfindungen. So läßt sich das Dogma der Schöpfung der Welt durch Gott verschiedenen Paradoxien zuordnen und erreicht dadurch eine eigentümliche Sinnfestigkeit. Es klärt einerseits das Problem der Einheit der Vielheit. Gott ist eine Einheit, die Vielheit nicht ausschließt, sondern gerade erzeugt oder emanieren läßt. Dabei taucht ein Zeitproblem auf, ein Problem des Anfangs, das durch die Interpretation als Schöpfung mitbeantwortet wird. Im Rückblick aus der Situation des Menschen stellt sich unausweichlich die Frage: was war vor dem Anfang? Die Vorstellung der Schöpfung der Welt durch Gott füllt diese Leerstelle aus: Vor dem Anfang der Welt war Gott, und er ist auch derjenige Beobachter, der in bezug auf den Weltanfang das Vorher und das Nachher unterscheiden kann. Das wiederum erfordert, ihn als Selbstbeobachter (und nicht einfach als emanative Essenz) anzunehmen und die Theologie durch dieses Postulat einzuschränken. Man

---

27 Für eine systemtheoretische Parallelüberlegung siehe W. Ross Ashby, Principles of the Self-Organizing System, in: Heinz von Foerster/George W. Zopf (Hrsg.), Principles of Self-Organization, New York 1962, S. 155-278; neu gedruckt in Walter Buckley (Hrsg.), Modern System Research for the Behavioral Scientist: A Sourcebook, Chicago 1968, S. 108-118.

28 Wir kommen darauf im Kapitel über Selbstbeschreibungen des Religionssystems zurück.

kann dann noch einen Schritt weiter gehen und sagen, daß die Zeit selbst (als tempus) erst durch die Schöpfung entstanden ist. Das vorher/nachher-Problem kann damit mit Augustin in ein Ebenenproblem à la aeternitas/tempus überführt werden, womit zugleich begriffen werden kann, daß die weltlose Ewigkeit Gottes während der Weltzeit fortbesteht. Und nicht zuletzt hat das Dogma der Schöpfung den kommunikationspraktischen Vorzug, daß es erzählt werden kann und den Hörer oder Leser vom einen zum anderen mitnimmt, wobei die paradoxe Ausgangsdifferenz als Übergang erfahren und vollzogen werden kann. Man kann sich als Alternative (aber das setzt voraus, daß man schon weiß, *gegen was* sich die Alternative richtet) eine anfangs- und endlose Welt vorstellen. Aber dann hat man das Folgeproblem, innerhalb dieser Welt Anfänge und Enden markieren zu müssen – etwa den Anfang des Menschengeschlechts.

Der Bezug auf das Problem der Paradoxie und ihrer Entfaltung kann die evolutionäre Erfolgsgeschichte bestimmter (und nicht anderer) Konzepte erklären, aber mit einem einzelnen Begriff sind nicht alle Fragen geklärt. Auch kann es, wenn im Zuge von schriftlichen Fixierungen Konsistenzinteressen hinzukommen, zu derivativen Paradoxien kommen oder auch zu einem langwierigen, Formen suchenden Dialog zwischen Religionsbehauptung und Religionskritik. Im Falle der christlichen Religion, einer Glaubensreligion mit hochentwickelter Dogmatik, kann man besonders gut erkennen, daß die Entfaltungsstrategien und die jeweils zugeordneten theologischen Streitfragen sich differenzieren je nachdem, in welche Sinndimension das Problem der Evidenz überführt wird.

Wir unterscheiden eine soziale, eine zeitliche und eine sachliche Dimension.[29] In der *Sozialdimension* wird Glaubensbestätigung in der *Begegnung* mit Gott gesucht und gefunden. Das Dogma

29 Zum folgenden anregend Ronald W. Hepburn, Christianity and Paradox: Critical Studies in Twentieth-Century Theology, New York 1968, eine Analyse, die die Themenbereiche jedoch nur exemplarisch nacheinander aufführt und sich auf den Nachweis ihrer immanenten Paradoxien beschränkt, ohne den systematisierenden Gesichtspunkt der Aufgliederung nach Sinndimensionen einzubeziehen. Hierzu Niklas Luhmann, Soziale Systeme: Grundriß einer allgemeinen Theorie, Frankfurt 1984, S. 111 ff.

des fleischgewordenen Gottes ermöglicht es, die Transzendenz/ Immanenz-Unterscheidung beizubehalten, hinterläßt dann aber das Problem, wie man aus der Begegnung mit Jesus auf Gott schließen kann.[30] Das kann mit der Unterscheidung von Vater und Sohn expliziert werden, aber nur mit der schwer zu unterdrückenden Paradoxie, daß der Vater dann sein eigener Sohn und der Sohn dann sein eigener Vater ist. Der transzendente Gott ist als ununterscheidbar und zugleich, in der Christusform, als unterscheidbar zu denken; er ist als Schöpfergott unabhängig von seinen Geschöpfen, während man Gottes Liebe nur denken kann als ein Sichabhängigmachen von seinen Geschöpfen. In der *Zeitdimension* liegt das Supplementproblem in der These der *geschichtlichen Einmaligkeit* der Offenbarung, also in der Unterscheidung von Zeit und Geschichte mit der Möglichkeit, privilegierte (und unwiederholbare) Zeitpunkte zu markieren – und dies, obwohl Gott zugleich omnipräsent und zu allen Zeiten gleichzeitig gedacht werden soll. In der *Sachdimension* schließlich wird das Problem in eine notwendige Liierung von *Einheit und Komplexität*, Gott und Welt, Religion und Kosmologie verlagert. Üblicherweise wird dies nicht als Strukturparadox (Einheit des Komplexen), sondern als Erklärungsparadox vorgeführt: Die Logik der Erklärung erfordert eine Komponente, die sich selbst erklärt. (Anders käme es zu einem infiniten Regreß.) Das Wunder der schön geordneten Welt kann nur durch einen ihr überlegenen, sich in sich selbst gründenden Schöpfer erklärt und in der Dauerhaftigkeit des Bestandes erkennbar werden – mit dem Folgeproblem, daß laufend andere Erklärungshypothesen auftauchen können, seit dem 19. Jahrhundert vor allem die Evolutionstheorie. Und nicht zuletzt läßt diese Lösung des Sachproblems der Ordnung es fraglich erscheinen, wie man dann noch Gott für Zwecke der Begegnung personalisiert denken kann.

Das Gesamtgerüst dieser religiösen Weltsetzung hat hohe Plausibilität – gerade weil sie die Sinndimensionen trennt und dann ineinander spiegelt. (Begegnung erfordert historische Einmaligkeit, Einmaligkeit erfordert eine Rahmenkosmologie.)[31] Unter

---

30 Hepburn a.a.O. S. 69ff. spricht hier von der Paradoxie einer »logischen Konstruktion Gottes« auf Grund verfügbarer Sinnesdaten.

31 Im hebräischen Kontext: Der auf dem Berg Sinai verkündete Text, die Torah, ist zugleich der schon vor der Schöpfung bestehende Schöpfungs-

den gesellschaftlich gegebenen Bedingungen einer Schriftkultur entsteht jedoch ein Konsistenzdruck, der im talmudischen Kontext durch Freigabe von *mündlicher* Interpretation und religiös legitimiertem *Dissens* aufgefangen wird, im christlichen Kontext dagegen zu ständigen Verhärtungen, dogmenpolitischen Konflikten und schließlich Glaubensspaltungen führt. Die durch ihre Supplemente verdeckte Ausgangsparadoxie kehrt, unwiedererkennbar, ins System zurück.

Eine dogmatische Festlegung von Prämissen des rechten religiösen Glaubens ermöglicht, ja erzwingt die Unterscheidung von Glaubenden und Nichtglaubenden. Die zugrundeliegende Paradoxie wandert in diese Unterscheidung ab. Man kann sich nun fragen, was »Dasselbe« ist in gläubigen und ungläubigen Einstellungen zur Religion. Das mag einen allgemeinen Begriff des Religiösen suggerieren und eine Kritik am religiösen Gehalt von Formfestlegungen ermutigen. Die christlichen Kirchen und Sekten haben auf diese Unterscheidung mit missionarischen Anstrengungen reagiert und, wenn deren Möglichkeiten erschöpft scheinen, mit Reflexion der »Kirchenkrise«. Es ist jedenfalls schwer, religiös verständlich zu machen, weshalb der rechte Glaube nicht angenommen wird. Das Problem kann eigentlich nur in eine noch unbestimmte Zukunft verschoben werden, in der der Herr sich zeigen wird. Im übrigen gefährdet diese Orthodoxielast der Paradoxieverschiebung ins Verhältnis von Glauben und Unglauben diejenigen Religionen, die diesen Weg nehmen. Denn sie bekommen immer deutlicher zu spüren, daß es heute keine nichtreligiösen Gründe mehr gibt, sich zu einer Religion zu bekennen.

Religion hat es nach all dem mit Sinnproblemen als Paradoxieentfaltungsproblemen zu tun. Wenn es zu einer funktionalen Ausdifferenzierung eines Religionssystems in der Gesellschaft kommt, ist dies das Bezugsproblem. Paradoxien lassen sich zwar in vielfältigster Weise erzeugen – als Scherzartikel der Rhetorik

plan und, im sozialen Kontext, das vom Volk Gottes angenommene (nicht: paradiesisch als unreflektierte Formennatur gegebene) Gesetz, das im übrigen (auch dies ein Paradox) gerade deshalb angenommen werden muß, weil das Paradies der natürlichen Unterscheidungen durch Sünde unzugänglich geworden ist und durch Reflexion, die Freiheit erzwingt, ersetzt werden mußte.

oder als Sprengsatz logischer Systeme, als symbolische Form des Ausdrucks von Unsagbarkeit, als Argument für Ebenendifferenzierungen, als Argument für oder gegen bestimmte Sorten von Metaphysik oder als Mystifikation der Entscheidung (und: des Entscheiders!). Und alle binären Codes lassen sich reparadoxieren, indem man nach ihrer Einheit fragt. Wir können also nicht erwarten, daß das gesamte auf Paradoxien beziehbare semantische Material sich religiös zuordnen oder gar systematisieren ließe. Das wäre, in veränderter Form, nur eine Neuauflage der These eines letztlich religiösen Fundaments der Gesellschaft. Die Formel »Sinnprobleme als Paradoxieentfaltungsprobleme« muß enger und genauer verstanden werden. Es geht, systemtheoretisch gefaßt, um eine Bedingung der Möglichkeit operativer Schließung von (psychischen bzw. sozialen) Systemen, die im Medium Sinn operieren und dabei auf selbst- und fremdreferentielles Beobachten angewiesen sind. *Operativ* geschlossene Systeme sind in ihrer *Beobachtungsweise* offene Systeme. Sie etablieren ihre Selbstreferenz zwangsläufig in Unterscheidung von anderem. Sinn ist das Medium, das Formenbildung dieses Typs, Formenbildung durch Unterscheidung ermöglicht. Wenn in bezug darauf Probleme auftreten, nehmen sie für die Beobachtungsweise des Systems die Formen an, die als Religion zur tradierbaren Semantik geronnen sind.

IV.

Religion ist nicht einfach die Lösung eines Problems, das die Logik angeht, aber von ihr nicht behandelt werden kann. Paradoxien existieren nicht vor aller beobachtenden Aktivität. Sie werden bei Gelegenheit erzeugt – und wieder aufgelöst. Das Medium Sinn bietet diese Möglichkeit. Es kann sie nicht annihilieren, da es selbst auf einer Unterscheidung beruht, nach deren Einheit gefragt werden kann. Religion ist der exemplarische Vollzug dieser Paradoxierung/Entparadoxierung, wenn immer sich dazu ein Anlaß bietet. Religion ist keineswegs zuständig für Sinn schlechthin. Das würde zu einer rigorosen Verarmung der Welt führen, würde den Universalitätsanspruch der Religion seiner spezifischen Grundlagen in beobachtbaren Formen berauben. Religion ist aber zuständig für das Konstitutionsproblem von Sinn, für eine jeweils fällige Umfundierung, wenn diese den Umweg über die Paradoxie nimmt.

Diese These soll jetzt an einem Beispiel illustriert werden, am im Evangelium des Johannes (8.1-11) berichteten Fall der Ehebrecherin. Man muß voraussetzen, daß das mosaische Gesetz, Ehebrecherinnen seien zu steinigen, an Glaubwürdigkeit verloren hat, aber, da religiös begründet, nicht geändert werden kann. Die Pharisäer und Schriftgelehrten konfrontieren Jesus mit diesem Problem. Jesus bückt sich und schreibt (ein neues Gesetz, das die anderen nicht lesen können?).[32] Dann erklärt er das neue Gesetz, das die anderen zum Weggehen veranlassen wird: »Wer unter Euch ohne Sünde ist, der werfe den ersten Stein auf sie.« Und auch dies wird in unsichtbarer Schrift geschrieben. Warum aber: unter Euch! und nicht: unter uns? Jesus selbst hätte, wollte er das neue Gesetz in Geltung setzen und es als Zusatz zum mosaischen Gesetz anerkannt sehen, den ersten Stein werfen müssen. Das neue Gesetz wird im mosaischen Kontext nicht als Modifikation, sondern durch Bruch des alten Gesetzes in Geltung gesetzt. Oder mit Hilfe einer Selbstexemption des Gesetzgebers, mit Hilfe einer konstitutiven Asymmetrie. Genau dies, dieser erste Riß, diese erste Unterscheidung kann aber nicht kommuniziert werden. Deshalb bleibt die Schrift unlesbar. Und die Paradoxie dieses Vorgangs wird nur dadurch erkennbar, daß eine zweite Schrift, die Heilige Schrift, ihn berichtet. Aber dann muß man schon glauben, daß der Bericht im gesamten Erzählkontext der Heiligen Schrift ein Zeugnis des Wirkens Gottes auf Erden ist.

Reformuliert in der Terminologie von Spencer Brown impliziert und verdeckt die erste Unterscheidung ein »unwritten cross«.[33] Denn jede Unterscheidung, die sich als Form mit zwei Seiten installiert, um auf der einen (aber nicht auf der anderen) Seite herausgreifende Bezeichnungen zu ermöglichen, schafft zugleich ein Jenseits, einen weiteren unmarked space, aus dem heraus die

---

32 Eine mundane Interpretation könnte meinen: er sucht Zeit zu gewinnen, ohne den Blicken der anderen ausgesetzt zu sein. Oder: er mystifiziert die Situation, um die Spannung zu erhöhen und sein Wort dann als Befreiung hineingeben zu können.

33 Siehe George Spencer Brown, Laws of Form, Neudruck New York 1979, S.7.

erste Unterscheidung – und sei es die Unterscheidung marked/ unmarked – eingeführt wird. Was wir jetzt sehen, ist: daß die erste Unterscheidung keineswegs eine weit zurückliegende Angelegenheit ist wie ein Zufall, der eine Evolution in Gang setzt und damit, weil durch Geschichte ersetzt, seine Bedeutung verliert. Sondern jeder Sinn kann Anlaß bieten, die Paradoxie aufzurufen und sie durch die eine oder andere Unterscheidung (hier: ohne Sünde/mit Sünde) zu ersetzen. Die Paradoxie wird invisibilisiert, indem sie Kriterien generiert. Und Sünde ist im christlichen Kontext der Zentralbegriff der Kosmologie, der auf die Erstunterscheidung von Verbot und Übertretung verweist.

V.

Wir haben jetzt einen Kommentar anzuschließen, der die Reichweite (oder in anderen Worten: die Systemreferenz) unserer Analysen der Funktion der Religion betrifft. Religion wird normalerweise, wenn überhaupt funktional interpretiert, auf tiefliegende menschliche Bedürfnisse zurückgeführt. Ich halte das für keinen ergiebigen Ausgangspunkt. Schon deshalb nicht, weil man solche Bedürfnisse kaum unabhängig von religiösen Angeboten wird feststellen können; aber auch deshalb nicht, weil die »dem Menschen« zugeschriebenen Bedürfnisse von Mensch zu Mensch variieren und bei vielen, wenn nicht den meisten Menschen überhaupt nicht vorliegen. Man pflegt dann zu sagen, wenn Menschen in Not kommen, werden sie sich an die Religion wenden. Aber selbst das ist keineswegs durchgehend der Fall und im übrigen ein allzu kümmerliches Argument, wenn es darum geht, die Funktion der Religion zu bestimmen.

Wenn man Individuen empirisch ernst nimmt, kommt man mit anthropologischen Generalisierungen in Not. Nicht umsonst hatte Kant sich vor der Notwendigkeit gesehen, zwischen empirischen und transzendentalen Argumenten zu unterscheiden. Wir verzichten deshalb auf jedes anthropologische Argument als Antwort auf die Frage nach der Funktion der Religion. Das heißt selbstverständlich nicht, das faktische Vorkommen tief religiöser Bindungen, Erfahrungen, Motivationen zu bestreiten; aber wenn dies als Tatsache behauptet werden soll, müßte angegeben werden, um wen (Name, Adresse!) es sich handelt. Dann würde es sich aber kaum lohnen, die Religionsforschung auf solche exempla zu konzentrieren – es sei denn, man sehe in ihnen eine soziale, sich über Kommunikation vermittelnde Relevanz.

Wir legen deshalb auch der Funktionsbestimmung die Systemreferenz Gesellschaft zugrunde. Was immer Religion für das Bewußtsein oder den Körper Einzelner bedeuten mag: für die Gesellschaft zählt nur, was im rekursiven Netzwerk der Reproduktion von Kommunikation durch Kommunikation geschieht. Vom Sachverhalt her, den wir ins Auge fassen, geht es also immer um religiöse Kommunikation. Gerade hier stellt sich das skizzierte Sinnproblem mit besonderer Schärfe. Organische Systeme leben, Bewußtseinssysteme können sich weitestgehend an die Wahrnehmungen halten, die sie verarbeiten können. Das gibt ihnen eine unmittelbare Weltevidenz – jedenfalls als Rahmen für die Auflösung von Zweifeln. Auch kann das Bewußtsein außerordentlich sprunghaft operieren, mal hier, mal dort andocken. Bewußtsein hat hohe Inkonsistenztoleranz, weil es schließlich am wahrnehmbaren eigenen Körper und an dessen Externalisierungsleistungen hinreichende Garantien hat für die eigene Identität. Das alles ist im Falle von Kommunikation anders. Kommunikation kann nicht wahrnehmen und ist allein deshalb schon auf hohe Schlüssigkeit der Sinnzusammenhänge angewiesen. Außerdem muß, wenn die Kommunikation Fortgang finden soll, mehr als ein Bewußtsein beteiligt bleiben. Das kann durch Konsens oder durch interessierten Dissens vermittelt werden, setzt aber jedenfalls dafür ausreichendes Verstehen voraus; und Verstehen ist nur »lokal«, nur durch starke Einschränkungen des jeweils relevanten Kontextes zu gewinnen. Der Fortgang von Kommunikation zu Kommunikation muß deshalb plausibel bleiben – oder mit markierten Änderungen der Themen oder Partner überbrückt werden. Daher ist die Inkonsistenztoleranz eines Kommunikationssystems viel geringer als die eines individuellen Bewußtseinssystems. Und das gilt nochmals verstärkt, wenn es um schriftliche Kommunikation geht. Ein geradezu dramatischer Beleg dafür sind die Schwierigkeiten, die Extravaganzen der schriftlichen Theologie des Mittelalters kirchenpolitisch (das heißt: mit Mitteln des Rechts, der Repräsentation, der Organisation) unter Kontrolle zu halten – mit der bekannten Konsequenz des Schismas, der Lösung über die Differenzierung von Konfessionen und Kirchensystemen.

Und um so mehr werden Probleme der Schließung relevant – sei es der Schließung eines Kommunikationssystems in der Gesellschaft durch *für es* determinierbare Sinneinschränkungen; sei es durch Codierung (etwa im Falle der Moral), sei es durch Etablierung von Indifferenz durch »Versicherungen« aller Art. Hierfür stehen sowohl sozialstrukturelle als auch semantische Mittel zur Verfügung. Die Gesellschaft bedient sich sowohl der Systemdifferenzierung, also der Wiederholung der System/Umwelt-Differenzierung in der Gesellschaft, als auch der Kondensierung und Konfirmierung von wiederverwendbarem (bewahrenswertem) Sinn. Aber jede dieser Lösungen, sei sie sozialstrukturell oder semantisch, produziert neue Formen, neue Einschränkungen, neue Grenzen, neue Ausblicke auf die andere Seite der Form. Immer ist das jeweils Ausgeschlossene appräsentiert, das Unbenutzbare, operativ nicht Anschlußfähige mitkommuniziert; und man kann nie sicher sein, ob die Kommunikation nicht irgendwann/irgendwie Grenzen überschreitet.

Dafür Formen der dann noch möglichen Kommunikation bereitzustellen, ist auf der Ebene der Gesellschaft Sache der Religion.[34] Das kann, wie die Religionssoziologie seit langem weiß, »religioid« oder »religiös« geschehen.[35] Man kann aber auch für speziell diese Funktion die allgemeinen Mittel der Sicherung von Anschlußfähigkeit: Subsystembildung und semantische Kondensierung/Konfirmierung, erneut anwenden, und jetzt gleichsam mit religiösem Vorzeichen. Dadurch ändert sich nichts daran, daß es auch hier ausschließlich um Kommunikation geht. In der Gesellschaft steht keine andere Operationsweise zur Verfügung. Und daher bleibt auch das Bezugsproblem der religionsspezifischen Kommunikation ein Problem der Gesellschaft.

34 Auf der Ebene von Organisationen hätte man auch andere Möglichkeiten, vor allem solche der Hierarchie und solche der Exklusion – meisterhaft gehandhabt durch die katholische Kirchenorganisation, die aber eben deshalb absehbare Schwierigkeiten hat, zu behaupten, dies sei noch Religion.

35 Siehe Georg Simmel, Die Religion, Frankfurt 1906; Thomas Luckmann, The Invisible Religion, London 1967.

Im Unterschied zu älteren Varianten von »Systemfunktionalismus« ist damit ausgemacht, daß die Funktion eines Funktionssystems nicht im Funktionssystem selber liegt, sondern im umfassenden Sozialsystem der Gesellschaft. Selbsterhaltung, Bestandserhaltung, boundary maintenance (und wie sonst diese Formeln hießen) sind keine Bezugspunkte für Funktionen, sondern Existenzprädikate. Ein System, dies hat der Begriff der Autopoiesis geklärt, operiert nur, wenn es seine Operationen fortsetzen kann; und wenn nicht, dann ist auch keine Trägerstruktur für Funktionen vorhanden. Im übrigen könnte man mit einem Begriff wie »Bestandserhaltung« die einzelnen Funktionssysteme nicht unterscheiden. Er träfe auf alle zu, und die Annahme einer funktionalen Differenzierung gäbe keinen Sinn. Man muß also davon ausgehen, daß die Fortsetzung der gesellschaftlichen Autopoiesis, die Reproduktion von Kommunikation durch Kommunikation, auf jeweils geschichtsabhängigen Evolutionsniveaus verschiedene Probleme aufwirft, so daß sich eine Mehrzahl von Anreizen für funktionale Ausdifferenzierungen ergeben. Das heißt dann auch, daß die jeweilige Funktion zugleich dasjenige Schema ist, über das sich (wenn es zu funktionaler Differenzierung kommt) das Teilsystem auf das Gesamtsystem bezieht und seine Mitwirkung an Gesellschaft realisiert.

Mit der Systemreferenz Gesellschaft und mit der dadurch gegebenen Unterscheidbarkeit ist ferner gesagt, daß Religion unter modernen Bedingungen dem Doppelkriterium der Universalität und der Spezifizität zu genügen hat. Universalität – das heißt, daß religiöse Probleme in jeder Kommunikation auftreten können, auch aus Anlaß von spezifisch organisatorischen Operationen oder solchen, die dem Funktionssystem der Wirtschaft, der Wissenschaft, des Rechts, der Politik usw. zugeordnet sind; so wie umgekehrt Religion natürlich Geld kostet, sich ans Recht halten muß, politisch unangenehm werden kann usw. Die operative Schließung funktionssystemspezifischer oder organisationsspezifischer Art schließt nicht aus, daß jedes System eine gesamtgesellschaftliche Universalkompetenz für die eigene Funktion wahrnimmt. Eben deshalb müssen die entsprechenden Operationen spezifisch genug erkennbar und zurechenbar sein, damit es nicht schlechthin Zufall wird, was wo geschieht und wie Systeme sich wechselseitig belasten (= integriert werden).

Schließlich muß klargestellt werden, daß mit der Einschränkung der funktionalen Analyse auf die Systemreferenz Gesellschaft keineswegs geleugnet wird, daß sich körperlich oder psychisch erzeugte Zustände auf die religiöse Kommunikation auswirken. Das gilt mit einer langen Tradition für Zustände, die als »Besessenheit« interpretiert werden und auf Einwirken höherer Mächte zurückgeführt werden können. Es gilt aber auch, wenn diese (orale) Kultur durch Schrift verdrängt wird[36] und dann die Möglichkeiten schriftlicher Kommunikation (und das heißt: einer Kommunikation durch Abwesende für Abwesende) benutzt werden, um Kommunikation durch überzeugende Sprachformeln oder durch religiös gemeinte Innovationen zu irritieren. Es gibt, anders gesagt, strukturelle Kopplungen zwischen Bewußtsein und Kommunikation, die wechselseitige Irritationen kanalisieren und dann, in der Zirkularität der Wechselwirkung, Trends der Abweichungsverstärkung in der gesellschaftlichen Kommunikation auslösen können, ohne daß an irgendeinem Punkte Bewußtseinspartikel als solche im Kommunikationssystem verwendet werden.

Wir greifen mit diesen Überlegungen jedoch auf spätere Analysen vor. Im Augenblick gilt es nur festzuhalten, daß gerade die Einschränkung des Bezugsproblems der funktionalen Analyse auf gesellschaftliche Kommunikation den Vorteil hat, verständlich zu machen, wie Religion auf Körperzustände und bewußte Erlebnisse von Individuen reagieren kann, obwohl, ja gerade weil, sie ausschließlich durch eigene Strukturen und Operationen determiniert ist und andere »Materialien« überhaupt nicht verwenden kann.

VI.

Das Thema Funktion der Religion erfordert schließlich eine Stellungnahme zu der These, die Religion habe in der modernen Gesellschaft einen »Funktionsverlust« erlitten. Mehr im Detail: die Religion habe sich aus vielen Bereichen zurückgezogen, in

36 Siehe dazu Heinz Schlaffer, Poesie und Wissen: Die Entstehung des ästhetischen Bewußtseins und der philologischen Erkenntnis, Frankfurt 1990, S. 11-88.

denen sie früher eine Funktion erfüllt habe, etwa: Letztabsicherung der Geltung von Normen, Begründung politischer Autorität, Deckung von kriegerischer Gewaltsamkeit, Eroberungszügen, Missionierungen. Auch in der Wissensbegründung wirke die Religion nicht mehr mit. Wenn sie etwas erkläre, dann erkläre sie etwas, was schon erklärt worden ist oder nicht erklärt werden kann. Diese These des Funktionsverlustes wird heute zwar nur noch selten vertreten.[37] Das hängt mit einer verbreiteten Kritik am Begriff der Säkularisation zusammen.[38] Dabei ist jedoch offen geblieben, weshalb sie angesichts vieler sie stützender historischer Belege nicht stimmt.

Die These vom Funktionsverlust unterstellt wie selbstverständlich, daß die Religion mehrere Funktionen erfüllt, von denen einige aufgegeben worden sind. Gäbe es nur eine Funktion der Religion (wie wir oben angenommen haben), könnte man nicht von Funktionsverlust sprechen – es sei denn in der Annahme, Religion sei heute nur noch ein funktionsloses evolutionäres »survival«. Was gemeint ist, muß deshalb begrifflich deutlicher formuliert werden, und dabei zeigt sich dann, daß die These zur Übereinstimmung gebracht werden kann mit der Beschreibung der modernen Gesellschaft als funktional differenziertes System.

Funktionale Differenzierung beruht auf funktionaler Spezialisierung. Sie schafft für spezifische Funktionen *bessere Chancen* unter der Bedingung systemischer Abgrenzbarkeit. Danach wäre zu erwarten, daß jede Funktion *gewinnt*, wenn sie sich *beschränkt* und darauf verzichtet, in möglichst vielen anderen Funktionsbereichen mitzumischen. (So ist die Ausdifferenzierung eines auf geldvermittelte Transaktionen bezogenen Systems der Wirtschaft darauf angewiesen, daß man nicht alles für Geld kaufen kann, zum Beispiel nicht Seelenheil; denn das würde die Kapitalbildung zu stark immobilisieren.)[39] Eine solche histori-

---

37 Siehe aber Bryan Wilson, Secularization: The Inherited Model, in: Phillip E. Hammond (Hrsg.), The Sacred in a Secular Age: Toward Revision in the Scientific Study of Religion, Berkeley Cal. 1985, S. 9-20 (14f.).

38 Siehe dazu Kap. 8.

39 Daß dies in einer primär agrarisch produzierenden Wirtschaft, in der es um Land und nicht um liquides Kapital ging, anders gewesen war, ist leicht einzusehen. Und selbst damals gab die Verwaltung der Kirchenka-

sche Darstellung darf freilich nicht unterstellen, daß es eine konstante Begrifflichkeit gibt, auf deren Folie die Veränderungen eingetragen werden könnten: mehr von dem, weniger von etwas anderem. Vielmehr ändert der strukturelle Umbau der Gesellschaft in Richtung funktionale Differenzierung auch die Semantik, mit der die Gesellschaft Funktionen und anderes beschreibt. Also vermutlich auch den Sinn von »Religion«. Das erschwert zeitdistante Vergleiche und zwingt sie zu einem Rückzug auf die abstrakte Terminologie einer Beobachtung zweiter Ordnung. Die These vom »Funktionsverlust« der Religion erscheint dann nicht mehr als wahr oder unwahr, sondern als zu ungenau.

Wir müssen mit der Möglichkeit rechnen, daß unter der Bedingung eines Rückzugs aus vielen anderen Funktionsbereichen, eines Verzichts auf »social control« und Legitimierung politischer Macht, die Chancen für Religion steigen. Das muß keineswegs im Sinne der Selbstbeschreibung von Hochreligionen definiert werden, etwa im Sinne einer devotio moderna, einer durchgehenden religiösen Bestimmtheit der Lebenspraxis, einer kommunikationsbereiten Verinnerlichung von Glauben und Glaubenszweifeln. Überhaupt muß Steigerung von Chancen der Religion nicht verstärkte Inklusion von Individuen in eine durch Religion bestimmte Lebensführung bedeuten. Viel wahrscheinlicher ist, daß die Differenz von Inklusion und Exklusion zunimmt und daß *beide* Seiten dieser Unterscheidung, die religiöse und die religiös indifferente Lebensführung, *mit Kommunikationsfähigkeit ausgestattet und sozial akzeptiert werden.*

Das könnte auch erklären, daß das Erscheinungsbild religiöser Phänomene in den letzten Jahrzehnten vielfältiger, ja bunter geworden ist. Sektenförmige Neubildungen der verschiedensten Art, aber auch Intensivierung von Hochreligionen, etwa des Islam, breites Interesse von Intellektuellen an Esoterik und Spiritualität, internationale Diffusion von ehemals regional begrenzten Religionsformen, etwa des Zen-Buddhismus oder der Meditationstechnik, Schamanen-Kongreß in Europa, religiöse Gesänge am Strand des verfallenen Coney Island; und in vielen dieser Formen eine stärkere Einbeziehung des Körpers, der

pitalien durch florentiner Banken beträchtliche Probleme auf, die nicht auf »fromme« Weise gelöst werden konnten.

Gestik, der besinnungslosen Monotonie, des Wegsuggerierens von Bewußtseinsschranken – so als ob es gälte, auf dieser Ebene Einseitigkeiten der modernen Kulturentwicklung zu korrigieren.

Keinesfalls kann man Intensivierung von Religion unter diesen Bedingungen als Steigerung der Durchsetzungsfähigkeit eines bestimmten Programms auffassen. Die Fakten sprechen eindeutig dagegen. Offenbar entfällt mit dem Rückzug aus anderen Funktionsbereichen auch die Disziplinierung, die von dort ausging. Mehr Gestaltungsfreiheiten werden möglich. Das führt dazu, daß dogmatisch vorgeprägte Erkennungsverfahren, etwa Gottesglauben als Kriterium, nicht mehr ausreichen und daß die klassisch-soziologische Unterscheidung zwischen sakral und religiös (Durkheim, auch Simmel) sich auflöst. Um so wichtiger dürfte es sein, an Erkennungskriterien wie Code und Funktion festzuhalten und gegebenenfalls diese Begriffe auf das Problem der Selbstbeobachtung von Religion als Religion und der Grenzziehung des Religionssystems zuzuschneiden. Denn anderenfalls könnte jede anders nicht zu erklärende Seltsamkeit als Religion figurieren.

Kapitel 4

Kontingenzformel Gott

I.

Unser Ausgangsproblem bei der Behandlung der Funktion von Religion war gewesen: wie man sich im Medium Sinn zurecht-findet. Und noch schärfer: wie Kommunikation überhaupt mit einigen Erfolgsaussichten (sei es auf Konsens, sei es auf Dissens) möglich ist, wenn alles, was im Medium Sinn bestimmt wird, endlose Verweisungsüberschüsse appräsentiert. Kein anderes Medium steht zur Verfügung. Man braucht also Sinn, um Sinn aus-schließen und Sinn anschließen zu können. Das verdirbt, wird man sagen, den Begriff »Sinn«, aber es bezeichnet, kann man ant-worten, sehr genau das Problem, auf das Kontingenzformeln an-gesetzt werden.

Das Paradox: Anschluß ist Ausschluß und kann nur so vollzogen werden, läßt sich in vielerlei Gestalten überführen. Wir hatten auch gefragt, wie es möglich sei, Unbestimmbarkeit in Bestimm-barkeit, also unendliche Informationslasten in endliche Informa-tionslasten zu überführen. Diese (bereits funktionale) Problem-stellung läßt sich zuspitzen, indem man das »wie« für ein »wer oder was« ausgibt. Wir wollen diese Zuspitzung, die eine engere Fassung des Problems für seine Lösung hält, eine *Kontingenzfor-mel* nennen.

In funktionaler Perspektive und bei externer Beschreibung kann man die Einheit einer solchen Formel wiederauflösen. Wir hat-ten dafür bereits die paradoxe Formulierung gewählt: das Pro-blem trete als seine Lösung auf, das Differente sei Dasselbe. Das bringt die Unterscheidung, mit der wir den Funktionsbegriff definiert hatten, zum Verschwinden. Im Innenbereich des Sy-stems, das durch Codierung auf Kontingenz und Reflexivität umgestellt ist, ersetzt die Kontingenzformel den Funktionsbe-zug. Daran finden dann auch die Selbstbeschreibungen des Systems einen Anhaltspunkt. Obwohl das System eine *Differenz* und, als Operation gesehen, die *Reproduktion dieser Differenz* ist, kann es für sich selbst als *Einheit* zugänglich werden. Es kann ein Verhältnis zu seiner eigenen Hypostasierung herstellen – allerdings nur in der Weise, daß die Paradoxien des re-entry und der Codierung durch eine Identität ersetzt werden, an die man sich im weiteren dann hält. Ein externer Beobachter kann sehen, wie das geht und daß es nicht anders geht. Er kann, weil ohne Verantwortung für das Operieren des Systems, auch noch nach der Funktion solcher Kontingenzformeln fragen. Er kann sich damit eine Vergleichsperspektive erschließen, die in den verglichenen Systemen nicht verwendbar wäre. Er kann die größeren Freiheiten eines Beobachters zweiter Ordnung nutzen, allerdings sachgemäß nur, wenn er die Perspektivendifferenz in Rechnung stellt und berücksichtigt, daß die systemeigenen Beobachtungen der systemeigenen Kontingenzformel ausgeliefert sind wie einem blinden Fleck, ohne den Beobachtungen und Selbstbeobachtungen im (beobachteten) System nicht möglich wären. Würde der Beobachter zweiter Ordnung hier einen korrigierbaren Irrtum, einen Bewußtseinsdefekt, eine Ideologie vermuten, würde er selbst einen Fehler begehen. Er würde selbst eine Unterscheidung (etwa Wahrheit/Ideologie) verwenden, die ihm einen sachangemessenen Zugang zum Objekt verstellte.

Kontingenzformeln finden sich in allen Funktionssystemen, deren Codes sie für Kontingenz, Reflexivität und paradoxe/tautologische Selbstbeobachtungsmöglichkeiten öffnen. Sie unterscheiden sich je nachdem, welchen Operationstypus man mit Anschlußfähigkeit versorgen muß. So benutzt man im Wirtschaftssystem die Kontingenzformel »Knappheit«, die sicherstellt, daß die Wirtschaft mit einer operationsunabhängigen Summenkonstanz rechnen kann, obwohl dies weder für Güter, noch für Arbeit, noch für Geld zutrifft.[1] Die Künstlichkeit des Prinzips zeigt sich an der Schwierigkeit, eine effektive Geldmengenkontrolle durchzuführen; seine Unentbehrlichkeit zeigt sich an der Regel, daß niemand sein Geld mehr als einmal ausgeben kann. Im politischen System[2] findet man eine Entsprechung im Prinzip des

1 Vgl. Niklas Luhmann, Die Wirtschaft der Gesellschaft, Frankfurt 1988, insb. S. 177ff.
2 Für einen frühen Vergleich von Politik und Religion unter einem ähnlichen Gesichtspunkt siehe Hans Kelsen, Gott und Staat, in: Logos 11 (1923), S. 261-284, und dazu als »Widerlegung« Wenzel Pohl, Kelsens Parallele: Gott und

»Gemeinwohls«; oder jedenfalls galt das für die mittelalterliche und frühmoderne Tradition, die davon ausging, daß man öffentliche Interessen und private Interessen ihrer Natur nach unterscheiden könne. Seitdem dies immer weniger der Fall ist, läßt sich als politische Kontingenzformel nur noch »Legitimität« angeben im Sinne einer Bezugnahme auf durchgehend akzeptierte Werte, die aber offen lassen, wie Wertkonflikte entschieden werden.[3] Es geht mithin (aber das zu sagen, würde die Sinnformel Legitimität als Paradoxie entlarven) um legitimierten Opportunismus. Im Erziehungssystem muß die Kontingenzformel Lernziele vorgeben – sei es in der Form eines an Inhalte gebundenen Bildungskanons, sei es in der Form des Lernens von Lernfähigkeit;[4] und dabei muß ausgeschlossen werden oder ungenannt bleiben, daß man in der Schule auch anderes lernt, zum Beispiel Gewöhnung an Stumpfsinn oder: daß es im Leben mehr auf Täuschung als auf Fleiß ankommt. Operationen der Wissenschaft sind darauf angewiesen, daß der Wahrheitscode limitativ funktioniert, das heißt: daß die Widerlegung einer Wissensvermutung die Wahrheitschancen verdichtet; obwohl auch hier die konträre Erfahrung reichlich zur Verfügung steht, daß die Vermehrung von Wissen auf eine überproportionale Vermehrung von Nichtwissen hinausläuft.[5] Im Rechtssystem wird Entsprechendes durch die Kontingenzformel »Gerechtigkeit« geleistet, die konsistentes Fallentscheiden vorschreibt mit der Doppelweisung, gleiche Fälle gleich und ungleiche Fälle ungleich zu behandeln, die also das Beobachtungsschema gleich/ungleich vorgibt, womit es erst sinnvoll wird, im Rechtssystem nach Vergleichsgesichtspunkten zu suchen, aber offen gelassen wird, wie sie gefunden werden können.[6]

Diese Beispiele machen deutlich (und deutlicher, als eine Begriffsdefinition es könnte), was eine Kontingenzformel leistet

Staat: Kritische Bemerkungen eines Theologen, in: Zeitschrift für öffentliches Recht 4 (1925), S. 571-609.

3 Siehe Helmut Willke, Ironie des Staates: Grundlinien einer Staatstheorie polyzentrischer Gesellschaft, Frankfurt 1992, S. 35 ff.

4 Siehe Niklas Luhmann/Karl Eberhard Schorr, Reflexionsprobleme im Erziehungssystem, 2. Aufl. Frankfurt 1983, S. 58 ff.

5 Vgl. Niklas Luhmann, Die Wissenschaft der Gesellschaft, Frankfurt 1990, S. 392 ff.

6 Vgl. Niklas Luhmann, Das Recht der Gesellschaft, Frankfurt 1993, S. 214 ff.

und wie sie funktioniert. Sie zielt darauf ab, andere Möglichkeiten, die auch gegeben sind, zu unterdrücken. Die andere Seite dieser Form mag als mitlaufendes Wissen reproduziert werden, kann aber nicht mehr in Anspruch nehmen, den Sinn des Systems zu fixieren. Die offizielle Kommunikation orientiert sich an den Vorgaben der Kontingenzformeln und operiert damit auf der sicheren Seite vorgesehener Akzeptanz. Seit dem 19. Jahrhundert benutzt man dafür den Wertbegriff, der die Konsensfähigkeit von Präferenzen signalisiert. Aber man weiß auch, daß das professionelle Wissen damit allein nicht auskommt, sondern daß sich gelegentlich eine Vervollständigung aufdrängt durch Grenzüberschreitung, durch Blick auf die andere Seite. Im Normalfall dürfte gelten, daß dies wenig Erfolg verspricht, da man im System nur im Rahmen der Kontingenzformel operieren kann. Die Kommunikation selbst begünstigt die Annahmen, auf die man sich einlassen muß, wenn man zu etwas kommen will. Aber keine dieser Antworten erhebt auch nur den Anspruch, das Fragen stillzustellen. Mit Wertbegriffen wird nur das Wünschenswerte außer Frage gestellt – weniger Knappheit, mehr Gerechtigkeit usw. Aber schon diese Formulierungen eröffnen Horizonte, die sie nicht mehr einbeziehen können.

II.

Die Weltreligionen haben, könnte man sagen, mit Kontingenzformeln für die Religion experimentiert und sind nicht zu einem einhelligen Ergebnis gelangt. Den erfolgreichsten Versuchen, dem Buddhismus und den monotheistischen Religionen, scheint ein gemeinsames Element, nämlich eine Erlösungsperspektive zugrunde zu liegen. Sie stellen damit Zugang zur Transzendenz in Aussicht als Korrektiv für das Leiden an Unterscheidungen. Sie stellen in Aussicht, daß jede Unterscheidung in ein Jenseits aller Unterscheidungen aufgehoben werden kann. Das ist die Form, in der die Unterscheidung von Immanenz und Transzendenz präsentiert wird. Die dann notwendigen Programme erscheinen als Konditionierung der Erlösung. Das wiederum erfordert den Einbau einer Zeitperspektive in die Religion. Mit der Temporalisierung des Problems verbindet sich eine Entwertung der Welt, wie sie hier und jetzt gegeben ist, des »hic mundus«, und damit die Ausnutzbarkeit von Plausibilitätschancen, die in der sozialstrukturellen (situativen, rollenmäßigen, institutionellen) Ausdifferenzierung der religiös bestimmten Kommunikation ohnehin gegeben sind.

So viel kann als gemeinsamer Ausgangspunkt unterstellt werden; und das ist schon viel. Es reicht aus, um der Frage nach der Funktion einer Kontingenzformel »Gott« Profil zu geben. Wir beschränken die Analyse im folgenden auf diese Kontingenzformel, obwohl (und weil) es wahrscheinlich leichter fällt, von konstruktivistischen Ausgangspositionen her Zugang zum Buddhismus zu finden.[7] Auch polytheistische Religionen sollen an dieser Stelle außer acht bleiben. Sie verleiten zu sehr dazu, Götter durch ihre Differenz zu anderen Göttern zu bestimmen und weitergehende Fragen auszuschließen. Auch war ihre Spezifik zu sehr auf Leistungen für bestimmte Gesellschaftsformationen bezogen (zum Beispiel: Anhaltspunkte zu geben für Differenzierungen – sei es von Adelsgenealogien, sei es von Rollen und Kompetenzen, die noch nicht zu besonderen Funktionssystemen ausdifferenziert waren).

Für Religionen, die sich mit Bezug auf Gott formulieren, ist zunächst bezeichnend, daß sie auch andere heilige Gestalten kennen, die den religiösen Kosmos bevölkern und den Hochgott selbst von Bestimmtheitszumutungen entlasten: Nebengötter, Hilfsgötter, Engel, Geister, Heilige, spirituell weiterlebende Vorfahren usw. Sie dienen zugleich als Vermittler und Interventionsinstanzen, wenn man sich nicht traut oder keine Möglichkeit sieht, Gott direkt zu kontaktieren. (Daß dies die sozialen Strukturen einer Adelsgesellschaft mit Königsherrschaft widerspiegelt, liegt auf der Hand.) Die Sonderstellung des Hochgottes ist dann dadurch ausgezeichnet, daß er allein die Vollmerkmale der Transzendenz realisiert, insbesondere das Merkmal der Grenzenlosigkeit, des Überallseins, also der Allgegenwärtigkeit auch im Bereich der Immanenz, also der Einheit der Differenz von Transzendenz und Immanenz. Nur der Hochgott dient als Abschlußformel des religiösen Kosmos; aber gerade deshalb ist es

7 Vgl. Francisco J. Varela/Evan Thompson, Der Mittlere Weg der Erkenntnis: Die Beziehung von Ich und Welt in der Kognitionswissenschaft, Bern 1992.

schwierig, sich ihm gegenüber zu verhalten. Das Problem der Kontingenzformel wird daher in einen Bedarf für Supplemente, für Hilfseinrichtungen und schließlich für professionelle Assistenz übersetzt. Supplemente aber sind immer, das kennen wir aus Derridas Analysen, Momente des Wesens, das ihrer bedarf, also Hinweise auf eine verdeckte Paradoxie.

Kontingenz läßt sich am besten an personalem Verhalten abgreifen, weil mit dem Personbezug unterstellt wird, daß die Person sich auch anders verhalten könnte. Das führt aber vor die Schwierigkeit, die höchste Transzendenz als Person zu denken, die andere Verhaltensmöglichkeiten hätte – und sie ausschließt. Mehr als alle anderen Religionen fallen deshalb streng monotheistische Religionen durch die Kühnheit der Fixierung ihrer Kontingenzformel auf. Und daher auch durch ihre Ansprüche an individuellen religiösen Glauben. Und daher auch durch die Belastung ihres dogmatischen Apparats mit Plausibilitätsbeschaffungslasten, durch die Schärfe der Unterscheidung zwischen Glaubenden und Nichtglaubenden und schließlich: durch das Angewiesensein auf Organisation. All dies wird verankert in, und geht aus von, einer Überführung der Gesamttranszendenz (es gibt keine Transzendenz jenseits der Transzendenz) in eine Existenzaussage. Die Transzendenz existiert als Person, sie *ist* der *eine* Gott. Und wer das nicht glaubt, wird ausgeschlossen. Die »andere Seite« dieser *semantischen* Kühnheit ist mithin ihr *sozialstrukturelles* Korrelat: die Möglichkeit der »Exkommunikation« mit mehr oder weniger gravierenden sozialen Konsequenzen.

Solange Götter als Hausgötter in der Form des Ahnenkults verehrt wurden, wird es nicht schwierig gewesen sein, sie als (unsichtbare) Personen und damit als Beobachter der Lebenden aufzufassen. Wenn jedoch dieser Bezug zu den ehemals Lebenden abreißt, bedarf es besonderer Motive, um diese Vorstellung des Beobachtetwerdens durch (unsichtbare) Personen fortzuführen und sie schließlich sogar auf einen Weltgott zu übertragen. Die Personalisierung von Gottesvorstellungen muß ein schwieriger, geradezu kontraintuitiver Vorgang gewesen sein, besonders wenn zugleich damit die Vorstellung einer transzendenten Potenz erhalten und ausgebaut werden sollte.[8] Das Risiko dieser

8 Siehe dazu Burkhard Gladigow, Der Sinn der Götter: Zum kognitiven

Semantik, ihre Selbstgefährdung dürfte vor allem darin liegen, daß sie dazu zwingt, die guten und schlimmen Wirkungen, die anziehenden und erschreckenden Wesensmerkmale des Heiligen als *Absicht* einer Person zu denken. Die Griechen hatten sich mit Negationen wie »unsterblich« und »alterslos« geholfen und in diesem Rahmen ihren Göttern Entscheidungsfreiheiten, Präferenzen und Konfliktbereitschaften unterstellt. Damit blieb die Personalität an eine Mehrheit von Göttern gebunden, die sich in ihrer Handlungssphäre gleichsam wechselseitig personalisierten. Aber darin lag dann, für höhere Ansprüche an Religion, zu viel Kontingenz. Daß schließlich ein einziger, transzendenter, allzuständiger Gott als Person, wenngleich als Person ohne Namen, gedacht werden konnte, muß einem nicht ohne weiteres erkennbaren Bedarf entsprochen haben. Wir vermuten einen solchen Bedarf in einer sozialstrukturellen Entwicklung, die zugleich soziale Differenzierungen und Individualisierungen ausgelöst hatte und deshalb Einheit nur noch über das Konzept eines Beobachters begreifen konnte. Denn Personalität ist nichts anderes als eine Chiffre für Beobachten und Beobachtetwerden.

Warum aber muß Gott mit der Qualität eines Beobachters ausgestattet sein, warum kann er nicht einfach nur existieren? Die beste Antwort auf diese Frage ergibt sich aus der Überlegung, daß eine Aufzählung aller Dinge, die es gibt (P_1, P_2, ... P_n), nie zu einem Begriff Gottes führen würde, sondern immer nur zur Annahme weiterer Dinge. Und dies auch dann, wenn man mit Deleuze annimmt, daß jede Aufzählung zwei Serien erzeugt, eine vorwärtslaufende und eine rückwärtslaufende, deren Einheit nur als Paradox begriffen werden kann.[9] Gott muß also auf einer anderen Ebene, in einer anderen Qualifikationslage existieren, und der Begriff des Beobachters gibt zumindest eine der möglichen Deutungen dieser Position, zumal er nicht ausschließt, ja geradezu fordert, daß Prädikate wie Existenz, Ding (im Sinne von res) auch auf einen Beobachter zutreffen.

Potential der persönlichen Gottesvorstellung, in: Peter Eicher (Hrsg.), Gottesvorstellung und Gesellschaftsentwicklung, München 1979, S.41-62.
9 So Gilles Deleuze, Logique du sens, Paris 1969.

Wenn der Beobachter nicht nur als Form des unterscheidenden Bezeichnens (und im Falle Gottes: von allem und von jedem in seiner Individualität), sondern zusätzlich noch als Person begriffen wird, ist auch plausibel zu machen, daß der Beobachter Bedingungen des Gefallens/Mißfallens setzt, die im Kontext der Gesellschaft zu einer alle anderen Unterscheidungen übergreifenden Differenz von Inklusion und Exklusion führen. Normen sind immer mitbedingt durch das, was sie ausschließen, und in dem Maße, als sie allgemeiner formuliert werden, sind sie schließlich nur noch an ihrem Ausschließungseffekt zu erkennen. Keine »Begründung« kann daran etwas ändern. In der Form, die Gottesreligionen für ihre *Ausdifferenzierung* wählen, hängen sie deshalb, soziologisch gesehen, von *sozialstrukturellen Bedingungen* ab, die der Exklusion Gewicht verleihen und, im Mittelalter zum Beispiel, selbst Kaiser auf die Knie zwingen konnten. Bedingungen für Inklusion/Exklusion unterliegen aber einem tiefgreifenden sozialen Wandel[10] und können deshalb die Einbettung der Ausbettung einer solchen Religion gefährden, ohne daß dies auf der Ebene der Semantik, etwa durch Austausch der Gottesattribute oder durch Verzicht auf die (heute etwas anachronistisch wirkende) »Vater«-Symbolik abgefangen werden könnte. Die Frage ist daher, ob sich Gottesreligionen heute auf den Zufall individueller Glaubensentscheidungen bzw. auf die Persistenz eines unwiderlegbaren Irrtums verlassen müssen oder ob in ihrer Semantik selbst tieferliegende Motive und soziale Affinitäten liegen, die mit der Funktion der Religion in gleicher Richtung wirken. Will man dieser Frage in soziologischer (also religionsexterner) Beobachtungseinstellung nachgehen, bietet es sich an, genauer zu untersuchen, wie eigentlich die Kontingenzformel Gott funktioniert (und »funktioniert« selbstverständlich nicht im Sinne einer Trivialmaschine, sondern im Sinne einer Lösung des Bezugsproblems der Religion: der Transformation des Unbestimmbaren ins Bestimmbare).

10 Hierzu Niklas Luhmann, Inklusion und Exklusion, in: ders., Soziologische Aufklärung 6, Opladen 1995, S. 237-264.

III.

Wir werden uns nicht mit den »Gottesbeweisen« befassen. Mit Gottesbeweisen versucht man, Gott die weltübliche Kontingenz abzusprechen; und dies gerade deshalb, weil von Gott her gesehen die Welt kontingent ist. Es wird aber heute kaum noch bestritten, daß ihnen eine zirkuläre Struktur zugrunde liegt, die auf die eine oder andere Weise unterbrochen (asymmetrisiert) werden muß, am deutlichsten vielleicht durch das Dogma der Selbstoffenbarung Gottes.[11] Oder: ein Schluß aus der Schönheit und Wohlgeordnetheit der Welt auf eine intelligente Ursache muß darauf verzichten, Mißlichkeiten aller Art als Fehler gegenzubuchen. Man könnte auch von der Kontingenz aller sinnhaften Weltbeschreibungen ausgehen und das Argument umdrehen: Nicht die Kontingenz der Welt beweist die Existenz Gottes, sondern die Existenz Gottes beweist die Kontingenz der Welt. In jedem Falle wird ein Zirkel in eine asymmetrische Relation Gott – Welt aufgelöst, die dann als nicht umkehrbar behandelt wird. Und genau das ist die Struktur, die einen Gewinn von Information ermöglicht und die wir als Kontingenzformel bezeichnen.

Daß eine Asymmetrisierung vollzogen werden und der Vollzug cachiert werden muß, können wir also unterstellen. Die eigentlich wichtige Frage zielt auf die Spezifik der Form, die diese Operation ermöglicht.

Die Vorstellung einer Asymmetrie Gott – Welt ist schon deshalb hilfreich, weil sie die Entwicklung des Monotheismus daran hindert, in einer sterilen Perfektionsidee zum Stillstand zu kommen. Ein absolut perfekter Gott ist ein Gott, der sich selbst nichts hinzufügen kann. Aber kann ein solcher Gott einen Unterschied machen?[12] Dies Problem läßt sich metaphysisch im Anschluß an

11 Für eine ausführliche Diskussion siehe Marco M. Olivetti (Hrsg.), L'argomento ontologico, Padova 1990.

12 Das Problem der Standardisierung und Verarmung dieser Letztreferenz bleibt bei allem Reichtum kosmologischer Ausarbeitungen und moralischer Kasuistik bestehen, und es verstärkt sich noch durch organisierten Formelgebrauch. Siehe dazu Jean-Pierre Decouchy, L'orthodoxie religieuse: Essai de logique psycho-sociale, Paris 1971, insb. S. 57ff. Vgl. auch Enrico Castelli (Hrsg.), L'analyse du langage théologique: Le Nom de Dieu, Paris 1969.

Plato durch eine Theologie der Emanation lösen.[13] »The concept of Self-Sufficing Perfection, by a bold logical inversion, was – without losing any of its original implications – converted into the concept of Self-Transcending Fecundity«.[14] Dieser Ausweg kann mit einer Semantik der Überfülle, des Ausfließens, des Schenkens ausgearbeitet werden. Dies macht es jedoch weder erforderlich noch verständlich, Gott als Person zu denken.

Die christliche Tradition hat die Annahme eines Beobachtergottes mit einer ontologischen Metaphysik kombiniert, das heißt: mit einer Weltbeschreibung, die von der Unterscheidung Sein/ Nichtsein ausgeht und alle anderen Unterscheidungen dem nachordnet. Wenn diese Welt als Schöpfung Gottes begriffen wird, kommt damit ein normatives Moment hinzu. Es wird als Erfordernis von Ordnung begriffen. Das, was ist, soll das nicht sein, was es nicht ist, also ein Mensch kein Tier, ein Mann keine Frau, ein Christ kein Heide. Wenn es zu Durchbrechungen dieser ontologischen Exklusionen kommt, werden sie als »Wunder« begriffen und damit in die Religion rückgekoppelt. Die Seinswelt ist von Gott geschaffen, und was ihren Einteilungen widerspricht, bestätigt dann eben dies: daß sie von einem allmächtigen Gott geschaffen ist, der seine Macht nicht in die Welt verliert, sondern sie behält als Möglichkeit, auch anders zu entscheiden. Auf diese Weise bestätigen Metaphysik und Religion einander, und zwar in der Form eines Zirkels, der das Denksystem schließt.

Welche Ausgangslagen zu dieser Sonderentwicklung geführt

13 Die Kategorie der Emanation hatte den logischen Vorzug, daß nichts historisch Neues vorgesehen war. Sie konnte daher Zeit gleichsam zeitabstrakt behandeln oder, anders gesagt, so, als ob sie von einer Allgegenwart aus gesehen werden könne. Sie mußte nicht mit einer momenthaften Gegenwart rechnen, in der allein eine Differenz von Vergangenheit und Zukunft beobachtet bzw. bewirkt werden könne. Sie brauchte daher auch den Rahmen der klassischen zweiwertigen Logik nicht zu sprengen. Siehe dazu Gotthard Günther, Logik, Zeit, Emanation und Evolution, in: ders., Beiträge zu Grundlegung einer operationsfähigen Dialektik Bd. III, Hamburg 1980, S. 95-135 (mit einem strukturtheoretisch komplexer konstruierten Begriff der Emanation).

14 Arthur O. Lovejoy, The Great Chain of Being: A Study of the History of an Idea (1936), Cambridge Mass. 1950, S. 49 (zum Problem der Sterilität S. 43 ff.).

haben, muß uns hier nicht beschäftigen. Ein polytheistischer Kosmos konnte die Person-Form als Unterscheidungsprinzip einsetzen. Für die hebräische Tradition war die Vertragsfähigkeit wichtig gewesen, die ebenfalls Personalität voraussetzt. Über die Beziehungen zu Hochgottvorstellungen tribaler Gesellschaften und über Formparallelen und Analogien mit politischer Herrschaft gibt es eine reichhaltige, kontroverse Literatur. Für die hier anstehende Problematik der Kontingenzformel Gott ist nicht die semantische Genealogie dieser evolutionären Errungenschaft entscheidend – von »preadaptive advances« muß man natürlich ausgehen –, sondern nur die Funktion der Konstruktion der Transzendenz als Person. Was mit »Person« gemeint sein kann, läßt sich nicht über eine Analogie von Gott und Mensch ermitteln – und zwar weder in der einen Richtung als Anthropomorphismus noch in der anderen: Gott habe den Menschen »nach seinem Bilde« geschaffen. Deutungsversuche dieser Art liegen vor, sie beruhen auf inhaltlichen Analogien, für die (heute zumindest) kein plausibler Grund ersichtlich ist. Wir ersetzen dieses wie immer mit Differenzen aufgeladene Analogieschema durch die bereits erwähnte Hypothese: Gott wird als Person definiert, weil ihn das als *Beobachter* etabliert. Die Form der Asymmetrie, nach der wir fragen, ist mithin die Form der Operation Beobachten.

Im Begriff des Beobachtens ist das enthalten, wonach wir gefragt haben. Die Operation des Beobachtens ist eine asymmetrische, das heißt unumkehrbare Operation, die ausschließlich *im* Beobachter abläuft, aber *für ihn* eine Unterscheidung von Beobachter und Beobachtetem impliziert. Sie besteht in einem unterscheidenden Bezeichnen, wobei die *verwendete* Unterscheidung nicht identisch ist mit der Implikation, daß der Beobachter *sich selbst* vom Beobachteten unterscheidet. Er muß, anders gesagt, *sich* unterscheiden, um unterscheiden zu können. Man kann dies für den Fall Gott als Grund der Schaffung der Welt ansehen.

Außerdem ist der Begriff des Beobachtens so generell, daß er, auf Menschen bezogen, Erleben und Handeln, Kognitionsaktivität und Willensaktivität übergreift. Die (intern erfahrene) Unterscheidung von Erleben und Handeln hängt, wie Gotthard Günther gezeigt hat, ab von der Unterscheidung von Fremdreferenz und Selbstreferenz und damit, indirekt, von der Unterscheidung von Umwelt und System.[15] Im Falle von Erleben setzt das System der Erfahrung externer Determination interne Binarisierungen entgegen – etwa nach dem Schema wahr/unwahr oder nach dem Schema Lust/Unlust. Im Falle von Handlung erzeugt das System dagegen eine Differenz, die in der Umwelt liegt – etwa die Differenz des erreichten Zwecks im Unterschied zu dem, was anderenfalls der Fall wäre. Da man Gott jedoch nicht unterstellen kann, zwischen Fremdreferenz und Selbstreferenz zu unterscheiden, paßt auch die daraus abgeleitete Unterscheidung nicht auf Gott. Das schließt es nicht aus, Gott als Beobachter zu begreifen. Auf Gott bezogen spart der Begriff der Beobachtung aber die Unterscheidung Intellekt/Wille ein. Die darauf bezogenen Kontroversen des Mittelalters sind nur noch von historischem Interesse. Die Einheit der Beobachtung qua Intellekt und qua Wille besagt vor allem, daß Gottes Wille nicht an *vorher* durch Erkenntnis gewonnene Einsichten gebunden ist. Man braucht nicht wie in den mittelalterlichen Kontroversen für die Dominanz von Allwissenheit über Allmacht des Willens zu plädieren oder umgekehrt: Es ist beides Dasselbe.[16]

Vor allem aber gibt es einen Sonderstatus dieses Beobachters Gott, der mit dem Transzendenzwert des Religionscodes korreliert. Gott braucht keinen »blinden Fleck«. Er kann jedes Unter-

---

15 Siehe Gotthard Günther, Cognition and Volition: A Contribution to a Cybernetic Theory of Subjectivity, in: ders., Beiträge zur Grundlegung einer operationsfähigen Dialektik Bd. II, Hamburg 1979, S. 203-240. Oben im Text modifizieren wir Günthers Darstellung nicht unerheblich.

16 Hält man dagegen mit dem spätmittelalterlichen Voluntarismus an einem *Vorrang* der Willensmacht, der potentia absoluta Gottes fest und nimmt man außerdem mit dem Nominalismus an, daß alle Realität nur in der Form von Individuen und nicht in der Form von Universalien gegeben ist, muß das zu theologisch sehr tiefgreifenden Zweifeln an der Erkennbarkeit der Kriterien Gottes führen. Sein Wille ist nicht durch Regeln geleitet und sein Zugriff auf Individuen läßt keine Rückschlüsse auf seine Vorgehensweise in anderen Fällen zu. Die Theologie muß sich bei solchen Ausgangspunkten vom Zugeständnis der Erkenntnisschwäche – ein alter, schon die Divinationspraxis des frühen Mesopotamiens beherrschender Vorbehalt – auf prinzipielle Unerkennbarkeit der Beobachtungsweise Gottes umstellen und sich dann konsequent von aller Lebensberatung zurückziehen, um nur noch an die Selbstvergewisserung des Glaubens der Individuen zu appellieren.

scheidungsschema als Differenz und als Einheit des Unterschiedenen zugleich realisieren. Das schließt die Unterscheidung von Unterschiedenheit und Nichtunterschiedenheit ein. Und da dies für jede seiner Beobachtungen gilt und für alle zugleich, ist seine Beobachtungsweise, wollte man versuchen, sie ihrerseits zu beobachten, nur als paradox zu erfassen. Wir kommen darauf zurück. Zunächst ist nur festzuhalten, daß das Beobachten des transzendenten Beobachters genau konträr zu allem weltimmanenten Beobachten abläuft, es also logisch durch das, was ihm fehlt, ergänzt. Die Differenz Gott/Mensch liegt in der Frage, ob die Einheit der Operation Beobachtung in der Operation sich selbst beobachten kann (Transzendenz) oder nicht (Immanenz). Man könnte auch sagen: die transzendente Person ist selbsttransparent, die immanente Person selbstintransparent. Insofern ist die Kontingenzformel Gott, verstanden als Beobachter, abgestimmt auf die Notwendigkeit einer Codierung der Religion und auf die für sie spezifische Art, Kontingenz zu reflektieren.

Wenn man über einen Gottesbegriff verfügt, der sich von der »Welt« unterscheiden läßt (weil dies unverzichtbar ist, wenn man sagen will, daß Gott die Welt beobachtet), gewinnt man umgekehrt die Möglichkeit, die Welt von Gott zu unterscheiden und sie durch diesen Unterschied zu bestimmen. Wenn man aber zugleich diesem Beobachtergott eine vollständige Kenntnis der Welt unterstellt, kann er deren Ordnung nicht stören, denn etwaige Störungen, Wunder zum Beispiel, sind in der Beobachtungsweise Gottes immer schon vorgesehen. Gott und die Welt befinden sich in einem Verhältnis der Harmonie – ein vor allem für die Naturphilosophie der Renaissance wichtiger Gedanke. Andererseits behält die Unterscheidung von Gott und Welt einen Sinn. Sie ermöglicht, wie schon oft gesagt, eine Desakralisierung der Natur. Als Natur ist die Welt für menschlichen Gebrauch bestimmt.[17] Die Unterscheidung Gott/Welt ermöglicht ferner eine Entwertung der Welt im Sinne des »hic mundus« und damit,

17 Daß dabei nur an *Männer* gedacht ist, versteht sich fast von selbst. Aber man findet auch deutliche Belege. So bei Thomas Browne, Religio Medici (1643), zit. nach der Ausgabe der Everyman's Library, London 1965, S. 79: »The whole World was made for man, but the twelfth part of man for woman. Man is the whole World and the Breath of God; Woman the Rib and the crooked piece of it«.

innergesellschaftlich gesehen, eine Differenzierung religiöser Anliegen gegen innerweltliche Präokkupationen mit Geld oder Macht, Status oder Sexualleben. Das läßt sich relativ leicht ausmünzen in Ansprüche an eine weltabgewandte religiöse (mönchische) Lebensführung. Und schließlich: wenn es genügt, die Welt durch den Unterschied von Gott zu definieren, kann man das Offenlassen aller anderen Merkmale sehr weit treiben und sich mit Unsicherheit, Hypothetik usw. abfinden.[18] Selbst wenn es die moderne, polykontexturale Gesellschaft erfordern sollte, die Welt als unmarked state und damit als unbeobachtbar mitzuführen, könnte die Religion immer noch behaupten: sie selbst könne die Welt unterscheiden, nämlich von Gott.

All dies ist zunächst so abstrakt formulierbar, daß dafür weder eine Kosmologie noch eine Moral erforderlich ist. Für Menschen liegt es zwar nahe, Gottes Beobachten auf den Menschen oder doch primär auf den Menschen zu beziehen und sich an der Illusion zu freuen, die Natur sei um des Menschen willen eingerichtet. Und richtig ist, daß ohne Gottes Beistand keine Toilettenspülung funktionieren würde. Aber das Dogma des Allwissens und der Allmacht reicht weit darüber hinaus, und das wird zum Beispiel in der Lehre von der creatio continua auch explizit sichtbar: Gottes Beobachten ist Bedingung der Erhaltung der Welt in allen Details von Moment zu Moment.

Auch als »lógos«, als Wort, als Text steht der Beobachtergott jenseits aller Unterscheidungen, vor allem auch jenseits aller Zeitunterscheidungen. Das garantiert die Präsenz des Seins der ontologischen Metaphysik unabhängig von der nur momenthaft

18 Auf die spezifisch religiösen Gründe der Zumutung an die Wissenschaft, sich auf Hypothesen beschränken zu müssen, der diese dann im Eigeninteresse unter Berufung auf die Möglichkeit *natürlicher* Erkenntnis der *Natur* widersprechen mußte, hat vor allem Benjamin Nelson hingewiesen. Siehe The Quest for Certitude and the Books of Scripture, Nature, and Conscience, in: Owen Gingerich (Hrsg.), The Nature of Scientific Discovery, Washington 1975, S. 355-372; ders., Copernicus and the Quest for Certitude: »East« and »West«, in: Arthur Beer/K. A. Strand (Hrsg.), Copernicus Yesterday and Today: Proceedings of the Commemorative Conference Washington 1972, in: Vistas in Astronomy 17 (1975), S. 39-46; ferner die Beiträge in: ders., Der Ursprung der Moderne: Vergleichende Studien zum Zivilisationsprozeß, Frankfurt 1977.

gegebenen Gleichzeitigkeit allen jeweils aktuellen menschlichen Erlebens. Das garantiert auch ein Leben nach dem Tode – jene am weitesten reichende theologische Generalisierung, die allen moralischen Konditionierungen der menschlichen Lebensführung zugrunde liegt und sie (ohne auf Prinzipien, Sittengesetze und dergleichen angewiesen zu sein) zur Einheit zusammenfaßt. Dabei wird Zeit als Dauer begriffen und aus der Undenkbarkeit eines Anfangs (ohne ein »vorher«) und eines Endes (ohne ein »nachher«) auf die Unsterblichkeit der Seele geschlossen.[19] Noch Derridas Kritik der Präsenzmetaphysik und ihres Logozentrismus bleibt diesem Konzept verpflichtet; sie kann nicht eigenständig, sondern nur als dessen Ablehnung formuliert werden.[20]

Ungeachtet der unterscheidungsunabhängigen Existenz Gottes muß deshalb Gott, wenn immer Menschen Unterscheidungen treffen, auf die gute, schöne, seinsstärkere Seite der Unterscheidung versetzt werden. Das gilt selbstverständlich für Unterscheidungen wie Sein/Nichtsein, Sein/Schein, gut/schlecht, aber auch für eher entlegene Überlegungen zur Abbildung Gottes in der Kunst.[21] Wollte man umgekehrt verfahren und die negative Seite der Unterscheidung als Symbol für die Unterscheidung verwenden, käme man in die Nähe einer Symbolik des Todes, der alle Unterscheidungen zunichte macht. Diese Überlegung zeigt, daß die interessenbeladene Figur des Lebens nach dem Tode zwei logische Unmöglichkeiten in einer einzigen Paradoxie integriert, nämlich die Einheit jeder Unterscheidung ent-

19 Siehe z.B. Jean Paul, Das Kampaner Tal oder über die Unsterblichkeit der Seele, zit. nach: Jean Pauls Werke: Auswahl in zwei Bänden, Stuttgart 1924, Bd.2, S.170-229.

20 Siehe zum Beispiel in der Form einer Kritik an Spinoza und Hegel: Jacques Derrida, Grammatologie, dt. Übers. Frankfurt 1974, S.124f.

21 Siehe aus der Zeit der Gegenreformation Gregorio Comanini, Il Figino overo del fine della pittura (1591), zit. nach der Ausgabe in Paola Barocchi (Hrsg.), Trattati d'arte del cinquecento Bd.III, Bari 1962, S.239-379. Der Ausgangspunkt liegt im Anschluß an Plato (Sophistes 236) in einer Universalisierung des Prinzips der Imitation durch eine innere Paradoxie: Es gibt Imitation von Dingen, die es gibt (imitazione icastica), und Imitation von Dingen, die es nicht gibt (imitazione fantastica). Die Abbildung Gottes muß dann auf die Seite der imitazione icastica gebracht werden, obwohl Gott, wie die Theologen uns versichern, keine Gestalt hat.

weder von ihrer negativen oder von ihrer positiven Seite her zu bezeichnen – entweder als Tod oder als Gott.

Wir sind nicht darauf angewiesen, uns auf die ontologische Beobachtungsweise, auf eine Beobachtung mit Hilfe der Unterscheidung von Sein und Nichtsein einzulassen. Denn das würde nur auf die Frage zurückführen: wer ist der Beobachter, der gerade mit diesem Unterscheidungsschema beobachtet, der die Welt gerade so und nicht anders einteilt; und was ist *sein* blinder Fleck? Vielleicht die Unmöglichkeit, Zeit zu begreifen? Gott jedenfalls beobachtet, ohne auf die Unterscheidung von Sein und Nichtsein angewiesen zu sein, und für ihn gibt es folglich auch kein »ausgeschlossenes Drittes«, also auch keine Logik. Und nur so kann man Gott, wie Nikolaus festhält, als Schöpfer des Seins aus dem Nichtsein denken[22] (und wir setzen für Schöpfer wieder den abstrakteren Begriff: Beobachter). Für den noch ontologisch denkenden Theologen löst die Asymmetrie Gott – Welt die Möglichkeit ab, Gott als Gesamtsinn, als Perfektion des Seins, als ens universalissimum zu denken. Sie muß ersetzt werden durch eine (nun gänzlich blasse, formale) Vorstellung der Einheit der Differenz, etwa auf der Grundlage von Differenzformulierungen wie ens finitum/infinitum oder ens creatum/increatum.[23] Es ist diese ontologische Schwachstelle, die nur noch mit einer Leerformel ausgefüllt werden kann, die wir durch die Theorie des (operativen) Beobachtens ersetzen.

An die Stelle einer Festlegung auf Mindestkomponenten des Unterscheidungsgebrauchs und auf eine dadurch schon vorgegebene Weltauslegung tritt die viel spannendere Frage: wie läßt sich der Beobachter Gott beobachten? Wer Gott als Beobachter (und nicht einfach: als heiliges, unberührbares Objekt) beobachten kann, gewinnt damit eine letzte Sinnsicherheit mit Bezug auf einen unfehlbaren Konstrukteur, der die Welt geschaffen hat, der sieht, was geschieht, und der seine Konstruktion nicht ändern

22 Siehe Nikolaus von Kues, neben vielen ähnlichen Stellen zum Beispiel De Deo Abscondito, zit. nach Philosophisch-theologische Schriften Bd. I, Wien 1964, S. 299-309 (304).

23 Material zur Entwicklung dieser Problemstellung findet man zum Beispiel in Forschungen über Duns Scotus. Siehe etwa Karl Heim, Das Gewißheitsproblem in der systematischen Theologie bis zu Schleiermacher, Leipzig 1911, S. 181 ff.

wird – obwohl er es könnte. Er hat sie, wie berichtet wird, für gut befunden. Und das wird mit vielen Dogmen unterstrichen: Er hat sich vertraglich gebunden. Er sieht den Menschen als Krone der Schöpfung an. Er liebt ihn.

Sobald man aber annimmt, daß Gott *alles* beobachtet (ihm entgeht nichts) und er sich deshalb *von allem unterscheiden muß*, kann er in oder auch an der Welt nicht beobachtet werden; an Weltlichem kann man nicht unterscheiden, ob Gott existiert oder nicht. Die Gottesbeweise geraten in Widerspruch zu dem, was sie beweisen wollen. Wir müssen deshalb die Frage wiederholen: *wie* kann der Mensch den Beobachtergott beobachten, und soziologisch zugespitzt: wie geht man mit Meinungsverschiedenheiten um, die beim Vollzug der Beobachtung des Unbeobachtbaren zu erwarten sind? Mit dieser Frage nach Möglichkeiten der Beobachtung zweiter Ordnung stoßen wir auf Lösungen, die einerseits privilegierte Stellungen in Anspruch nehmen und andererseits ihre eigene Unvollkommenheit reflektieren – ein reiches semantisches Feld theologischer Diskussion.

In den nicht durchreflektierten Religionen findet man bereits das Zugeständnis des Nichtwissens der Menschen – gewissermaßen eine ungelehrte Unwissenheit.[24] Dies wird dann in die Ambivalenz von Angezogen- und Abgestoßensein, Suchen und Meiden, Bitten und Fürchten aufgelöst. Dann läßt sich die Sachlage nach Situationen und Gelegenheiten differenzieren oder auch so behandeln, daß man Gott als transzendent liebt und als immanent fürchtet. Weiter gibt es die in Mythen bewahrte Lösung des bestraften Hochmuts, des Besserwissens dessen, der zu wissen glaubt, was Gott eigentlich will. Das ist das Schicksal des Engels, der dafür mit dem Fall bestraft wird und nicht bereuen kann, weil schließlich sein einziges Ziel gewesen war, Gott zu beobachten. Und es gibt die Lösung der Paradoxie, der wirren Rede, des Schweigens, des »ich weiß es, weil ich es nicht weiß«, die spekulative Fusion (»Gottes Auge ist mein Auge«) – die Lösung des Nikolaus von Kues, die Lösung der Mystik.

Theologen haben nur selten die Einsicht, das Schicksal des gefallenen Engels nicht als von Gott konzedierte Freiheit zum Bösen

---

24 Viele Belege für afrikanische Religionen bei John S. Mbiti, Concepts of God in Africa, London 1970.

(warum dies?), sondern als Paradox der Liebe zu interpretieren.[25] Denn der Engel, der Gott am meisten liebt, kann sich nicht damit begnügen, sich auf die Feststellung eines Paradoxes zu beschränken oder achselzuckend zu kommentieren: er muß es schließlich wissen, es ist nicht meine Angelegenheit.[26] Die Liebe Satans wird zum existenziellen Paradox, zum Verstoßensein aus Liebe. Da ist keinerlei Freiheit im Spiel, und nur der anschließende Verführungsaktivismus des Teufels wird durch die Theologie hinzuerfunden, um ihren Moralcode (auf Kosten ihrer Theologie) in die Schöpfung einzubauen. Aber das ist nun wirklich unter Niveau.[27] Bei direkter kognitiver Problematisierung gewinnt eine Theologie, die das Beobachten des Beobachtens reflektiert,[28] den Übergang von der Unmöglichkeit des Bewußtseins zum Bewußtsein der Unmöglichkeit. Aber: wer wird darin einen Vorteil sehen?

Denn ungeachtet der Frage des Tiefgangs der theologischen Reflexion finden sich die Theologen als professionelle Beobachter Gottes oder Interpreten seiner Texte ihrerseits Fragen und Antworterwartungen ausgesetzt. Sie müssen im Religionssystem kommunizieren und sagen, was sie wissen. Das zwingt (mehr oder weniger) zu einer fatalen Umdeutung der Kontingenzformel in ein Selektionskriterium: dies ja, das nein – so will es Gott. Tertium non datur. Aber wie kann man dann, anders als der Teufel, der die biblisch verbotene Frucht nicht selber ißt(!), wie kann man dann den Hochmut des Besserwissens vermeiden?

25 Aber es gibt durchaus Anregungen hierzu, vor allem in der Sufi-Mystik. Leicht zugänglich Peter J. Awn, Satan's Tragedy and Redemption: Iblis in Sufi Psychology, Leiden 1983. Auch im christlichen Bereich gibt es die Vorstellung der Züchtigung als Beweis der Liebe Gottes, aber, soweit ich sehe, nicht auf den Teufel als den liebsten Engel bezogen. Siehe etwa »quos deus amat, corrigit et castigat« als Fürstenbelehrung gegen Glaubenszweifel bei Joannes Jovianus Pontano, De Principe, zit. nach Opera Omnia, Basel 1556, Bd. 1, S. 256-283 (261).

26 So die Erzengel in der Interpretation von Mark Twain, Letters from the Earth (posthum), zit. nach der Ausgabe New York 1962.

27 Wie der auf die Erde verbannte Satan nach oben berichtet – wieder in: Mark Twain, a.a.O.

28 Siehe z.B. Nikolaus von Kues, De visione Dei, zit. nach Philosophisch-theologische Schriften Bd.III, Wien 1967, S.93-219, mit der Metapher des Bildes, das den Beobachter anblickt, von wo her immer er es anblickt.

Eine der Möglichkeiten ist, sich auf die Selbstoffenbarung Gottes zu berufen. Offenbarung ist einer der schwierigsten, weil zentralen, religionswissenschaftlichen Begriffe, der auch theologisch bis heute kontrovers behandelt wird. Wir greifen in die innertheologische Diskussion nicht ein, halten aber eine Unterscheidung fest: Es geht nicht einfach um Mantik, um Divination, um Deutung von Zeichen, um Formanalogien zwischen Sichtbarem und Unsichtbarem. Es geht also nicht darum, daß man auf Fragen, die man aus irgendwelchen Lebenslagen heraus an Gott richtet (Soll ich die da heiraten? Sollen wir einen Krieg anfangen?), eine (wie immer verschlüsselte) Antwort erhält. Divination war und ist immer: Beobachtung der Lineaturen einer Oberfläche in der Hoffnung, daraus auf Tiefes und Verborgenes schließen zu können.[29] Auch wenn man annimmt, daß die Götter täglich über das Schicksal der Menschen entscheiden, bleibt immer noch das Problem, wie man und durch welche Omina man herausbekommen kann, wie sie entschieden haben. Genau damit bricht, und darin liegt seine historische Brisanz und seine evolutionäre Errungenschaft, der Gedanke einer Selbstoffenbarung Gottes. Ein Sonderbegriff für Offenbarung hat deshalb nur Sinn, wenn er eine Initiative Gottes und ein autologisches Moment einschließt. Das schließt es aus, die Wahrheitsfrage (im Sinne von Wissenschaft) zu stellen.[30] Formal gesehen offenbart die Offenbarung sich selbst, und das schließt ein, daß es keinen anderen kognitiven Zugang zu ihr gibt als die Annahme der Offenbarung als Offenbarung. Inhaltlich geht es um das bereits skizzierte Beobachtungsverhältnis, um die Stiftung der Möglichkeit, den Beobachtergott zu beobachten. Und geschichtlich gesehen ändert die Offenbarung die Geschichte, so daß es nicht mehr ausreicht, Religion als Gedächtnis zu begreifen. In der Geschichte beginnt etwas Neues.[31]

29 Das hat unter anderem die Konsequenz, daß divinatorisch orientierte Religionen zwischen Raum und Zeit letztlich nicht unterscheiden können. Offenbarungsreligionen dagegen können die Zeit von räumlichen Konnotationen freistellen.

30 Daß dies eine *moderne* Feststellung ist, die funktionale Gesellschaftsdifferenzierung und damit Verzicht auf eine durchgehend religiöse Weltsetzung voraussetzt, sei nur vorsorglich angemerkt.

31 Diese Überlegung soll uns jedoch nicht zwingen, die verbreitete Entgegensetzung von zyklischer (mythischer) und linearer (historischer) Zeit

Spezifische Schwierigkeiten ergeben sich, wenn die Selbstoffenbarung Gottes mit ihren wohldosierten Beobachtungsanleitungen *als Kommunikation* gedacht wird. Vor allem bereitet die Unterscheidung von Information und Mitteilung Schwierigkeiten. Die Offenbarung ist eine Information, bei der es nicht sehr sinnvoll ist zu fragen, warum sie mitgeteilt wird. Wenn es denn um religiöse Wahrheit geht, braucht man für deren Mitteilung keine zusätzlichen Anlässe oder Motive. Außerdem muß, wenn Offenbarung Kommunikation ist, das Dauerverhältnis Beobachtung zugleich als Ereignis, als momenthaftes, unwiederholbares Geschehen begriffen werden. Das führt in die Paradoxie, Anwesenheit durch Abwesenheit zu belegen. Dafür bietet sich die Form des Textes an. Das wiederum setzt voraus, daß die Offenbarung textlich und historisch abgeschlossen ist. Es wäre schwierig zu verkraften, wenn Gott in der Fülle seiner Möglichkeiten ständig Neues verkünden, wenn er die ökologische Lage der Gesellschaft kommentieren oder Sexualverhalten plötzlich anders, als man meinte, beurteilen würde. (Die visionären Erscheinungen des Spätmittelalters wurden jedenfalls nicht als Instrumente der Dogmenverkündung behandelt, was immer als ihr Anlaß und als ihr Auszeichnungseffekt angesehen wurde.) Die Dogmatik der Offenbarung, etwa die Lehre von der Sinai-Offenbarung, ist daher immer eine ex post entwickelte Legende, eine Antwort auf einen historisch gegebenen Legitimationsbedarf bereits etablierter Religion.[32] Im jüdischen Talmud hat man den Ausweg entwickelt, an Hand der Formdifferenz schriftlich/mündlich die Offenbarung nach Gottes Wille auf *beide* Kanäle zu leiten: Der Text ist *schriftlich* für *mündliche* und damit zukunftsoffene, revidierbare Interpretation gegeben – eine besonders eindrucksvolle Form entfalteter Paradoxie.[33]

zu akzeptieren, die, was Babylon angeht, schlichte Fiktion ist und wohl nur als christliche Abwehr von »Bibel und Babel«-Vergleichen zu erklären ist. Zur Kritik vgl. Jonathan Z. Smith, A Slip in Time Saves Nine: Prestigious Origins Again, in: John Bender/David E. Wellbery (Hrsg.), Chronotypes: The Construction of Time, Stanford Cal. 1991, S. 67-76 (69ff.).

32 Dazu z. B. Peter Eicher, »Offenbarungsreligion«: Zum sozio-kulturellen Stellenwert eines theologischen Grundkonzepts, in: ders. (Hrsg.), Gottesvorstellung und Gesellschaftsentwicklung, München 1979, S. 109-129.

33 Nur so kann, und das wird der Grund gewesen sein, der Offenbarungs-

Eine zweite Möglichkeit ist, den ersten Beobachter des Beobachtens Gottes, den Teufel, einzubeziehen und sich von ihm zu unterscheiden. Entweder durch Dämonisierung oder durch üble Nachrede oder durch Rekonstruktion des Verhältnisses von Gott und Teufel mit der moralischen Codierung gut/böse. Was immer man von Gott nicht zu sagen weiß: man kann unbeschwert vor den Verführungen des Teufels warnen und all die Laster brandmarken, die den Sünder in sein Reich führen würden. Damit benutzt man die kommunikationstechnisch und rhetorisch leichtere negative Kommunikation – so wie man wenig Schwierigkeiten hat, schlechten Geschmack zu erkennen, auch wenn der gute Geschmack nicht zu definieren ist.

Die dritte und wohl anspruchsvollste Lösung ist die der Mystik: Die Blicke fallen ineinander. Es bedarf keiner Kriterien. Man sieht das Gesehensein unmittelbar. Alles Unterscheiden wird in Existenz aufgehoben, freilich nur im Moment. Die darin liegende Gewißheit läßt sich nicht unterscheiden, also auch nicht überbieten – aber eben deshalb auch nicht mitteilen. Die Kurzschließung der communicatio mit Gott (und hier ist der alte Begriff der Herstellung von Gemeinsamkeit angemessen) hat Konsequenzen für die Kommunikation unter Menschen. Man kann darüber reden wie über etwas anderes; aber dem, der diese Erfahrung nicht hat (und weiß jemand, ob er sie hatte?), läßt sie sich nicht vermitteln. Man mag so weit gehen zu behaupten, daß es Mystik nur geben kann, wenn religiöse Erfahrung auf die Ebene der Beobachtung zweiter Ordnung versetzt wird; und wenn sich hier das Problem der Unterscheidungskriterien stellt; und wenn man Wege sucht, diese Problemstellung als unangemessen zu vermeiden. In dieser kulturellen Einbettung zieht Mystik ihre Überzeugungskraft aus dem Behelfscharakter aller anderen, aller dogmatischen und professionellen Antworten, aus deren ersichtlicher Unangemessenheit. Aber das heißt nicht, daß die Mystik in der religiösen Kommunikation Dogmatik ersetzen könnte.

Kurz: die komplizierte Struktur des Beobachtens zweiter Ordnung dient zur Ausarbeitung der Kontingenzformel Gott. Sie ist einerseits eine Einheitsformel des Codes Immanenz/Transzen-

text zugleich als *Rechtstext* begriffen werden, der *für alle Zeiten* und deshalb interpretationsoffen gelten soll.

denz und absorbiert in dieser Eigenschaft Kontingenz. Sie ist andererseits ein Selektionskriterium, ja fast schon eine Gesamtformel für die religiöse Programmatik, die angibt, was im Verhältnis von Immanenz und Transzendenz richtig und was falsch ist. All das wäre über Objektaussagen, über Angaben der Merkmale des Dinges »Gott« nicht zu erreichen. Die Attributelehre könnte nur Unbeobachtbarkeiten fixieren. Es ist denn auch eigentlich erst der Kontext der Beobachtung zweiter Ordnung, der dazu nötigt, Gott selbst als Beobachter zu konstruieren. Man muß nicht wissen, was er ist. Man muß wissen, wie er urteilt, um das eigene Leben auf die Liebe Gottes einstellen zu können.

IV.

Geht man auf die Operation Kommunikation zurück, die die Gesellschaft und in ihr die Religion reproduziert, dann zeigt sich: die Kontingenzformel Gott sperrt sich gegen Kommunikation. Sie weist Analyseversuche ab. Ihre »Heiligkeit« besteht eben darin, daß jedes Eindringen in das Mysterium verwehrt wird, daß jede sezierende, differenzierende Kommunikation bestraft wird mit der Erkenntnis, daß das, was man findet, nicht das ist, was man gesucht hatte. Aber Kommunikation ist die einzige Form, in der Gesellschaft sich realisieren kann. Es gibt keine andere Möglichkeit, Sinn gesellschaftlich zu verwirklichen. Im Bedarfsfalle muß man dann eben Inkommunikabilität kommunizieren.

Hierfür haben sich im Laufe einer langen Gesellschaftsgeschichte verschiedene Leitvorstellungen ausgebildet, deren Plausibilität von gesellschaftlichen Rahmenbedingungen abhängt. Wir können drei Formen unterscheiden, die im groben (aber mit vielen Überschneidungen) mit dem Übergang von tribalen (oder segmentären) zu stratifikatorischen Gesellschaften und von dort zur funktional differenzierten Gesellschaft korrelieren. Wir unterscheiden entsprechend die Modelle »Geheimnis«, »Paradoxie« und »externe (funktionale) Analyse«.

In den ursprünglichen Vorstellungen über sakrale Gegenstände oder Techniken oder Beziehungen wird das Kommunikationsproblem über die Figur eines sanktionsbewehrten Geheimnisses gelöst. Das gilt für Sakralitäten jeder Art. Sie werden als externe Gegebenheiten behandelt, zu deren Wesen die Beschränkung der Zugänglichkeit gehört. Man muß, wenn man aufdringlich wird und ins Geheimnis einzudringen versucht, wenn man Tabus bricht oder lockere Reden führt, mit übernatürlichen Sanktionen rechnen. Die numinosen Mächte sind, so muß man annehmen, an ihrer eigenen Sakrosanktheit interessiert. Damit wird das Problem *externalisiert*. In der Kommunikation kann nur verlangt werden, daß man sich an diese Bedingungen hält. Und *dies* wird dann durch eine Art von Kollektivhaftung abgesichert. Die Strafe trifft nicht nur den Täter, sondern auch seine Angehörigen. Die Sakralmächte sind nicht auf individuelle Schuld eingestellt, sie operieren, wenn überhaupt unter moralischen Gesichtspunkten, moralisch ungenau. Es bleibt der Gesellschaft überlassen, dafür Vorsorge zu treffen, daß nichts passiert, und ihre Mitglieder entsprechend zu disziplinieren oder zu verstoßen.

Eine solche Vorstellung muß in Schwierigkeiten geraten, wenn sich monotheistische Religionen bilden, die einen Hochgott oder sogar einen einzigen Gott annehmen, der seine eigenen Erwartungen an der Moral orientiert. Wir haben die damit eintretenden Codierungsprobleme bereits erörtert.[34] Im Moment interessiert nur, daß ein solcher Gott nicht mehr geheimhalten kann, wer er ist und wie er die Menschen beurteilt. In dieser Situation wird die Geheimnisthese übernommen, aber adaptiert. Gottes Ratschluß wird als unerforschlich angesehen. Er gibt zwar das Gesetz, er offenbart sich selbst, belastet aber zugleich die Menschen dermaßen mit Sünde, daß man letztlich doch nicht weiß, ob man den Anforderungen genügt oder nicht, oder ob einem die Gnade zuteil werden wird, die zum Ausgleich von Defiziten erforderlich ist, oder nicht.

Der Kernpunkt der Inkommunikabilität nimmt jetzt die Form eines Paradoxes an. Letzte Einsichten können nur in dieser Form kommuniziert werden. Das ist speziell auf Beobachter zweiter Ordnung zugeschnitten: auf Beobachter, die das Beobachten Gottes zu beobachten versuchen. Sie trifft also vor allem den Teufel und die Theologen. »Curiositas« bleibt in religiösen Angelegenheiten verboten und wird auch in der alten Weise als

---

34 Vgl. oben, Kap. 2, Abschnitt VII, S. 95 ff.

Verbot des Eindringens in Geheimnisse behandelt – als »pride and wantonness of Knowledge, because it looketh after *high things* that are above us and after *hidden things* that are denied us«, wie man noch im 17. Jahrhundert lesen kann.[35] Aber der Einbruch ins Geheimnis wird jetzt nicht mehr mit Blitz und Donner, mit Mißernten und Krankheiten geahndet, sondern mit der Banalität der Formulierungen, die herauskommen. Es war vergebliche Mühe, oder, wenn man stärkere Feststellungen will, »a source of error«.[36] Gott ist jetzt deutlich auf die Individualität der Menschen eingestellt. Er bestraft mit Nutzlosigkeit der Bemühung und, als liebender Gott, mit Lernen. Und in der spezifischen Religiosität des 17. Jahrhunderts ist das dann auch ein indirekter (von Theologen zu entschlüsselnder) Hinweis darauf, daß der Mensch sein Heil nur in sich selbst finden kann und nicht in der Neugier in bezug auf Dinge, die man weder wissen kann noch wissen soll.[37]

In dieser Phase der Entwicklung erkennt man deutlich Auswirkungen der Schrift und später des Buchdrucks. Schrift entlastet von der »Obszönität des Fragens«.[38] Andererseits beantwortet ein Text Fragen, die gar nicht gestellt worden waren. Diese Unkoordinierbarkeit von Fragen und Antworten verändert die Ausgangslage für Kommunikationsverbote und -kontrollen. Und es dürfte kein Zufall sein, daß mit dem Buchdruck in der Spätrenaissance auch die Rhetorik der Paradoxie eine Blütezeit erlebt. Der Text kann Autor und Leser als abwesend behandeln und daher mit der Form der Paradoxie eine Darstellung wählen, die das, was daraufhin zu meinen ist, dem überläßt, der sich an der Kommunikation beteiligt.

Paradoxe Kommunikation, sei sie mündlich vollzogen wie im Buddhismus, sei sie schriftlicher Bericht über mystische Erfahrungen, beansprucht eine eigene Art von Authentizität, ja Rationalität, indem sie Kommunikationen sprengt, die über ein »Ja«

---

35 So bei Edward Reynolds, A Treatise of the Passions and Faculties of the Soule of Man, London 1640, Nachdruck Gainesville Fla. 1971, S.462.

36 So Reynolds a.a.O. S.497ff.

37 Vgl. Thomas Wright, The Passions of the Minde in Generall (1601), erweiterte Ausgabe London 1630, Nachdruck Urbana Ill. 1971, S.312ff.

38 Siehe Aron Ronald Bodenheimer, Warum? Von der Obszönität des Fragens, 2. Aufl. Stuttgart 1985.

oder ein »Nein« zum mitgeteilten Inhalt fortgesetzt werden
können, und dies »Jenseits von Ja und Nein« in der Form dokumentiert.[39] Sie trägt ihre eigene Ehrlichkeit zur Schau. Denn
wenn man wahres Wissen mitteilt, könnte man immer noch sich
irren, wenn nicht der Lüge überführt werden. Paradoxe Kommunikation ist in dieser Hinsicht unschlagbar und symbolisiert
insofern höchstes Wissen, das sich keiner Widerlegung aussetzt.
Sie stellt sich selbst als unkonditioniertes Wissen dar. Allerdings
läßt sich diese Kommunikationsweise von Glaubensannahmen
tragen, die ihrerseits kritisch abgelehnt werden können. Wenn
diese Möglichkeit gesellschaftlich akzeptabel wird, gelangt man
in eine Lage, in der die Formen Geheimnis und Paradoxie nach
wie vor tragfähig sind, aber nur noch für die, die daran glauben,
daß es hier etwas gibt, was sich gegen Kommunikation sperrt.
Darauf reagiert die Gesellschaft, indem sie Formen des Umgangs
mit Religion freigibt, die nicht geglaubt werden müssen, ja nicht
geglaubt werden können. Das gilt zunächst für die *rechtliche* Regulierung von Staatsreligionen[40] oder Religionsverboten, dann
zunehmend auch für die öffentlich-rechtliche Etablierung von
Religionsfreiheit. Einmal in die Hände des Rechts gelegt, kann
dann auch geregelt werden, was gesagt werden darf und was gegebenenfalls als Gotteslästerung oder als Verletzung der religiösen Gefühle anderer bestraft wird. Parallel dazu entwickelt Leibniz seine Lösung des Problems der Theodizee. Gott wird auf eine
Restfunktion beschränkt. Er erzeugt Welten dadurch, daß er die
Kompossibilität der Möglichkeiten dieser besten aller möglichen
Welten sichert und Inkompatibles ausgrenzt.[41] Das hält dann

---

39 Siehe dazu Henri Atlan, A tort et à raison: Intercritique de la science et du
mythe, Paris 1986.
40 Zur Unantastbarkeit des Glaubens an die »Doctrines of our Holy
Church, as by Law Establish'd« siehe Anthony, Earl of Shaftesbury, Characteristicks of Men, Manners, Opinions, Times, 2. Aufl. 1714, Nachdruck
Farnborough Hants. UK 1968, Bd. III, S. 316 u.ö. Man mag ferner an
Rousseaus Begriff von »Zivilreligion« denken.
41 Theorietechnisch setzt das voraus, daß das Problem in die Modaltheorie
verschoben wird und es nicht mehr nur um die alten Schematismen der
Logik (wahr/falsch) und der Kausalität (Ursache/Wirkung) geht. Damit
konnte man die neue Wissenschaft der Physik von theologischen Impli-
kationen freistellen. Ob sie wahr ist oder nicht und wie sich hier Ursachen

freilich nicht lange. Mit der durch Kant und Hegel neu formulierten Dialektik wird auch diese Frage in die Welt hineingezogen und als Problem der Instabilität von Gegensätzen formuliert.

Seit der zweiten Hälfte des 18. Jahrhunderts kommt eine sich als *wissenschaftlich* qualifizierende Diskussion von Religionsthemen hinzu. Von außen gesehen erscheint Religion als Kultur, und so läßt sie sich historisch und regional vergleichen.[42] Die Theologie selbst wird historisiert – und beteiligt sich daran.[43] In der später hinzutretenden empirischen Religionsforschung kann einerseits statistisch, andererseits funktional analysiert werden, wie es um den Glauben an Gott in unserer Gesellschaft steht. Eine solche externe Beschreibung befaßt sich üblicherweise eher mit extern gewonnenen Daten, zum Beispiel Ergebnissen von Umfrageforschungen oder Textinhaltsanalysen;[44] aber im Prinzip steht nichts im Wege, das zu tun, womit wir soeben beschäftigt sind: auch Fragen des Dogmas bis hin zu subtilsten esoterischen Konstruktionen als Konstruktionen auf ihre Funktion und ihre historisch-gesellschaftlichen Plausibilitätsbedingungen hin zu befragen. Ein Wissenschaftler kann dann zum Beispiel zur Auffassung kommen, daß es nicht ratsam sei, länger über Gott in der Form paradoxer Beobachtung zu reden, weil dies die Glaubensbereitschaft schwäche.[45]

und Wirkungen unabhängig von Annahmen über den Ursprung der Welt zusammenfügen, mag die Wissenschaft entscheiden.

42 Dazu ausführlicher unten Kap. 8, Abschnitt VII.

43 Vgl. Georg Wilhelm Friedrich Hegel, Vorlesungen über die Philosophie der Religion, Werke Bd. 16 und 17, Frankfurt 1969. Siehe insb. I (Bd. 16), S. 47ff. Historisierung als Zeichen für die sinkende Wichtigkeit der Dogmen.

44 Und dies mit beträchtlicher methodologischer Sorgfalt. Für (willkürlich herausgegriffene) Beispiele siehe Godelier Vercruysse, The Meaning of God: A Factor-Analytic Study, in: Social Compass 19 (1972), S. 347-364; Mark van Aerde, The Attitude of Adults Towards God, in: Social Compass 19 (1972), S. 407-413.

45 So Konstantin Kolenda, Thinking the Inthinkable: Logical Conflicts in the Traditional Concept of God, in: Journal for the Scientific Study of Religion 8 (1969), S. 72-78. Man könnte das fortsetzen: statt paradox und unverständlich zu reden, sollte man lieber für Parkplätze in der Nähe der Kirche sorgen.

Auf Grund akzeptierter funktionaler Differenzierung kann also das Geheimnis oder das Paradox Gottes polykontextural aufgelöst werden. Es wird unterschiedlichen Kommunikationskontexten zugeordnet je nachdem, in welchem System die Kommunikation Anschlußfähigkeit sucht. Es gibt dann jede Menge nichtreligiöser Kommunikation über Religion, die im Religionssystem als irrelevant behandelt werden kann. Die operative Schließung der Funktionssysteme und die Universalisierung ihrer spezifischen Funktionszuständigkeit ermöglicht sehr unterschiedliche Mischungen von Intensität und Indifferenz. Erst wenn man die sozialstrukturelle »Logik« dieses Arrangements begreift, sieht man Kontinuität und Diskontinuität im Verhältnis zu den Formen, mit denen frühere Gesellschaften die Kontingenzformel Gott der Kommunikation ausgesetzt und zugleich gegen Kommunikation geschützt hatten.

V.

Mit der Etablierung eines einzigen, personalen Gottes gewinnt ein Problem dramatische Bedeutung, das wir bereits mehrfach berührt hatten, nämlich das Verhältnis der Religion zur Moral. Im Religionsvergleich gesehen ist eine solche Überlappung von Religion und Moral eher die Ausnahme.[46] Für die animistischen Religionen der tribalen Kulturen kommt es kaum in Betracht, daß die numinosen Mächte sich mit den moralischen Affairen

---

46 Auf Grund von George P. Murdock, Ethnographic Atlas, Pittsburgh 1967, kommt Ralph Underhill, Economic and Political Antecedents of Monotheism: A Cross-Cultural Study, in: American Journal of Sociology 80 (1975), S. 841-861, zu dem Ergebnis, daß nur 25 % der erfaßten Gesellschaften einen Hochgott kennen, der sich für die Moral der Menschen interessiert. 36 % kennen überhaupt keinen Hochgott, die restlichen Gesellschaften einen, sei es aktiven, sei es inaktiven Hochgott, der sich aber nicht mit der menschlichen Moral befaßt. Das Material deutet darauf hin, daß der Stand der ökonomischen Entwicklung in dieser Frage einen Unterschied macht, und es ist ja auch plausibel, daß man eine religiöse Absicherung von Moral eher braucht, wenn die Gesellschaft Eigentumsunterschiede, Vertragsbeziehungen, Zukunftsunsicherheit usw. zu verkraften hat.

der Menschen befassen.[47] Eher muß das, was in der Gesellschaft
normativ zu regeln ist, gegen magische Einzelfall-Interventionen
von außen geschützt werden. *Strukturelle* Zusammenhänge von
Religion und sozialem Leben werden nicht über moralische
Gebote, sondern zum Beispiel über das Schema rein/unrein vermittelt;[48] damit spart man Kontingenzen ein. Und außerdem ist
die Außenbedrohung durch magische Mächte ein Anlaß, darauf
intern mit der Moralisierung entsprechender Umgangsgebote zu
reagieren.[49] Wer die jenseitigen Mächte erzürnt, gefährdet nicht
nur sich selbst, sondern die Gesellschaft. Das zeigt aber gerade
das Fehlen einer für Transzendenz und Immanenz gleichsinni-
gen Moral an. Auch polytheistische Gesellschaften vermeiden
eine zu enge Assoziierung von Religion und Moral. Die Kompe-
tenz- und Interessengötter oder -göttinnen bilden nur Stand-
punktunterschiede ab. Wenn ein Hochgott anerkannt wird (wie
typisch im afrikanischen Religionskreis), fällt es schwer, ihm
moralische Präferenzen zuzuordnen; sein Wesen bleibt in dieser
Hinsicht ambivalent.[50] Andererseits findet man gegen Ende der
hier zu besprechenden Entwicklung, im 18. Jahrhundert, wieder
einen weitgehend inaktivierten Gott, der keine moralischen Prä-

47 Ein Indikator dafür ist unter anderem die Frage, ob sich das soziale Verhalten zu Lebzeiten auf das Schicksal nach dem Tode auswirkt oder nicht. Die
   Systematisierung eines solchen Zusammenhanges findet man erst in Hochreligionen. Vgl. Christoph von Fürer-Haimendorf, The After-Life in In-
   dian Tribal Belief, in: Journal of the Royal Anthropological Institute 83
   (1953), S. 37-49; ders., Morals and Merit: A Study of Values and Social Con-
   trols in South Asia Societies, London 1967; Gananath Obeyesekere, Theo-
   dicy, Sin and Salvation in a Sociology of Buddhism, in: Edmund R. Leach
   (Hrsg.), Dialectic in Practical Religion, Cambridge Engl. 1968, S. 7-40
   (insb. 14f.). Für afrikanische Religionen, die ebenfalls (mit wenigen Ausnahmen) keinen Jenseitsausgleich für Sünden oder Schicksale des Lebens,
   also kein jenseitiges Gericht erwarten, sondern allenfalls Schwierigkeiten
   beim Übergang in das Reich der Toten, vgl. Mbiti a.a.O., S. 253ff. Im Prinzip bestrafen und belohnen die jenseitigen Mächte zu Lebzeiten.
48 Vgl. von Fürer-Haimendorf a.a.O. (1967), insb. S. 126ff.
49 Monica Wilson, Religion and the Transformation of Society: A Study of
   Social Change in Africa, Cambridge Engl. 1971, S. 76ff., sieht darin ein
   Argument dafür, daß gleichwohl gewisse Beziehungen zwischen Religion
   und Moral bestehen.
50 Vgl. Mbiti a.a.O., S. 16f. u.ö.

ferenzen mehr erkennen läßt, sondern mit unsichtbarer Hand die Welt so gut geordnet hat, daß sie von alleine läuft. Moral ist dann eine gesellschaftliche Einrichtung, die nicht zuletzt auch dazu dient, Religionen im Hinblick auf ihre Zivilisationsqualität zu beurteilen.[51] Daß die Transzendenz des Religionscodes durch einen personalen Gott vertreten wird, der zugleich als Inbegriff des Guten zu gelten hat, ist mithin eine Sonderkonstellation, die sich entsprechende Folgeprobleme einhandelt und ihnen durch Supplement-Semantiken ausweichen muß.

Es gibt viele, nahezu zwingende Gründe, den einen Gott, den Beobachtergott, mit Moral zu belasten. Wenn er schon beobachtet und wenn er schon alles sieht und zugleich alles will, was er sieht: wie könnte er sich dann in einer so wichtigen Angelegenheit wie der Moral neutral verhalten. Der Gott der Hebräer hat, schon als Weltgott einmalig, diese Lektion paradigmatisch gelernt;[52] und man darf vermuten, daß die Vorstellung eines Bundes des Gottes mit seinem Volk die Entwicklung gefördert hat. Wenn es, in der Vorstellung der Beobachter Gottes, zu einem Beobachtergott kommt, der sich, zumindest partiell, beobachten läßt, wird eine Infektion dieses Gottes mit Moral kaum zu vermeiden sein; und das heißt: es entsteht das Problem, wie die Codierungen immanent/transzendent und gut/schlecht sich zueinander verhalten. Moral heißt aber zunächst und bis weit in die Neuzeit hinein nur: daß Gott auch im Bereich des freien menschlichen Handelns für Ordnung und Verläßlichkeit gesorgt hat. Es gibt, trotz Freiheit, in der geschaffenen Natur keine nichtordnungsfähige Sphäre. So gesehen versteht es sich von selbst, daß die Schaffung einer moralischen Ordnung unter den Menschen (und damit die Moral selbst) gut und nicht schlecht ist. Die Differenz von gut und schlecht wird ganz naiv über ihren positiven Wert der Schöpfung zugeordnet. Und dann kann man in einer Art natürlicher Kenntnis der Moral zurückschließen auf das, was Gott lieber sieht.[53]

51 Siehe etwa Michel de Certeau, Du système religieux à l'éthique des Lumières (17e-18e s.): La Formalité des Pratiques, in: Ricerche di storia sociale e religiosa 1,2 (1972), S. 31-94.

52 Reiche Belege für eine noch nicht ethisch voll disziplinierte Gottheit im frühen Israel bei Johannes Hempel, Geschichte und Geschichten im Alten Testament bis zur persischen Zeit, Gütersloh 1964.

53 Daß *diese* Kenntnis ursprünglich verboten war und nur durch Sünde er-

Daß die Notwendigkeit des Unterscheidens mit moralischer Bewertung ausgestattet wird, muß für ältere Gesellschaften nicht erstaunen. Erstaunen mag dagegen die Perversität des Priesterglaubens, daß es Gott besonders gefalle, wenn ihm die moralischen Defekte seiner Schöpfung in der Form von Beichten immer und immer wieder vor Augen geführt werden.[54] Wenn dies organisatorisch erzwungen wird und sozialisierend wirken soll: muß dann nicht um so mehr Theologie gegen Theologie antreten, um die Sündenzulassung als Werk Gottes verständlich zu machen?

Erst im 17. Jahrhundert beginnt die Auflösung dieser Figur. Einerseits sieht man die Sündengeschichte jetzt als Erfolgsgeschichte, ausgelöst durch jene felix culpa[55] des Sündenfalls; und die Menschen dürfen sich nun für moralisch verbesserungsfähig halten. Andererseits gerät Gott in die selbstgelegte Falle: Wenn er die Welt nach moralischen Kriterien eingerichtet hat: ist es nicht dann auch eine moralisch optimale Welt? Es kann doch wohl keinen *moralischen* Grund geben, die Welt *moralisch defekt* zu schaffen. Gott handelt unter einer moralischen Notwendigkeit, und so kann man ihn, Wissensdefekte

worben werden konnte, gehört zu den zunächst rätselhaften, dann aber einleuchtenden Raffinements der Theologiegeschichte. Offenbar löst Gott die Moralparadoxie über den positiven Wert, der Mensch dagegen über den negativen Wert auf. Für Gott ist es gut, für den Menschen schlecht, sich an der Differenz von gut und schlecht zu orientieren; denn der Mensch gerät dadurch in einen Gegensatz zu sich selbst und muß dann erst durch eine lange Erlösungsgeschichte nachhumanisiert werden.

54 Eher verständlich ist dies, wenn man, wie Rousseau in seinen Confessions, Gott durch das lesende Publikum ersetzt. Siehe Confessions I.3 und dazu Henry Adams, The Education of Henry Adams (1907), zit. nach der Ausgabe Boston 1918, Preface S. IX, »that the Eternal Father himself may not feel unmixed pleasure at our thrusting under his eyes chiefly the least agreeable details of his creation«.

55 Vgl. Arthur O. Lovejoy, Milton and the Paradox of the Fortunate Fall (1937), zit. nach ders., Essays in the History of Ideas, Baltimore 1948, S. 277-295, mit Hinweisen auf ältere Quellen; Herbert Weisinger, Tragedy and the Paradox of the Fortunate Fall, London 1953; ferner mehrere Beiträge in: Text und Applikation: Poetik und Hermeneutik IX, München 1981, vor allem: Odo Marquard, Felix culpa? – Bemerkungen zu einem Applikationsschicksal von Genesis 3, ebd. S. 53-71.

zugestanden, aus der Welt heraus berechnen. Wir sind bei Leibniz.[56]

Dazu kommt als weiteres Problem, daß die alten religiösen Symbole auf autoritative Interpretation und auf Eindeutigkeit der Referenz verzichten müssen. In der Praxis der öffentlichen Kommunikation macht man sich als »Papist« ebenso verdächtig wie durch puritanischen »Enthusiasmus«.[57] Die Konsequenz ist der Verzicht auf die Annahme, man könne durch unmittelbare oder institutionell vermittelte Beobachtung Gottes herausbekommen, was er erwartet. Wie sollte man bei solchem Bemühen um interne Erleuchtung, fragen Hobbes, Locke und Leibniz, ohne Einschaltung der eigenen Vernunft zwischen göttlicher Inspiration und Einflüsterungen des Teufels unterscheiden können? Die Konsequenz liegt in der Aufwertung der natürlichen Fähigkeit zu moralischem und ästhetischem Empfinden und in der Annahme, man könne sich darauf verlassen, weil Gott dem Menschen eine solche Tendenz eingegeben habe. Aber es genügt dann, die Menschheit auf ihrem Wege in den zivilisatorischen Fortschritt zu beobachten, und entsprechend entwickelt das 18. Jahrhundert eine darauf ansprechende Semantik von Zivilisation und Kultur.

Hierbei geht es schon nicht mehr darum, daß die Menschen beobachten, wie Gott sie beobachtet, also schon nicht mehr um »Theologie«, auch wenn Religion als Hintergrundsicherheit und als soziale Institution, als Errungenschaft der »Kultur« nicht in Frage gestellt wird. Wenn Vernunft (Reflexion) eingeschaltet

56 Zu einer langen, vorbereitenden Diskussion vgl. Sven K. Knebel, Necessitas moralis ad optimum: Zum historischen Hintergrund der Wahl der besten aller möglichen Welten, in: Studia Leibnitiana 23 (1991), S. 3-24.

57 Vgl. Anthony, Earl of Shaftesbury, A Letter Concerning Enthusiasm (1708), neu gedruckt in: Characteristicks of Men, Manners, Opinions, Times, 2. Aufl. (1714), Nachdruck Farnborough Hants. UK 1968, Bd. I, S. 3-55; Ronald A. Knox, Enthusiasm: A Chapter in the History of Religion with Special Reference to the Seventeenth and Eighteenth Centuries, Oxford 1950; Susie I. Tucker, Enthusiam: A Study in Semantic Change, Cambridge 1972; John Passmore, Enthusiasm, Fanatism and David Hume, in: Peter Jones (Hrsg.), The ›Science of Man‹ in the Scottish Enlightenment: Hume, Reid and their Contemporaries, Edinburgh 1989, S. 85-107; Robert Spaemann, »Fanatisch« und »Fanatismus«, in: Archiv für Begriffsgeschichte 15 (1970), S. 256-274.

werden muß, heißt das ja: daß die Menschen als nichttriviale Maschinen[58] vorausgesetzt werden müssen; und das erst läßt es als lohnend erscheinen, ihr Beobachten zu beobachten, weil man mit Gotteskenntnis, Prinzipien und Gesetzen allein nicht mehr zurechtkommt.

Im 18. Jahrhundert löst sich infolge der Erweiterung des Weltblicks, infolge der Aufklärung und infolge der Einsicht in eine historische und regionale Mehrheit von »Kulturen« mit jeweils eigenen Religionen die Einheit von Religion und Moral vollends auf. Moral wird auf anthropologischen Grundlagen neu formuliert, vor allem mit dem Konzept moralischer Empfindungen (sentiments). Es wird dann zumindest in den »gebildeten Schichten« moralisch unerträglich, jemanden wegen seiner Zugehörigkeit zu einer anderen Religion, etwa als Juden oder als Mohammedaner, moralisch zu verachten. Aber damit schlägt man dem eigenen Gott, der sich selbst angebetet sehen möchte, die Kriterien aus der Hand.

All dies führt aber auf die Frage: wie wirken sich solche Umstellungen in der gesellschaftlichen Kommunikation aus? Man brauchte eine ausgearbeitete soziologische Theorie moralischer Kommunikation, um die Probleme zu sehen.[59] Hier müssen einige Stichworte genügen. Moralische Kommunikation regelt die Verteilung von Achtung und Mißachtung auf Anwesende und Abwesende. Schon diese Differenz von anwesend/abwesend schafft Probleme, da man Anwesenden leichter Achtung, Abwesenden häufiger Mißachtung erweist. Dieses Problem und ebenso das Problem einer gewissen zeitlichen Konsistenz wird durch Konditionierung des »Verdienens« von Achtung und Mißachtung gelöst mit der Folge, daß die moralische Kommunikation sich rekursiv auf sich selber beziehen kann. Diese Bedingungen (oder Regeln) können normative Form annehmen, sie können aber auch die Kriterien festlegen, unter denen nichtver-

---

58 Im Sinne von Heinz von Foerster. Siehe jetzt z. B. Wissen und Gewissen: Versuch einer Brücke, Frankfurt 1993, S. 244 ff.

59 Vgl. Niklas Luhmann, Soziologie der Moral, in: Niklas Luhmann/Stephan Pfürtner (Hrsg.), Theorietechnik und Moral, Frankfurt 1978, S. 8-116. Vgl. auch ders., The Code of the Moral, in: Cardozo Law Review 14 (1993), S. 995-1009; ders., The Sociology of the Moral and Ethics, in: International Sociology 11 (1996), S. 27-36.

langbare (»supererogatorische«) Leistungen Anerkennung verdienen. Das Problem der Moral liegt dann zunächst in der Invarianz und Sicherheit solcher Programme. Auf gleicher Ebene der Generalisierung bildet sich zwar ein allgemeiner moralischer Code gut/schlecht (oder, wenn innere Einstellungen einbezogen werden, gut/böse). Aber dieser Code schafft die erforderliche Sicherheit nicht, da er ja gerade Kontingenz reflektiert und offen läßt, welche Verhaltensweisen welchen moralischen Werten zugeordnet sind. Es scheint diese Unsicherheit zu sein, die die Nachfrage nach einer transzendenten Garantierung moralischer Kriterien ausgelöst hat.[60] Was als Moral erscheint und praktiziert wird, ist ein Supplement ihrer Codierung, und der Bedarf für vernünftige Begründungen eine weitere Supplementierung.

Der Versuch, das Problem der moralischen Regeln durch Externalisierung zu lösen, transportiert jedoch dieses Problem in die in Anspruch genommene Quelle. Es kommt dann zur Frage, weshalb Gott die Differenz von gut und schlecht geschaffen hat oder zuläßt und weshalb er seine Möglichkeiten nicht nutzt, um den Guten zum Siege zu verhelfen, sondern die Schlechten triumphieren läßt. Erst in der Neuzeit spricht man von »Theodizee«, aber das Problem ist so alt wie der mit Moral identifizierte Gott.[61] Lösungen verschiedenster Art lassen sich denken. Man kann einen Gegner Gottes in die Transzendenz hineinprojizieren, der bis zum Endsieg des Guten eine ambivalente Situation schafft. Oder man kann die Beobachtbarkeit des Beobachtergottes zugestehen und wiedereinschränken. Er läßt sich (zum Bei-

60 Erst seit der zweiten Hälfte des 18. Jahrhunderts gibt es Vorschläge für religionsfreie Lösungen dieses Problems, die aber wenig überzeugen – sei es unter Berufung auf die Ausstattung des Subjekts mit »praktischer Vernunft« (Kant), sei es über eine Diskursethik, die auf zukünftige Ergebnisse einer nach rationalen Kriterien veranstalteten Kommunikation setzt (Habermas). Beiden Vorschlägen liegt die an sich verständliche Umstellung von externer auf interne Referenz zugrunde – Selbstreferenz des Bewußtseins bzw. des Gesellschaftssystems.

61 Die Rechtfertigungsliteratur ist unübersehbar. Zur Frühgeschichte siehe z.B. Johann Jakob Stamm, Das Leiden des Unschuldigen in Babylon und Israel, Zürich 1946; William Green, Moira: Fate, Good and Evil in Greek Thought, Cambridge Mass. 1944. Zum Vergleich mit Wohlfahrtsbilanzierung unter dem Gesichtspunkt der Resymmetrisierung siehe Georg Katkov, Untersuchungen zur Werttheorie und Theodizee, Brünn 1937.

spiel: um den Menschen Freiheit zu schenken[62]) nur begrenzt beobachten. In beiden Fällen geht es um Provisorien, die erträglich
sind, weil man von Unsterblichkeit ausgeht: Der Endsieg des
Guten oder, im anderen Falle, das Jüngste Gericht werden klare
Verhältnisse schaffen, wenngleich auf eine schon angekündigte,
aber dennoch die sturen Moralisten überraschende Weise. Wer
sich zu sehr auf Moral verlassen hatte, wird sich dann getäuscht
sehen, und der Umweg über die Sünde wird sich als heilsnotwen-
dig erweisen.[63] Das Heil ist nur über die vorgeschaltete Dialektik
der moralischen Werte zu erreichen. Aber dieser Zickzack-Kurs
ist nur nötig, weil man sich vorab das Problem der Theodizee
eingehandelt hatte.

Weitere Lösungen kommen in den Blick, wenn man sich zutraut,
die Kalkulation Gottes zu rekonstruieren. Denn auch die
Lösung, daß nur die Guten glücklich werden, hat ihre Nachteile,
die Gott offenbar vermeiden wollte. Die Guten würden in diesem Falle gar nicht wissen können, ob sie um des Guten willen
gut sind oder um des damit verbundenen Glückes willen.[64] Um
dies zu vermeiden, müssen die Unterscheidungen gut/schlecht
und Glück/Leid entkoppelt werden. Dann muß man zwar einigen Guten zumuten zu leiden; aber sie können wenigstens wissen, daß Gott dies beobachtet und billigt, und können sich dann
um so mehr an ihre Gutheit und nicht an deren Folgen klammern. Theodizee heißt hier wie auch sonst: mehr Varietät bei
noch verläßlicher Ordnung.

Eine andere Schwierigkeit liegt darin, daß nicht nur die moralischen Regeln religiös konfirmiert werden müssen, sondern daß,
eben deshalb, auch der binäre Code der Moral in die Religion
hineincopiert werden muß. Setzt man auf eine Problemlösung,

---

62 So Tertullian und später Anselm von Canterbury. Siehe Victor Naumann,
   Das Problem des Bösen in Tertullians zweitem Buch gegen Marcion: Ein
   Beitrag zur Theodizee Tertullians, in: Zeitschrift für katholische Theologie 58 (1934), S. 311-363, 533-551.
63 Es kann damit in einer Art Überbietungsraffinement zur Aufgabe des
   Teufels werden, den Menschen am Sündigen zu hindern, weil in der darauf folgenden Reue das größere Verdienst liegt. So jedenfalls im Islam im
   Hinblick auf Verstöße gegen das Ritual.
64 Siehe Jean Pierre de Crousaz, Traité de l'éducation des enfants, Den Haag
   1722, Bd. II, S. 192ff.

die Zeit in Anspruch nimmt, dann müssen entsprechend zwei Endlager zur Verfügung gehalten werden: Himmel und Hölle, das Reich Gottes und das Reich des Teufels. Dieser Logik ist schwer zu entkommen, so sehr man sich seit dem aufgeklärten 18. Jahrhundert darum bemüht.[65] Denn wie soll man sich einen Gott vorstellen, der selbst das Gute ist, moralisch also eindeutig optiert hat, aber keinerlei Vorsorge dafür trifft, daß es einen Unterschied macht, ob man gut oder schlecht handelt?

Während die bisher behandelten Fragen eingehende theologische Aufmerksamkeit gefunden haben, ist ein anderes Problem eher externen Beobachtern aufgefallen. Die Identifizierung von Moral mit Religion und die Rückidentifizierung von Religion mit Moral hat die Religion auch mit der polemogenen Struktur moralischer Kommunikation infiziert.[66] Über Moral läßt sich leicht streiten, besonders wenn die Kriterien für Achtung und Mißachtung gegen Zusammenhänge mit sozialen Strukturen nicht vollständig abgedichtet sind. Es geht immer auch um Freunde und Gegner, um Höhergestellte und Abhängige und um

65 Oder schon früher. Thomas Browne a.a.O. S. 56ff. meint, die Hölle sei im Menschen selbst, der Reue fühle. Sie sei für den Glauben selbst nicht nötig. Gott strafe nicht (und trotzdem plagt den Autor dann die Sorge nach dem Verbleib der heidnischen Philosophen, die ohne Glauben an Christus sterben mußten!). Bischoff Paley wird über hundert Jahre später die Rede von den Höllenqualen als »figurative speech« abtun, dessen Funktion aber damit begründen, daß man sich die Schmerzen über seine verlorene Seele (!), bevor sie eintreten, nicht wirklich vorstellen könne (Bezug Matthäus XVI, 26). Siehe William Paley, Sermon XXXI The Terrors of the Lord, zit. nach The Works, London 1897, S. 700-702. Auch die Jesuiten hatten angenommen, daß die Transzendenz erst nach dem Tode, dann aber unkorrigierbar zum Zuge komme, und sich deshalb auf eine Kalkulations- und Warnpraxis spezialisiert. Siehe z. B. Jean Eusebe Nierembert, La balance du temps et de l'eternité, frz. Übers. Le Mans 1676. Siehe insb. S. 100ff. »Le temps est l'occasion de l'Eternité«, das heißt: die Lebenszeit ist die Gelegenheit, sich für die Ewigkeit zu entscheiden, und zwar, da man *jederzeit* sterben kann, *immer.*

66 Für diesen Begriff vgl. Julien Freund, Le droit comme motif et solution des conflits, in: Die Funktionen des Rechts: Vorträge des Weltkongresses für Rechts- und Sozialphilosophie, Madrid 1973, Beiheft 8 des Archivs für Rechts- und Sozialphilosophie, Wiesbaden 1974, S. 47-62; ders., Sociologie du conflit, Paris 1983, S. 22, 327ff.

Voraussicht auf Folgen der Kommunikation. Wenn Glaubensfragen dann zusätzlich moralisiert werden, gießt das noch heiliges Öl ins Feuer. Im Effekt sieht man, daß speziell im Bereich von Religionen, die Religionscode und Moralcode aneinander binden, Millionen von Menschen getötet worden sind. Die Paradoxie der Codierung hat also eine durchaus praktische Form der Entfaltung gefunden: Im Namen des guten Gottes wird gefoltert und gemordet, weil andere Überzeugungsmittel versagen und die Differenz von Achtung und Mißachtung schließlich nur noch auf diese Weise sanktioniert werden kann. Denn man kann nun nicht mehr bereit sein zu sagen: darauf kommt es nicht an.

Diese Schwierigkeiten spitzen sich im Mittelalter auf Grund der rechtlichen und organisatorischen Schlagkraft der katholischen Kirche und dann nochmals in der frühen Neuzeit in den bereits politisch mitmotivierten Religionskriegen dermaßen zu, daß die Gesellschaft Immunreaktionen entwickelt, und zwar mit Hilfe des Rechts. Vor allem aber ändert sich die Form gesellschaftlicher Differenzierung und damit der Kontext, in dem Religion und Moral in Anspruch genommen werden. Im Übergang zu einer primär funktionalen Differenzierung verliert die religiöse Weltsetzung an gesamtgesellschaftlicher Bedeutung (was aber keine Rückschlüsse auf die Intensität religiöser Kommunikation zuläßt). Außerdem wird deutlich, daß die Moral sich nicht länger als Form gesellschaftlicher Integration eignet. Während die stratifizierten Gesellschaften entweder Religion oder Moral benutzen, um Einheit in der Verschiedenheit der Rangordnung zum Ausdruck zu bringen[67], wird unter dem Regime funktionaler Differenzierung schließlich klar, daß keiner der Codes der Funktionssysteme seine positiv/negativ-Werte mit denen der Moral

---

67 Für eine primär religiöse, über Reinheits/Unreinheits-Differenzen integrierte Gesellschaft ist vor allem das indische Kastensystem bekannt. Siehe dazu Louis Dumont, Homo Hierarchicus: The Caste System and its Implications, London 1970. In Europa findet man eine deutlich moralische Definition des Adels, die neben der Betonung des Geburtskriteriums auch der Abgrenzung nach unten dient; und zugleich eine Verlängerung dieser Ordnung mit anderen Pflichtenkatalogen nach unten bis hin zur Ausgrenzung »unehrlicher« Berufe und Leute (dies dann mit deutlichen Assoziationen von »Unreinheit«).

identifizieren kann.[68] Moralische Kommunikation wird zwar massenhaft reproduziert und sucht sich ihre Themen auch im Bereich der Funktionssysteme.[69] Aber nur der Code der Moral ist dank seiner Formalität und seiner strikten Zweiwertigkeit noch universell verwendbar. Die Moralprogramme dagegen sind kaum mehr konsensfähig, sind durch die Massenmedien beeinflußt und, anders als das positive Recht, nicht mehr mit normaler Durchsetzungsgarantie ausgestattet. So muß die gesellschaftliche Integration den wechselseitigen Einschränkungen der Bewegungsspielräume der Funktionssysteme überlassen werden. Auch die (jetzt akademische) Ethik hat die Kontrolle über die Moral verloren, geht auf deren Kommunikationsprobleme und -folgen nicht ein und übernimmt statt dessen die Funktion, rechtliche Regulierungen diskursiv vorzubereiten. Moral ist jetzt, könnte man sagen, nur noch für Alltagskommunikationen (inclusive Presse und Fernsehen) relevant, und nur noch für eher pathologische Fälle.

Ebenso dramatisch verlaufen Veränderungen im Bereich der Kommunikationen, die den Modus der Beobachtung zweiter Ordnung benutzen. Inzwischen haben sich alle Funktionssysteme auf diesen Modus umgestellt:[70] die Wissenschaft mit Hilfe von Publikationen, die Wirtschaft durch Orientierung am Markt, die Politik über die öffentliche Meinung und die Familien oder sonstigen Intimverhältnisse auf Grund personaler Intimität. Von Pädagogen wird verlangt, daß sie beobachten, wie sie von Kindern beobachtet werden; aber es wird nicht erwartet, daß sie sich deswegen für Götter halten. Juristen finden ihre Regeln positiven Rechts in Entscheidungen, die erkennen lassen, wie in

---

68 In der Theorie wird dies paradigmatisch klar am Denkweg von Adam Smith von The Theory of Moral Sentiments (1759) zum Wealth of Nations (1776) und in dem Ergebnis, daß Smith, was seine Schuhe betrifft, lieber seiner Zahlungsfähigkeit vertraute als der Moral des Schusters.

69 Hierzu an Hand eines Beispiels Niklas Luhmann, Die Ehrlichkeit der Politiker und die höhere Amoralität der Politik, in: Peter Kemper (Hrsg.), Opfer der Macht: Müssen Politiker ehrlich sein, Frankfurt 1993, S. 27-41. Vgl. auch ders., Politik, Demokratie, Moral, in: Konferenz der deutschen Akademie der Wissenschaften (Hrsg.), Normen, Ethik und Gesellschaft, Mainz 1997, S. 17-39.

70 Vgl. hierzu Niklas Luhmann, Beobachtungen der Moderne, Opladen 1992.

der anstehenden Situation das Recht durch das Recht beobachtet worden ist. Und dann fällt es nicht weiter auf, daß auch die Religion sich mit Hilfe der hier tätigen professionellen Spezialisten dieses Modus der Beobachtung zweiter Ordnung bedient. Hier dient dann die Kontingenzformel Gott als funktionales Äquivalent für das, was anderswo durch den Markt oder die öffentliche Meinung, durch die Blicke des Intimpartners oder durch die Vorstellung, Kinder seien erziehbar, erreicht wird, nämlich das reflexive Prozessieren des Systems an Hand systemeigener Beobachtungen systemeigener Beobachtungen. Wenn es noch einen gesamtgesellschaftlichen Diskurs gibt, dann liegt er in den Händen der Intellektuellen, die sich unter der für sie angenehm unangenehmen Formel der Kritik damit beschäftigen, zu beschreiben, wie andere Intellektuelle beschreiben, was sie beschreiben.

Rückblickend erscheint es dann so, als ob Religionen mit Beobachtergott diese Umstellung aller wichtigen, folgenreichen Kommunikationen auf den Modus der Beobachtung zweiter Ordnung vorbereitet hätten. Man hat gewissermaßen an Gott ausprobiert und eintrainiert, was später dann ein gesellschaftsuniverseller Modus des Umgangs mit hoher Komplexität werden sollte. Und wenn dafür die jeweils funktionsspezifischen Formen (Marktpreise und Medienthemen, Kinder und Darstellungsvorschriften für wissenschaftliche Publikationen oder juristische Entscheidungsbegründungen) gefunden sind, wird eine Zusammenfassung des Gesamtsinns in einer religiös-moralischen Kosmologie entbehrlich. Was nicht ausschließt, daß es auch dieses Problem noch gibt und daß, wo immer das Problem aus Anlaß interner und externer Schlechtanpassungen des Gesellschaftssystems virulent wird, Religion eine Antwort bereitzuhalten sucht.

VI.

Der Beobachtergott hatte eine kaum zu ersetzende Orientierungssicherheit geboten. Wenn man ihn aufgibt, wird »Orientierung« zum Problem (und zum Modewort). Er hatte das Sein homogenisiert. Er hatte es als Rationalitätskontinuum erscheinen lassen. Er hatte garantiert, daß alles, was ist, gewußt werden kann, wenngleich nicht immer von Menschen. Nichtwissen war damit ein anthropologischer, um nicht zu sagen: humanistischer Begriff, nicht aber ein metaphysischer Begriff. Oder anders gesagt: es mußte nicht damit gerechnet werden, daß Nichtwissen eine Bedingung der Möglichkeit von Wissen sei und daß die Bemühung um Wissen zur Erzeugung von noch mehr Unwissen führen könnte. Die Grenzen des erreichbaren Wissens waren durch die Stopsignale des Mysteriums, durch Neugierverbote markiert.

Ferner hatte der Beobachtergott Unterscheidungen (oder jedenfalls die wichtigsten) mit einer zu präferierenden Seite versehen, mit einer Seite, auf der das eigentliche Sein, die Perfektion, die Natur zu finden war. Und das hatte es ermöglicht, diese Seite als maßgebend für den Sinn der Unterscheidung selbst anzusehen – so den Mann als Grund für die Unterscheidung Mann/Frau; die Stadt (oder das Politische) als Grund für die Unterscheidung polis/oikos; mündlich/schriftlich mit Schrift als bloß technischer Externalisierung; Seele (unsterblich)/Leib (sterblich) mit Präferenz für ewiges Leben; die Unterscheidung Begriff/Metapher in der Annahme, daß die Unterscheidung selbst eine begriffliche sei; das Gute als Grund für die Unterscheidung gut/schlecht; das Wahre als Grund für die Unterscheidung wahr/unwahr; das Sein als Grund für die Unterscheidung Sein/Nichtsein. Überall im alteuropäischen Denken findet man diese Struktur der hierarchisierten Opposition, der sich selbst übertrumpfenden Hierarchie. Mit dieser (logisch unzulässigen) Doppelverwendung der präferierten Seite als Sinn der Unterscheidung selbst hatte die Logik selber sich geschlossen – bis Gödel kam. In dieser Form entfalteter Paradoxie konnte die Welt als gottgewollt gelesen werden.

Auf diesen entscheidenden Punkt der onto-theologischen Metaphysik zielt die Philosophie der Dekonstruktion; die Metaphysik (wenn es denn eine ist) der Umgründung auf Differenz; die Metaphysik des Geistes, der nicht mehr ausschließen kann, was er nicht ist; die Metaphysik der Paradoxie. »The motif of homogeneity, the theological motif par excellence is what must be destroyed«.[71] Auch dieses »must« kann natürlich wieder dekon-

71 Jacques Derrida, Positions, engl. Übers. Chicago 1981, S. 64 (82?). Ich zitiere die englische Übersetzung wegen der besonderen Härte des englischen »must«.

struiert werden, das ist immer mitgedacht. Es versteift sich mit der Frage: was wäre, wenn nicht? Es wiederholt, wenngleich aus größerer Distanz, die »Schrift« der Theologie. Man darf dies nicht als Denunzierung verstehen – oder nur in dem Sinne, daß die Denunzierung das wiederholt (wenngleich im Sinne von différance), was sie denunziert. Sie lebt, derekonstruktiv, von dem, was sie ablehnt.

Wissen wir mehr, wenn wir das wissen? Der Gewinn liegt sicher nicht in einem leicht dekonstruierbaren (das Sein auf der eigenen Seite wissenden) Besserwissen. Aber er liegt in einem größeren Strukturreichtum der Formen, die dem Beobachten zur Verfügung stehen, und damit wachsen die Möglichkeiten der Kommunikation.

Neben dieser Form der Hierarchie, die sich asymmetrischer Oppositionen bedient, gibt es die berühmtere Hierarchie der Wesen, die das Beobachterparadox durch Ebenenunterscheidungen auflöst. Gott hat zwischen sich selbst und den Menschen noch Engel geschaffen und denen eine andere Form des kognitiven Zugriffs auf die Welt mitgegeben. Engel können Ideen wahrnehmen. Im Geiste der Engel existiert eine andere, eine ideale Welt, eine rein spirituelle Welt, an der der Mensch die Defekte seines eigenen Erkenntnisstandes abmessen kann.[72] Diese Ebenendifferenzierung vermag dann wiederum die Asymmetrisierung der Oppositionen zu begründen, die auf ihrer guten Seite die Blicke gleichsam nach oben ziehen.

Mit all dem soll es heute zu Ende sein: mit der Geschichte, mit dem Menschen, mit der Metaphysik, mit der Kunst, mit dem Buch – mit Gott. Aber vielleicht haben wir nur zu lernen, welchen Unterschied es macht, wenn man etwas so bezeichnet.

---

72 Hierauf bezieht sich die Kunsttheorie der Renaissance, wenn sie das Prinzip der Imitation nicht als ein bloßes Copieren des Vorhandenen versteht, sondern als Sichtbarmachen der Idealformen, wie sie im Geist der Engel bestehen. Siehe Federico Zuccaro, L'idea dei Pittori, Scultori ed Architetti, Torino 1607, zit. nach dem Nachdruck in: Scritti d'arte Federico Zuccaro (Hrsg. Detlef Heikamp), Firenze 1961, S. 159.

Kapitel 5

Die Ausdifferenzierung
religiöser Kommunikation

I.

Nie kann es einen gesellschaftlichen Zustand gegeben haben, in dem jede Kommunikation religiöse Kommunikation gewesen ist. Unter einer solchen Bedingung wäre religiöse Kommunikation nicht unterscheidbar gewesen, man hätte sie also auch nicht als religiös bezeichnen können. Wenn es religiöse Kommunikation gibt, muß es immer auch nichtreligiöse Kommunikation geben. Religion ist, unter welchen gesellschaftlichen Bedingungen und in welchen semantischen Formen auch immer, eine Form mit zwei Seiten: einer inneren Seite, auf der religiöse Kommunikation sozusagen bei sich selbst ist und religiöse Kommunikation reproduziert; und eine äußere Seite, auf der sich (wenn diese Form gewählt wird) andere Möglichkeiten der Kommunikation befinden.

Mit dieser Unterscheidung ist das Thema dieses Kapitels vorgestellt. Es geht jetzt erneut darum, *wie* religiöse Kommunikation sich unterscheidet und wie die Formen dieses Unterscheidens so weit entwickelt werden können, daß ein sich selbst reproduzierendes, operativ geschlossenes System für religiöse Kommunikation entsteht. Wir setzen voraus, daß es immer um eine Aktualisierung des Codewertes der Transzendenz gehen muß (selbstverständlich zunächst ohne diese sehr späte theologische Interpretation). Aber das sagt zunächst noch sehr wenig und gewinnt präzisere Formen erst im zirkulären Zusammenhang mit der Ausdifferenzierung religiöser Kommunikation.

Die wohl anspruchsloseste und deshalb vielleicht älteste Form der Unterscheidung religiöser Kommunikation dürfte mit ihren Themen gegeben sein. Wenn über die unheimlichen Mächte des Jenseits oder über Sakrales gesprochen wird oder wenn erkennbar in einem solchen Bezug gehandelt wird, geht es um religiöse Kommunikation. Dies kann auch darin bestehen, daß Individuen über eigene religiöse Erfahrungen berichten und dafür, weil sie In-dividuen sind, Authentizität in Anspruch nehmen. Religiöse Kommunikation kann, wenn die Identität der Referenz und damit die Wiederholbarkeit der Bezugnahme gesichert ist, ganz regellos und ohne vorbestimmte Anlässe oder Zwecke geschehen. Das Gesellschaftssystem kann auf zufällige Irritationen mit Religion reagieren, soweit die Kommunikation sich mit religiösen Referenzen verständlich machen kann. Kybernetisch gesprochen handelt es sich um ein ungeregeltes System. Es gibt keinen feedback-Mechanismus, mit dem vorweg schon bestimmt ist, welcher Input religiöse Kommunikation auslöst. Wenn Gelegenheiten zu religiöser Kommunikation nicht benutzt werden, schadet das nicht. Versäumnisse können gar nicht als solche identifiziert werden. Aber es kann, schon um der thematischen Passung willen, innerhalb des Kommunikationssystems nicht ganz zufällig zugehen; und es mögen sich Tendenzen entwickeln, bestimmten Vorfällen eine religiöse Interpretation zu geben und anderen nicht.

Faszination durch Themen heißt, wenn man von einer kommunikationstheoretischen in eine systemtheoretische Begrifflichkeit übersetzt, Faszination durch Fremdreferenz. Das entspricht einer psychischen Verfassung, in der die teilnehmenden psychischen Systeme primär durch Wahrnehmung bestimmt sind, also ebenfalls durch Externalisierungen, die auf eine mitlaufende Reflexion interner Kontrollen verzichten. Für psychische Systeme werden sakrale Mächte dann in der Form von Copien wahrnehmbarer Sachverhalte vorstellbar gemacht – etwa als Geister der Ahnen oder als Tiere oder als Naturkräfte. Und gerade darauf mag ihre Unheimlichkeit, ihre innere Paradoxikalität beruhen: daß man nicht sieht, was man doch sehen könnte, und sich deshalb nicht in der sonst üblichen Weise dagegen schützen kann.

Wenn diese Überlegungen zu einem ursprünglichen Primat des Externen zutreffen, muß alle weitere Evolution als zunehmende Internalisierung begriffen werden, und auch hier kann man an eine Co-Evolution denken von kommunikativen Selbstreferenzen im Gesellschaftssystem und Einsichtszumutungen an psychische Systeme.

Man kann einen ersten Schub annehmen, in dem Zeitpunkte und

Plätze bestimmt werden für Kommunikation über Sakrales. Es gibt Orte, besondere Hütten, schließlich Tempel, in deren Nähe man sich auf Heiliges einzustellen hat – unter Gefahr von frevelhaftem, sozial sanktioniertem Verhalten. Und auch eine Zeitordnung bietet sich an, die die Bewegung von Profanräumen zu Sakralräumen und zurück ordnet. Man geht sonntags zur Kirche – und sei es, um an *diesem* Tag *speziell* daran erinnert zu werden, daß Gott als *universeller* Beobachter an *allen* Tagen präsent ist. Die *Aktualisierung* intensiveren religiösen Erlebens dokumentiert eine *Möglichkeit*, die *immer* relevant ist. Wir wollen diese Form der Differenzierung *Situationsdifferenzierung* nennen und meinen mit »Situation« die Welt von einer Raum/Zeit-Stelle aus betrachtet.

Eine solche Situationsdifferenzierung braucht selbstverständlich eine kommunikative Absicherung und ansatzweise Reflexivität, nämlich Kommunikation über Kommunikation. Sie muß Situationen unterscheiden und von anderen Situationen aus zugänglich machen können. Das ist eine Selbstverständlichkeit im normalen Tagesablauf: nach der Arbeit das Essen. Wenn jedoch eine religiöse Situationsdefinition eingerichtet werden soll, die die unmittelbare Logik des Erfahrbaren überschreitet, müssen religiöse Konnex-Definitionen entwickelt werden, die Situationen mit einem anderen Eigensinn einbeziehen – etwa über Verunreinigung/Reinigung oder über Sündigen/Beichten. Schon das erfordert eine Semantik, mit der die Religion »judizieren«, nämlich sich selbst und anderes beurteilen kann.

Erst wenn Orte und Zeiten als Situationen für wiederholten religiösen Gebrauch eingerichtet sind, lassen sich strenge Riten entwickeln, deren Form den Ausschluß (und damit die Präsenz) anderer Möglichkeiten bezeugt.[1] Sie werden im Rahmen von Kulten zelebriert, die ihrerseits die Aufmerksamkeit fixieren und, von der Funktion her gesehen, eine mehr oder weniger gedankenlose Verbesserung von Aussichten ermöglichen. Jetzt sind auch rekursive Mechanismen möglich, die aus variablen oder aus festliegenden Anlässen ein Ritual auslösen – im Unterschied zu reaktiven magischen Praktiken des Reinigens, Hei-

---

1 Für den Übergang und für die Etablierung eines Bereichs ritualistisch beschränkter Kommunikation siehe Mary Douglas, Natural Symbols: Explorations in Cosmology, London 1970.

lens, Besänftigens bei unkontrolliert auftretenden Auslöseereignissen.

Riten müssen als Formen der Kommunikation aufgefaßt werden mit einer auf Wahrnehmung bezogenen Inszenierung. Sie werden nicht als Gegenstand eines Konsenses oder gar einer Vereinbarung aufgefaßt, denn das würde ja die Möglichkeit des Dissenses oder der Aufkündigung des Konsenses in die Institution einführen. Der soziale Zusammenhalt und die Regulierung des Ablaufs erfolgt durch Objekte, die man beobachtet, um zu wissen, wie weit es ist, was jetzt dran ist, was man zu tun oder zu gewärtigen hat.[2] Körperliche Anwesenheit ist erforderlich, man sieht und man wird gesehen, und man sieht, daß man gesehen wird, und das ist weitgehend schon die Kommunikation. Die notwendige körperliche Präsenz erweitert die Kommunikationsmöglichkeiten. Gerade damit dient der Körper als Medium der Formenbildung, der Expression und Sichtbarkeit von Einschränkung bis hin zum alternativlos richtigen Vollzug.[3] Besondere Körper – im Trancezustand, im Tanz, im Zelebrieren des Rituals – focussieren die Beobachtung. Das erübrigt es, sich das Geschehen als Anwendung von Regeln vorzustellen. Noch im Mittelalter ist die Bewegung der Körper, wie Friederike Hassauer am Falle der Wallfahrt gezeigt hat, wichtiger als die Prüfung der inneren Einstellungen im Sinne eines Konsenses mit sich selbst und mit anderen.[4] Kommunikation wird zwar praktiziert und strikt überwacht – aber mit einem Minimum an Differenz zwischen Mitteilung und Information. Man teilt nur den Sinn des Verhaltens mit, und dessen Verdichtung erübrigt zunächst einmal Probleme der Interpretation. Die Sinngebung darf nicht – anders als beim Chor in der griechischen Tragödie – Gegenstand einer hinzugefügten Kommentierung sein, weil dies die Kontingenz des Spiels offenlegen würde.

In einer impliziten Weise wird aber zugleich auch über die Ab-

2 Siehe über Quasi-Objekte als funktionale Äquivalente für Sozialverträge Michel Serres, Genèse, Paris 1982, S. 146 ff.

3 Siehe zu »body as social medium« Douglas a.a.O., S. 65 ff. Vgl. auch Roy A. Rappaport, Ecology, Meaning, and Religion, Richmond Cal. 1979, S. 126, 173 ff.

4 Siehe Friederike Hassauer, »Santiago« – Schrift, Körper, Raum, Reise: Eine medientheoretische Rekonstruktion, München 1993.

sicht des Vollzugs und über die Welt kommuniziert.[5] Der Beginn einer Orte und Zeiten und Umgangsformen festlegenden Selbstbestimmung des Gesellschaftssystems besagt keineswegs, daß die externen Referenzen an Bedeutung verlören. Die sich selbstreferentiell an ihrer eigenen Richtigkeit orientierende Kommunikation leugnet selbstverständlich nicht, daß sie in der Welt und in der Gesellschaft stattfindet. Sie muß erreichbar bleiben und sich wiederauflösen können. Aber mit den Riten entsteht auch ein Bedarf für die Neuformierung der Fremdreferenz. Man wird daher vermuten dürfen, und das lehrte zum Beispiel die »myth and ritual«-Schule,[6] daß die Mythenentwicklung durch die Ritualisierung stimuliert wird als eine semantische Parallelkonstruktion zur Grenze, die praktiziert werden muß: als »liminal phenomena«,[7] als Vorgabe von Differenzen, die in Erzählungen verwendet werden können, um die Jetztzeit und den Grund des Rituals gegen etwas anderes abzusetzen. Man zelebriert Differenzen wie Chaos/Kosmos, Geburt/Tod, Überfluß/Mangel, unsterblich/sterblich, Unschuld/Sünde, Seele/Körper, ungeschlechtlich (androgyn)/geschlechtlich, Titanen/Götter oder auch sehr konkret: Vorgänge des Gestaltwechsels. Die Fremdreferenz wird also an Hand von Unterscheidungen ausgearbeitet. Sie gewinnt an Bedeutung, wenn selbstreferentielle religiöse Kommunikationen sinnbedürftig werden. Das läßt begrenzte Freiheiten zu. Zwar sind diese Unterscheidungen zwingend vorgegeben und stehen nicht zur Verfügung. Aber es hängt zugleich auch von menschlichem Verhalten ab, was im Einzelfall eintrifft oder zutrifft. Und damit wird Zeit relevant. Die an sich gleichmäßig (analog) verlaufende Zeit wird digitalisiert und wird damit referierbar. Daraus ergibt sich die Form der Erzählung, in der Differenz als Einheit erscheinen kann, also Paradoxien entfaltet werden können. Dabei bleibt für Mythenerzählungen entscheidend, daß die Orte und Zeiten des Erzählens oft vorgeschrieben sind, und vor allem: daß weder Handlung noch Sozialität aus

---

5 Siehe dazu Anthony F. C. Wallace, Religion: An Anthropological View, New York 1966, S.233ff.

6 Siehe Samuel H. Hooke (Hrsg.), Myth, Ritual, and Kingship, Oxford 1958. Vgl. auch Wallace a.a.O. S. 106ff.

7 So Victor W. Turner, Myth and Symbol, International Encyclopedia of the Social Sciences, Chicago 1968, Bd. 10, S. 576-582.

dem Erzählkontext eliminiert werden können. Das erleichtert Analogiebildungen, erleichtert die Übertragung der Mythenweisheit in Situationen des täglichen Lebens.

Mythen erzählen, was man schon weiß. Das ist ihre Art und Weise, das Unvertraute im Vertrauten zu reproduzieren. Ihr Reprodukt ist Solidarität, nicht Information. Deshalb beziehen Mythen sich immer nur auf *vergangene* Ereignisse mit Blick auf ihre *gegenwärtige* Ausdeutbarkeit. Die *Zukunft* wird nicht behandelt, und wenn es in seltenen Fällen zu Eschatologien kommt, die über eine Darstellung des Lebens nach dem Tode hinausgehen, wird Zukunft in Umkehrbildern präsentiert, die durch ihre Phantastik faszinieren. Zukunft heißt dabei: daß das Unvertraute das Vertraute überwältigen wird.

Im Mythos wird das Bekanntsein nicht miterzählt, nicht zum Gegenstand der story gemacht, sondern vorausgesetzt. Selbstreferentielle Bezüge laufen also mit, werden aber nicht artikuliert, also nicht zum Thema der (stets auch negierbaren) Kommunikation gemacht. Erst gegen Ende der (in diesem Fall: griechischen) Mythenkultur wird vom Poeten etwas Auffälliges, Überraschendes, Neugebildetes erwartet. Und jetzt wird der dazu Berufene nicht mehr Seher genannt, sondern Macher.[8]

Die Kombination Ritus/Mythos kanalisiert die Erkennbarkeit von Abweichungen und damit die Placierung normativer Erwartungen. Nur vom strikt regulierten Ritus kann man abweichen, und hier sind Abweichungen als Fehler leicht erkennbar. Der Mythos wird nur erzählt und, da die Erzählung mündlich erfolgt, miterlebend nachvollzogen, also geglaubt. Der Erzähler kann ausschmücken und hinzuerfinden, solange er bei einer wiedererkennbaren Struktur bleibt, aber die Erzählung liegt nicht abweichungsdefinit fest.[9] Nur die selbstreferentielle Seite, nicht die fremdreferentielle Seite des religiösen Gesamtkomplexes kann normativ fixiert werden; denn es hätte keinen Sinn, Umweltsachverhalte zu normieren, die man nicht beeinflussen kann. Entsprechend unterscheiden sich die Formen, in denen Kontingenzen zugelassen werden: Der Mythos läßt sie an den Kopp-

8 Nicht mehr aiodós, sondern poietés.

9 Auch das ändert sich bei den griechischen Tragödien, und zwar infolge von Schrift. Die aufführungsverbindliche Textfassung wird stadtamtlich aufbewahrt und als Kriterium richtiger Darstellung verwendet.

lungsstellen (Übergängen) der Erzählung erscheinen, im Ritus werden sie als Fehler sichtbar, nach Möglichkeit eliminiert oder andernfalls als Omen, als Unglückszeichen aufgefaßt und weiterbehandelt.

Parallel zu dieser Entwicklung entsteht ein Bedürfnis nach sozialer Assistenz zum Auffangen ihrer wachsenden Schwierigkeiten. In dem Maße, als Transzendenz zum Thema wird und damit paradoxe oder ambivalente Formulierungen sich aufdrängen, wird auch der Bedarf für Vermittlungen akut. Diese können in den religiösen Kosmos nach dem Muster von Patron/Klient-Beziehungen eingebaut sein und nehmen dann die Form von Interventionsheiligen an.[10] Ein funktionales Äquivalent entsteht durch Ausdifferenzierung entsprechender Rollen, die ahnenkultunabhängige Vermittlungsdienste anbieten können.[11] Auch hier sind für eine evolutionstheoretische Analyse Übergangsformen von Interesse, die eine Gewöhnung an Ungewöhnliches ermöglichen. Bei okkasionell auftretenden Bedrohungen oder Eingriffen sakraler Mächte mag es sich einfach um Gelegenheitsfähigkeiten handeln, um Stammesmitglieder mit stärkeren Nerven oder mit der Fähigkeit, für Situationsdefinitionen Anerkennung zu mobilisieren, etwa dank Alter oder dank Erinnerung an ähnliche Fälle in der Vergangenheit. Rezeptwissen wird zur Unsicherheitsabsorption eingesetzt, und dafür genügt die Behauptung, daß dies oder das hilft. Größere Anforderungen ergeben sich aus der Entwicklung von Riten und Mythen. Jetzt muß auf beiden Seiten dieser Unterscheidung Redundanz und Varietät gesichert werden. Es bilden sich neben oder auf Grund jener

---

10 In afrikanischen Religionen ist die Benutzung von Verstorbenen in dieser Funktion verbreitet, wobei die Verstorbenen ihrerseits ihre Vorfahren und diese schließlich Gott erreichen können. Vgl. John S. Mbiti, Concepts of God in Africa, London 1970, insb. S. 230ff., 267ff.

11 Auch hier ist das Spektrum von Übergangsformen sehr breit. Man denke zum Beispiel an den Zustand des von Geistern Besessenseins (Trance) und die bekannte (unter Umständen erbliche) Disponiertheit bestimmter Personen für solche Zustände. Und, daran anschließend, an den Deutungsbedarf, der sich aus wirren Äußerungen oder körperlichen Erscheinungen ergibt und besondere Spezialisten erfordert bis hin zu den schwierigen Fragen der echten bzw. unechten Stigmatisierung, die nur im Vatikan geklärt werden können.

Gelegenheitskompetenzen Rollen, die dafür zuständig sind, und mit den an Rollen gerichteten Erwartungen stellt sich auch das Problem der Nachfolge ein, wenn der Rollenträger versagt oder stirbt, also eine Art Amtsbewußtsein. Das Religionssystem reagiert auf solche Komplexitätszunahme also mit einer doppelten Differenzierung, die an eben dieser Doppelung Halt findet: der Unterscheidung von Rolle und Person und der Unterscheidung dieser Spezialrolle (oder -rollen) von sonstigem Verhalten. Rollendifferenzierungen können sich rein situativ ergeben. Sie brauchen sich nicht gleich schon auf den Zugang zur Transzendenz zu beziehen. Kulte, die mit Trancezuständen arbeiten (heute zum Beispiel in Mittel- und Südamerika verbreitet), können die Rolle eines »Mediums«, das von Geistern »besessen« sein kann, im Prinzip für alle Teilnehmer offen halten, auch wenn die jeweilige Inszenierung Selektionen erfordert. Es gibt also, was den Zugang zur Transzendenz betrifft, keine festen Rollenasymmetrien und, vermutlich deshalb, auch keine klare Unterscheidung zwischen schwarzer und weißer Magie. In anderen Fällen kann dagegen eine kultische Sequenz nur ordnungsgemäß ablaufen, wenn Priester ihre besonderen Fähigkeiten (zum Beispiel: Sakramente zu spenden) beisteuern; und dies sind dann Fähigkeiten, die nicht jedermann besitzt und ausüben kann. Wenn es auf festliegende Rollenasymmetrien ankommt, liegt eine Rückversicherung in einer allgemeinen gesellschaftlichen Statusordnung nahe, sei es im stratifizierten Aufbau der Gesellschaft, sei es in der besonderen Ämterorganisation einer Kirche. Kulte, die mit Trancezuständen arbeiten, sind in dieser Hinsicht freier gestellt, und es dürfte kein Zufall sein, daß sie sich heute vor allem in rassisch und sozial unterdrückten Bevölkerungsschichten entwickeln.

Eine Rollenorganisation ermöglicht Festigkeit und Beweglichkeit in einem, sie bildet ein emergentes Niveau religiöser Betriebsamkeit. Die Fähigkeit, mit religiösen Problemen umzugehen, kann auf Dauer gesichert werden. Sie kann arbeitsteilig oder auch hierarchisch differenziert werden. Es entsteht, wenn die Ressourcen reichen, ein Priestertum, das schließlich auch den Zugang zu den Rollen kontrolliert und sich über Zugangsregulierungen eventuell mit sozialer Schichtung arrangieren kann.

Vom Gesellschaftssystem her gesehen ist all dies Organisation von Selbstreferenz. Aber was Selbstreferenz besagen kann, wird jetzt mehrdeutig. Nach wie vor geht es um Selbstbeobachtung von Kommunikation, um Kommunikation über Kommunikation. Aber die ausdifferenzierte Rollenorganisation der Priesterschaft kann auch ein eigenes Interesse entwickeln, sei es an Reinheit oder an Orthodoxie, sei es an Ressourcen. Damit ergibt sich die Möglichkeit, Religion aus sich heraus in einen sozialstrukturellen Modus der Systemdifferenzierung zu überführen. Es gibt dann nicht nur heilige Objekte und nicht nur Riten und Mythen, die kompetent zu reproduzieren sind, sondern es entsteht ein Religionssystem, das sich zahlreiche nichtreligiöse Aktivitäten und Ressourcen eingliedern und auch darüber kommunizieren muß: Angelegenheiten der Bauten und der Verwaltung, des untergeordneten Personals und der innergesellschaftlichen, aber für das Religionssystem externen Beziehungen. Das System beruht jetzt auf einer doppelten Systematisierung auf operativer und auf semantischer Ebene. Es erreicht damit den Zustand »doppelter Schließung«.[12] Einerseits werden die Operationen im Hinblick auf den jeweiligen Systemzustand und im Hinblick auf Anschlußfähigkeit im System bestimmt; und andererseits orientiert man sich an einer darauf abgestimmten Weltkonstruktion, in der Übergänge kontrolliert und Inkonsistenzen nach Möglichkeit vermieden oder als bloß scheinbare Widersprüche dargestellt werden. Das erfordert vor allem, daß Gegensätze wie Geburt und Tod, Glück und Unglück, Sonnenaufgang und Sonnenuntergang, Freunde und Feinde nicht mehr als Widersprüche erfahren, sondern in die Kosmologie *eingearbeitet* werden. Die Nichtzulassung von Widersprüchen muß, könnte man sagen, sich in die Logik zurückziehen und die Dinge und Ereignisse freigeben.

Man wird nicht fehlgehen in der Annahme, daß bei einem solchen Entwicklungsstand die Fremdreferenz der Religion adaptiert werden muß. Zum Beispiel in der Lehre von seelenheilswirksamen Gaben und, im Zusammenhang damit, in einer Abkopplung der Vorstellungen über das Leben nach dem Tode von

12 Zum Begriff siehe Heinz von Foerster, Observing Systems, Seaside Cal. 1981, S. 304 ff.

Todesumständen (Tod im Kampf, Tod im Bett) und von schichtbedingten Vorgaben. Überhaupt scheint die hochwillkommene Vorstellung eines Lebens nach dem Tode diejenige Generalisierung zu sein, die den neuen Differenzierungen gewachsen ist:[13] Sie kommt den Bedürfnissen der Klienten entgegen, erleichtert die Ressourcenbeschaffung und dient der Orthodoxie als Pauschalvorstellung, in die zahlreiche Konditionierungen moralischen Zuschnitts eingearbeitet werden können. Außerdem bedarf die jetzt aufreißende Differenz zwischen Priestern und Laien einer tradierbaren Interpretation. Es liegt zunächst nahe, dafür auf den alten Topos des Geheimwissens zurückzugreifen, dann auf eine Spezialkompetenz für den Umgang mit heiligen Texten oder für größere Wirksamkeit in der Kommunikation mit dem Tempelgott an Ort und Stelle oder auch auf höhere Verdienste durch besondere Formen der Lebensführung. Askese kann Reichtum legitimieren. Weisheit muß sich nicht zuletzt an der Lebensführung des Weisen erweisen, solange keine unabhängigen (empirischen) Wissenskontrollen möglich sind. Vor allem aber brauchen Menschen jetzt eine »Seele«, der Schuld und Schicksal vor und nach dem Tode zugeschrieben werden kann. Und Strafe kann dann weitgehend als Schuldgefühl in die Seele hineininterpretiert[14] und im übrigen dem Recht überlassen werden.

Besonders fällt auf, daß bei diesem Entwicklungsstand die Vorstellung eines *Bundes*, eines Vertrages Gottes mit seinem Volke akzeptiert werden kann.[15] Das ersetzt und entwertet in erheblichem Umfange die Quasi-Objekte, die das Sozialgeschehen der

13 Wir folgen hier einer Anregung von Talcott Parsons, Evolution mit den Variablen adaptive upgrading, differentiation, inclusion und value generalization zu beschreiben. Siehe u. a. Talcott Parsons, The System of Modern Societies, Englewood Cliffs N. J. 1971, S. 11, 26ff.

14 Vgl. Alois Hahn, Unendliches Ende: Höllenvorstellungen in soziologischer Perspektive, in: Karlheinz Stierle/Rainer Warning (Hrsg.), Das Ende: Figuren einer Denkform. Poetik und Hermeneutik XVI, München 1996, S. 155-182.

15 Dabei darf freilich nicht übersehen werden, daß die Vorstellung eines synallagmatischen Vertrages, der auch die Abwicklung von Fehlleistungen und Unmöglichkeiten steuert, eine sehr viel spätere juristische Erfindung des römischen Zivilrechts ist.

Riten gesteuert hatten, und führt zu Neufassungen des religiösen Kultes, dessen Sinn nun »synagogisch« in der Bestätigung des Vertrages, in Lesungen, in der deutenden Aneignung des Textes liegen kann. Der Vertrag ist gegeben und wird angenommen. Damit taucht das Problem der Vertragstreue auf und überformt alles, was man bisher von Verunreinigungen und rituellen Verfehlungen mit entsprechendem Ausgleichshandeln zu gewärtigen hatte.

Verschiebungen im semantischen Verhältnis von Fremdreferenz und Selbstreferenz reflektieren jetzt stärker die systeminternen Probleme. Extrem allgemein formulierend könnte man vielleicht sagen, daß jetzt systemeigene Unterschiede und Unterscheidungen die Organisations- und Dogmenentwicklungen anregen und daß die Ausnutzung der damit gegebenen Freiheitsgrade zu den bekannten Unterschieden zwischen den Religionen der Hochkulturen führt, die bis heute verhindert haben, daß sich eine welteinheitliche Religionssemantik bilden konnte. Zur Selbstspezifizierung jeder Religion gehört auch ihre Abgrenzung gegen andere Religionen, und dies mit deutlich unterscheidbarer Intensität der jeweiligen Exklusionsregeln.

II.

Die Unterscheidung von Themendifferenzierung, Situationsdifferenzierung, Rollendifferenzierung und Systemdifferenzierung setzt Unterscheidungskriterien voraus. Themen, Situationen und Rollen können mit relativ einfachen Unterscheidungen auseinandergehalten werden – so wie Dinge. Jedes dieser Objekte läßt sich von allem anderen, also vom unmarked state der Welt unterscheiden und daraufhin bezeichnen. Auf Störungen kann durch Neudefinition der Situation reagiert werden. Welche Konsistenzprobleme auftreten, ergibt sich aus dem Tagesrhythmus der Lebensführung. Man braucht zum Beispiel Zeit, um von einem Ort zu einem anderen zu gelangen. Erst mit der Entwicklung einer Schriftkultur nehmen die Konsistenzerfordernisse innerhalb der bewahrten Semantik zu. Darauf kann man, unter anderem, mit Systemdifferenzierungen reagieren, die die Konsistenzlast durch System/Umwelt-Unterscheidungen unterbrechen. Denn Systemdifferenzierungen unterscheiden sich von allen anderen Formen der Differenzierung dadurch, daß Beobachterpositionen mitdifferenziert werden und von jedem System aus etwas anderes als Umwelt gesehen wird.

Von Systemdifferenzierung im Unterschied zu allen anderen Formen der Differenzierung wollen wir nur sprechen, wenn das System selbst die Grenzen zwischen sich und der Umwelt zieht und sich dadurch selbst reproduziert. Unabhängig von den Möglichkeiten irgendeines Beobachters, Zusammenhänge (zum Beispiel zwischen Riten und Mythen oder zwischen religiösen Rollen) festzustellen, setzt eine Systembildung (wenn man diese Theorievorgabe akzeptiert[16]) voraus, daß das System im Wege der Selbstbeobachtung entscheidet, welche Operationen das System reproduzieren und welche nicht, also was zum System gehört und was nicht. Auch dann können freilich noch externe Beobachter auftreten, die mit anderen Unterscheidungen und anderen Zäsuren arbeiten. Wie immer man aber in diesem Zusammenhang über den Systembegriff disponiert: es gibt jedenfalls »autopoietische« Systeme, die alles, was für sie als Systemoperation zählt und im System als anschlußfähig behandelt wird, im Netzwerk der eigenen Operationen produzieren. Daraus folgt, daß diese Systeme unter der Bedingung operativer Geschlossenheit arbeiten, sich von direkter externer Bestimmung ihrer Eigenzustände abkoppeln und sich nur auf strukturelle Kopplungen einlassen, die diejenigen Störungen kanalisieren (und andere ausgrenzen), die im System als Irritationen behandelt und in traitable Informationen umgearbeitet werden.

In einer langen religiösen Tradition spielen Ahnenkulte eine besondere Rolle. Man findet sie, unabhängig voneinander entstanden, in verschiedenen Gesellschaften, in Mesopotamien wie in China. Die Grunderfahrung des Todes der eigenen Eltern oder Großeltern motiviert die Frage, was aus ihnen geworden ist, und eine typisch religiöse Färbung bekommt diese Frage dadurch, daß man nicht sicher sein kann, ob sie als gute und hilfreiche oder als böse Geister überleben und auf ihre Familie einwirken. Kulte,

---

16 Hierzu ausführlicher Niklas Luhmann, Soziale Systeme: Grundriß einer allgemeinen Theorie, Frankfurt 1984.

aber auch umfangreiche Privatgenealogien sichern und reproduzieren das Gedächtnis, auch wenn das Leben der Verstorbenen allmählich vergessen wird. Eine Genealogie dient dabei zugleich als taxonomisches Schema und als Bezugspunkt für das Ritual des Ahnenkultes. Mit der Ausdifferenzierung und institutionellen Anerkennung von Ahnenkulten kann die Gesellschaft einer basalen segmentären Differenzierung in Familienhaushalte Rechnung tragen – auch lange nachdem schon politische Strukturen und Hochreligionen oder textförmig fixierte Moralvorstellungen entstanden sind. Die Ausdifferenzierung von Religion wird auf diese Weise zugleich ermöglicht und gebremst. Man kann noch nicht von einem Religionssystem sprechen, das *alle* religiösen Kommunikationen und *nur sie* einschließt. Der Ahnenkult bleibt zu stark an das Leben in Familienhaushalten oder auch an größere Verwandtschaftssysteme (clans) gebunden und wird von daher motivational reproduziert.

Aber Hochreligionen, die prüfen können, was in ihrem Kontext Sinn macht und was nicht, sind autopoietische Systeme. Sie reproduzieren sich durch ihre eigenen Operationen und benötigen dafür die Unterscheidung von Selbstreferenz und Fremdreferenz. Dazu verhilft eine als Kanon dienende Textbasis, eine Orthodoxie mit begrenzter Lernfähigkeit. Aber die Texte formulieren eine Beschreibung der Welt, sie ermöglichen also die Reproduktion der *Differenz* von Selbstreferenz und Fremdreferenz. Die Welt wird religiös interpretiert, mit religiösem Sinn überzogen – aber dies auf Grund von kommunikativen Operationen, die im System selbst anschlußfähig sind. Man kann dann Aussagen über etwas *anderes* an *eigenen* Mitteln verifizieren. Diese Textmittel müssen deshalb als bindend, als religio vorausgesetzt werden, ihre Selbstinterpretation muß an ihrer Heiligkeit Schranken finden; denn sonst würde man *intern* zulassen, daß die Beschreibungen ständig *von außen* (zum Beispiel politisch) modifiziert werden.

Wenn Religion diese Form der Ausdifferenzierung erreicht hat, bietet sie eine (aus ihrer Sicht) *vollständige* Weltbeschreibung an. Das macht es schwierig, wenn nicht unmöglich, in der Gesellschaft die Ausdifferenzierung der Religion zu erkennen und *darauf* kommunikativ zu reagieren, besonders wenn mehr oder weniger alle die Glaubensprämissen teilen. Die Gesellschaft nimmt eine religiöse Weltsetzung an. Nur und gerade in dieser Welt gibt es dann Freiheiten für nichtreligiöse Kommunikation. Nicht alle Tage ist Sabbath. Aber gerade das zeitliche Religionskonzentrat etabliert eine Differenz, die *als Differenz*, also *als Form*, religiös konnotiert ist. Die heilige Zeit und andere Zeiten sind Zeiten derselben Welt, deren (religiöse) Einheit durch diese Zwei-Seiten-Form akzentuiert wird.

Das Religionssystem ist also operativ, aber nicht sinnmäßig geschlossen. Es bietet der Gesellschaft Beobachtungsschemata an, die Unterscheidungen verwenden, auf deren einer Seite die Religion wiedervorkommt – als besondere Zeit, als Kult, als priesterliche Profession und typisch in allen drei Dimensionen: zeitlich, sachlich, sozial. In dieser komplizierten Architektur, die auf einem re-entry der Religion in die religiös definierte Welt beruht, wird also die operative Basis des Religionssystems sichtbar gemacht – und wird zugleich unsichtbar gemacht, daß die Unterscheidung der Religion sich selbst der Religion verdankt. Man kann dann Kult, Priesterschaft usw. der (gegebenenfalls kritischen) Kommunikation aussetzen, ohne damit die religiöse Weltsetzung in Frage zu stellen. Sie steht, solange es keine anderen (zum Beispiel naturwissenschaftlichen) Weltkonstruktionen gibt, nicht zur Disposition.

Ein operativ geschlossenes System kann mit eigenen Operationen weder anfangen noch aufhören. Denn dazu müßte es imstande sein, mit eigenen Operationen eigene Grenzen zu überschreiten. Es kann eine Beschreibung von Anfang und Ende anfertigen, auch eine Beschreibung vom Anfang und Ende der Welt; aber dies kann nur in der Welt zwischen Anfang und Ende geschehen, weil nur mit den Operationen eines autopoietischen Systems, das bereits operiert.[17] Eben deshalb muß in Miltons *Paradise Lost* der Erzengel Raphael dem Adam, der es nicht wissen kann, den Sinn der Weltgeschichte von Anfang bis Ende erklären unter der Voraussetzung, daß jedenfalls Gott vor dem Anfang und nach dem Ende beobachtet, was er geschehen läßt. Die Zeit ist als Horizont von Erzählungen verfügbar, die aber in der Zeit stattfinden müssen.

17 Siehe Niklas Luhmann, Anfang und Ende: Probleme einer Unterscheidung, in: Niklas Luhmann/Karl Eberhard Schorr (Hrsg.), Zwischen Anfang und Ende: Fragen an die Pädagogik, Frankfurt 1990, S. 11-23.

Diese selbstgenügsame Struktur eines re-entry der Zeit in die Zeit wird auf der Ebene der Beschreibung nicht als Paradoxie erkennbar. Sie bietet nur Anlaß für Diskussionen über die räumlich/zeitliche Endlichkeit/Unendlichkeit der Welt, die mit dieser gleichsam objektivistischen Unterscheidung jedoch am Problem vorbeizielen. Das entbindet eine externe Beschreibung dieser Beschreibung nicht von der Frage, wie man sich den Anfang eines autopoietischen Systems Religion vorstellen, wie man ihn »wissenschaftlich« rekonstruieren kann. Es liegt dann nahe, operative Schließung als eine evolutionäre Errungenschaft anzusehen, die »äquifinal« von verschiedenen Ausgangslagen her erreicht werden kann, sofern dafür ausreichende Vorbedingungen erfüllt sind. Wir werden im Zusammenhang mit Überlegungen zur Evolution von Religion darauf zurückkommen, müssen aber zunächst noch die Analyse der Ausdifferenzierung von Religion um einen weiteren Gesichtspunkt vervollständigen.

III.

Auf jede sprachliche Kommunikation kann sprachliche Kommunikation mit Ja oder mit Nein reagieren, annehmend oder ablehnend. Je nachdem, wie sich dies entscheidet, wird die vorherige Kommunikation als Prämisse weiterer Selektionen zugrunde gelegt oder nicht. In *beiden* Fällen kann das Ergebnis zum Abbruch der laufenden Kommunikation führen: bei Konsens, weil dann nichts mehr zu sagen ist; bei Dissens, weil weiteres Kommunizieren zwecklos erscheint. Aber auch Folgekommunikation kann es in *beiden* Fällen geben: bei Konsens, weil man nun eine Grundlage hat für riskantere, voraussetzungsvollere, aufbauende Kommunikation; bei Dissens, weil es sich nun lohnt, zu streiten bzw. friedlich-kontrovers zu diskutieren. Die Ja/Nein-Bifurkation ist also nicht gleichbedeutend mit Fortsetzung oder Abbruch der Kommunikation. Sie ist, im Gegenteil, derjenige Sprachcode, der gewährleistet, daß Kommunikation auf alle Fälle fortgesetzt werden kann, welche Außeneinwirkungen (Motive) immer den Prozeß auf das Ja-Gleis oder auf das Nein-Gleis drängen.

Im Unterschied zu einer Position, die heute repräsentativ von Jürgen Habermas vertreten wird,[18] gehen wir nicht davon aus, daß es ein kommunikationsimmanentes télos gibt, das normativ vorschreibt, Einverständnis zu suchen. Entsprechend verzichten wir auf einen normativen Begriff von Rationalität. Dieser Verzicht macht den Weg frei für eine andere Problemstellung. Gerade die ständig erneuerte Ja/Nein-Bifurkation, also der binäre Code der Sprache, sichert die Autopoiesis des Kommunikationssystems Gesellschaft, die auf dem Ja-Gleis oder auf dem Nein-Gleis weiteroperieren kann oder auch abbrechen kann, wenn andere, attraktivere Kommunikationsmöglichkeiten in Sicht kommen. Dann kommt es aber zu der Frage, die uns jetzt beschäftigen wird: Wie kann eine hinreichende Akzeptanz von Kommunikation gesichert werden, wenn der angebotene Sinn immer selektiver, immer unwahrscheinlicher wird; wenn der Zumutungsgehalt steigt; wenn die Gesellschaft komplexer wird?

Dies ist vor allem dann der Fall, wenn Schrift eingeführt wird und sich ausbreitet, so daß Kommunikationen möglich werden, die den Interaktionskontrollen unter Anwesenden ausweichen. Schrift ermöglicht Kommunikation unter Abwesenden, und Abwesende sind freier gestellt in der Frage, ob sie den Sinn des Gelesenen verwenden wollen oder nicht, glauben oder nicht, ihn als Norm oder Anweisung befolgen oder nicht. Dies mag von völlig verschiedenen Konstellationen, Opportunitäten, Überwachungen abhängen, und schon die zeitliche Ausdehnung der Optionsmöglichkeiten wird dafür sorgen, daß Ablehnungen oder einfach inkonsistentes Weiterkommunizieren wahrscheinlicher werden. Die Schrift, eine an sich neutrale Kommunikationstechnologie, die ebenfalls dem Ja/Nein-Code unterworfen ist, begünstigt das Nein.

Außerdem erlaubt Schrift es, die Zwänge der Interaktion unter Anwesenden, ihren Zeitdruck und die Pressionen des gemeinsam-wechselseitigen Wahrgenommenwerdens zu vermeiden. Sie stellt den Teilnehmer an Kommunikation freier, Zeitpunkte und Stimmungslagen für Lektüre zu wählen, abzubrechen und neu

18 Siehe Jürgen Habermas, Theorie des kommunikativen Handelns, 2 Bde., Frankfurt 1981.

anzufangen und mit all dem ein persönlicheres Verhältnis zur Kommunikation zu gewinnen. Gerade das Zeitalter der Massenmedien ist ein Zeitalter der intensiven Personalisierung der Teilnahme an Kommunikation.[19] Nur so ist es überhaupt möglich, daß Teilnahme an (religiöser und anderer) Kommunikation zu einer sehr persönlichen Erfahrung wird.

Bedeutende soziale Erfindungen passen genau zu diesem Problem, und es wird kein Zufall sein, daß der Ausbau entsprechender evolutionärer Errungenschaften auf die Einführung einer voll-phonetischen Universalschrift, nämlich des Alphabets folgt. Man wird kaum von einem kausalen Zusammenhang sprechen können, wohl aber von einem Passen, das es erlaubt, Gesellschaft auf einem höheren Komplexitätsniveau zu realisieren.

Wichtige soziale Erfindungen, vor allem die Erfindung der politisch kontrollierbaren Amtsmacht und die Erfindung des gemünzten Geldes[20] sowie die Absonderung einer dialogisch und literarisch geführten Wahrheitssuche,[21] haben die griechische Gesellschaft der Antike auf ein Komplexitätsniveau gebracht, das seitdem im institutionellen Gedächtnis der Gesellschaft aufgehoben und bei allen Rückschlägen unvergessen geblieben ist. Und man wird es kaum als einen Zufall ansehen, daß dies unter Bedingungen geschehen konnte, die die Religion von Interventionen in die semantischen bzw. strukturellen Anpassungen abhielt. Die damit angebahnte strukturelle Differenzierung mußte sich nicht gegen die Religion wenden, sie mußte kein Säkularisierungsprogramm verfolgen. Sie konnte Religion auf der Ebene von nach innen intensivierten Kulten als Moment der strukturellen Gesellschaftsdifferenzierung akzeptieren.

Mit Hilfe einer allgemeinen Theorie symbolisch generalisierter Kommunikationsmedien läßt sich diese Entwicklung rekonstru-

---

19 Vgl. Elena Esposito, Interaktion, Interaktivität und Personalisierung der Massenmedien, in: Soziale Systeme 1 (1995), S. 225-260.

20 Zur anfänglichen Wechselwirkung dieser beiden Neuerungen in der Form der griechischen Tyrannis siehe Peter N. Ure, The Origin of Tyranny, Cambridge Engl. 1922.

21 Vgl. hierzu und zu einer langen, bis ins 17. Jahrhundert reichenden Symbiose von Wissenschaft und Magie G.E.R. Lloyd, Magic, Reason and Experience: Studies in the Origin and Development of Greek Science, Cambridge Engl. 1979.

ieren.[22] Die Funktion dieser Medien bezieht sich auf das Problem des Unwahrscheinlichwerdens der Akzeptanz. Das ist ihr gemeinsamer Ausgangspunkt, und auch die Abhilfe zeigt Übereinstimmungen. Es geht immer um Sonderkonditionierungen, die die Motivationslage verschieben (und »Motivationslage« hier nicht psychologisch gemeint, sondern als funktionierende Unterstellung der Kommunikation). Man setzt Drohmittel ein (Macht) oder Beweismittel (Wahrheit), man überzeugt durch eine sinnlich nachvollziehbare Formenkombinatorik (Kunst), durch Eingehen auf höchst individuelle Erwartungshaltungen einer/eines anderen (Liebe) oder durch einen »Joker« (Geld), den man wiederverwenden kann. Es wird also ein artifizieller Zusammenhang von Konditionierung und Motivation hergestellt, der mit höheren Kontingenzen kompatibel ist, aber zugleich strukturell ausdifferenziert werden muß, nur Teilaspekte des sozialen Zusammenlebens erfaßt und folglich zu entsprechenden Systemdifferenzierungen tendiert. Die vollen Konsequenzen dieser Entwicklung zeigen sich erst im Zuge der Umstellung der modernen Gesellschaft auf funktionale Differenzierung.

Auch Religion muß vom selben Problem des Unwahrscheinlichwerdens der Akzeptanz betroffen gewesen sein. Schon die allgemeine kulturelle Umstellung auf die neue Kommunikationstechnologie Schrift erforderte Veränderungen in den Glaubensaussagen, zum Beispiel in der Vorstellung eines stets präsenten Abwesenden, eines alles beobachtenden Gottes, die aber zunächst noch davon ausgehen konnten, daß im Bereich der menschlichen Kommunikation religiöse Kommunikation mündlich erfolge.[23]

22 Vgl. für einen knappen Überblick Niklas Luhmann, Einführende Bemerkungen zu einer Theorie symbolisch generalisierter Kommunikationsmedien, in ders., Soziologische Aufklärung 2, Opladen 1975, S. 170-192; für einzelne Medien ders., Die Politik der Gesellschaft, Frankfurt 2000, S. 18ff.; ders., Liebe als Passion: Zur Codierung von Intimität, Frankfurt 1982; ders., Die Wirtschaft der Gesellschaft, Frankfurt 1988, S. 230ff.; ders., Die Wissenschaft der Gesellschaft, Frankfurt 1990, S. 167ff.

23 Siehe hierzu Walter J. Ong, The Presence of the Word: Some Prolegomena for Cultural and Religious History, New Haven 1967; ders., Communications Media and the State of Theology, in: Cross Currents 19 (1969), S. 462-480.

Man muß nur die laufende Kommunikation Gottes mit den Menschen unterbinden oder auf ein festliegendes Textcorpus beschränken; denn andernfalls käme es sehr rasch zu einer Häufung der unterschiedlichsten Protokolle über Mitteilungen Gottes und entweder zu einer technologisch bedingten Arbeitslosigkeit der Priester[24] oder zu ihrer Umschulung auf Aufgaben der Nachrationalisierung und Harmonisierung unterschiedlicher Berichte.[25] Die mit einer Verbreitung von Schriftbeherrschung verbundene individuelle Prüfbarkeit und Reflektierbarkeit von Glaubenszumutungen wird erst mit dem Buchdruck zum Problem und führt, auf protestantischer Seite, zu einer stärkeren Veräußerlichung (Glaube an die Schrift – wenn's nicht geschrieben wäre, würde man's nicht glauben – und Notwendigkeit einer Kirchenorganisation) und zu einer stärkeren Verinnerlichung des Glaubens als Eigenerfahrung und Überzeugtsein im Bekenntnis des Einzelnen.

Manches deutet darauf hin, daß sich unter diesem Druck einer allgemeinen und typischen Problemkonstellation ein besonderes symbolisch generalisiertes Kommunikationsmedium »Glaube« entwickelt hat, zumindest im christlichen Bereich. Die Konditionen des rechten Glaubens werden in Artikeln (also für Schrift) formuliert. Es werden Formen der kommunikativen Bestätigung gefunden (Kirche im geistlichen Sinne einer Glaubensgemeinschaft), und die alte Ritenkultur wird zu einer Art symbiotischem Mechanismus, zu Formen körperlichen Beisammenseins, ja sogar körperlicher Präsenz des gestorbenen Gottes umfunktioniert. All das hat Parallelen in anderen symbolisch generalisierten Kommunikationsmedien. Aber es gibt auch markante Unterschiede. Andere Medien differenzieren sich mit Blick auf die Frage, ob Erleben oder Handeln als unwahrscheinliche Selektion motiviert werden soll, und sie spezialisieren sich entsprechend (zum Beispiel Wahrheit auf der einen, Macht auf der anderen Seite).[26] Die-

---

24 Ich entlehne diese Formulierung bei Arthur C. Danto, The Philosophical Disenfranchisement of Art, New York 1986, S. 55.

25 Ansatzweise findet man dieses Problem beim Popularglauben an »Himmelsbriefe« und bei den zahlreichen visionären Erscheinungen im Mittelalter, deren Authentizität kirchenpolitisch reguliert werden mußte.

26 Für Einzelheiten muß ich auf die oben Anm. 22 angegebene Literatur verweisen.

sem Unterscheidungsprinzip kann die Religion nicht folgen, da sie das ganze Leben der Beobachtung Gottes unterstellt und sich schwer tun würde, müßte sie akzeptieren, daß man sein Heil durch bloßes gesinnungsbeliebiges Handeln oder, umgekehrt, durch ein Erleben gewinnen könnte, das kein Korrelat in entsprechendem Handeln findet. Auch kann sie die professionelle Struktur der Unterscheidung von Priestern und Laien nicht nach dem Schema »der eine handelt, der andere erlebt« ordnen, da dies der Vorstellung einer Gemeinschaft im Glauben widersprechen würde. Religion ist, anders gesagt, auf größere Nähe zur Einheit des Menschen angewiesen, für den Erleben und Handeln immer in einem unentwirrbaren Wechselbezug stehen. Die Einseitigkeit und Künstlichkeit der Zurechnung von Selektionen als entweder extern beeindruckt (Erleben) oder intern motiviert (Handeln) hat einen Nebensinn im Freigeben der jeweils anderen Seite dieser Unterscheidung; aber genau das paßt nicht zu religiösen Glaubenszumutungen. Das läßt die Frage weithin offen, wie denn Religion damit fertig wird, daß es mehr und mehr leicht fällt, sie abzulehnen. In welchen Formen, um diese Frage zu wiederholen, sind hier noch verläßliche Kopplungen von Konditionierung und Motivation möglich, wenn die Gesellschaft komplexer wird und lokale Inklusionsgemeinschaften auf Interaktionsbasis ihr Gewicht für die Lebensführung des Einzelnen verlieren?

Eine Art funktionales Äquivalent könnte man in einem semantischen Komplex entdecken, in dem die Beziehungen des einen ewigen Gottes zu den vielen, ihr körperliches Leben überlebenden Seelen problematisiert werden.[27] Das Konstrukt der Seele und die entsprechende Unterscheidung von Körper und Seele dient der Religion als Ankerpunkt in der Welt, als Möglichkeit des Engagierens von Überlebensinteressen und als Komponente eines eigenen Mediums, das eine lose Kopplung der Seelen und ihrer Schicksale vorstellbar macht. Die Einheit dieses Mediums wird durch die Figur der Sünde garantiert, die es zum Problem werden läßt, ob Gott die Seele eines jeden Einzelnen schließlich retten oder der ewigen Verdammnis preisgeben wird.[28] Ein Medium ist dies insofern, als das Verhältnis von Gott und Seelen

27 Hierzu ausführlicher Niklas Luhmann, Das Medium der Religion: Eine soziologische Betrachtung über Gott und die Seelen, Ms. 1994.
28 Vgl. erneut Alois Hahn a. a. O.

eine große Zahl von Kombinationen zuläßt, obwohl nur zwei (aber immerhin zwei!) Endwerte, Heil oder Verdammnis, zur Verfügung stehen. Sünde wird sowohl analog als auch digital verstanden, das heißt als Dauerzustand (habitus) des körperlichen Lebens in dieser Welt und als aktuelles Handeln, also als Schuld. Die Beteiligung Gottes ist dadurch gesichert, daß (wie übrigens in allen symbolisch generalisierten Kommunikationsmedien) Selbstbefriedigung, hier also Selbsterlösung ausgeschlossen ist. Man mag sich um sündenfreies Leben bemühen und gute Werke tun; aber wenn man nun bilanziert und daraufhin mit Erlösung rechnet, ist genau das kontraproduktiv, nämlich eine Umweglist des Teufels, der seine Fallen auf dem Weg zum Himmel aufgestellt hat. Gnade ist unverzichtbar, um die individuell gewählten Heilskarrieren, aber auch und gerade die bereute Sünde mit Heil zu belohnen. Und trotzdem hat und behält jedes Seelenheil seine einmalige, individuelle Form. Gott kennt und beurteilt alle Individuen einzeln.

Diese ausgeklügelte Konstellation scheint alle Voraussetzungen eines religiösen Mediums zu erfüllen. Sie bietet ein mediales Substrat in der Liebe des allwissenden Gottes, das laufend zu ganz spezifischen Formbildungen führt. Auch die Motivationskraft dieser Konditionierungen läßt sich, für einige Jahrhunderte zumindest, schwerlich bestreiten. Sie arbeitet überdies mit hochplausiblen, altbewährten Mitteln – mit der Vorstellung eines einzigen Gottes, der alles sieht, und mit der Annahme von menschlichen Seelen, die den körperlichen Tod überleben. Andererseits sind bestimmte historische Bedingungen nicht zu verkennen, vor allem die anstaltliche, rechtsförmig strukturierte, kirchliche Form der Verwaltung dieses Mediums und relativ gute Chancen für moralischen Konsens in bezug auf die Kriterien, die als Programm für den Code Heil/Verdammnis dienen. All das wird mit der Reformation, mit der staatlichen Übernahme auch der kirchlichen Gerichtsbarkeit und mit den Auswirkungen des Buchdrucks in Frage gestellt. Man wird deshalb bezweifeln müssen, ob es sich um eine evolutionäre Errungenschaft handelt, die ihre Entstehungsbedingungen und ihre zeitgeschichtlichen Erfolgschancen überdauert.

Man kann vermuten, daß ein funktionales Äquivalent für diesen Ausfall eines symbolisch generalisierten Kommunikationsmediums in der strukturellen Systemdifferenzierung liegt, also in einer Inklusions/Exklusions-Differenz, die gegebenenfalls durch entsprechende Organisation unterstützt werden kann. Das Ausmaß, in dem die katholische Kirche im Mittelalter die Form einer organisatorisch und rechtlich durchkonstruierten »universitas« annimmt, spricht für diese Hypothese; und ebenso die Tatsache, daß auf Häresien dann nur noch durch Exklusion oder, nach der Einführung des Buchdrucks, nur noch durch weitere strukturelle Differenzierungen innerhalb des Christentums reagiert werden konnte.

Allerdings ist die Sachlage komplexer, als es bei einer so einfachen Kontrastierung erscheinen mag. Auch andere Funktionsbereiche der Gesellschaft tendieren, wenn symbolisch generalisierte Kommunikationsmedien entwickelt sind und zur Auswirkung kommen, zur Ausdifferenzierung. So sprengt die im Mittelalter sich rasch ausweitende Geldwirtschaft die alte Differenzierung von Hauswirtschaft und Zivilgesellschaft durch ein weder politisch noch religiös noch durch Schichtung zu kontrollierendes Wirtschaftssystem und ruiniert heute weltweit die traditionale bäuerlich-handwerkliche Familienökonomie. Analoges gilt, was Amtsmacht betrifft, für den modernen Territorialstaat. In diesen Fällen führen offenbar die technischen Möglichkeiten der Sondermotivation für spezifische Problemkonstellationen zur anschließenden Systemdifferenzierung. Im Falle der Religion könnte dies umgekehrt verlaufen sein: daß man sich zunächst auf Inklusion/Exklusion stützt und erst bei zunehmender Mobilität im Zusammenhang mit religionsinternen Spaltungen die Notwendigkeit sieht, sich stärker um systemeigene Überzeugungsmittel zu bemühen. Die Bibelübersetzung Luthers, die religiöse Inpflichtnahme der Familienväter, das riesige Schulwerk des Jesuitenordens – alles für mittelalterliche Verhältnisse ganz ungewöhnliche Bemühungen, bieten dafür deutliche Belege. Und erst jetzt fällt auch systematisch auf, wie stark der Volksglaube noch von den Vorstellungen der Kirchen abweicht.

Diese Sonderstellung der (vor allem: frühneuzeitlichen) Religion setzt sie außerstande, viele von den semantischen Innovationen mitzuvollziehen, die die Vorstellungswelt der Moderne prägen. So beginnt in der Frühmoderne der Begriff des Interesses eine Karriere, die auf eine Kombination von Spezifikation und Universalisierung hinausläuft, also (der Rede vom »Vernunftinteresse« zum Trotz) eine Aggregation *des* Interesses *der* Menschen in einem einheitlichen Abschlußziel ausschließt. Daran scheitern alle Versuche, Heilsinteressen als Interessen zu begreifen und sie mit Vorrang gegenüber weltlichen Interessen auszustatten. Gott würde, so darf ein Beobachter des Beobachters vermuten, seine Gnadenmittel sofort anders einsetzen, um solche strategische, kalkulierte Rationalität entgleisen zu lassen. Also steht die Religion auch außerhalb aller Versuche, den anderen Menschen, wenn Interaktion und Schichtung versagen, über sein individuelles Interesse zu kalkulieren und zu kontrollieren. Die dazu erforderliche Kombination von Spezifikation und Universalisierung und deren Institutionalisierung in autopoietischen Funktionssystemen kann auf religiösen Glauben nicht übertragen werden.

Um so mehr hängt dann alles davon ab, daß der Inklusions/Exklusions-Mechanismus motivstark genug funktioniert. Hier steht sich jedoch die Religion selbst mit ihrer auf menschliche Bedürfnisse verweisenden Selbstbeschreibung im Wege. Jeder kann in sich selbst allzuleicht konstatieren, daß er diese Bedürfnisse nicht hat – weder Angst vor dem Tode noch Verlangen nach ineffektivem Trost im Falle von Leid, weder Sinngabebedürfnisse noch Bedarf für Stärkung altruistischer Motive. Die Frage ist also: wenn es kein selbsttragendes, die Kommunikation bis in Einzelheiten durchstrukturierendes Kommunikationsmedium für Religion gibt: wie kann dann das »framing« der Motive allein den Systemgrenzen überlassen bleiben, insbesondere unter sozialen Bedingungen, die die Erosion aller Abschottungen begünstigen und zum ständigen Kreuzen von Grenzen einladen?

Mit dieser Sonderbelastung findet die Religion sich heute in einer Gesellschaft, deren Strukturen auf funktionale Differenzierung umgestellt sind. Von daher bereitet es keinerlei Probleme, daß auch die Religion ihren Platz findet als ein Funktionssystem unter anderen. Sie kann mithalten, wenn es um operative Schließung, um binäre Codierung, um funktionale Spezifikation geht. Dieses Idiom einer Beschreibung der Religion von außen ist natürlich inadäquat und läßt sich nicht für ihre Selbstbeschreibung verwenden; aber das gilt für die anderen Funktionssysteme auch. Aber kann sie auch in der gleichen Weise wie früher ihre Systemgrenzen und folglich die Unterscheidung von Inklusion und Exklusion als Motivationsmechanismus verwenden? Wir werden darauf zurückkommen. Im Moment ist nur festzuhalten, daß mit dem evolutionären Trend zur Ausdifferenzierung diese Frage noch nicht beantwortet ist.

IV.

Die Ausdifferenzierung religiöser Kommunikation, die mit Themenunterscheidungen beginnt und mit einer in der religiösen Kommunikation verankerten, selbsterzeugten Systemunterscheidung endet, kann als ein historischer Prozeß beschrieben werden, jedenfalls im Rückblick. Damit ist jedoch nicht mehr gesagt, als daß eine Art Guttman-Skalierung passen würde. Spätere Phasen des Prozesses setzen frühere voraus. Der Prozeß könnte nicht in Gegenrichtung verlaufen, es sei denn in der Form einer Destruktion seiner Ergebnisse und mit (oder ohne) Neubeginn ohne Garantie desselben Verlaufs.

Geht man von einer Prozeßidee dieser Art aus, hat man eine auf Zeitunterschiede achtende Beschreibungsformel, die mit entsprechenden Beschreibungen der Gesellschaftsgeschichte integriert werden kann. Für wissenschaftliche Zwecke ist damit aber noch nicht viel gewonnen. Die Prozeßidee eignet sich als Rahmenvorstellung für Erzählungen. Aber alle Versuche, die Struktur eines solchen Prozesses genauer zu bestimmen, sind gescheitert. Das gilt für Beschreibungen, die den Prozeß als geregelt durch ein Naturgesetz ansehen, das bei gleichen Ausgangsbedingungen »ceteris paribus« zu gleichen Resultaten führen würde. Das gilt für Phasenmodelle, die darauf angewiesen sind, daß Strukturbrüche im Übergang von einer Phase zur nächsten datiert werden können (und sei es: mit erheblichen Spannweiten und Unschärfen). Das gilt für neudialektische Entwicklungstheorien im Sinne von Hegel und Marx oder selbst noch Adorno, die davon ausgehen, daß Widersprüche instabil sind und (gleichsam als Ersatz für empirisch bestimmbare Kausalursachen) dadurch Übergänge in eine andere, sei es geistige, sei es materielle Realitätsorganisation erzwingen. In der Reihenfolge dieser

Theorieangebote steckt eine bemerkenswerte Zunahme des konstruktiven Raffinements. Aber immer wird von Unterscheidungen ausgegangen, die den Prozeß selbst strukturieren oder sogar, im Falle der Dialektik, reflexiv betreiben. Würde man darauf verzichten, müßte man auch auf die Prozeßkategorie verzichten, denn dann hätte man nichts in der Hand, womit man von innen heraus die Einheit des Prozesses erklären könnte.

Erst mit dem Aufkommen der Evolutionstheorie im darwinistischen oder postdarwinistischen Sinne werden Voraussetzungen für eine Alternative sichtbar. Die Behandlung der Evolution des Religionssystems bleibt einem späteren Kapitel vorbehalten. Wir müssen jedoch an dieser Stelle bereits evolutionstheoretische Fragen klären; denn auch die Ausdifferenzierung von Teilsystemen der Gesellschaft ist ein Resultat von Evolution, und zwar der Evolution des Gesellschaftssystems selbst. Schließlich ist die Ausdifferenzierung eines Teilsystems die Evolution einer Differenz, einer Form mit zwei Seiten, nämlich der Innenseite, auf der das Teilsystem eigene Komplexität erzeugt und sich einer eigenen Dynamik überläßt, und der Außenseite, also dem, was von der Gesellschaft übrig bleibt, wenn dies geschieht.[29] Differenzierung ist auf jeden Fall Resultat bisheriger und Anlaß weiterer gesellschaftlicher Evolution. Und in diesem Zusammenhang ist es vom Gesellschaftssystem her gesehen Zufall, wenn in bestimmten Operationsfeldern, etwa solchen mit religiöser Sinngebung, eigenständige Evolutionen anlaufen, deren Resultate anderswo hingenommen werden müssen, aber auch genutzt werden können – zum Beispiel zur religiösen Legitimation politischer Herrschaft.[30]

Aber: was verstehen wir unter »Evolution«? Auch die Evolu-

---

29 Siehe hierzu Niklas Luhmann, The Paradox of System Differentiation and the Evolution of Society, in: Jeffrey C. Alexander/Paul Colomy (Hrsg.), Differentiation Theory and Social Change: Comparative and Historical Perspectives, New York 1990, S. 409-440.

30 Eine solche vorher/nachher-Darstellung vereinfacht natürlich sehr. In der Gesellschaftsgeschichte findet man sehr oft eine Art Dualsystem von religiöser und politisch-militärischer Prominenz – ein früher Fall von struktureller Kopplung zwischen Teilsystemen und zugleich eine Form, in der stratifikatorische und/oder Zentrum/Peripherie-Differenzierung des Gesellschaftssystems gefestigt werden können.

tionstheorie ist oft als eine Prozeßtheorie behandelt worden, aber das ist ein leicht erkennbares Mißverständnis.[31] Die Evolutionstheorie unterscheidet Variation, Selektion und Restabilisierung, setzt aber mit dem Begriff der Variation schon Stabilität (Restabilisiertheit) voraus und baut diese Unterscheidung in eine Systemtheorie ein, die voraussetzt, daß nur an einem System ein Unterschied zu dessen Umwelt unterschieden werden kann. Außerdem ist davon auszugehen, daß die Unterscheidung dieser evolutionären Funktionen (und nicht nur die jeweilige Ausgangskonstellation von Veränderungen) selbst ein Resultat von Evolution ist, so daß man auch erklären kann, daß und wie die Evolution sich selbst beschleunigt, nämlich durch Aufbau komplexerer Anwendungsfelder für die Differenzierung der evolutionären Funktionen Variation, Selektion, Restabilisierung.

Man kann in diese Unterscheidung, wenn man sie als Reihenfolge von Ereignissen versteht, einen Prozeß hineinlesen. Aber logisch betrachtet handelt es sich um eine zirkuläre Struktur. Die Aufgabe der Theorie ist es, ungeplante Strukturänderungen und damit den »morphogenetischen« Aufbau komplexer Systeme (oder bei Darwin: die Diversifikation der Arten) zu erklären. Und darauf beruht auch ihre theologische Anstößigkeit, denn sie erübrigt einen der geläufigen Gottesbeweise: den Schluß aus der Komplexität und Wohlgeordnetheit der Schöpfung auf den Schöpfer.

Diese sehr allgemeine Form des (evolutionstheoretischen) Unterscheidens hinterläßt die Frage, wie diese verschiedenen Funktionen besetzt sind (also: wie ihre Realisierung als evolutionäre »Mechanismen« zu denken ist) und wie ihre Trennung zu interpretieren ist. An diesem Punkt trennt sich die soziologische von der biologischen Anwendung.

Unsere These hierzu ist: daß Variation Operationen betrifft, Selektion Strukturen und Restabilisierung das Verhältnis von System und Umwelt. Das erklärt auch die notwendige Zirkulari-

31 Vor allem die immer auch historisch interessierten Sozialwissenschaften sind diesem Mißverständnis erlegen und haben bei allem Oszillieren zwischen Strukturalismus, Funktionalismus und Evolutionismus nie wirklich evolutionstheoretisch gearbeitet. So mit Recht Marion Blute: Sociocultural Evolutionism: An Untried Theory, in: Behavioral Science 24 (1979), S.46-59.

tät der Evolutionstheorie, da Operationen, Strukturen und Systeme nicht unabhängig voneinander auftreten können. Die Trennung der evolutionären Funktionen ist als Fehlen einer systemischen Koordination zu verstehen in dem Sinne, daß Variation nicht schon festgelegt, wie (positiv oder negativ) seligiert wird und daß aus der (positiven oder negativen) Selektion nicht schon folgt, ob und wie das System bei veränderten Strukturen oder bei unterdrückten Veränderungen seine Grenzen zur Umwelt erhalten oder auf eine expansive bzw. restriktive und langfristig gesehen möglicherweise destruktive Bahn gerät. Der klassische Ausdruck für diese eingebaute Ungewißheit lautet: Zufall. Eine Konsequenz dieses Arrangements ist: Unprognostizierbarkeit.

So viel ist klar: bei den Operationen sozialer Systeme handelt es sich immer um Kommunikationen, also um Ereignisse, die keine Dauer haben. Von Variation kann man daher nur sprechen, wenn Kommunikationen als unerwartet auffallen. Das wird im Normalfalle, ja fast immer, der Situation zugerechnet werden und daher folgenlos bleiben. Man hat ja außerdem auch die Möglichkeit, in der Kommunikation selbst mit Ja oder mit Nein zu reagieren, ohne daß dies zu einer Strukturänderung führen würde. Das System schützt sich fast vollständig gegen Zufallsvariationen, deren Anlässe es nicht kontrollieren kann.

Aber es kann sein, daß solche Variationen Strukturmuster erkennen lassen, die vom Gewohnten abweichen. Dann und nur dann stellt sich die Frage der positiven bzw. negativen Selektion. So können Themen unter eine religiöse Sinndeutung geraten oder diese verlieren, wenn bessere Erklärungen kommuniziert werden. Es kann zu Verlegenheiten kommen, denen man nur durch Abweichen von Gewohnheiten abhelfen kann. Oder Zufallskoinzidenzen können so überzeugend ausfallen, daß man sich um wiederholende Ritualisierung bemüht. Virtuosität im Umgang mit sakralen Themen mag ein Anlaß sein, dies nicht mehr dem Zufall zu überlassen, sondern beim Ausfall des Könners einen Nachfolger zu suchen und damit eine Rolle zu definieren. Aus Rollendifferenzierungen können sich Probleme der Nachfolge ergeben, damit Probleme der Regulierung des Zugangs zur Nachfolge und damit Probleme der Definition von Amtspflichten, die von Vorgänger und Nachfolger gleichermaßen erfüllt werden müssen, woraus man dann ersehen kann, daß und wie sich Personen in ihrer Amtsführung unterscheiden.

Wir vermuten demnach einen Zusammenhang zwischen Trennung von Variation und Selektion als Etablierung von Evolution auf der einen und zunehmender Verfestigung eines Formenbewußtseins auf der anderen Seite. Damit wird auch verständlich, daß es von sehr verschiedenen Ausgangskonstellationen aus, also »äquifinal«, zur Entwicklung von magischen Rezepturen und von Riten kommt, die, gewissermaßen evolutionsgetestet, Konformität und Abweichung unterscheidbar machen und damit spezifisch religiöse Beobachtungen ermöglichen, die von anderen Sinnfeldern unterschieden werden können. Es braucht, anders gesagt, keine Annahme von spezifischen Bedürfnislagen (Malinowski) oder spezifischen Funktionen (Radcliffe-Brown), um die Formenentstehung zu erklären. Aber man benötigt zusätzliche Bewährungsannahmen, wenn man erklären will, daß Formen stabil bleiben und sich in wiederholtem Gebrauch mit Sinn, mit Interpretationen, mit Legenden anreichern. Die klassische Evolutionstheorie hätte hier mit »natural selection« argumentiert und zwischen Selektion und Stabilisierung nicht unterschieden.[32] Richtiger wird es sein, davon auszugehen, daß Strukturfestlegungen sowohl zu internen als auch zu externen Schlechtanpassungen führen können,[33] die sich im weiteren dann zu Stabilitätsproblemen auswachsen können – oder auch nicht. Denn evolutionär entstandene (ungeplante) Systeme sind immer durch ein hohes Maß an »Fehlerfreundlichkeit« und »Robustheit« oder »loose coupling« ausgezeichnet; und anders ließen sich Selektionsfunktion und Restabilisierungsfunktion gar nicht trennen.

Die Ausdifferenzierung einer religiösen Formenwelt mag gleichsam selbstmotiviert in Gang kommen und fortgesetzt werden. Aber sie unterhält immer auch einen Bezug auf schon bestehende gesellschaftliche Differenzierung und auf ihr ökologisches Sub-

---

32 Siehe die Formulierung »selective retention« bei einem der eindrucksvollsten Versuche, das darwinistische Theoriedesign in die Sozialwissenschaften zu übertragen, bei Donald T. Campbell, Variation and Selective Retention in Socio-Cultural Evolution, in: General Systems 14 (1969), S. 69-85.

33 Vgl. Roy A. Rappaport, Maladaptation in Social Systems, in: J. Friedman/ M. J. Rowlands (Hrsg.), The Evolution of Social Systems, Pittsburgh 1978, S. 49-71.

strat. Wenn die Differenzierung nur auf Alter und Geschlecht der Menschen bezogen ist, werden Probleme des Übergangs und damit des »Prozessierens« dieser Differenz religiöse Formgebungen suchen. Wie wird ein Kind zum Mann oder zur Frau gemacht? Wenn es schon Familienbildung, also segmentäre Differenzierung gibt, mag es für die Plausibilität der religiösen Formenwahl wichtig sein, ob segmentäre Einheiten primär über Verwandtschaft oder primär über territorial gebundenes Zusammenleben definiert sind. Je nachdem wird eher ein Ahnenkult oder eher ein System von Lokalgöttern überzeugen, die Schutz und Fruchtbarkeit versprechen. Die Option wird in beiden Fällen durch die Notwendigkeiten der Konfliktvermeidung und durch die mit Segmentierung gegebene Exogamie mitbestimmt sein. Man darf mithin vermuten, daß Variationen auf der Ebene der Alltagskommunikation zwar massenhaft vorfallen und in einer Art von Kurzzeitgedächtnis (Fallgedächtnis, Situationsgedächtnis) auch kurzzeitig kommunikativ referierbar bleiben; daß aber positive Selektionen nur wahrscheinlich sind, wenn sie im Kontext einer vorhandenen gesellschaftlichen Differenzierung anschlußfähig sind. Das muß nicht ohne Ausnahme gelten. Gerade das Religionssystem entwickelt auch Begriffe mit selbstbeschaffter Plausibilität – so den Begriff des Wunders. Und es läßt auch erfolgreiche Tabubrüche zu, die sehr oft religiöse Helden oder Stifter einer neuen Religion auszeichnen.

Weder vorherbestehende menschliche Grundbedürfnisse noch soziale Funktionen sind mithin brauchbare Ausgangspunkte für evolutionäre Erklärungen. Solche Theorien sind mit Bezug auf primitive Sozialsysteme entwickelt worden und unterschätzen das enorme morphogenetische Potential der autopoietischen Operation Kommunikation. Das gilt besonders, wenn man auch den Übergang zu Hochkulturen und zur modernen Gesellschaft evolutionstheoretisch (und wie sonst?) erklären will. Damit ist die Bedeutung von Bedürfnissen bzw. Funktionen nicht bestritten; aber ihre Relevanz bezieht sich auf Probleme der evolutionären Restabilisierung, auf externe bzw. interne Anschlußfähigkeit von Neuentwicklungen und auf Tragbarkeit ihrer Folgelasten (zum Beispiel: Mehrarbeit, Knappheit, Versklavung usw., als Folge höherer ökonomischer Entwicklung). Typisch findet in Übergangsphasen der Evolution ein Funktionswechsel statt.

Diejenigen Funktionen, die zunächst eine positive Selektion neuer Strukturen (zum Beispiel: Familienbildung, Schrift, gemünztes Geld, Vertrag als Grund für die Entstehung von Obligationen) begünstigt haben, brauchen nicht denen zu entsprechen, die nachträglich ankristallisieren.

Auf diese Weise bricht man jedoch mit klassischen kausalistischen Erklärungen. Wenn Autopoiesis besagt, daß Systeme sich selbst reproduzieren mit Hilfe derjenigen Operationen, die sie selbst produziert hatten, fällt die Erklärungslast zunächst auf die Evolutionstheorie zurück, denn innerhalb der Systemtheorie kann die Frage nach dem take-off, nach dem auslösenden Anfang nicht beantwortet werden. Aber auch die Evolutionstheorie entfragt diese Frage. Sie erklärt Evolution durch Differenzen, die ihrerseits das Resultat von Evolution sind. Die Frage nach dem Ursprung hat ihren Fluchtpunkt schließlich in der Annahme eines »big bang«, einer ersten Differenz. Aber vielleicht kommt man auch ganz ohne eine solche Mythenerzählung aus, wenn man sich darauf beschränkt, strukturelle Innovationen im Schema der Evolutionstheorie zu beschreiben. Denn in jedem Fall ist das Problem einer Zäsur, sei es am Anfang, sei es irgendwann mittendrin, ein paradox gestelltes Problem, nämlich die Frage nach der Einheit der Differenz von vorher und nachher. Die Religion hat Möglichkeiten gefunden, dies Paradox zu entfalten – sei es durch Mythenerzählen, sei es durch die Beobachtung des Beobachtergottes, der in allen Differenzen immer schon als die vorausgesetzte Einheit anwesend ist. Die Wissenschaft wird es nicht besser machen können – aber anders.

V.

Nach diesen evolutionstheoretischen Analysen kehren wir noch einmal zu strukturellen Problemen der Ausdifferenzierung des Religionssystems zurück. Diese können auf verschiedene Weise zum Thema werden. Einerseits hat die entwickelte Hochreligion Probleme »im eigenen Lager«, nämlich Probleme der Volksreligiosität, des »Aberglaubens«, der hartnäckig überlebenden, aber auch neu entstehenden magischen Religiosität, oder auch der sich mit Minimalbeständen von Glaubenswissen begnügenden

Indifferenz. Andererseits wird das Religionssystem auch mit der selbstproduzierten externen Grenze konfrontiert, auf deren anderer Seite etwas anderes stattfindet.

An der »inneren« Grenze des Systems ist ein ständiger und weitgehend hoffnungsloser Kampf zu führen, besonders von seiten eines mühsam und langwierig erworbenen, »studierten« Wissens, das in praktischen Situationen dann keine Resonanz mehr findet – verglichen etwa mit einem Divinationswissen, einem Ritualwissen (etwa der Brahmanen) oder einem medizinischen Heilungswissen, das ständig angefordert wird. Wo es, wie im Christentum, formale Zuordnungsregeln gibt, wird das Ausmaß an religiöser Durchdringung des alltäglichen Erlebens und Handelns durchweg überschätzt. Das gilt für Europa trotz Einführung der ihrer eigenen Sündenlehre und Kasuistik folgenden Beichte bis weit in die Neuzeit hinein, in der man das Nichtankommen von Religion dann schließlich als »Säkularisierung« erklären kann. Es gilt auch und erst recht für die katholisch kolonisierten Gebiete Lateinamerikas, in denen synkretistische Kulte der verschiedensten Art die religiösen Interessen der Bevölkerung binden und die Verbindung zum Katholizismus nur noch über »Maria« läuft. Die Landkartenoptik trägt ein übriges dazu bei, religiöse Einheitlichkeit zu überschätzen – so als ob alle Chinesen von Konfuzius oder von Buddha gehört hätten und der clanspezifische Ahnenkult eine untergeordnete Rolle spielte. Erst die moderne sozialwissenschaftliche Forschung rückt hier die Realitäten in ein zutreffendes Licht.

Gegenüber dieser inneren Grenze des Religionssystems scheinen die äußeren Grenzen im Verhältnis zu anderen Funktionssystemen weniger Aufmerksamkeit zu finden. Als erstes fällt auf, daß die traditionelle religiöse Semantik in erheblichem Umfange mit Plausibilitätsanleihen anderer Provenienz gearbeitet hat und damit bis in die neueste Zeit gut gefahren ist. Die Hauptbeispiele beziehen sich auf die Familie bzw. die Clanstruktur und die politische Herrschaft. In beiden Fällen kann man für alle traditionellen Gesellschaften Schranken funktionaler Differenzierung aufweisen, die darauf beruhen, daß die semantische Kopplung auf beiden Seiten genutzt wird. Solange dies vorausgesetzt werden kann, kann die Religion sich erhebliche Distanz, wenn nicht Ablehnung im Verhältnis zu anderen Bereichen gesellschaftlichen Zusammenlebens leisten, vor allem zu unbeschränktem, immer auch politisch gefährlichem Gewinnstreben im Rahmen der Geldwirtschaft und zu Liebesbeziehungen ohne Rückhalt in den Familien.

Wenn, wie sehr ausgeprägt in China, Familienclans durch einen Ahnenkult zusammengehalten werden, ermöglicht dies die Bildung multifunktionaler Verwandtschaftseinheiten, die in weitestem Umfange auch wirtschaftliche Fragen, Vermittlung politischer Kontakte, Erziehung (inclusive Auswahl zu Karriereförderung) und Rechtsbeachtung ohne Inanspruchnahme von Gerichten durch individuelle Rechtssubjekte gewährleisten. Die beträchtlichen Modernisierungswiderstände, die man in China im Vergleich zum modernen Japan beobachten konnte, mögen hierauf zurückzuführen sein.[34] Andererseits wird das Religionssystem durch diese Bindung von Religiosität entlastet und kann sich, verglichen mit den Glaubensreligionen des Westens, auf kosmologische und moralische Fragen beschränken. In vielen Fällen dienen Ahnenkulte auch der »häuslichen« Lösung der Probleme religiöser Orientierung, der »Domestikation«, wenn man so sagen darf, der furchterregenden Aspekte jenseitiger Mächte.

Ähnliche Symbiosen kann man im Verhältnis von Religion und Politik beobachten. Die Herrscherterminologie wird in die Religion übernommen und fördert hier eine Hierarchisierung der religiösen Mächte, die folglich nicht so arbiträr handeln wie ohne Herrscher. Wenn ein König existiert, bietet es sich an, die politische Terminologie in der Religion zu imitieren.[35] Andererseits dient dasselbe Schema der Legitimation politischer Herrschaft bis weit in die Neuzeit hinein, bis es im 17. Jahrhundert durch

34 Zu Veränderungen unter kommunistischer Regie, die aber die alten Clanstrukturen nur in Arbeitsorganisationen hinübercopieren, aber nicht erreichen, daß das Individualverhalten dem Direktzugriff von Änderungen im Rechtssystem, im Wirtschaftssystem und im politischen System ausgesetzt ist, vgl. Li Hanlin, Die Grundstrukturen der chinesischen Gesellschaft: Vom traditionellen Clansystem zur modernen Danwei-Organisation, Opladen, 1991.

35 Für vergleichende Untersuchungen eignen sich in neuerer Zeit vor allem afrikanische Religionen, weil im traditionellen Afrika teils Königreiche entstanden, teils »staatenlose« Stammeskulturen erhalten geblieben sind.

Sozialvertragskonstruktionen abgelöst wird. Bis zur französischen Revolution dient der sakrale Körper des Monarchen als Identifikationspunkt von Politik und Religion und wird in der Revolution nur recht mühsam durch die »volonté générale«, das heißt durch Entscheidungen ersetzt. Selbst das Souveränitätspostulat des frühmodernen Staates, das Rechtssouveränität einschließt, tröstet sich selbst gleichsam mit der Voraussetzung, daß alles unter der Aufsicht Gottes und in den Schranken seines ius divinum abläuft – bis dann die bürgerlichen Freiheitsrechte so weit entwickelt sind, daß sie diese Funktion der Machtbeschränkung übernehmen können.

Das Abreißen dieser Symbiosen hängt mit der Durchsetzung eines Primats funktionaler Gesellschaftsdifferenzierung zusammen. Jetzt sind die Beziehungen der Religion zu anderen Funktionssystemen so verschieden und die Herausforderung der Religion durch die bloße Tatsache der Autonomie anderer Funktionssysteme ist so stark, daß die Probleme nicht mehr über semantische Äquivalenzen gelöst werden können. Wir wollen die nunmehr dominante Problematik an zwei Beispielen diskutieren: am Verhältnis des Religionssystems zum Wissenschaftssystem und zum Kunstsystem.

Die allgemeine, auch soziologisch vorherrschende Auffassung ist, daß die Religion gerade im Verhältnis zu den Wissenschaften von Auswirkungen der Säkularisierung betroffen ist und sich unter erschwerten Bedingungen dagegen zu behaupten versucht. Empirische Untersuchungen zeigen eindeutig, daß Wissenschaftler wie auch Intellektuelle im allgemeinen weniger religiös sind als der Durchschnitt der Bevölkerung.[36] Ein solcher Befund, der auf der Erhebung von individuellen Einstellungen beruht, sagt jedoch wenig darüber, ob und wie das Religionssystem durch das wissenschaftliche Weltbild betroffen ist. Es mag durchaus sein, daß es mehr die Wissenschaft ist, die im Verhältnis zur Religion Abstand halten und eigene Konstruktionsinteres-

---

36 Siehe den Forschungsüberblick bei Robert Wuthnow, Science and the Sacred, in: Phillip E. Hammond (Hrsg.), The Sacred in a Secular Age: Toward Revision in the Scientific Study of Religion, Berkeley Cal. 1985, S. 187-203. Es mag im übrigen sein, daß der Kontrast in den USA mit einer relativ hohen Durchschnittsreligiosität (was immer diese statistischen Werte besagen) schärfer ausfällt als anderswo.

sen verteidigen muß, als umgekehrt.[37] Führende kirchliche Kreise sehen denn auch hier keine schwerwiegenden Probleme mehr, sondern eher Aufgaben der Bereinigung und Klärung bei gegenseitiger Anerkennung.[38] Im Bereich der Wissenschaften kommen dem Tendenzen zu einer konstruktivistischen Epistemologie entgegen. Offenbar hat man unter dem Vorzeichen der durchgeführten funktionalen Differenzierung Frieden geschlossen und keine Seite nimmt mehr in Anspruch, die Aufgaben der anderen ebenfalls und sogar besser erfüllen zu können. Man trifft sich auf dem systemneutralen Terrain der Ethik, um hier über Erlaubtes und zu Verbietendes zu diskutieren, wobei der Wissenschaftler sieht, daß er mit Berufung auf Wahrheit nicht durchkommt, weil deren Schädlichkeit gerade das Problem ist, und der Theologe es vermeidet, sich auf seine Kenntnis der Kriterien zu berufen, die Gott in einem solche Falle zugrunde legen würde.

Die Frage bleibt, ob man diese im Verhältnis Religion/Naturwissenschaften eingespielte wechselseitige Respektierung auch auf die Sozialwissenschaften und speziell: auf die mit Religion befaßte Soziologie übertragen kann. Hier kann man etwas Ähnliches nur erreichen, wenn man Systemreferenzen angibt und entsprechend zwischen externer (soziologischer) und interner (zum Beispiel theologischer) Beschreibung der Religion unterscheidet. Dann handelt es sich aber bei beiden Beschreibungen um denselben Gegenstand, denn sonst machte die Unterscheidung extern/intern keinen Sinn. Die Soziologie kann darauf reagieren, indem sie (mit erheblichen Theorielasten und ungeklärten logischen Problemen) ihre Theorie als Theorie eines sich selbst beschreibenden Systems anlegt. Sie kann es sich dabei lei-

---

37 Wuthnow a.a.O. schließt dies unter anderem daraus, daß die Distanz zur Religion bei Sozialwissenschaftlern größer ist als bei Naturwissenschaftlern, die über ein gesichertes Paradigma und ein hochkonsentiertes Forschungswissen verfügen und sich deshalb eher als die Sozialwissenschaftler Religion leisten können. Und gerade Soziologen wie Max Weber, die über Religion forschen, müssen Wert darauf legen klarzustellen, daß ihre Interessen am Gegenstand nicht etwa religiöse Interessen sind.

38 Siehe etwa die Ergebnisse einer von Kardinal König angeregten und eingeleiteten Tagung über Evolutionstheorie, publiziert in: Rupert J. Riedl/ Franz Kreuzer (Hrsg.), Evolution und Menschenbild, Hamburg 1983, oder auf gleicher Linie die Aktivitäten des Forum St. Stephanus in Wien.

sten, dem System eine Funktion zuzuschreiben, die in dessen Selbstbeschreibung nicht (oder nur paradox) auftauchen kann. Was die Theologie dazu sagen wird, wenn die Soziologie auch noch die heiligsten Figuren und die Unverzichtbarkeiten des Glaubens funktionalisiert, bleibt abzuwarten. Das Problem wird sich nicht als Alternative von Annehmen oder Ablehnen stellen. Eher wird das Religionssystem die Gelegenheit gewinnen, die eigenen Bindungen so zu beobachten, als ob es von außen wäre. Das Verhältnis der Religion zu dem sich allmählich von ihr ablösenden Kunstsystem ist durchaus vergleichbar, wenngleich man natürlich die Unterschiede der Operationen, der Codierungen, der Funktionen und der Ausdifferenzierungsgeschichte in Rechnung stellen muß. Obgleich es erst im 18. Jahrhundert zur Vorstellung der Einheit und Autonomie aller schönen Künste kommt, löst sich die Kunst schon im 15., wenn nicht im 14. Jahrhundert aus der Obhut der Religion. Bilder sind nicht mehr in erster Linie Kultbilder oder Lern- und Gedächtnishilfen für Analphabeten.[39] Literalität ist nicht länger auf Kleriker beschränkt, so daß auf Texte bezogene, etwa Rhetorik und Poetik betreffende Kontroversen nicht mehr wie von selbst innerreligiöse Kontroversen sind. Vor allem aber bedeutet die Wiederentdeckung antiker Kunst und Dichtung für die »Renaissance«, daß es Perfektion *in dieser Welt* schon einmal gegeben hat und daß das Wiedergewinnen des entsprechenden Könnens ein Ziel ist, das sich von der religiösen Verehrung und der Symbolisierung transzendenter Bezüge deutlich unterscheidet, *ohne daß dies eine Kritik oder gar eine Ablehnung von Religion bedeuten müßte.* Die schon im Mittelalter beginnende Diskussion antiqui/moderni[40] kann sich selbstverständlich nicht auf die Religion be-

39 Die jetzt maßgebliche Monographie hierzu ist Hans Belting, Bild und Kult: Eine Geschichte des Bildes vor dem Zeitalter der Kunst, München 1990.

40 Vgl. August Buck, Aus der Vorgeschichte der Querelle des Anciens et des Modernes in Mittelalter und Renaissance, in: Bibliothèque de l'Humanisme et de la Renaissance 20 (1958), S. 527-541; ders., Die »Querelle des anciens et des modernes« im italienischen Selbstverständnis der Renaissance und des Barocks, Wiesbaden 1973; Elisabeth Goessmann, Antiqui und Moderni im Mittelalter: Eine geschichtliche Standortbestimmung, München 1974.

ziehen und führt in dem Maße, als sie eine Kriteriendiskussion nach sich zieht, zu einem speziell auf Dichtung, Malerei, Technologie usw. bezogenen Könnensbewußtsein. Bald nach der Einführung des Buchdrucks kommt es dann, zunächst in Italien, zu einer umfangreichen, heute schwer überblickbaren kritischen Literatur, die sich sowohl an antike Texte als auch an zeitgenössische Prominenz (Ariost, Tasso, Michelangelo, Raphael usw.) hält. Nur in der Formulierung des Titels *Le Vite de' più eccellenti pittori, scultori, et architetti italiani* erinnert Vasari noch schwach an die Textsorte, die sich einst mit dem Leben der Heiligen befaßt hatte.

Achtet man auf ein Spezialthema, die Behandlung des Erstaunlichen, Wunderbaren, admiratio und stupor Erregenden, so sieht man auch hier, daß die Behandlung in der Kunst- und Literaturdiskussion sich von religiösen Konnotationen und Anerkennungsverbindlichkeiten allmählich löst. Die Thematik verschiebt sich, in Anlehnung an die Poetik des Aristoteles, auf das Verhältnis von Imitation und Verblüffung, von Redundanz und überraschender Variation[41], und sie verschiebt schließlich das, was man als »meraviglia« erwartet, von den Sonderbarkeiten der Themen auf die künstlerische Leistung selbst. Wenn etwa Muratori das »bello poetico« als »vero nuovo e maraviglioso dilettevole« bestimmt, denkt er nur noch an die Leistung des Künstlers.[42]

Angesichts dieser Situation kommt es zwar im protestantischen Purismus und in der Gegenreformation nach dem Konzil von Trient zu einer Kritik künstlerischer Freizügigkeiten, insbesondere bezogen auf die sinnlich verführerischen Künste der Musik und der Malerei. Aber dabei geht es jetzt nicht mehr um innerreligiöse oder theologische Kontroversen (etwa über die Zuverlässigkeit, sich ein Bild von Gott zu machen oder sein Bilderverbot zu respektieren). Sondern die Streitfrage betrifft jetzt die Beziehungen zwischen Religionssystem und Kunstsystem. Sie kön-

---

41 Hierzu ausführlicher Baxter Hathaway, Marvels and Commonplaces: Renaissance Literary Criticism, New York 1968.

42 Lodovico A. Muratori, Della perfetta poesia italiana (1706), zit. nach der Ausgabe Milano 1971, Bd. I, S. 104. Und wenn ein Dichter *mehr als andere* über diese Fähigkeit verfügt, wird das nicht mehr als Gabe Gottes aufgefaßt (Bd. I, S. 217 f.).

nen durch Reservierung eines besonders sterilen Bereichs für Sakralkunst, durch den das »Decorum« respektierenden Stil des Barock oder auch durch einen auf religiöse Zwecke ausgerichteten expressiven Manierismus gelöst werden, während die Selbstreflexion des Kunstsystems und dessen Stilgeschichte eigene Wege geht.

Zusammenfassend kann man an diesen Beispielen sehen, daß die Religion schon seit langem ihre Sonderbemühungen einer gesellschaftlichen Ausdifferenzierung verdankt hatte, aber damit zugleich auch eine für die Gesellschaft verbindliche Weltbeschreibung formulieren konnte, die nur parallel zur Stratifikation in mehr dogmatische und mehr magisch-populäre Varianten differenziert war. Mit dem Beginn der Neuzeit entwickeln sich flankierende Funktionssysteme, die die Religion durchaus respektieren können, aber einer eigenen Dynamik folgen. Dieser Wende der gesellschaftlichen Evolution kann die Religion wenig Widerstand entgegensetzen. Sie strafft ihre eigenen organisatorischen und dogmatischen Mittel und hilft sich, wenn man so sagen darf, durch out-sourcing und Abstoßen von Kommunikationsbereichen mit zu hohen Interferenzen. Das Ende kann nur sein, daß die Religion, gerade wenn sie Höchstrelevanz und Außeralltägliches zu geben versucht, nur noch eine Funktion unter anderen sein kann.

VI.

Die Ausdifferenzierung des Religionssystems führt zu einer operativen Schließung und zu autopoietischer Reproduktion dieses Systems. Anders kann nicht sichergestellt werden, daß religiöse Kommunikation sich nur in einem Netzwerk religiöser Kommunikationen als solche erkennt. Die Abkopplung von der gesellschaftlichen Umwelt hat eine interne strukturelle Unbestimmtheit mit einem Überschuß an Kommunikationsmöglichkeiten zur Folge. Das zwingt das System zur Selbstorganisation. Selbstorganisation ist aber nur möglich, wenn das System über ausreichende »Mikrodiversität« verfügt.[43] Im Rechtssystem muß zum Beispiel eine ausreichende Zahl verschiedenartiger

43 Siehe hierzu Stéphane Ngo Mai/Alain Raybaut, Microdiversity and

Rechtsstreitigkeiten vorkommen, im Wirtschaftssystem eine ausreichende Zahl unterschiedlicher Transaktionen. Für das Religionssystem darf man vermuten, daß auf der Ebene religiöser Kommunikation hinreichend unterschiedliche Anlässe dafür vorkommen müssen. Die Teilnahme an Religion wird personalisiert – nicht zuletzt dadurch, daß heilige Texte gedruckt und für private Lektüre freigegeben werden. Eine hochstandardisierte Frömmigkeitspraxis, die sich zum Beispiel auf regelmäßigen Kirchgang beschränkte, würde diesem Erfordernis nicht genügen und das Religionssystem gewissermaßen austrocknen. Es würde sich dann in ein autoritativ-regulatives System verwandeln, das in hohem Maße anfällig wäre für einen Verlust an Autorität und/oder für eine Abnahme an Interesse und Motivation.

Auf der Ebene der Institutionen, Organisationen und Texte läßt sich die Ausdifferenzierung eines Funktionssystems für Religion recht gut beschreiben. Es gibt hinreichend spezifische Praktiken und Lektüren, die sich als eindeutig religiös qualifizieren lassen. Das Religionssystem hat sich durch eigene Operationen ausdifferenziert und ist daran zu erkennen. Zweifel können, mehr oder weniger, in der Kommunikation behoben werden – mit einem Rest an Meinungsverschiedenheiten, die verschieden weiterbehandelt werden – je nachdem in welchem System.

Abschließend muß jedoch darauf hingewiesen werden, daß dieses Bild in mindestens einem Punkte modifiziert werden muß. Es gibt religiöse Bewegungen, die zugleich politische Bewegungen sind (und umgekehrt politische Bewegungen auf religiösen Grundlagen und mit religiös bedingter Intensität). Man mag an die islamische Bewegung denken, die zum Sturz des Schah-Regimes führte. Oder an die polnische Gewerkschaftsbewegung (Solidarnosz), die die Grenzen eines politischen Mandats der Gewerkschaften sprengte und dafür nicht zuletzt religiöse Ressourcen in Anspruch nahm. Oder an viele civil-rights-Bewegungen in den USA, vor allem an jene, die sich für die Rechte der rassisch diskriminierten Bevölkerung einsetzen. Wie diese Beispiele zeigen, gibt es soziale Systeme, die sich nicht eindeutig dem einen oder dem anderen Funktionssystem zuordnen lassen; die zum

Macro-order: Toward a Self-Organization Approach, in: Revue internationale de systémique 10 (1996), S. 223-239.

Beispiel in ihren Motiven und ihrer Kommunikation auf Religion Bezug nehmen, aber in ihren Zielen primär politisch orientiert sind.

Die Erklärung für solche Mischformen muß man wohl in der spezifisch modernen Form der sozialen Bewegung suchen. Sie hat schon als Typus sozialer Systeme einen Ausnahmestatus. Soziale Bewegungen sind weder Interaktionssysteme noch Organisationssysteme und erst recht nicht Funktionssysteme der modernen Gesellschaft. Sie katalysieren sich selbst mit Hilfe der Form des Protestes – das heißt mit Forderungen, die sie selbst nicht erfüllen können und auch nicht selbst erfüllen wollen. In dieser Form der Gegnerschaft, die aber von ihrem Gegner Aktivität verlangt, können sich religiöse Wurzeln mit politischen Zielen verbinden. Sicherlich gibt es auch rein säkulare Bewegungen und vor allem Teilnehmer, die aus vielerlei nichtreligiösen Gründen (Selbstverwirklichung?) sich engagieren. Uns interessiert an dieser Stelle nur die *Möglichkeit* einer Verschmelzung von Religion und Politik angesichts einer bestehenden und gesehenen funktionalen Systemdifferenzierung.

Mit der Form des Protestes geben die sozialen Bewegungen sich selbst die Erlaubnis, die Selbstbeschreibungen der Funktionssysteme und die Logik funktionaler Differenzierung zu ignorieren. Deshalb können sie im Rahmen ihrer eigenen Kommunikation Religion und Politik fusionieren. Aber der Protest hat, wie jede Form, eine andere Seite. Wenn das Verlangte ausgeführt werden muß – sei es durch die siegreiche Bewegung, sei es durch ihre Adressaten, kommt es fast unvermeidlich wieder zu Differenzierungen, die an die funktionale Differenzierung des Gesellschaftssystems anschließen können; oder zu regionalen Besonderheiten (etwa im Iran), die Mühe haben, Anschlüsse an die funktional differenzierte Weltgesellschaft herzustellen.

Kapitel 6

Religiöse Organisationen

I.

In allen Funktionssystemen der modernen Gesellschaft spielen organisierte Sozialsysteme eine wichtige, eine unentbehrliche Rolle. Es sollte daher verwundern, wenn dies im Falle der Religion anders wäre. Andererseits ist es aber auch schwer vorstellbar, daß organisierte Entscheidungsprozesse in der Form von religiösen Handlungen ablaufen, daß Entscheidungen, die die Organisation binden, in der Form eines gemeinsamen Gebets getroffen oder auch nur von der Bitte um göttliche Inspiration begleitet werden. Registraturen sind selbst in Kirchenverwaltungen keine sakralen Objekte, und Mehrheitsbeschlüsse müssen gefaßt und durchgesetzt werden, auch wenn einzelne Teilnehmer meinen, daß sie von Gottes erklärtem Willen abweichen.[1]

Die alteuropäische Tradition, deren Auswirkungen weit in die Neuzeit hineinreichen, hatte zwischen Gesellschaft und Organisation nicht deutlich unterschieden. Der heutige Organisationsbegriff entsteht überhaupt erst im 19. Jahrhundert als Abspaltung aus der allgemeinen Semantik von Ordnung und Organismus.[2] Die Gesellschaft selbst wurde (in sehr unterschiedlichen Begriffsvarianten) als natürliche Ordnung des Zusammenlebens der Menschen oder auch als Ergebnis eines Gesellschaftsvertrages begriffen, der seinerseits durch Natur motiviert sei. Man kann diese Tradition mit Begriffen wie Korporation oder Körperschaft zusammenfassen. Damit wird auch klar, daß diese Terminologie das, was sie bezeichnet, von Familien bzw. Familienhaushalten unterscheidet, in die jeder auf natürliche Weise hineingeboren ist und die seinen Platz in der Differenzierungsordnung der Gesellschaft bestimmen.

1 Siehe aus dem Talmud die Geschichte des Beschlusses über den Ofen von Akhnai. Siehe den Hinweis oben Kap. 2, Anm. 51.

2 Vgl. Niklas Luhmann, Organisation, Historisches Wörterbuch der Philosophie Bd. 6, Basel 1984, Sp. 1326-1328.

Organisation vermittelt zwischen der religiösen Sinngebung, die Mythen oder Dogmatiken erzeugt, und der täglichen Praxis spezifisch religiösen Verhaltens. Sie tritt damit (auch wenn sie Kulte veranstaltet) an die Stelle, die in der alten Welt die Kulte eingenommen hatten – sei es als Ahnenkulte in den Familien, sei es als gesellschaftlich institutionalisierte Rituale. Deren direkter Bezug auf Glaubensvorstellungen wird heute über Organisation vermittelt, und erst daraus ergeben sich Probleme der Zugehörigkeit und der Entscheidung dafür oder dagegen.

Seit dem Mittelalter entwickelt sich das Korporationswesen, juristisch mit dem Begriff der universitas erfaßt, zu einer zunächst unübersichtlichen Vielfalt: Es gibt neben der durch politische Herrschaft bestimmten societas civilis die auf eigenes Recht gegründete Kirche; es gibt Städte, Klöster, Orden, Universitäten, Zünfte und Gilden, ja sogar ständische Korporationen (Standschaften). Die Differenzierungsmotive sind teils solche der Binnenordnung und Sonderdisziplinierung, teils solche der stadtpolitischen und territorialpolitischen Repräsentation. Das Religionssystem nimmt in der Form von »Kirche«, aber auch in der Form von Orden und Klöstern, an dieser körperschaftlichen Sonderregulierung teil; ja die Kirche erarbeitet in Abwehr von theokratischen Tendenzen des Kaisertums für sich selbst die dann vielfach copierte Theorie der universitas[3] mit einem hohen Grad an Juridifizierung der systeminternen Probleme, mit eigener Gerichtsbarkeit, einer eigenen Textsystematik und vor allem einer deutlich ausgearbeiteten hierarchischen Struktur, die ihr glaubens- und kirchenpolitische Entscheidungsfähigkeit garantiert. Zugleich bleibt aber der religiöse Sinn von Kirche als Gemeinschaft im Glauben erhalten und liefert dem, was fast schon als Organisation beschrieben werden kann, unentbehrliche sakrale Stützen.

3 Vgl. Brian Tierney, Foundations of the Conciliar Theory: The Contribution of the Medieval Canonists from Gratian to the Great Schism, Cambridge Engl. 1955; Ernst H. Kantorowicz, The King's Two Bodies: A Study in Medieval Political Theology, Princeton 1957; Pierre Michaud-Quantin, Universitas: Expressions du mouvement communautaire dans le Moyen Age latin, Paris 1970; Harold J. Berman, Recht und Revolution: Die Bildung der westlichen Rechtstradition, dt. Übers. Frankfurt 1991, insb. S. 356ff.

Aber es gibt keine Eintritts- und Austrittsregulierungen, die als Motivationsbasis für selektive Mitgliedschaft fungieren könnten. Die christliche Taufe ist nicht als Eintrittsentscheidung gedacht, sondern als Sakrament, dessen Vollzug den natürlichen Sündenstand verändert und Heilsaussichten gewährt. Anstelle einer Systemgrenze, die durch Eintritt bzw. Austritt überschritten werden könnte und davon alle internen Entscheidungen des Systems (inclusive Anerkennung von Weisungsbefugnissen) abhängig macht, findet man eine *im System selbst erzeugte Heilsungewißheit*, die die Voraussetzung dafür ist, daß Gerechtfertigte und Verdammte unterschieden werden können. Man kann dann zwar niemanden »entlassen«, wohl aber jemandem durch Exkommunikation die Heilsaussichten nehmen; und man kann Moralprogramme und Betrituale vorsehen, um die Ungewißheit zu reduzieren und sie durch eine (freilich immer prekäre) Anwartschaft auf Seligkeit oder Verdammnis zu ersetzen. Auf der Rollenebene bestimmt sich das System, nach Exklusion der Heiden, in Fortsetzung einer sehr alten Tradition durch die Statusdifferenzierung von Priestern und Laien. Auch diese Unterscheidung benutzt sakrale Sinngebungen, differenziert Lebensformen und Ansprüche an die Intensität der religiösen Zuwendung – sicher nicht zufällig eine Analogie zu der vorherrschenden Differenzierung von Adel und Volk. Sie beschafft aber zugleich auch die für die Besetzung kirchlicher Ämter notwendigen Personalressourcen, wenngleich Priestertum und Amtsträgerschaft begrifflich und bis weit über das Tridentinum hinaus auch personell getrennt werden mit der Folge einer großen Zahl von amtsmäßig (organisatorisch) nicht disziplinierbaren, aber sehr wohl »geweihten« Klerikern.

In evolutionstheoretischer Perspektive kann man Vorentwicklungen erkennen für das, was man eventuell als Organisation begreifen und unter Ausnutzung der Möglichkeiten dieser Systemform entwickeln kann. Nach den Glaubensspaltungen des 16. Jahrhunderts, nach der Verbreitung des Differenzbewußtseins durch Buchdruck, nach der Systematisierung des Konfessionsbewußtseins und mit dem Scheitern aller Versuche, Religionsunterschiede in Anlehnung an die frühmoderne Staatenbildung territorial zu fixieren, kommt es zu einer verstärkten Benutzung von Organisation, die die allfälligen Entscheidungen zu treffen hat und dabei, wie eine Zentralbank, nicht umhinkommt, auch den Außenwert der eigenen Währung im Blick zu behalten. Die Frage der Attraktivität des Glaubens für individuell mobile Mitglieder, Fragen der Selbstselektion und der Fremdselektion bei der Rekrutierung von Glaubensangehörigen drängen sich auf. Aber nach wie vor kollidiert die Vorstellung einer Glaubensgemeinschaft mit der Vorstellung einer Mitgliederorganisation,[4] die ihre Anforderungen auf Motive abstimmen und gegebenenfalls sich mit Ausgleichszahlungen eine zone of indifference[5] verschaffen muß, die sie durch spezifizierende Regeln oder Weisungen ausgestalten und wechselnden Bedingungen anpassen kann. Dem Problem wird typisch dadurch ausgewichen, daß man die Anforderungen an formale Mitgliedschaft extrem gering hält, sie praktisch auf ein Registriertwerden beschränkt und innerhalb des Kreises der so konstituierten Mitgliedschaft einerseits die Amtskirche ausdifferenziert und sich andererseits auf Prozesse der Selbstselektion von stärker motivierten und glaubensfesteren Migliedern verläßt, die freiwillig mehr tun als andere.

Die Unterscheidung von Religion und Kirche scheint auf den ersten Blick zu genügen, um terminologisch festzuhalten, daß die Gesellschaft auch in ihrem Funktionssystem für Religion Organisationen vorsieht, aber auch hier nicht auf eine Organisation reduziert werden kann. Der zunächst für juristische Zwecke entwickelte Begriff der »Anstalt« wäre dann als Organisation zu interpretieren, das besondere Gewaltverhältnis dieser öffent-

4 Zum Anwachsen dieser Problematik mit der Zunahme kirchlicher Organisationsprobleme (die dem Soziologen den Vergleich mit anderen Organisationen nahelegen) gibt es inzwischen viel Literatur. Siehe James A. Beckford, Religious Organization: A Trend Report and Bibliography, in: Current Sociology 21, 2 (1975), S. 1-170; für Aktualisierungen siehe auch ders., Religions Organizations, in: Phillip E. Hammond (Hrsg.), The Sacred in a Secular Age: Toward Revision in the Scientific Study of Religion, Berkeley Cal. 1985, S. 125-139; ferner Niklas Luhmann, Die Organisierbarkeit von Religionen und Kirchen, in: Jakobus Wössner (Hrsg.), Religion im Umbruch: Soziologische Beiträge zur Situation von Religion und Kirche in der gegenwärtigen Gesellschaft, Stuttgart 1972, S. 245-285; Franz-Xaver Kaufmann, Kirche begreifen: Analysen und Thesen zur gesellschaftlichen Verfassung des Christentums, Freiburg 1979, insb. S. 38 ff., 45 ff.
5 So Chester I. Barnard, The Functions of the Executive, Cambridge Mass. 1938, 9. Druck 1951, S. 167 ff.

lichen Anstalt als Mitgliedschaftsrolle, der man sich durch Eintritt unterwerfen und durch Austritt entziehen kann. Die Kirchenlehre der Theologen, die Ekklesiologie, würde dem zwar im Wege stehen; aber könnte man sie nicht als eine kulturelle Selbstbeschreibung, als »corporate culture« gewissermaßen, dieses besonderen Organisationstyps re-interpretieren – zumindest aus der Distanz eines Beobachters zweiter Ordnung? Und arbeitsrechtlich würde es um einen »Tendenzbetrieb« gehen, für den besondere Kündigungsregeln gelten, die greifen, wenn es zu markanten Abweichungen vom angeordneten Glauben kommt.

Allerdings wäre zu beachten, daß keineswegs alle, ja eigentlich nur die christlichen Religionen eine Organisation des Typs Kirche ausgebildet haben. Andere begnügen sich mit Schulen bzw. Versammlungen für Textexegese (Synagogen), andere mit Tempeln oder mit Klöstern, von denen gerade nicht erwartet wird, daß alle Glaubenden Mitglieder dieser Organisationen sind. Man muß also mehr, als es der Begriff der Kirche erlauben würde, auf die Vielgestaltigkeit des Vorkommens von Organisationen im weltgesellschaftlichen Religionssystem achten. Vor allem müßte aber eine Organisationstheorie ausgearbeitet werden, die die Vereinfachungen in Begriffen wie Körperschaft, Anstalt, aber auch Bürokratie überwindet. Denn erst dann wird man beurteilen können, ob ein Religionssystem, wenn es sich im Zustand funktionaler Ausdifferenzierung halten will, Organisation braucht und warum.

II.

Wie die Gesellschaft und ihre Funktionssysteme sind auch Organisationen autopoietische Systeme aus eigenem Antrieb. Sie können sich nur innerhalb der Gesellschaft, also auch nur als Vollzug von Gesellschaft bilden, denn auch ihre Operationsweise ist nichts anderes als Kommunikation. Sie setzen also die Ausdifferenzierung von Gesellschaft, Sprache und Funktionserfüllungen aller Art als ihre Umwelt voraus. Wenn und solange dies gesichert ist, bilden und reproduzieren sie aber eigene Grenzen, eigene Einschnitte in das Kontinuum der gesellschaftlichen Kommunikation, und zwar dadurch, daß sie zwischen Mitgliedern und Nichtmitgliedern unterscheiden. Das macht es ihnen möglich, an Mitgliederverhalten (sofern es ihnen gelingt, Mitgliedschaft entsprechend attraktiv zu gestalten) besondere Anforderungen zu stellen. Zur Bildung autopoietischer Systeme kommt es auf dieser Basis aber nur, wenn die den Mitgliedern zurechenbaren Kommunikationen rekursiv vernetzt werden, so daß Operation an Operation anschließt und dadurch ein System innerhalb selbstgezogener Grenzen ausdifferenziert wird. Es genügt also nicht, daß Personen, Rollen, Verhaltensweisen über Mitgliedschaft klassifiziert werden – so wie es Grenzen dessen gibt, was ein Schuster als Schuster tut. Es geht, anders gesagt, nicht bloß um Berufe oder um sonstige Ähnlichkeiten auf Grund spezifischer Pflichten oder Einstellungen. Vielmehr ist in organisierten Sozialsystemen die Kommunikation eines Mitglieds immer auch Prämisse für das Verhalten anderer;[6] und dies so, daß dieses Prämissengeben ein Entscheidungsverhalten erzeugt, das dann rekursiv auch das Prämissengeben selbst als Entscheidung sichtbar macht. Das gilt dann auch für Rekrutierung und Entlassung, für Eintritt und Austritt von Mitgliedern, die als Entscheidung begriffen werden, sich den Sonderbedingungen der Entscheidungsprozesse des Systems zu unterwerfen bzw. sich davon zu lösen. Organisationen sind in der Gesellschaft gebildete autopoietische Systeme, deren Autopoiesis auf der selbstgarantierten Fortsetzbarkeit von Entscheidungsprozessen beruht, wobei die Zugehörigkeit zur Organisation und damit auch die Verantwortlichkeit der Entscheidung an Mitgliedschaftsrollen erkennbar ist.[7]

6 Diese Präzisierung des Organisationsbegriffs geht auf Anregungen durch Herbert Simon zurück. Simon hatte zunächst von »behavior premises«, später von »decision premises« gesprochen. Siehe Herbert A. Simon/ Donald W. Smithburg/Victor A. Thompson, Public Administration, New York 1950, S. 57ff.; Herbert A. Simon, Models of Man – Social and Rational: Mathematical Essays on Rational Human Behavior in a Social Setting, New York 1957, S. 201.

7 Siehe hierzu auch Niklas Luhmann, Organisation, in: Willi Küpper/Günther Ortmann (Hrsg.), Mikropolitik: Rationalität, Macht und Spiele in Organisationen, Opladen 1988, S. 165-185; ders., Die Gesellschaft und ihre Organisationen, Festschrift für Renate Mayntz, Baden-Baden 1994, S. 189-201; ders., Organisation und Entscheidung, Opladen 2000.

Es geht also um die durch sich selbst garantierte Autopoiesis von Entscheidungen – und dies nicht nur bei expliziter Vorgabe von Regeln oder Programmen, sondern auch und vor allem rein faktisch: dadurch, daß sie kommuniziert worden sind und folglich nicht noch einmal erarbeitet werden müssen. Als Entscheidungsprämissen wirken Entscheidungen doppelsinnig, nämlich ermöglichend und einschränkend. Das System pulsiert also ständig zwischen Erweiterung und Einschränkung von Möglichkeiten weiteren Entscheidens und sichert auf genau diese Weise die Fortsetzung seiner Autopoiesis, nämlich ein organisationstypisches Medium von Entscheidungsmöglichkeiten, in das jede weitere Entscheidung Zäsuren einkerbt, die Komplexität reduzieren und darauf sich stützende weitere Entscheidungen ermöglichen.

Diese Ausgangspunkte führten, würde man sie ausarbeiten, zu einer ganz andersartigen Organisationstheorie als die klassische, vor allem auf Max Weber bezugnehmende Theorie der bürokratischen Organisation. Auch die älteren Gegenüberstellungen von mechanischen und organischen Modellen der Organisation fassen den Unterschied nicht. Organisation ist weder ein Instrument einer unabhängig von ihr gedachten Herrschaft und auch nicht ein soziales System, das der Gesellschaft das Erreichen spezifischer Ziele garantiert,[8] noch ist sie eine als Mechanismus konstruierte Maschine. Sie ist aber auch nicht wie ein Organismus ein System, das lebende Teile in Beziehung auf ein Ganzes ordnet. Ausschlaggebend ist vielmehr die eigenständige, von außen nicht determinierbare Reproduktion einer Differenz von System und Umwelt mit der Fähigkeit, auch angesichts einer weithin unbekannten, überraschenden, turbulenten Umwelt die eigene Reproduktionsweise fortsetzen zu können, nämlich Entscheidungen durch Entscheidungen zu produzieren und die dazu notwendigen Strukturen entweder beizubehalten oder zu variieren (Selbstorganisation).

Im vorliegenden Zusammenhang interessieren nur die Konsequenzen dieser Theorie für ein Verständnis des Verhältnisses von gesellschaftlichen Funktionssystemen, und hier speziell des Reli-

8 So z. B. Talcott Parsons, A Sociological Approach to the Theory of Organizations, in: ders., Structure and Process in Modern Societies, New York 1960, S. 16-58.

gionssystems, zu den in ihnen gebildeten Organisationen. Ginge man vom Bürokratiemodell aus, müßte man eine hierarchische Struktur annehmen, deren Spitze, unabhängig von ihr, dafür sorgt, daß der Apparat seine gesellschaftliche Funktion realisiert. Selbst für das gewohnte Paradigma dieser Theorie, die Staatsorganisation, ist das heute nicht mehr plausibel zu machen. Für den Fall der Religion ist schlechterdings nicht zu sehen, wie die Funktion der Religion durch Herrschaft und apparative Implementation erfüllt werden könnte. Es muß andere Möglichkeiten geben, den Realitäten theoretisch besser gerecht zu werden und das Verhältnis von funktionaler Differenzierung und Organisationsbildung zu begreifen als das, was es ist: als ein Verhältnis der Steigerung der operationsfähigen Kontingenz und der Eigendynamik auf gesellschaftlicher und auf organisatorischer Ebene.

Für die Klärung dieses Verhältnisses benötigen wir erneut die Begriffe Inklusion und Exklusion.[9] Damit wird ein Verhältnis struktureller Kopplung zwischen psychischen und sozialen Systemen bezeichnet. Inklusion liegt vor, wenn im sozialen System eine besondere Relevanz von organischen und psychischen Systemen der Umwelt in der Form von »Personen« anerkannt wird.[10] Von Exklusion sprechen wir folglich, wenn ein System annimmt, sich gegenüber (gesellschaftlich konstituierten) Personen Indifferenz, Rücksichtslosigkeit, Ablehnung leisten zu können. In anderen Worten: das Schema Inklusion/Exklusion bezeichnet eine Form, deren Innenseite die Inklusion und deren Außenseite die Exklusion ist. Oder nochmals anders: die Markierung von Inklusion läßt einen unmarked space übrig,

9 Ausführlicher Niklas Luhmann, Inklusion und Exklusion, in ders., Soziologische Aufklärung 6, Opladen 1995, S. 237-264.
10 Mit »Person« ist nicht etwa der reale Ablauf organischer und psychischer Prozesse gemeint, der immer in der Umwelt sozialer Systeme stattfindet, sondern (im Anschluß an die Tradition dieses Begriffs) eine Art Identitätsmarke, die in der Kommunikation verwendet werden kann, um eine im einzelnen intransparente Umweltkomplexität zu bezeichnen. Siehe auch Niklas Luhmann, Die Form »Person«, in: Soziale Welt 42 (1991), S. 166-175; ders., Die operative Geschlossenheit psychischer und sozialer Systeme, in: Hans Rudi Fischer et al. (Hrsg.), Das Ende der großen Entwürfe, Frankfurt 1992, S. 117-131; beides auch in Soziologische Aufklärung 6, a.a.O.

den man, soweit er Personen betrifft, als Exklusionsbereich bezeichnen kann.

In der modernen, funktional differenzierten Gesellschaft gibt es weder eine Zentralinstanz noch eine Einrichtung wie die Familienhaushalte der alten Welt, wo unter Beachtung von Rangdifferenzen Inklusionen und Exklusionen geregelt werden könnten. Diese Frage bleibt vielmehr den Funktionssystemen überlassen. Semantisch wird dies mit Prinzipien wie Freiheit und Gleichheit zum Ausdruck gebracht (wobei die Kritik dieser Prinzipien als Ideologien der »bürgerlichen Gesellschaft« mit Recht, wenn auch ohne zureichende Analyse, darauf hinweist, daß die damit positiv betonte Inklusion immer auch eine Exklusionsseite hat[11]). Auf der Ebene der gesellschaftlichen Funktionssysteme gibt es keine funktional sinnvollen Exklusionsinteressen (es sei denn: mit Bezug auf körperliche oder mentale Unfähigkeiten). Wenn die Differenz von Inklusion/Exklusion als Form verwendet werden soll, müssen deshalb Organisationen gebildet werden, die durch die sie konstituierenden Mitgliedschaftsregeln genau dies können, und zwar legitim können: einige Personen als Mitglieder einzuschließen und alle anderen auszuschließen. Und dies geschieht typisch innerhalb des Inklusionsbereichs der Funktionssysteme, also innerhalb von wirtschaftlich potenten, zahlungsfähigen oder arbeitsfähigen Personen, innerhalb des durch allgemeine Rechtsfähigkeit der Personen konstituierten Zugangs zum Recht und eben auch: innerhalb eines vorauszusetzenden Interesses an Religion.

Die Beziehung von Funktionssystemen und Organisationssystemen läßt sich demnach als ein Komplementärverhältnis begreifen: Je mehr sich Funktionssysteme unter Vorzeichen wie

11 In dieser Hinsicht befindet sich im übrigen die Diskurstheorie von Jürgen Habermas voll auf der Seite der traditionell liberalen und nicht auf der Seite der ideologiekritischen Version. Im alle Menschen einschließenden moralischen Diskurs wird freier und gleicher Zugang als Verfahrensbedingung vorausgesetzt. Die Tragik, daß auch damit unter realen Bedingungen Ausschließungseffekte (und seien es: Selbstausschließungseffekte vieler Einzelner) verbunden sind, wird nicht registriert. Und erst recht gilt dies für den (allerdings unwahrscheinlichen) Fall, daß solche Diskurse zu vernünftigen Konsensen führen würden, womit dann alle, die nicht zustimmen, aus dem Reich der Vernunft ausgeschlossen wären.

Freiheit und Gleichheit, aber auch wegen fehlender Abweisungsgründe, für Inklusionen öffnen, desto mehr muß dann innerhalb des so konstituierten Systems für zweitrangige Möglichkeiten der Exklusion gesorgt werden, und genau das geschieht durch Einrichtung von Organisationen, die über spezifische Anforderungen spezifische Inklusions/Exklusions-Kriterien rechtfertigen können. Alle besonderen Anforderungen führen deshalb zu Zäsuren innerhalb der Funktionssysteme – und dies nicht nur durch bloße Charakterisierung von Personen nach systemrelevanten Merkmalen wie: Freie/Sklaven, Reiche/Arme, Wissende/Unwissende, im Glauben stark oder weniger stark Engagierte, sondern in der eigentümlich modernen Form der Organisationsbildung, die sich von jenen Personmerkmalen weitgehend unabhängig macht und statt dessen auf die formale Mitgliedschaftsregel setzt, die auf bewegliche, organisationsinterne Selektionskriterien reagiert. Nicht jeder Glaubende darf auf die Kanzel, aber andererseits ist Amtsenthebung nicht schon gleich Exkommunikation und selbst amtlich entschiedene Exkommunikation würde heute nicht sogleich Religiosität zum Verstummen bringen.

Es gibt viele Gründe, in den Inklusionsbereich der Funktionssysteme, und also auch in das Religionssystem, die bereits vorausgesetzte Unterscheidung Inklusion/Exklusion wiedereinzuführen (ein »re-entry« im Sinne von Spencer Brown). Einer dieser Gründe ist die Notwendigkeit von Interdependenzunterbrechungen im System bei einem als gemeinsam vorgestellten Glauben. Vor allem aber wird Organisation benötigt, um Kollektive mit Kommunikationsfähigkeit auszustatten. Organisationen sind die einzigen Sozialsysteme, die im eigenen Namen verbindliche Erklärungen abgeben, sich also nach außen binden können, weil sie Mitglieder verpflichten können, außenwirksame Entscheidungen des Systems zu akzeptieren. In dem Maße, wie sich gesellschaftlich vorgegebene konstante Rahmenbedingungen für Religion auflösen, religiöse Kommunikation freigegeben und dadurch mit Strukturierungsnotwendigkeiten überhäuft wird, nimmt auch der Bedarf für Selbstmodifikation, also für Kommunikation von Entscheidungen zu. Das kann man schon an der mittelalterlichen Kirche mit ihrer Betonung von Recht und korporativer Verfaßtheit beobachten, und um so mehr nach der Auf-

lösung der gesamtgesellschaftlichen Bereitschaft, den universalistischen Prätentionen bestimmter Glaubensausprägungen zu
folgen. Diese Überlegungen könnte man weiter ausführen, käme
damit aber rasch in Bereiche, in denen unterschiedliche Weltreligionen zu sehr verschiedenen organisatorischen Lösungen
neigen oder auch dem Trend zu organisatorischen Problemlösungen nicht folgen, sondern bei alten Formen, etwa einem Re-
ziprozitätsverhältnis von Tempeln (Priestern) oder Klöstern
(Mönchen) und gläubiger Anhängerschaft verharren. Man wird
deshalb eher wissen wollen, was die Folgelasten einer intensiven
Inanspruchnahme von Organisation im Religionssystem sind
und ob damit Möglichkeiten verbaut werden, die andere Religionen noch haben.

III.

Organisationen neigen zu eigenwilliger Unsicherheitsabsorption.[12] Dank ihrer laufenden Transformation von Entscheidungen in Prämissen für weitere Entscheidungen können sie in eine
extrem unsichere (weil als Einheit unsichtbare) Welt Sicherheiten
hineinkonstruieren, ohne diese Konstruktion anders als durch
interne Verarbeitung von Irritationen verifizieren zu müssen. Sie
können damit eine Selbst- und Weltbeschreibung der Gesellschaft unterstützen, spezifizieren und, im Sonderfalle von Religion auch: auf Transzendenz hin überschreiten, ohne damit Aus-
sagefähigkeit zu verlieren. Aber: wie können diese Fähigkeiten
unter den Bedingungen der modernen Gesellschaft eingesetzt
werden, in der jede Welt- und Gesellschaftsbeschreibung dem
Vergleich mit anderen Möglichkeiten ausgesetzt ist?
Organisationen bilden, wohl unvermeidlich, hierarchische
Strukturen aus, denn vertikale Integration gibt ihnen die Möglichkeit, unter der Bedingung von Unsicherheit ihre Operationen fortzusetzen. Hierarchien verringern, anders gesagt, die
Kosten der Konfrontation mit Ungewißheit.[13] Wenn Unsicher-

---

12 Auch dies ein von Simon vorgeschlagener Begriff. Siehe James G. March/
Herbert A. Simon, Organizations, New York 1958, S. 164ff.

13 Dies allerdings mit der Folge, daß die Benutzung der eigenen Struktur zur
Behandlung von Ungewißheit problematische Auswirkungen hat. Siehe

heit in Sicherheit transformiert ist, gibt es gute Gründe und starke Motive, dabei zu bleiben. Weshalb sollte man bei kleineren Irritationen die Dose der Pandora öffnen? Das mag besonders in Fällen hoher Hintergrundunsicherheit gelten – also hier: wenn man insgeheim weiß, daß man sich in der Hinterwelt des Heiligen ohnehin nicht auskennt, und viele sogar leugnen, daß es sie überhaupt gibt. Oder wenn es gelungen ist, Unsicherheit in Fragen der eigenen Überzeugung durch Feinde zu ersetzen, die man identifizieren und bekämpfen kann. Gerade wenn die eigenen Entscheidungsprozesse wenigstens streckenweise identifizierbar und erinnerbar sind; gerade wenn sie als Sequenzen von Ursachen und Wirkungen oder Gründen und Folgerungen gelesen werden können; gerade wenn sie zur Bewahrung von Unterscheidungen dienen,[14] liegt es nahe, am eigenen Produkt festzuhalten. Das mag für alle sozialen Systeme gelten und sich als Bindung an ihre eigene Geschichte zeigen; aber für Organisationen gilt es besonders, weil ihre Geschichte als Geschichte des expliziten Unterscheidens und Bezeichnens aufbewahrt ist. Für religiöse Organisationen der modernen Welt gilt all dies in besonderem Maße. Mit selbsterzeugten Glaubenssicherheiten, die als Texte zur Verfügung stehen und bei Bedarf re-interpretiert werden können, kann man sich auch und gerade in einer Welt halten, die vorwiegend anderen Sinnangeboten folgt.

Diese Unterscheidungen konservierende Eigenart von Organisationen ersetzt in gewissem Umfange Unterscheidungen konservierende Arrangements anderer Art – namentlich Riten (mit nur lokal sichtbar zu machenden Unterscheidungen von Ort und Zeit und richtiger Durchführung) und Mythen als narrative Einheiten einer Sequenz von Unterscheidungen, die im einzelnen dadurch plausibel werden, daß sie in die Erzählung an geeigneter Stelle hineinpassen. Solche herkömmlichen Formen werden durch eine andere Textsorte, durch eine religiöse Dogmatik ergänzt, überformt, interpretiert, neu beleuchtet. Erzählungen gibt es weiter-

dazu Brian J. Loasby, Choice, complexity and ignorance: An enquiry into economic theory and the practice of decision-making, Cambridge Engl. 1976, insb. S. 151f.

14 Im Sinne von Francis Heylighen, Causality as Distinction Conversation: A Theory of Predictability, Reversibility, and Time Order, in: Cybernetics and Systems 20 (1989), S. 361-384.

hin, aber jetzt als Gleichnisse, als Kurzgeschichten, die religiöse Interpretationsgesichtspunkte mit Lebenserfahrung vermitteln, und religiös inspirierte Autoren zielen auf genau diese Funktion.[15] Das setzt voraus, daß es Kanonisierungen der richtigen Lehre gibt, deren Pflege den Lehrenden selbst und gegebenenfalls organisierten Prozessen der Entscheidung von Zweifeln obliegt.

Diese Überlegungen führen auf die soziologische Hypothese eines Zusammenhangs zwischen den Organisationsformen sowie dem Organisationsgrad des Religionssystems und dem Ausmaß an Dogmatisierung der Religion, wobei die Dogmatik in den Organisationen für Zwecke des Unterscheidens verwendet werden kann – sei es für ein Erkennen des richtigen Glaubens und für das Ausgrenzen von Häresien; sei es als Grundlage für Glaubensprüfungen; sei es schließlich in der Form von Artikeln und vorformulierten Glaubensbekenntnissen zur Fixierung von Bedingungen der Mitgliedschaft in religiösen Organisationen. Dabei sind Entscheidungen zu treffen, die als kontingent erscheinen und deshalb in Organisationen legitimiert werden müssen. Das Sichtbarwerden von Interpretationsvarianten und von Konsistenzproblemen einer höheren Ordnung gibt einerseits Anstoß zur Entwicklung reflexiver Figuren[16] und erzeugt andererseits einen Bedarf für eine organisatorische Regelung von Streitfragen – sei es in der Lehre der Rabbiner durch Mehrheitsbeschlüsse eines ausdifferenzierten Gremiums, sei es im katholischen Christentum durch die Autorität einer höchsten Instanz. Daß Reflexivfiguren wegen ihrer Selbstrechtfertigung religiös höchst bedenklich sind, wird bewußt – und eben deshalb kommt es zu rein organisatorischen Lösungen des Problems durch Formen der Unsicherheitsabsorption, die als solche, wie immer dann »kanonisiert«, erkennbar bleiben.

15 Siehe für Beispiele Dschalaluddin Rumi, Die Flucht nach Hindustan und andere Geschichten aus dem Matnawi (Hrsg. Gisela Wendt), Amsterdam 1989. Umfangreicher: The Matnawí of Jalálu'ddín Rúmí (Hrsg. Reynold A. Nicholson) mit engl. Übersetzung und Kommentaren, 8 Bde., Cambridge Engl. 1925-1940.

16 Zum Beispiel die Lehre von der sich selbst als Offenbarung offenbarenden Offenbarung oder die spezifisch jüdische Lehre, daß die Torah als Text für schriftliche und für mündliche Überlieferung offenbart sei, womit diese Lehre als eine, die in der Torah nicht explizit enthalten ist, sich selbst miteinbringt.

IV.

Die Bildung religiöser Organisationen in der Form von separierter Priesterschaft wird aus Gründen der Ressourcenbeschaffung, der Regulierung religiöser Dienstleistungen und der Kommunikationsfähigkeit gegenüber politischen und anderen Mächten schon früh erforderlich gewesen sein. In einem ganz anderen, viel bedenklicheren Sinne wird Organisation dann aber auch zur (sichtbaren!) Entscheidung von Glaubensfragen in Anspruch genommen. In einer Welt zunehmender Kontingenzen, in einer Welt weit verbreiteter Literalität, in einer Welt rascher Veränderungen und hoher Eigendynamik sehr verschiedener Funktionssysteme scheint sich dieser Weg aufzudrängen. Allein schon deshalb, weil immer neue Themen auftauchen, zu denen abgestimmte Einstellungen »der Religion« erwartet werden. (Wie steht es mit der religiösen Zumutbarkeit moderner Technologien, moderner Freizügigkeit im Sexualverhalten? Ist Aids als Strafe Gottes zu interpretieren? Soll man Tanzgruppen der indianischen Bevölkerung als Gruppen oder nur als Einzelpersonen in die Kirche lassen – bloß weil sie selbst sich für Anhänger Marias und also für Katholiken halten?) Die Organisation stellt dafür eine Technik des Entscheidens und eine Form der Mitgliederverpflichtung zur Verfügung, die sich zunächst zu bewähren scheint. Zugleich werden aber Grenzen dieser Form der Unsicherheitsabsorption sichtbar. Sie liegen einerseits, und das ist man gewohnt, in der Persistenz opponierender Minderheiten, die sich, wenn überhaupt, fügen, ohne einverstanden zu sein, oder sehr dezidiert danach streben, zur Mehrheit zu werden. Wenn es dabei nicht nur um Fragen des Taktierens in dieser Welt geht, sondern um Glaubensfragen, ist es nahezu unmöglich, Minderheiten zum Schweigen zu bringen oder auch nur auf Diskretion zu verpflichten. Sie werden nicht Märtyrer, sie finden heute mit bestem Gewissen für ihre Sache Zugang zu den Medien der Massenkommunikation.

Dies mag organisationsintern als Gefahr für die Einheit der Organisation und somit für die Einheit des durch sie festgelegten Glaubens angesehen werden. Dann empfiehlt die Organisation sich selbst ein taktisches Lavieren, notfalls den Gebrauch von Macht. In solchen Konflikten bewährt die Organisation ihre Fähigkeit, Unsicherheit (des wahren Glaubens) in Sicherheit (des bereits diagnostizierten Konflikts) zu verwandeln. Und es mag sein, daß dies ausgehalten werden kann, weil es noch ganz auf der Linie typischen Organisationsverhaltens liegt. Aber es könnte sein, daß die Organisation mit einer solchen Focussierung auf sich selbst blind wird für eine ganz andere Problematik, nämlich die Problematik der gesellschaftlichen Inklusion.

Auch wenn man annimmt, daß dogmatische Fragen entscheidbar sind und die allfälligen Entscheidungen einer Organisation überantwortet werden können, bleiben Schwierigkeiten, die es ratsam erscheinen lassen, diese Möglichkeit nur mit Zurückhaltung zu nutzen. Denn in der Form der Entscheidung liegt immer das Zugeständnis, daß auch anders entschieden werden könnte. Entscheidungen untergraben daher Wahrheitsansprüche; und dies auch dann, wenn die Entscheidung als Interpretation von Texten ausgegeben wird, die ihrerseits nicht in einer Entscheidung begründet sind. Zusätzlich zu dieser Möglichkeit, Organisation in Anspruch zu nehmen, kommt es denn auch zu vielen weiteren organisationstypischen Deformierungen, etwa zu den berühmt-berüchtigten Zweck/Mittel-Verschiebungen.[17] In der Religion mag es in erster Linie um Erlösung gehen oder um das Heil der Seele. Für Organisationen sind solche Ziele aber schwer zu operationalisieren. Wie soll man feststellen, ob sie erreicht sind oder nicht und woran es liegt? Typisch begnügen sich religiöse Organisationen daher mit einer Transformation von Mitteln in Ersatzziele. Einem Pfarrer gelingt es mehr als anderen, Menschen zum Besuch des Gottesdienstes zu bewegen. Und nachdem Mitgliedschaft zur Individualentscheidung geworden ist, kann auch das Vermehren oder doch Halten eines Bestandes an Mitgliedern als Erfolg der Organisation gebucht werden.[18]

Nach all dem scheint der Kontrast zwischen der Eigenlogik von Organisation und dem, was die Gesellschaft ihren Funktionssystemen zumutet, im Falle des Religionssystems besonders scharf auszufallen. Es fehlen Einrichtungen, die zwischen den Organisationen oder auch zwischen Organisationen und gesellschaft-

17 Vgl. Niklas Luhmann, Funktionen und Folgen formaler Organisation, Berlin 1964, S. 307f. mit weiteren Hinweisen.
18 Vgl. N. J. Demerath III/V. Thiessen, On Spitting Against the Wind: Organizational Precariousness and American Irreligion, in: American Journal of Sociology 71 (1966), S. 674-687.

lichen Sinnerwartungen vermitteln – Einrichtungen wie etwa die Märkte des Wirtschaftssystems. Es überrascht daher nicht, daß in den organisatorischen Verkrustungen des Religionssystems (und damit ist keineswegs nur die administrative Tätigkeit gemeint) immer auch Anstöße zu neuen religiösen Bewegungen liegen, die, am Anfang jedenfalls, hoffen, diesem Schicksal entgehen zu können.

V.

Als gesellschaftliches Funktionssystem hat die Religion zunächst keinen Grund, Inklusion zu verweigern, also religiösen Bereitschaften (in welchen Formen immer) keine Chance sozialer Kommunikation zu geben. Organisationssysteme disponieren dagegen in ganz anderer Weise über Inklusion/Exklusion, nämlich durch Entscheidungen über Zulassung zur Mitgliedschaft unter den dafür geltenden Kriterien. Exklusion ist für sie also der Normalfall, gegen den sie ihre Sonderanforderungen profilieren. Sie haben deshalb die Neigung, die Gewohnheit, ja stehen sogar vor der Notwendigkeit, *innerhalb* ihres Funktionssystems *Grenzen zu ziehen*. So auch wohl unausweichlich, wenn das Religionssystem eigene Organisationen bildet. Nicht alles, was sich als Religion deklariert, kann ihnen willkommen sein, wenn anders jede Besonderheit ihrer Anforderungen, die natürlich gemildert, aber nicht aufgegeben werden können, in Gefahr geriete.

Das hat zunächst nur die Konsequenz, daß es organisierte und nichtorganisierte Religion gibt und daß man für eine soziologische Diagnose den Religionsbegriff abkoppeln muß von den Selbstbeschreibungen der religiösen Organisationen[19] (was nicht heißen muß, daß Religion ohne distinkte Glaubensvorstellungen Transzendenz und Immanenz unterscheiden könnte, also als Religion möglich wäre). Aber auch an diese Unterscheidung kann man noch die Frage stellen, ob sie in der gegenwärtigen Situation der modernen Gesellschaft als Problemlösung, als Unterscheidungsangebot befriedigt.

19 Hierzu vor allem Thomas Luckmann, The Invisible Religion, London 1967.

Zumindest eine zusätzliche Überlegung bietet sich an. Unter den Funktionssystemen der modernen Gesellschaft gibt es wenig positive Koordination.[20] Es herrscht ein gesellschaftlich nicht vorstrukturiertes »loose coupling«, das der sehr unterschiedlichen Eigendynamik der Funktionssysteme entspricht. Integration (im Sinne von wechselseitiger Einschränkung der Freiheitsgrade der Systeme) läuft über wechselseitige Problembelastungen, über Externalisierung der nicht im eigenen Funktionsbereich lösbaren Probleme. Entsprechend wird die Inklusion von Personen über Karrieren reguliert. Die andere, dunkle Seite dieses Arrangements ist: daß es zu massiven Exklusionen kommt.[21] Große Teile der Weltbevölkerung finden sich aus allen Funktionssystemen so gut wie ausgeschlossen: keine Arbeit, kein Geld, kein Ausweis, keine Berechtigungen, keine Ausbildung, oft nicht die geringste Schulbildung, keine ausreichende medizinische Versorgung und mit all dem wieder: keinen Zugang zu Arbeit, keinen Zugang zur Wirtschaft, keine Aussicht, gegen die Polizei oder vor Gericht Recht zu bekommen. Die Exklusionen verstärken sich wechselseitig, und von einer gewissen Schwelle ab absorbiert das Überleben als Körper alle noch verbliebene Zeit und alle Kräfte. Der losen Kopplung der positiven Integration scheint eine strikte Kopplung der negativen Integration zu entsprechen.

Im Moment sind dies noch Probleme an der Peripherie der Zentren der Moderne, und sie werden als Probleme der Entwicklungshilfe, der Kreditgewährung, der Bekämpfung von Korruption oder von Inflation gesehen. Das sind Rezepte, die die funktional differenzierte Gesellschaft sich selbst verschreibt und die nur funktionieren können, so weit deren Medien und deren Inklusionsweisen reichen. Aber es könnte gut sein, daß sich der Differenz der Funktionssysteme eine andere, eher demographi-

20 Eben deshalb wird für eine breite soziologische und politologische Diskussion »Steuerung«, also speziell darauf gerichtete Aktivität, zum Problem. Siehe nur Helmut Willke, Ironie des Staates: Grundlinien einer Staatstheorie polyzentrischer Gesellschaft, Frankfurt 1992.
21 In der Literatur findet man hierfür oft Begriffe wie Unterdrückung, Repression, Ausbeutung. Aber diese Terminologie ist viel zu schwach und angesichts der Sachverhalte unangemessen. Sie läßt, anders gesagt, zu viel Hoffnung, es könnte anders gemacht werden.

sche Differenz überlagert, nämlich die Differenz von Inklusion und Exklusion. Das mag dann nochmals ein stabiler Zustand sein, in dem Unruhen und unkontrollierbare Gewalt, aber keine »Revolutionen« mehr zu erwarten sind. Und das wäre dann die altgewordene Gestalt der Moderne, über die hinaus wir keine fernere Zukunft mehr erkennen können, weil wir uns nicht vorstellen können, wie es ohne funktionale Differenzierung gehen könnte.

Die Härte der negativen Integration (unscharfe Grenzen zugegeben) beruht auf einer wechselseitigen Verstärkung der ganz unplanmäßigen, funktionslosen Exklusionen aus den Funktionssystemen. Ein Herausfallen zieht ein anderes nach sich, nicht mit zwingender Logik im Einzelfall, aber doch mit einer Fatalität, der nur wenige sich entziehen können – mit oder ohne Hilfe durch andere. Aber es gibt auch Funktionssysteme, die an dieser Spirale nach unten nicht unbedingt teilnehmen müssen, sondern Inklusion halten können, auch wenn andere Systeme exkludiert haben. Das gilt für die Familie, soweit es sie in diesen Bereichen noch gibt; und es könnte vor allem für die Religion gelten.

Die organisierte Religion wird hier ein Problem der Diakonie, des Liebesaktivismus, der Sozialarbeit sehen. Dagegen ist nichts zu sagen, und Erfolge können diese Definition der Situation bestätigen. Verschiedene christliche Orden mit ihrer regionalen Organisation von Klöstern könnten Ausgangspunkte bilden für Gegenmaßnahmen gegen menschliche und natürliche Zivilisationsschäden. Aber Inklusion ins Religionssystem wäre dies nur, wenn es gelänge, die Funktion und den Code der Religion zu aktivieren, also, traditionell gesprochen, Kirche im Sinne einer Gemeinschaft im Glauben herzustellen. Und hierbei scheint die Organisation sich selbst im Wege zu stehen, da sie immer schon weiß, weil sie immer schon entschieden hat, um welchen Glauben es sich handeln müßte. Offizielle Stimmen der katholischen Kirche verlautbaren, die Kirche müsse sich um politische und ökonomische Lebensbedingungen kümmern und gegebenenfalls politisch intervenieren, wenn sie Bedingungen vorfindet, die es ausschließen, daß die Betroffenen an die Heilsbotschaft, an die Erlösung durch Jesus Christus usw. glauben. Aber warum dies? Warum nicht andere Zugänge zu einer Welt jenseits dieser Welt? Warum Sakramente, aber nicht Inszenierung von Trance-zuständen? Warum zeitlich vertagte Erlösungshoffnungen, aber keine gegenwärtig hilfreiche Magie? Warum Sündenbekenntnisse, aber nicht Rituale, in denen man zwischen schwarzer und weißer Magie nicht unterscheiden kann, also auch nicht unterscheiden muß?

Jede Beobachtung von Religiosität, die sich unter den geschilderten Bedingungen spontan bildet (und die gestellten Fragen betreffen afro-indianische Mischkulte unseres Jahrhunderts!), führt auf Fragen dieser Art. Wenn man Möglichkeiten hat, entstehende und sich ausbreitende Religiosität zu beobachten, sieht man (bei entsprechend theoretisch präparierter Blickweise) Möglichkeiten religiöser Inklusion, die mit Exklusion im übrigen kompatibel zu sein scheinen. Man sieht auch: die Organisation wird es und kann es nicht als ihre Angelegenheit zulassen. Aber die Gesellschaft läßt es zu.

VI.

Vorerst behelfen sich religiöse Organisationen, wie andere Organisationen auch, mit Reformen. Reformen sind Formen der Veränderungsplanung, wie sie sich nur in Organisationen finden. Sie unterscheiden sich von religiösen oder sozialen Bewegungen oder sonstigen beobachtbaren Strukturänderungen dadurch, daß sie auf Entscheidungen abzielen, die in Organisationen getroffen werden und durchgesetzt werden müssen. Sie können sich auf die formale Organisation beziehen, etwa im Sinne von Zentralisation versus Dezentralisation oder Monokratie versus Gruppenprinzip. Sie können sich aber auch auf die Programme des Systems beziehen, das heißt auf diejenigen Sachkriterien, die die Unterscheidung richtiger oder falscher Verwendung des Codes artikulieren. Immer setzen sie voraus, daß man zwischen Entscheidungsprämissen und operativer Entscheidungskommunikation unterscheiden kann, also etwa zwischen dem Vollzug der Taufe und der Festlegung der Bedingungen, unter denen dieser Vollzug als Taufe erkannt und anerkannt wird. Sie setzen außerdem voraus, daß das System auf beiden Ebenen, im basalen Entscheidungsvollzug und in der Entscheidung über Entscheidungsprämissen, entscheidungsfähig ist. Vorausgesetzt ist also

eine Art von »double closure« auf basaler und auf koordinieren-
der Ebene – und double closure in dem Sinne, daß das System auf
beiden Ebenen autonom ist und sich selbst mit eigenen Operationen determiniert.[22]

Einfacher gesagt: Reformen behandeln Glaubensfragen als Be-
schlußsache. Da die Organisation geschlossen operiert, kann das
natürlich nicht heißen, daß über die Gesellschaft selbst oder über
eines ihrer Funktionssysteme beschlossen werden kann. Die
Organisation kann nur sich selbst reformieren, also nur darüber
entscheiden, wie weiterhin in der Organisation kommuniziert
wird, also: wie Entscheidungen Entscheidungen auslegen oder
anstoßen können. Und auch das ist, nach aller Erfahrung mit
Reformen in Organisationen des Wirtschaftssystems, des politischen Systems, des Erziehungssystems usw. zu viel gesagt. Weitgehend erschöpfen Reformen sich darin, auf einer verbal abge-
hobenen Ebene Akzente zu setzen, die im System erinnert oder
vergessen werden und in beiden Fällen Anlaß geben können für
weitere Reformen.[23] Eine »Implementation« im Sinne der ursprünglichen Intentionen findet kaum statt und wenn, dann so,
daß die ursprünglichen Intentionen den Realitäten angepaßt
werden, so daß man nach einiger Zeit den Zustand vor und den
Zustand nach der Reform nicht mehr unterscheiden kann. Oft
mag es relativ unproblematisch sein, die bisherige Praxis in der
Rhetorik der Reform neu zu beschreiben, ohne sich durch die
Zielvorstellungen der Reformer beunruhigen zu lassen. Das
kann dann ein Grund dafür sein, daß die Reform als Erfolg angesehen wird, wenn ihre verbale Darstellung kontinuiert, und daß
die fortbestehenden Mißstände Anlaß geben können, neue Reformen zu initiieren.

Das alles mag modifiziert werden, wenn man nur sehr enge Ausschnitte der formalen Organisation vor Augen hat – etwa Zulassung von Frauen zu Priesterämtern. Es mag sein, daß eine Organisation unter dem Druck ihrer Umwelt zu Reformen genötigt
wird und ihre Selbstbeschreibungen entsprechend anpaßt. Im
typischen Falle ist jedoch die Kopplung zwischen Entschei-

22 Zu »double closure« siehe mit Bezug auf neurophysiologische Systeme
Heinz von Foerster, Observing Systems, Seaside Cal. 1981, S. 304ff.
23 Siehe dazu Nils Brunsson/Johan P. Olsen, The Reforming Organization,
London 1993.

dungsprämissen und basalem Entscheiden so locker, daß Änderungsintentionen versickern oder unbemerkbare Veränderungen außerhalb der intendierten Effekte auslösen. Reformen werden praktisch nie evaluiert. Sie setzen bestenfalls ihre Sprachregelung durch, kaum aber die beabsichtigten Wirkungen. Das dürfte selbst für relativ hart geregelte Gegenstände gelten wie das betriebliche oder behördliche Rechnungswesen[24] oder die Moralkasuistik der katholischen Beichte. Ob Frauen, wenn sie auf die Kanzel gelassen werden, wirklich anders predigen, sollte man besser gar nicht erst kontrollieren.

Gerade wenn es so ist, daß die Reformen sich in der Auslösung von Reformen erschöpfen und diese verbale Änderungsdynamik zur Gewohnheit wird, verliert die Unterscheidung von Reformern und Antireformern viel an Gewicht. Der strukturelle Wandel, der zählt, findet auf der Ebene des gesellschaftlichen Religionssystems statt und kann nur unzureichend in Organisationen hineincopiert werden. Er hat die Form von Evolution, nicht von Planung. Er wirkt unvorhersehbar, aber dann genau so, wie er wirkt; während auf der Ebene von organisierter und organisationsbezogener Planung die Wirkungsintentionen bestenfalls gebrochen aufgenommen werden. Das alles spricht nicht gegen Reformen. Man kann sie, im Gegenteil, besser beurteilen, wenn man auf ihrer Ebene realistisch urteilt, ihre Blitzableitungsfunktion anerkennt und auch notiert, daß der Einbau von reformbezogenen Reflexionsschleifen in das System selbst dann eine Funktion erfüllt, wenn sie an dem, was getan wird, nicht viel ändern.

Die Einstellung zu Reformen prägt das professionelle Selbstverständnis der Führungsschicht in den Organisationen. Da die Eliten, anders als früher, heute arbeiten, und zwar in Organisationen arbeiten, ist die für Organisationen typische Tendenz zur Initiierung von Reformen zugleich ein Zwang zur Stellungnahme. Weil in Organisationen (mit welchen Folgen immer) entschieden werden kann und in vielen Fällen entschieden werden muß, weil auch die Nichtentscheidung (keine Frauen!) eine Entscheidung ist, stehen auch die Beteiligten vor einer entsprechenden Option – deutlich schon im Streit des 15. Jahrhunderts um

24 Speziell hierzu Brunsson/Olsen a.a.O. S. 176 ff.

Papstkirche oder Konzilskirche. Das kann einerseits als ein Anlaß zur laufenden Regenerierung von artikulierten Meinungsverschiedenheiten angesehen werden mit der Folge von Identitätsproblemen biographischer Art; denn die Individuen leben typisch länger als die Reformen, ob deren Durchführung nun beschlossen wird oder nicht. Das mag nach außen hin den Eindruck eines ständigen Streites im Establishment der Kirchen erwecken. Man kann darin aber auch einen immer wieder neu ausbrechenden Anlaß zur Reflexion über Vorfragen und Ziele von Reformen sehen. Helmut Schelsky hatte in einem viel beachteten Beitrag gefragt: »Ist die Dauerreflexion institutionalisierbar?«[25] Die Antwort darauf würde auf eine Klärung des Begriffs der Institution warten müssen. Jedenfalls sieht man, daß die Professionen (der Theologen, aber auch der Pädagogen, der Juristen oder der »general manager« neuesten Stils) durch die Reformsucht ihrer Organisationen, und nicht mehr durch die Philosophie, zur Reflexion angetrieben werden. Und das mag Nebenerträge haben für die Bestimmung des Ortes der Religion in der heutigen Gesellschaft, die nichtorganisierte Religionen nicht in dieser Form hervorbringen würden.

VII.

Organisationen werden als praktische Hilfseinrichtungen gegründet. Man will bestimmte Leistungen nicht dem Zufall oder der ad-hoc-Motivation überlassen, sondern sie verläßlich sicherstellen. Legt man diese Gründungsintention der Beschreibung von Organisationen zugrunde, dann erscheinen sie als ein relativ unproblematisches Mittel. Probleme liegen nur in den Kosten und in unbeabsichtigten Nebenfolgen. Ein ganz anderes Bild gewinnt man, wenn man Organisationen als autopoietische Systeme begreift, die Entscheidungen aus Entscheidungen reproduzieren. Damit werden Merkmale wie operative Schließung (auf der Basis der Operation des Entscheidens) und selbstproduzierte Ungewißheit betont. Jede Entscheidung beobachtet an-

---

25 Siehe Helmut Schelsky, Ist die Dauerreflexion institutionalisierbar?, in: Zeitschrift für evangelische Ethik 1 (1957), S. 153-174.

dere Entscheidungen und reproduziert den Bedarf für weitere Entscheidungen. Auch die Entscheidungsprämissen müssen nun als Resultat von Entscheidungen gesehen werden, zumindest als Resultat ihrer laufenden Akzeptanz und Re-Imprägnierung in immer neuen Entscheidungen. So gesehen erscheinen Organisationen als Systeme der Reproduktion selbsterzeugter Ungewißheit, die durch immer neue Entscheidungen (die aber denselben Effekt haben) bearbeitet werden muß. Das erklärt nicht zuletzt die typisch hierarchische Struktur von Organisationen, denn vertikale Integration ist das wichtigste Mittel der Umformung von Unsicherheit in Sicherheit.

Wenn Organisationen von selbsterzeugter Ungewißheit, von einer erst noch zu bestimmenden Zukunft leben, wird es fraglich, ob und wie weit das gesellschaftliche Funktionssystem Religion sich auf Systeme dieser Art stützen kann. Es liegt auf der Hand, daß die Religion sich durch Kanonisierung von Entscheidungsprämissen helfen wird, um bestimmte Themen der Disposition durch Entscheidungen zu entziehen. Die Frage ist jedoch, ob dies mit der operativen Logik von Organisationen kompatibel ist. Die Autopoiesis der Organisation wird sie dazu zwingen, auch solche Verbote als Entscheidungen zu registrieren. Dann kann sie aber die Möglichkeit der Änderung solcher Entscheidungen nicht ausschließen. Sie mag entscheiden, eine solche Möglichkeit nicht zu nutzen, aber wenn dies als Möglichkeit nicht ausgeschlossen werden kann, ist alles weitere nur eine Frage der Gelegenheit. Basiert auf der Autopoiesis des Entscheidens kann eine Organisation ihre eigenen operativen Möglichkeiten nicht ausschließen. Jeder Versuch des Ausschließens dient als Hinweis auf die Möglichkeit; und es kommt zum Sündenfall, wenn Gott im hinteren Teil des Paradieses spazierengeht, um die kühle Abendluft zu genießen, und der Schlange das Terrain überläßt.

Diese Überlegungen führen vor die Frage, ob es nicht eine prinzipielle Inkompatibilität von Religion und Organisation gibt. Das muß nicht zu einer Religionskatastrophe führen, vielleicht aber zu einer Sachlage, die man geläufig als Krise bezeichnet. Wenn die Organisation in allem, was sie akzeptiert und reproduziert, eine Entscheidung sieht, muß das zu einer Dekonstruktion von Glaubensinhalten führen. Ob solche Entscheidungen »unfehlbar« sind oder nicht, macht in dieser Frage keinen Unterschied. Das Problem liegt schon darin, daß es sich überhaupt um Entscheidungen handelt, die auch anders oder gar nicht getroffen werden könnten. Entscheidungen werden, das liegt schon im Begriff, in der Beobachtungsdirektive des Begriffs, als kontingent erfahren, und genau darauf beruht die Zukunft der Organisation, die nur in der Form der Möglichkeit künftiger Entscheidungen Gegenwart werden kann. Aber die Religion will sich auf das, was sie schon ist, verlassen können.

Kapitel 7

Evolution der Religion

I.

Die Evolution eines besonderen Religionssystems kann weder mit der gesamtgesellschaftlichen Evolution gleichgesetzt werden, noch findet sie in der Weise statt, in der andere Funktionssysteme der Gesellschaft ausdifferenziert werden und dann eigendynamisch evoluieren. Es handelt sich nicht um gesamtgesellschaftliche Evolution, weil immer, wenn Religion als distinktes Phänomen erkennbar ist, es in der Gesellschaft auch andere Arten von Sinn und Kommunikation gibt, so daß man von einer umfassenden sozialen Evolution ausgehen muß.[1] Es ist zum Beispiel nicht möglich, die Evolution von Schrift ausschließlich und in allen Fällen auf Religion zurückzuführen, obwohl neben Problemen der Haushaltsführung und des beweiskräftigen Festhaltens von Leistungen Divination eine erhebliche Rolle spielt. Andererseits weicht die religiöse Evolution auch von der Art und Weise ab, in der andere Funktionssysteme evoluieren. Sie beginnt sehr viel früher. Sie erzeugt erstmals ein System, das man als in der Gesellschaft ausdifferenziert beschreiben kann.[2] Sie fällt nicht mit dem Bedarf eines besonderen symbolisch generalisierten Kommunikationsmediums und dessen Ausdifferenzierung zusammen – so wie man sagen könnte, daß die Ausdifferenzierung des Wirtschaftssystems die Einführung von Geld voraussetzt oder die Ausdifferenzierung eines politischen Systems die Einrichtung von Ämtern für die Ausübung von Macht. Es fehlt auch der Anlaß, der typisch die Entstehung besonderer symbolisch generalisierter Kommunikationsmedien anstößt: nämlich das Unwahrscheinlichwerden des Akzeptierens bestimmter, sehr

1 Siehe dazu Niklas Luhmann, Die Gesellschaft der Gesellschaft, Frankfurt 1997, S. 413 ff.
2 Hierzu auch Niklas Luhmann, Die Ausdifferenzierung der Religion, in: ders., Gesellschaftsstruktur und Semantik Bd. 3, Frankfurt 1989, S. 259-357.

spezifischer Kommunikationen. Bezüge zur Evolution anderer Funktionssysteme sind dadurch nicht ausgeschlossen. Man weiß natürlich, daß die Impulse, die die Propheten der jüdischen Religion gegeben haben, eine bestehende Königsherrschaft voraussetzten und die Abspaltung des Buddhismus ein bestehendes Kastensystem so wie man sagen kann, daß die Erfindung des Münzgeldes den Übergang zur »Tyrannis« und die darauf reagierenden politischen Entwicklungen in griechischen Städten angeregt hat oder die Bildung von Höfen im Spätmittelalter, besonders in Italien, die Ausdifferenzierung eines besonderen, nicht mehr an Handwerk und Zünfte oder Klöster gebundenen Kunstsystems.[3] Wir wollen also theoretische Generalisierbarkeit keineswegs ausschließen. Man könnte nicht von »Evolution«, nicht von »Ausdifferenzierung«, nicht von »System« sprechen, gäbe es dafür nicht allgemeine theoretische Grundlagen. Aber die Besonderheiten der religiösen Evolution verdienen besondere Aufmerksamkeit. Enge Verflechtungen zwischen gesellschaftlicher und spezifisch religiöser Evolution lassen sich für die Frühzeit nicht bestreiten – bis hin zu dem Eindruck, frühere Gesellschaften seien in anderer Weise und intensiver durch Religion bestimmt gewesen als die heutige. Ungeachtet dieser Sonderlage, und gerade ihretwegen, verdient jedoch die Frage: wie religiöse Evolution sich selbst ermöglicht hat, eine eigenständige Ausarbeitung. Und wir werden auch hier, wenn es denn um Evolution gehen soll, untersuchen müssen, wie die spezifischen evolutionären Mechanismen der Variation, der Selektion und der Restabilisierung im Falle der Religion besetzt sind, und vor allem: wie sie getrennt werden konnten.

Man könnte meinen, für Fragen dieser Art böte die Religionssoziologie Max Webers brauchbare Vorarbeiten. Das ist jedoch nicht, oder nur in sehr begrenztem Umfange, der Fall. Webers deutlich historische Fragestellung bleibt natürlich für alles, was auf diesem Gebiet unternommen wird, beachtlich. Und bemerkenswert ist auch die starke Betonung der evolutionären Unwahrscheinlichkeit einer ausgesprochen asketischen, auf trans-

3 Zu diesen beiden Beispielen vgl. Peter N. Ure, The Origin of Tyranny, Cambridge Engl. 1922; Martin Warnke, Hofkünstler: Zur Vorgeschichte des modernen Künstlers, Köln 1985. Ausführlicher Niklas Luhmann, Die Kunst der Gesellschaft, Frankfurt 1995.

zendente Heilsziele gerichteten, Welt negierenden Religiosität – und dies als Form der Ausdifferenzierung und Rationalisierung *spezifisch religiöser* Einstellungen und Formen der »Lebensführung«. Diese Unwahrscheinlichkeit wird nicht nur psychologisch sondern auch mit Bezug auf davorliegende Formen religiöser Praxis begründet. Das alles sind Themen, die heute in einem evolutionstheoretischen Rahmen begriffsstrenger behandelt werden könnten. Vor allem aber gilt: Webers Interesse hatte primär in der Klärung der Bedingungen der Evolution des Wirtschaftssystems in Richtung auf modernen »Kapitalismus« gelegen – also in einer anderen Systemreferenz. Für deren Erklärung meinte Weber, gebunden an die Methodenvorstellungen seiner Zeit, einen kausal wirkenden Motivfaktor zu benötigen, und er glaubte (bei gebührender Anerkennung anderer Kausalitäten), ihn in der Religion gefunden zu haben. Die besondere Wucht religiöser Motive, die diese Umstellung bewirkt haben sollen, erklärte sich ihm dann gerade aus deren Unwahrscheinlichkeit. Wie immer man dazu stehen mag[4] – die mit einem riesigen Aufwand vergleichender Untersuchungen ausgearbeitete Weber-These liegt außerhalb von Evolutionstheorie.[5] Zwar ist das Zentralthema der Evolutionstheorie: das Wahrscheinlichwerden des Unwahrscheinlichen, auch Webers Problem, aber die darauf antwortende Theorie der Evolution ist dann anders gebaut. Sie setzt nicht auf besonders stark wirkende Ursachen, um sich dann in die Endlosprobleme der Kausalzurechnung zu verlieren, sondern auf »Zufall« – vor allem auf ein zufälliges (nicht systemgesteuertes) Zusammenwirken von Variation und Selektion, aber auch auf ein zufälliges Bereitstehen von hilfreichen Umständen, die genutzt werden können, bis die neu entstandene Form ihre eigenen Bedürfnisse, Motive, Semantiken, Stabilitäten erzeugt.

4 Vgl. dazu eingehend und klärend und mit besonderer Beachtung des Stellenwerts von »Unwahrscheinlichkeit« Hartmann Tyrell, Worum geht es in der »Protestantischen Ethik«? Ein Versuch zum besseren Verständnis Max Webers, in: Saeculum 41 (1990), S. 130-177; ders., Potenz und Depotenzierung der Religion – Religion und Rationalisierung bei Max Weber, in: Saeculum 44 (1993), S. 300-347.

5 Das ist leicht zu verstehen, wenn man bedenkt, daß zu Webers Zeiten als Theorie der sozialen Evolution nichts anderes zur Verfügung stand als ein an wenigen Schlagworten aufgerichteter »Sozialdarwinismus«.

Die folgenden Überlegungen sind in diesem speziellen Sinne evolutionstheoretisch gearbeitet. Aber Weber-Kenner werden Gelegenheit haben, sich an Weber zu erinnern.

II.

Den allgemeinen Begriff der Evolution, den wir zugrunde legen, hatten wir bereits aus früherem Anlaß vorgestellt.[6] Jede evolutionstheoretische Behandlung morphogenetischer Fragen hat danach besonders darauf zu achten, wie Formen der Variation und Formen der Selektion getrennt werden. Darin (und nicht etwa in Periodisierungen mit Fortschrittsrichtung) liegt heute das besondere Kennzeichen von Evolutionstheorien. Dazu kommt, daß die Verknüpfung von Variation und Selektion, anders könnte man nicht von »Trennung« sprechen, als Zufall behandelt werden muß. Damit ist einerseits kausalgesetzliche Determination negiert, vor allem aber und weitreichender jede systemische Integration dieser beiden Erfordernisse von Evolution. Diesem schon komplizierten Theorieaufbau kann man weiter entnehmen, daß man immer dort, wo von »Zufall« (im Sinne systemischer Nichtkoordination) die Rede ist, Chancen der Einwirkung von Umwelt trotz operativer Schließung der Systeme vermuten kann. Das System selbst setzt sich Zufällen aus, die es ignorieren oder, wenn es passiert ist, als Gelegenheiten nutzen kann. Ein evoluierendes System kann, zusammenfassend gesagt, mangelnde Koordination von Variation und Selektion in Umweltempfindlichkeit ummünzen. Es liefert sich selbst, indem es für die Selektion aus dem »variety pool« der Variationen keine Regeln vorgibt, Umwelteinflüssen aus. Und es kann deshalb, das ist entscheidend, vorübergehende Umweltbedingungen für einen Strukturaufbau nutzen, den es aus sich selbst heraus nicht zustande bringen könnte. Speziell für religiöse Evolution gehen wir davon aus, daß in der Differenz von vertraut/unvertraut oder dann: von diesseits/jenseits Daueranstöße für Variation liegen. Die »andere Seite« dieser Unterscheidung kann und muß ohne die diesseits üblichen empirischen Beschränkungen in Rechnung gestellt werden. Der Phan-

6 Vgl. oben Kap. 5, Abschnitt IV.

tasie sind hier zunächst keine Grenzen gesetzt – *es seien denn solche, die über das »re-entry« der Unterscheidung in sich selbst im Diesseits gezogen werden.* Denn auch für Religion gilt: alle Realitätserfahrung muß durch Widerstand der Systemoperationen gegen die Systemoperationen, durch Widerstand von Kommunikation gegen Kommunikation erzeugt werden. Es gibt keine Information, die von außen kommt. Das System muß sich selbst disziplinieren.

Für Frühzeiten der religiösen Evolution muß man mit Einrichtungen rechnen, die relativ folgenlose und vor allem: nicht erinnerte Variation ermöglichen. Das gilt für Praktiken kommunikativer Geheimhaltung, für Tabuisierungen und für relativ pragmatischen Umgang mit heiligen Dingen durch die, die Zugang haben und Wissen prätendieren können. Nach außen hin, in seiner kommunikativen Darstellung, erscheint religiöses Handeln im magischen wie im rituellen Bereich als formfixiert – in Webers Terminologie: als stereotypiert. Nur so ist die Kommunikation von Sinn verstehbar. Darin liegt zugleich eine unerläßliche Bedingung für ein Verstehen des Bezugs der Kommunikation auf Religion, ohne daß ein elaboriertes, von Experten verwaltetes Vorverständnis dessen, was Religion »bedeutet«, benötigt würde. Aber darin liegt auch die latente Funktion zu verhindern, daß Abweichungen als Neuerungen, die sich bewähren, *erinnert werden.* Es gibt für diese Zeit also keine praktizierte Unterscheidung von Variation und Selektion, obwohl die Knochen der Vorfahren, die im Männerhaus aufbewahrt werden, hin und wieder ersetzt[7] und die Zeichen für den benötigten Einsatz magischer oder divinatorischer Mittel bedarfsgerecht beschafft werden müssen.[8] Religion kann im quasi Voraussetzungslosen anfangen,

---

7 Dies Beispiel bei Fredrik Barth, Ritual and Knowledge among the Baktaman of New Guinea, Oslo 1975. Barth zeigt auch, wie stark die semantischen Welten der Eingeweihten und der übrigen Mitglieder des Stammes (Frauen, Kinder, Heranwachsende) differieren, was gewertet werden kann als Schema, das eine Differenzierung und ein Zusammenbestehen von Stereotypierung und adaptivem Pragmatismus ermöglicht.

8 Vgl. Roy A. Rappaport, Pigs for the Ancestors: Ritual in the Ecology of a New Guinean People, New Haven 1967. Vgl. auch ders., The Sacred in Human Evolution, in: Annual Review of Ecology and Systematics 2 (1971), S. 23-44.

Rekursionen entwickeln und daran ihre eigene Autopoiesis entdecken.

Magie ist vor allem deshalb attraktiv und leicht zu imaginieren,
weil es sich eigentlich nur um eine Parallelkonstruktion zu ohnehin bekannten natürlichen Verläufen und Technologien handelt –
eine ins Jenseits verlegte Parallelkonstruktion. Sie kann als re
dundante Sicherheit für gutes Gelingen mitgeführt werden oder
auch als Versuch, ein ohnehin sich abzeichnendes Schicksal zu
wenden. Sie ist eine im Copierverfahren gewonnene Variante mit
eigenen Erfolgs- und Mißerfolgserklärungen; also gerade nicht:
ein erfolgssicheres Rezept, das man ja sofort aufgeben würde,
wenn es versagt. Sie kann auch benutzt werden, um ungewöhnliche, Individuen betreffende Ereignisse (die schon eingetreten
sind!) zu erklären. Ferner fällt die enge Verflechtung mit allen
möglichen Lebensproblemen und die inhärente Stabilität auf
und damit die evolutionäre Verbreitung und Unempfindlichkeit.
Auch die Moderne hat den Glauben daran nicht ausrotten können, zumal man gar nicht fragen, gar nicht entscheiden muß, ob
man daran glaubt oder nicht.[9] Magie bestätigt die Gegenwart der
anderen Welt, aber sie wird so dicht an der Alltagserfahrung ent-
langgeführt, daß die Konsistenzprobleme nicht im Verhältnis
zwischen dieser und jener Welt auftauchen, sondern in den Beziehungen zwischen den Situationen – wenn man zum Beispiel
vorher gesund war und dann krank wird. Man kann religiöse und
alltagspraktische Sinnbezüge sehr wohl unterscheiden. Wenn der
Rauch der Opferflamme nicht aufsteigt, mag dies ein schlechtes
Zeichen sein; aber wenn man sein Feuerzeug vergessen hatte,
muß man es holen.

9 Man kann dies besonders gut in Japan studieren, wo man vielerorts auf ein
Fortleben divinatorischer und magischer Praktiken stößt, und anscheinend
vorwiegend dort, wo die Gruppe keine hinreichende Sicherheit bietet, sondern der Einzelne sich auf sich selbst gestellt weiß. Man wäscht sein Geld in
Drahtkörben in einer bestimmten Quelle, um den weiteren Geschäftser-
folg zu sichern (und nach den vorfahrenden Wagen und dem Inhalt der
Körbe zu urteilen, sind es nicht die Ärmsten der Armen, die dies tun). Man
geht vor dem Examen zum Tempel, um eine Voraussage zu erhalten. Und
all dies anscheinend ohne jedes Inkonsistenzerleben im Verhältnis zu sonstigem Weltwissen, so daß auch die Frage, ob man denn daran glaube oder
nicht, kaum Verständnis und keine klare Antwort findet.

Selbstverständlich überläßt man Fragen der Religion nie und nimmer einer »vernünftigen Verständigung«. Nie und nimmer evoluiert die Religion über Prozesse der »Konsensfindung«. Vielmehr wird die soziale Koordination mit Hilfe von Objekten oder »Quasi-Objekten« bewirkt.[10] Die Evolution kann sich dieser Objektschiene bedienen und andere, für komplexere Verhältnisse besser geeignete Quasi-Objekte substituieren. So werden aus Trancezuständen Propheten, und die Metaphysik wird schließlich die Unterscheidung von sichtbaren und unsichtbaren Dingen anbieten, um die Welt vollständig in der Welt unterbringen zu können. So werden Opfer und Rituale als Komplexeinheiten inszeniert und damit objektiviert. Man mag über Notwendigkeit und Gelegenheit verschiedener Meinung sein, nicht aber über die Vollzugsweise als solche.[11]

Schon die Frühzeiten religiöser Evolution, die zwar adaptive Variation, aber nicht eigentlich eine Trennung von Mechanismen für Variation und Selektion kennen, setzen mithin eine soziale Differenzierung voraus, deren Grenze eine Trennung und ein Zusammenwirken von strenger Bindung und pragmatischer Handhabung ermöglicht. An dieser Differenz wird man daher ansetzen müssen, wenn es um die Frage geht, wann und wie die Religion von bloßer Wiederholung in immer anderen Formen übergeht zur Selektion von eher unwahrscheinlichen Formen

10 »Quasi-Objekte« im Sinne von Michel Serres, Genèse, Paris 1982, S. 146ff. Daß das »Quasi« solcher Objekte religiös nicht mitkommuniziert wird, versteht sich von selbst; aber auch hier erkennt man in der Perspektive eines Beobachters zweiter Ordnung einen Einlaß für Erfindung und Phantasie, also für Variation – sehr wirksam zum Beispiel in der Interpretation von Trancezuständen und vor allem: in der Erfindung des Quasi-Objektes »Seele«, an dem sich Religion bis in die jüngste Zeit hinein orientiert.

11 Das moderne Äquivalent wäre das Funktionieren der Technik. Man mag zweifeln und verschiedener Meinung sein, ob es in der beginnenden Dämmerung angebracht ist, jetzt schon Licht anzuschalten. Aber daß das Licht angeht, wenn man es anschaltet, bedarf keiner weiteren Konsenssuche. Durch Objektivierung können Konsensbedürfnisse dirigiert, eingespart, aber auch ausgeweitet werden. Denn die in Funktionskontexte eingebauten Objektivierungen, seien es Rituale, seien es Technologien, machen etwas möglich, was andernfalls nicht möglich wäre, und konfigurieren erst dadurch Notwendigkeiten der Verständigung.

mit der Folge, daß das System der religiösen Kommunikation dann restabilisiert werden muß.

Wie so oft findet man auch hier: Grenzen sind kreative Strukturen, weil sie eine Differenz offenlegen und deren Einheit verbergen. An der Differenz zwischen kompetentem und inkompetentem Umgang mit sakralen Mächten kann das System wachsen und neue Formen ausbilden. Es kann an dieser Stelle wuchern, kann von Situationsrollen zu Professionsrollen mit Erblichkeit oder mit spezifischen Eignungsanforderungen übergehen, kann Kenntnisse, Geschick usw. akkumulieren, kann Autorität und Verantwortung für fragliche Situationen ausbilden. Es entstehen distinkte Rollen für Magier, Schamanen, Priester. Aus der Sicht derjenigen, die nun Laien sind, hilflos aber nicht schuldlos, fallen zwei Grenzen zusammen oder verstärken einander, nämlich die soziale Differenz auf der Linie Kompetenz/Inkompetenz und die Differenz der diesseitigen Alltagswelt zu den unheimlichen jenseitigen Mächten.

Innerhalb einer solchen »Hier-archie« von Experten mögen sich Selbstblockierungen ergeben haben, die allzu freizügigen Umgang mit Tagesbedürfnissen erschwerten – oder ohne es zu erinnern geschehen ließen. Das waren dann Probleme der wechselseitigen Beobachtung. Eine durchgreifende Veränderung bringt erst die Einführung von Schrift zur Verhinderung des (doch so wohltätigen) Vergessens.[12] Die Erfindung wirkt zwiespältig, wenn nicht paradox. Zur Strukturbewahrung und wiederholten Benutzung gedacht und mit deutlich religiösen Wertungen der Erinnerung ausgestattet, zerstört sie zugleich den bisher wirksamen Mechanismus der Stabilisierung: des Nicht-zur-Kenntnis-Nehmen und Nichttradieren der Abweichung. Schrift scheint, vor allem im haushaltsmäßigen (»ökonomischen«) und juristischen Bereich, zum Sichtbarmachen etwaiger Abweichungen erfunden worden zu sein, und dies schon vor aller Koordinie-

---

12 Die Literatur zur Frage der Transformation von Religion durch Schrift ist unüberschaubar angewachsen, im allgemeinen aber wenig an Theorie orientiert. Für einen einführenden Überblick siehe z. B. Jack Goody, Die Logik der Schrift und die Organisation von Gesellschaft, dt. Übers. Frankfurt 1990, S. 25 ff. Siehe auch Walter J. Ong, The Presence of the Word: Some Prolegomena for Cultural and Religious History, New Haven 1967.

rung von Schrift und Sprache.[13] Sobald sie jedoch versprachlicht und schließlich im vielsprachlichen Bereich des vorderen Orients auch phonetisiert wird, entsteht über die Registrierzwecke der Schrift hinausgehend eine neuartige Differenz, nämlich die von mündlicher und schriftlicher *Kommunikation*.[14]

Versteht man Sinn als Einheit von Aktualität und Virtualität, dann kann man Schrift begreifen als immense Ausweitung des Bereichs der Virtualität. Auf Aktualität muß und kann nicht verzichtet werden, aber die Aktualität des Schreibens und Lesens wird von den sozialen Pressionen der Interaktion entlastet, und die Kommunikation (und mit ihr: das Bewußtsein) kann sich ganz auf die virtuellen Aspekte des Sinnerlebens konzentrieren. Daraus ergeben sich neuartige, abstraktere Ordnungszwänge, denn offensichtlich kann man nicht jeden Einfall in der Welt unterbringen. Gerade wenn etwas als möglich vorgestellt wird, muß es besonderen Bedingungen der Plausibilität, des möglicherweise Wirklichwerdens genügen.

Fallen die beiden Errungenschaften zusammen: die Ausdifferenzierung von Kompetenz für die Behandlung sakraler Angelegenheiten und die Verbreitung von Schrift, sind erhebliche Auswirkungen zu erwarten. Ein Resultat von Evolution verändert die Bedingungen weiterer Evolution. Mit der Bereitstellung von Kompetenz verengt sich der Personenkreis, für den Beherrschung der Schrift in Betracht kommt und sinnvoll ist. Daher ist es plausibel, wenn Schriftwissen zunächst in vielen Fällen als

13 Vgl. Harald Haarmann, Universalgeschichte der Schrift, Frankfurt 1990, S. 70ff. Siehe auch Alexander Marshack, The Roots of Civilization: The Cognitive Beginnings of Man's First Art, Symbol and Notation, London 1972. Hier scheinen denn auch die evolutionären Voraussetzungen für die Umstellung auf eine die Sprache copierende (wenn auch zunächst sicher nicht: vollständig copierende) Schrift in Mesopotamien gelegen zu haben – für jenen Entwicklungsschritt, der allgemein als Erfindung der Schrift gilt, aber die technische Möglichkeit des Sichtbarmachens von Identität und Abweichung schon geerbt hat und deshalb relativ rasch vollzogen werden konnte. Siehe dazu Denise Schmandt-Besserat, An Archaic Recording System and the Origin of Writing, in: Syro-Mesopotamian Studies 1/2 (1977), S. 1-32; Jean Bottéro, De l'aide-mémoire à l'écriture, in: ders., Mésopotamie: L'écriture, la raison et les dieux, Paris 1987, S. 89-112.

14 Hierzu auch Niklas Luhmann, The Form of Writing, in: Stanford Literature Review 9 (1992), S. 25-42.

Geheimwissen behandelt wird.[15] Das muß auch das Absorbieren der Folgen von »Literalisierung« erleichtert haben. Um so mehr ist dann aber anzunehmen, daß die Verschriftlichung des Wissens selbst eine neue Phase der Evolution eingeleitet hat. Auch und gerade nach der Einführung des Buchdrucks wird die religiöse Bedeutung von Schrift nochmals groß herausgestellt. Gerade Schrift eigne sich dazu, die okkulte Wissenschaft der Religion sichtbar zu machen, ohne das Geheimnis damit anzutasten.[16] Und sie gibt dem Einzelnen Gelegenheit, seine Teilnahme an Kommunikation als eigenes Verhalten zu erfahren und Nebeneffekte für den Aufbau einer eigenen Persönlichkeit abzuzweigen.[17]

Allerdings ist zunächst zuzugestehen, daß keineswegs alle Hochreligionen in Entstehung und Tradierung von Schrift abhängig gewesen sind. Vor allem die Religion der Brahmanen und der Buddhismus bilden hier eine Ausnahme, was vielleicht die Tendenz zu einer immer stärkeren Ritualisierung erklären kann. Auch die relativ späte Verfügbarkeit von Schrift hat daran nicht viel geändert. Trotzdem ist kein Zweifel, daß Schrift, wenn sie auf Religion einwirkt, erhebliche Konsequenzen hat. Das kann man in vielen Einzelheiten belegen – zum Beispiel im Abschleifen des zunächst rein kasuistisch gesammelten Divinationswissens zu einem binär nach günstigen/ungünstigen Zeichen codierten Methodenwissen; in der Verstärkung des Kontingenzbewußtseins auf Grund von jetzt möglichen Vergleichen; in der Ausdehnung der Zeithorizonte (die dann zum Beispiel durch Genealogien gefüllt werden müssen[18]) und in der Möglichkeit

---

15 So vermutet man für die im einzelnen sehr umstrittene, unabhängig von der mesopotamischen Schrift und vor ihr entstandene Schrift, die im Balkan entdeckt worden ist. Sie könnte für den Direktverkehr mit Göttern reserviert, also eine Art Zauberschrift gewesen sein. Vgl. Haarmann a. a. O. S. 70ff.

16 So Jean Pierre Camus, Les Diversitez Bd. 1, 2. Aufl. Paris 1612, S. 375ff. mit einem ausführlichen Plädoyer für Schrift im Vergleich zum bloß gesprochenen Wort.

17 Vgl. Elena Esposito, Interaktion, Interaktivität und Personalisierung der Massenmedien, in: Soziale Systeme 1 (1995), S. 225-260.

18 Rosalind Thomas, Oral Tradition and Written Record in Classical Athens, Cambridge Engl. 1989, S. 95ff., 155ff. spricht von »telescoping«.

des Präsentmachens des Vergangenen als »Ursprung«, der jetzt noch wirkt; und nicht zuletzt: in der Ausweitung der Möglichkeiten, Abwesendes zu symbolisieren. Aber nicht nur die Menschen, auch die Götter schreiben. Sie führen Buch – in Mesopotamien zunächst, um das Schicksal durch Ratsbeschluß festzulegen;[19] im christlichen Bereich in der Form eines Sündenregisters, das im Jüngsten Gericht vorliegt und als Entscheidungsgrundlage verwendet werden kann. Die himmlische Buchführung selbst entwickelt sich vom Schicksalsglauben zur Werkgerechtigkeit mit besserer Rücksicht auf menschliche Entscheidungsfreiheit, weil im Himmel ein unbestechliches Gedächtnis, gleichsam eine Photographie der wirklichen Geschehnisse in dieser Welt zur Verfügung steht.[20] Damit wird, obwohl Magie als Volksglaube nicht ausgerottet werden kann und obwohl die starre Buchführung auch dem Glauben an die Wirkmächtigkeit des Betens widerspricht, eine Sinndarstellungsalternative in das Religionssystem eingezogen, die es zumindest erlaubt, den Magieglauben anderer Religionen als Greuel abzuweisen.

In diesem komplexen, hier nicht ausschöpfbaren Zusammenhang bildet die Frage der Rückwirkung von Evolution auf Evolution ein bisher wenig behandeltes Sonderproblem. Die Schrift bricht mit der davorliegenden Selbststabilisierung von Variation durch Verdrängung von Abweichungen und Veränderungen durch Vergessen. Sie schaltet zwischen Variation und Restabilisierung einen neuen Vorgang ein: die sei es positive, sei es negative Selektion einer Variation unter dem Gesichtspunkt einer Strukturänderung. Denn Texte machen, dazu sind sie da, den Unterschied von konformen und abweichenden Sinnvorschlägen erkennbar.

Zunächst scheint die gerade entstandene Schrift die Religion voll in Beschlag zu nehmen. Schrift wird zum wichtigsten Mittel der Domestikation der Götterwelt. Die Götter Mesopotamiens le-

19 Vgl. Jean Bottéro, Symptômes, signes, écritures en Mésopotamie ancienne, in: Jean-Pierre Vernant et al., Divination et Rationalité, Paris 1974, S. 70-197 (157f.).
20 Hierzu materialreich Leo Koep, Das himmlische Buch in Antike und Christentum: Eine religionsgeschichtliche Untersuchung zur altchristlichen Bildersprache, Bonn 1952.

gen, wie gesagt, das Schicksal schriftlich und damit lesbar fest. Freilich in Geheimzeichen, die nur wenige lesen können. Divination, also religiöse Lebensberatung, wird zur Sache einer schriftkundigen Elite. *Dagegen* entwickelt sich dann, unter Rückgriff auf alte Traditionen oraler Kulturen, unter Rückgriff auf Träume, Visionen und Trancezustände, die Religion der Propheten. Hier wird die Gottheit aktiv, sie inspiriert den Propheten ad hoc, sie gibt Weisungen, sie warnt und erklärt ihren eigenen Willen.[21] Jetzt bewährt sich Gott als Willensmacht und als Beobachtergott, als eingreifender Gott, mit dem als Person zu rechnen ist. Politik und Religion können sich trennen. Allerdings wird auch diese Entwicklung, zumal jetzt phonetische Schriften verfügbar sind, alsbald durch Schrift wiedereingefangen. Über die Ereignisse der prophetisch bezeugten Kommunikation wird schriftlich berichtet. Die Berichte, die das Unglaubliche glaubhaft zu machen haben, beziehen auch die Reaktionen der Anwesenden ein. Sie werden zu Erzählungen ausgemalt. Dann freilich muß sich die Religion gegen immer neue Interventionen schützen. Dies erfordert wiederum Schrift. Die Propheten nehmen Diktate ihres Gottes an oder diktieren selber. Schließlich wird, im Falle Sinai, der Text von Gott selber geschrieben. Aber es bleibt bei der Vorstellung eines Gottes, der inspirierend kommuniziert und als eingriffsbereiter Beobachter das Menschenleben begleitet.

Erst Schrift ermöglicht einen Begriff von Tradition, der zur Dogmatisierung und so zur Vernichtung von Information eingesetzt und im Sinne einer Präferenz für die Überlieferung gehandhabt werden kann. Soweit das so läuft, garantiert jetzt die Selektion Stabilität. Sie wird im Blick auf heiliges, bewahrenswertes Wissen gehandhabt. Aber nicht notwendigerweise und nicht in allen Fällen. Die Texte sind, wenn mit aktuellen Bedürfnissen konfrontiert, kurz und dunkel (im 18. Jahrhundert wird man bewundernd sagen: sublim). Sie erfordern und ermöglichen Interpretation. Und wieder darf man, geleitet durch evolutionstheoretische Überlegungen, vermuten, daß an den Bruchstellen der evolutionären Mechanismen für Variation, Selektion und Restabilisierung der Zufall einwirken kann, und das heißt: das, was im Mo-

21 Siehe zu dieser Differenz und ihrer evolutionären Schubkraft Cristiano Grotanelli, Profezia e scrittura nel Vicino Oriente, in: La Ricerca folklorica. La scrittura: Funzioni ed ideologie 5 (1982), S. 57-62.

ment aus vorübergehenden Gründen besonders stark einleuchtet, in der Kommunikation plausibel vertreten werden kann.[22] Hiervon ausgehend, können wir eine der stabilsten Lösungen dieses Problems verstehen, die für eine typische Buchreligion gefunden worden ist, und zwar die im Talmud (also relativ spät) erarbeitete Theorie der Interpretation der Torah. Die Lehre geht von einem schriftlich gegebenen Text aus, von einem Text, der Gott als Unterlage für die Schöpfung der Welt gedient hat. Dieser Text ist jedoch, denn Jachweh ist der Gott der Vergangenheit und der Zukunft, für schriftliche und mündliche Tradierung gegeben. Man muß sich an den Text halten, kann ihn aber interpretieren. Die mündliche Interpretation ist das Instrument der Anpassung an eine noch unbekannte Zukunft. Sie erfolgt über Mehrheitsbeschlüsse der Rabbiner, und deren Rechte gehen so weit, daß sie selbst von einer im Entscheidungszeitpunkt deutlich erklärten Auffassung Gottes abweichen können, wie die berühmte Fallgeschichte des »Ofens von Akhnai« dokumentiert.[23] Man findet in dieser Form eine in die Schrifttradition eingebaute Reflexion der Nachteile von Schrift und zwar, anders als in der Polemik Platons gegen die Schrift, eine Reflexion, die sich *auf der Grundlage eines fixierten Textes* explizit die Zukunft für *gegenwärtig noch nicht bestimmbare Selektionen* offenhält. Es mag vor allem diese Form der Behandlung von Schrift gewesen sein, die das religiöse und rechtliche Überleben des Judentums nach der Zerstörung des zweiten Tempels und ohne Schutz durch eine eigene politische Herrschaft ermöglicht hat (oder

22 In der neueren ideengeschichtlichen Forschung betont vor allem Quentin Skinner diesen situativen, politisch-polemischen Faktor in der semantischen Evolution, der semantischen Innovationen dazu verhilft, die Überzeugungsschwellen der Tradition zu überwinden. Siehe zusammenfassend Quentin Skinner, Language and Political Change, in: Terence Ball/ James Farr/Russell L. Hanson (Hrsg.), Political Innovation und Conceptual Change, Cambridge Engl. 1989, S. 6-23. Vgl. auch Henk de Berg, Kontext und Kontingenz: Kommunikationstheoretische Überlegungen zur Literaturhistoriographie. Mit einer Fallstudie zur Goethe-Rezeption des Jungen Deutschland, Diss. Leiden 1994.

23 Siehe z. B. Ishak Englard, Majority Decision vs. Individual Truth: The Interpretation of the Oven of Achnai Aggadah, in: Tradition: A Journal of Orthodox Jewish Thought 15 (1975), S. 137-151, mit vielen weiteren Hinweisen.

auch: für *dieses* Problem aus Anlaß seines historischen Auftretens entwickelt worden ist). Im Bereich der christlichen Religion und ähnlich im Islam hat dagegen Schrift vor allem Anlaß zu theologischen Spekulationen und zum Auftreten von Inkonsistenzen und Religionsspaltungen gegeben; und man mag überlegen, ob das Fehlen jeder staatlich-politischen Absicherung von Religion und Recht im Judentum der evolutionär-differenzierende Faktor gewesen ist.

Schrift mag ein Auslöser gewesen sein, erklärt aber nicht das, was dann als Hochreligion entstanden ist. Die Entstehung von Hochreligionen ist, wie die Entstehung von autopoietischen Systemen schlechthin, eine abrupte Umstellung auf ein anderes Prinzip der Stabilität, also im genauen systemtheoretischen Sinne: eine religiöse Katastrophe. Deshalb werden alte Sakralformen unterdrückt, zum Beispiel durch Überbauung heiliger Stätten.[24] Deshalb werden neue extravagante Ansprüche gestellt. Deshalb kommt es zu Plötzlichkeitsmythen der Erweckung und Bekehrung; deshalb zur Forcierung einer Option, die man eigentlich auch als Optionszwang ablehnen könnte, ohne damit, wie die Religion meint, die falsche Seite, nämlich ein unheilvolles Leben zu wählen. Und deshalb kommt es zu jener scharfen Unterscheidung von »innen« und »außen«, die, jedenfalls für einige Hochreligionen, ein eigenes Medium des »Glaubens« abgrenzt, in dem durch Ausarbeitung der Figuren und Mythen eine Eigenentwicklung zu beachtlicher Komplexität stattfinden kann. Wenn es gelingt.

III.

Zu den wichtigsten Umständen, die die Evolution von Religion beeinflußt haben, gehört das Verhältnis von Religion und Moral. Dies mochte unproblematisch gewesen sein, solange die Religion keine universalistischen, auf die Welt bezogenen Prätentionen verfolgte. Mit dem Aufkommen von Weltreligionen stellt sich jedoch das Problem, daß es in der Welt moralisch gutes und moralisch schlechtes, ja sogar böses Verhalten gibt. Der »Sündenfall«,

---

24 Man kennt solche Beispiele aus dem frühen Mittelalter in Europa, aber auch aus Mexiko, zum Beispiel Mitla.

die Inszenierung des spezifisch menschlichen Beitrags zur Schöpfung, hatte den Code der Moral in die Welt eingeführt, und danach kann man sich den Konsequenzen nicht mehr entziehen. Man sieht sich zu moralischen Urteilen veranlaßt, und schlimmer noch: man wird selbst moralisch beurteilt.

Der Mythos vom Sündenfall läßt verschiedene Deutungen zu. Man kann die Einführung von Moral als Werk des Teufels ansehen und entsprechend die Hölle als durchgeführte Moral beschreiben, also die physischen durch seelische Torturen ersetzen.[25] Das antwortet aber nicht auf die Frage, warum Gott dies zuläßt und, gleichsam als gerechte Strafe, die Sünder der Moral aussetzt. Beide Codes, der der Religion und der der Moral, verfolgen in entwickelten Gesellschaften universalistische Prätentionen, und daraus folgt das Problem, wie ihr Verhältnis zueinander geregelt wird.

Dieser Konflikt läßt sich weder logisch noch kognitiv lösen. Man muß entscheiden, von welcher Seite aus man die Welt anschneidet. Aber damit ist das Problem nicht aus der Welt geschafft, sondern erscheint wieder in einer Form, die von der Ausgangsunterscheidung, der »primary distinction« abhängt. Auch wenn man der Religion den Primat zuerkennt, muß sie dazu Stellung nehmen, daß sowohl gutes als auch schlechtes Verhalten möglich – fast könnte man sagen: zugelassen ist.

Für die Evolution religiöser Vorstellungen, aber auch für die Evolution religiöser Institutionen hat dies Problem erhebliche Bedeutung. Sie können sich der ständigen Provokation durch »die Welt« nicht entziehen. Soll man ihnen ihren Glauben glauben, müssen sie dafür einstehen und sich in weltliche Angelegenheiten hineinziehen lassen. Es mag zunächst ein ständiges Trommelfeuer von Mikroereignissen sein, aber durch Selektion und Restabilisierung entwickeln sich daraus dogmatische Positionen und institutionelle Gepflogenheiten, die Erwartungen aufbauen, die dann erfüllt werden müssen. Eine Religion, in welcher semantischen und institutionellen Ausprägung auch immer, wird kaum vermeiden können, sich mit moralisch codierten Affairen der Welt zu befassen. Sie kann nicht einfach dasitzen und die

25 So Jean-Fréderic Bernard, Eloge d'Enfer: ouvrage critique, historique et moral, 2 Bde., Den Haag 1759.

Hand für milde Gaben offenhalten. Die prinzipielle Trennung von religiösen und politischen Rollen in vielen Gesellschaften der alten Welt hat diesem Problem einen Rahmen gegeben. Sie hat es aber nicht lösen können in dem Sinne, daß es nicht mehr aktuell wird.

In evolutionstheoretischer Perspektive kann man deshalb annehmen, daß das bloße Vorkommen von Verhaltensweisen, die als gut bzw. als schlecht beurteilt werden, die Religion unter Selektionsdruck setzt. Das muß nicht zu einer Übernahme der moralischen Standards der Gesellschaft führen. Die Frage bleibt aber, wie die Religion ihre eigenen Standards zu solchen Vorkommnissen ausbilden und durchhalten kann. Sie mag ihnen durch die Unterscheidung von Paradies und Hölle entsprechen als verschiedene Formen des Lebens nach dem Tode. Sie handelt sich damit aber theologische Konsistenzprobleme ein, die kontrovers diskutiert werden können – etwa das Verhältnis dieser Unterscheidung zur Dogmatik der Erbsünde oder die Frage, ob ewige Höllenstrafen mit der Gott zugeschriebenen misericordia vereinbar sind.

Im Vergleich zu den strukturellen Problemen der Interpenetration von Religion und Moral mögen dies »leichtere« Probleme sein, die theologischen Kontroversen überlassen bleiben können. Die Entwicklungen einer kircheneigenen Gerichtsbarkeit im Mittelalter und ihre Beseitigung durch den Territorialstaat der frühen Neuzeit zeigen jedoch, daß die Evolution auch Lösungswege entwickelt, die sich später als Abwege herausstellen werden. Strukturelle evolutionäre Errungenschaften mögen sich eine Zeitlang bewähren und später in Krisen führen, die dazu nötigen, sie aufzugeben. Insgesamt scheint der seit dem Mittelalter zunehmende Individuenbezug der Moral – und das heißt: Bezug auf die inneren Einstellungen der Individuen – das Terrain zu bestimmen, auf dem mögliche Lösungen ausgehandelt werden müssen. Und dies deshalb, weil die Individualität von Individuen aus Gründen der gesellschaftsstrukturellen Evolution gefordert ist.

IV.

Wenn es nun »Tradition« gibt und damit Variation und Selektion getrennt werden müssen: welche Chancen oder auch Gefahren ergeben sich für weitere Evolution?

Hochreligionen können (wie unscharf auch immer dieser Begriff ausfallen mag und wie breit die Zone schwieriger Zuordnungen) in evolutionstheoretischer Perspektive dadurch definiert werden, *daß sie ihren Selektionsmechanismus an Stabilität orientieren*. Sie unterscheiden also nicht systematisch zwischen Selektion und Restabilisierung, sondern suchen ihre Selektionsweise, und zwar die negative wie die positive Selektion, an einem Bestand von Glaubenssätzen zu orientieren, die sich nach ihrem Glauben nur verdeutlichen, nicht aber ändern lassen. Das soll uns den Begriff der Dogmatik definieren.

Man erkennt dies am Bemühen um eine Synthetisierung religiöser Formen, die zunächst mit Blick auf ganz verschiedene Situationen entstanden waren. Im Zusammenhang damit wird die Götterwelt hierarchisch oder familial oder sonstwie strukturell geordnet und, könnte man sagen, de-arbitrarisiert. Solche Konsistenzpflege bedeutet zugleich eine schärfere Abgrenzung nach außen gegenüber nichtreligiösen Sinnprovinzen. Außerhalb der Religion kann es keinen religiösen Sinn geben, was alsbald zu den bekannten Anerkennungsproblemen zwischen Religionen führt oder auch zu Versuchen, Gottheiten mit verschiedenen Namen zu identifizieren. Die Religion findet jetzt Halt an sich selbst und eben deshalb auch an der Differenz, die religiösen Sinn von anderem Sinn trennt. Jan Assmann spricht mit Bezug auf die ägyptische Religion von einem Übergang von impliziter zu expliziter Theologie und, im Zusammenhang damit, von einer Theologisierung der Geschichte.[26]

Eine solche Umstellung liegt im Trend eines Übergangs von einem Primat der Fremdreferenz zu einem Primat der Selbstreferenz – beides aber als Religion bezogen auf ein Vertrautmachen der Unterscheidung von vertraut/unvertraut, also auf genau die-

---

26 So Jan Assmann, Ägypten: Theologie und Frömmigkeit einer frühen Hochkultur, Stuttgart 1984; ders., Das kulturelle Gedächtnis: Schrift, Erinnerung und politische Identität in frühen Hochkulturen, München 1992, S. 248 ff.

ses re-entry. Religion in diesem neuen Sinn wird nun zu einem sich selbst und die eigenen Grenzen und die eigene Geschichte reproduzierenden System, das seine eigenen Rekursionen ständig reaktualisiert, kurz: zu einem autopoietischen System. Die religiöse Semantik wird komplett reformuliert. Sie wird eine schriftlich fixierbare Lehre, eine Dogmatik. Das kann auch in polytheistischen Kontexten geschehen, wenn diese, wie im griechischen Fall, eng mit den Adelsgenealogien verwoben sind und deshalb (mit beträchtlichen Einbußen an Glaubwürdigkeit und ergänzt durch eine Reihe von mystischen Kulten) erhalten bleiben. Aber ihre überzeugendste Form findet die hochreligiöse Semantik dadurch, daß sie ihre eigene Einheit symbolisiert – sei es in der Person eines einzigen Gottes, sei es in einem religiösen Prinzip, sei es in einem spezifisch religiösen Dual.

Daß die Buchreligionen und nur sie ausgeprägten Monotheismus hervorgebracht haben, ist oft kommentiert worden. Nur hier wird der im Text belegte Gott zum Weltgott, der die Welt so eingerichtet hat, wie man sie vorfindet. Auf die Konstruktion eines Beobachtergottes waren wir bereits eingegangen. Alles ist durch ihn geschaffen. Nichts entgeht ihm. Das macht, ungeachtet aller Alltagsrelevanzen des »diesseitigen« Lebens, für alles, was es gibt, eine religiöse Zweitbedeutung möglich. Und die Religion versucht, es den Einzelnen nahezubringen: auf die komme es eigentlich an. Sowohl Jansenisten als auch Jesuiten werden diesen Gesichtspunkt noch einmal mit aller Kraft propagieren, während gleichzeitig schon die Höllenfurcht ab- und die Habgier zunimmt.

Zu diesem Konzept gehört eine weniger beachtete Parallelkonstruktion: die Erfindung der Seele. Sie wird aus der Grenzerfahrung des Todes, des beobachteten Todes anderer entstanden sein – also auch hier eine Grenze, die semantische Wucherungen auslöst, die als re-entry die Figur des Lebens nach dem Tode erzeugt und dafür ein identisches Substrat benötigt, eben die Seele. Da niemand sich ein Aufhören seines eigenen Bewußtseins wirklich vorstellen kann, ist dies eine hochplausible Konstruktion, und man findet sie nicht nur in den strikt an Schrift orientierten Buchreligionen, sondern wohl universell – sei es in der Form eines Ahnenkults, sei es in der Form eines Schattenreiches der Toten, sei es in der Form der »Grand Tour« der Re-Inkarna-

tion, sei es in der Form des modernen Spiritismus. Im monotheistischen Kontext erzeugt das extreme Auseinanderziehen der
beiden Grenzbegriffe Gott und Seele einen ausfüllungsbedürfti-
gen Spielraum für dogmatische Gestaltung, für ein Medium
gleichsam, das für gestaltende Formenbildung noch offen ist.[27]
Der Mensch ist dann nicht mehr einfach seinem Schicksal ausgeliefert, das die Religion, wenn nicht durch wirkmächtigen Zau-
ber beeinflußen, dann doch nachrationalisieren kann; sondern er
ist selbst ein Akteur, der die Form seines Verhältnisses zu seinem
Gott mitbestimmt – sei es durch Werke, sei es durch die im rechten Glauben gefestigte Hoffnung auf Gnade. Aber in diesem
offenen Kontext wird nun die Frage, wie es im Medium zu Formen, wie es angesichts der losen Kopplung von Möglichkeiten
zur strikten Kopplung von Seelenheilsbestimmtheiten kommt,
zur Schlüsselfrage. Das Problem der Heilsgewißheit wird zum
polarisierenden Problem, und zwar genau deshalb, weil keine
der Varianten von Religion, und zwar schon aus den Gründen
der akzeptierten Gott/Seele-Semantik, hier letzte Sicherheit
schaffen kann. Jedenfalls läßt Gott, wenn er überhaupt ein
gerechter Gott ist, die Möglichkeit zu, es falsch zu machen. Aber
damit ist die Unsicherheit in der Frage der Kriterien nicht behoben, sondern nur gesteigert. Ein deutlicher Indikator dafür ist
das Auftauchen paradoxer Formeln: Je äußerlicher das Zeichen
(verbum solum habemus), desto innerlicher die Gewißheit, oder:
Je größer die Sorge und Furcht, desto stärker die Überzeugung,
auserwählt zu sein.[28] Es kann letztlich keine anstaltliche Lösung,
keine sakramentale Lösung, keine Lösung über den sanften
Druck der jesuitischen Lebensführungsberatung, keine Lösung
über probabilistische Anscheinsbeweise geben – und natürlich
auch nicht eine Lösung durch Nichtlösung: durch das Anerken-
nen der Unerkennbarkeit der Heilsdispositionen Gottes.
Die emphatische Betonung der »Schrift« durch Luther ist in
dieser Sachlage eher ein rückwärtsgerichtetes Konzept. In den

---

27 Dazu bereits oben Kap. 5, Abschnitt III, S. 206ff.
28 Vgl. Karl Heim, Das Gewißheitsproblem in der systematischen Theologie bis zu Schleiermacher, Leipzig 1911, S. 220ff. (249), und Paul Althaus,
   Die Prinzipien der deutschen reformierten Dogmatik im Zeitalter der
   aristotelischen Scholastik, Leipzig 1914, Nachdruck Darmstadt 1967,
   S. 183ff.

schriftlich tradierten Texten findet man Argumente und Beispiele und eine durchgehende Sündenpolemik – also Predigtma-
terial in Hülle und Fülle. Aber auch Warnungen, daß die Sache so
einfach nicht sei und daß das Jüngste Gericht voller Überraschungen stecken wird – für die Gerechten wie für die Sünder.
Auch die letzten Worte am Kreuz weisen darauf hin, daß die Religion ihre eigene Information aufhebt. Man kann dies, obwohl
geschrieben, vergessen oder einfach nicht erwähnen. Aber die
Gott/Seele-Semantik löst das Medium des religiösen Glaubens
so weit auf, daß die Texte keine Formgewißheit mehr bieten, sondern allenfalls noch Supplemente, an die man sich *statt dessen*
halten kann.

Und auch die Welt ist schließlich kein zureichender Text mehr, in
dem man sich der Liebe Gottes vergewissern könnte. Er mag es
ja gut gemeint haben, aber wie kann ich das wissen? Gott lasse
sich nicht in der Natur beobachten, er bleibe mit Absicht
unsichtbar.[29] Die Natur selbst verliert sich ins Leere der Endlo-
sigkeit weiterer Nachfrage. »Sind denn«, fragt ersichtlich ratlos
Jean Paul, »zu meinen freien Religionsexercitien so viele nie mich
versuchende Sterne, Weltteile samt ihren Inseln, die vorigen Jahrhunderte, Käfer, Moose und das *ganze* Tier- und Pflanzenreich
vonnöten?«[30] Welt ist schließlich nur noch derjenige äußerste
Horizont, der sich mit jedem Schritt, mit jeder Bezeichnung von
etwas dadurch Bestimmtem ins Unerreichbare zurückzieht, weil
immer noch die weitere Frage gestellt werden kann, wovon und
von was das Bestimmte sich unterscheide.

Wie soll man diesen Befund interpretieren? Man wird ihn kaum,
mit Max Weber, auf Weltablehnung und auf eine darin liegende
Askese-Rationalität umrechnen können. Das wäre allenfalls eine
Variante eines viel allgemeineren Problems. In evolutionstheoretischer Perspektive wird hingegen erkennbar, daß der vorher gel-
tende Zusammenhang von Selektion und Restabilisierung sich
auflöst. Sowohl die Kosmologie der ontologischen Metaphysik

---

29 Siehe Louis-Sébastian Mercier, L'homme sauvage, histoire traduite de …,
   Paris 1767. Aber der Autor hofft noch auf die Zukunft: »Un jour nous le
   connoîtrons« (S. 119). Das bleibt jedoch eine nicht weiter begründete
   Hoffnung.
30 So Jean Paul, Clavis Fichtiana seu Leibgeberiana, zit. nach Werke Bd. 3,
   München 1961, S. 1011 - 1056 (1053).

und ihr Selbstnormierung einschließender Naturbegriff als auch die spezifisch religiöse, hier: biblische, Texttradition hatten vorausgesetzt, daß die Welt in ihrer gottgeschaffenen Faktizität erkennbare Kriterien richtiger Selektion enthalte. Von da aus konnte man Variation ertragen, ja ausweiten, weil man immer noch auf Stabilität hin auswählen und auch Neuerungen (vor allem: als Rückkehr zum besseren Alten) wiedereinpassen zu können meinte. Das entsprach einer stratifizierten Gesellschaft, die bei allen Turbulenzen die Vorstellung einer natürlichen Richtigkeit, einer Ordnung der festen Plätze und einer Unterscheidbarkeit von Perfektion und Korruption nicht aufgeben konnte. Dies ändert sich jedoch mit dem Übergang von Stratifikation zu funktionaler Differenzierung, und zwar auf breitester Front. Überall müssen Selektionskriterien auf Stabilitätsaussichten verzichten. So im Bereich der Ökonomie das Kriterium des Profits; im Bereich der Politik die zeitgebunden lavierende, moralisch nicht mehr fixierbare Staatsräson und später der mit allen Änderungen kompatible Begriff der »Volkssouveränität«; im Bereich von Intimbeziehungen die passionierte und sodann die romantische Liebe. Mit dem Unentscheidbarkeitsproblem der Heilsgewißheit stößt die Religion auf ein genau parallelliegendes Problem. Auch sie gerät in eine gesellschaftliche Lage, in der die evolutionären Funktionen der Variation, der Selektion und der Restabilisierung voll entkoppelt sind und in ihrem Zusammenhang nicht mehr systemisch präformiert werden können. Die Evolution ist damit in vollem Umfange Zufallsgeschehen. Das heißt keineswegs, daß Beliebiges geschehen könne und man auf alles Mögliche gefaßt sein müsse. Gerade Zufall gilt der Moderne als Anlaß zu geordneter Informationsverarbeitung. Es heißt auch nicht, daß die Religion ihre Funktion nicht mehr erfüllen könnte. (Dasselbe würde ja sonst auch für Wirtschaft, Politik, Intimität usw. gelten.) Und es heißt erst recht nicht, daß die Einzelnen jetzt psychisch destabilisiert und ohne Seele (was immer das war) leben müssen. Aber es heißt wohl, daß jede Behauptung *absoluter Kriterien* jetzt *sozial diskriminierend* wirkt: die einen glauben es, die anderen nicht.

Überall thematisiert das 18. Jahrhundert das Kriterienproblem: in der Wirtschaft über die Kontingenz der Markterfolge; in der Politik über die Figur des souveränen Staates, der seine »internationalen« Beziehungen selbst ordnet; in der Wissenschaft über die Unbegründbarkeit von Induktionsschlüssen (Hume); in der Liebe insofern, als es nur noch auf Gegenliebe ankommt; in der Kunst dadurch, daß man das Prinzip der Imitation aufgibt, Kriterien auf Geschmack bezieht und von den Philosophen, die ästhetische Theorien entwickeln, weder Geschmack noch Urteilsfähigkeit in Bezug auf Kunstwerke erwartet, sondern nur noch theoriebautechnische Kompetenz. Der Religion wird ein solcher Verzicht auf Kriterien kaum zugemutet werden können. Sie rettet sich statt dessen in übergeordnete Gesichtspunkte des Pluralismus und der Toleranz.

Die übergreifende Lösung aber, die das Gesellschaftssystem jetzt anbietet, liegt in der Erfindung von »Kultur«. Man streitet nicht, man vergleicht. Wir kommen darauf zurück.

V.

Am Ende einer langen, eigenen Evolution wird die Kommunikation von Religion zum Problem, und zwar für die Religion selbst. Das gilt jedenfalls dann, wenn die Formen der Hochreligionen beibehalten werden sollen, also wenn die Evolution nach wie vor auf eine vorgegebene, stabile Dogmatik hin seligiert. Denn das muß jetzt in einer Situation stark beschleunigten gesellschaftlichen Wandels auf eine relativ langsame Evolution im Religionssystem selbst hinauslaufen, auf eine vorsichtige Modifikation der Dogmen bei Bewahrung ihres Kerns, an dem Aufnahmen und Abweisungen zu prüfen sind.

In »dekonstruktivistischer« Terminologie könnte man auch sagen, daß religiöse Kommunikation sich zunehmend in »performative Widersprüche« verwickelt. Wenn sie etwas behauptet, muß sie es zunächst einmal behaupten. Die konstativen Seiten ihrer Kommunikation, die Mitteilung: es sei so, werden durch die Mitteilung selbst verunsichert, ja diskreditiert. Wenn es geschrieben steht, könnte man fast sagen, ist es schon falsch; denn man kann sofort nachfragen, wann es geschrieben worden ist und durch wen. Nach wie vor mögen narrative Momente (»Mythos« im Sinne von »plot«) und interne Konsistenzkontrollen plausibilisierend wirken. Aber es ist, wie bei Gödel, Escher und

Bach,[31] immer möglich herauszufinden, an welchem Punkte das ungelöste Problem der Konsistenz sichtbar wird. Man muß immer schon glauben wollen, um glauben zu können.

Diese Schwierigkeiten mit eigener Kommunikation (und nicht nur: mit Akzeptanz!) betreffen einige Hochreligionen mehr als andere. Das hängt vom Grad dogmatischer und organisatorischer Verhärtung ab. Sie können keinesfalls als Anzeichen für ein »Ende der Religion« gewertet werden. Aber sie zwingen zur Abstraktion der Begriffe, mit denen man Religion adäquat beschreiben kann.

Dies Argument läßt sich ergänzen. Religion unterscheidet sich auch und gerade unter modernen Bedingungen deutlich von anderen Funktionssystemen der Gesellschaft. Sie erfüllt eine besondere Funktion und sie orientiert sich an einem eigenen Code, den kein anderes Funktionssystem der Gesellschaft benutzt. Religion erkennt sich selbst als Religion, wenn sie alles, was immanent erfahrbar ist, auf Transzendenz bezieht – wie immer dieses Gebot semantisch eingelöst wird. Das zwingt zu der Einsicht, daß es in der modernen Weltgesellschaft ein weltweit operierendes Funktionssystem für Religion gibt, das sich durch Unterscheidung von anderen Funktionssystemen als Religion bestimmt. Insofern haben wir keine andere Sachlage als im Falle des politischen Systems mit einer Vielzahl von Staaten oder des Wirtschaftssystems mit einer Vielzahl von Märkten. Auch das System der Religion findet sich segmentär differenziert in eine Vielzahl von Religionen, die der Notwendigkeit Rechnung tragen, daß Glaubensangebote spezifiziert werden müssen und daß dies zwangsläufig zur Diversifikation führt. Dabei kann auf unterschiedliche Traditionen Rücksicht genommen werden, vornehmlich in den Hochreligionen, die voraussetzen können, daß schon bekannt ist, um was es sich handelt, wenn von Religion die Rede ist. Aber auch Neubildungen sind denkbar, die auf unterschiedliche soziale Situationen reagieren und auf unterschiedliche Gründe für Widerstand gegen das, was die moderne Gesellschaft an Formen der Lebensführung nahelegt. Entscheidend ist, daß das Weltsystem der Religion solche internen Differenzierun-

31 Dies mit Bezug auf Douglas R. Hofstadter, Gödel, Escher, Bach: An Eternal Golden Braid, Hassocks, Sussex UK 1979.

gen nicht durch Dogmatik und Organisation blockiert oder unterdrückt, sondern im Gegenteil durch die Interpretationsbedürftigkeit der Codierung gerade ermöglicht. Von der katholischen Kirche zum Voodoo-Kult, vom Inkarnationsglauben der Spiritisten bis zum Zen-Buddhismus: es ist immer noch Religion; und dies nicht wegen eines heiligen Zentralmysteriums oder weil die Glaubensartikel ineinander übersetzbar sind, sondern deshalb, weil sich alle religiösen Formen in der Gesellschaft als Religion von anders gerichteten Funktionssystemen, aber auch von der religionsfreien Alltagskommunikation unterscheiden; und zwar: *selbst unterscheiden*, gleichgültig ob die Umwelt diese Unterscheidung mitvollzieht oder nicht. Das konstitutive Prinzip ist nicht Einheit, sondern Differenz. Im Gesamtkontext weltgesellschaftlicher Religiosität scheint die Varietät und damit auch die Evolutionschance heute weit größer zu sein, als es im 19. Jahrhundert absehbar war. Man findet quasi voraussetzungslos entstehende Neuanfänge in Kulten, die keinerlei Anschlüsse an die Überzeugungsmittel der Moderne mehr suchen. Man findet mehr Magier als Priester.[32] Man findet Scharlatane, Wundertäter, Billiganbieter aller Art, die den Code der Religion unmittelbar in ein Angebot umsetzen. Man findet Fundamentalismen, die sich unter Verzicht auf Universalitätsansprüche an ausgewählte Traditionselemente klammern. Man findet Intellektualisierungserscheinungen innerhalb der professionellen Theologie, die das Formenangebot beweglich zu halten versuchen. In vielen Hinsichten wird mehr auf Kommunikation reflektiert als auf Präsentation von Glaubensgewißheit. Moderne Theologen lieben »Gespräche«. Oberflächlich gesehen scheint diese hohe Diversität, Zerstreuung und Variabilität der Erscheinungen gegen die Annahme eines »Systems« zu sprechen. Aber das täuscht. Gerade auf diese Weise erfüllt das Religionssystem unter modernen Bedingungen die evolutionäre Funktion der Restabilisierung. Wie immer die Selektion von Neuerungen zustande kommen mag und wie unterschiedlich die Religionen sein mögen, die dadurch ins Religionssystem eintreten: die Population religiöser Kommunikationen bildet gleichwohl einen gesellschaftlich autonomen Bereich,

32 »In Toscana ci sono più maghi che preti: L'allarme di diciotto vescovi«, lautet die Überschrift eines Artikels in La Repubblica vom 23.4.1994, S. 20.

in dem sie zum Ausdruck bringen kann, daß es nach wie vor Religion gibt. Die weitere Evolution innerhalb des Religionssystems ist unter solchen Bedingungen schwer absehbar (wenn man einmal davon absieht, daß es keine Ausgangspunkte für organisatorische und dogmatische Zentralisierungen gibt). Aber daß Evolution nicht zu voraussagbaren Ergebnissen führt, sagt die Evolutionstheorie ohnehin.

VI.

Nachdem wir uns bisher im wesentlichen an den monotheistischen Religionen des Abendlandes orientiert haben, wollen wir noch eine ganz andere religiöse Figur betrachten, nämlich die indische (hinduistische, buddhistische) Lehre von der Wiedergeburt in einem endlosen Zyklus von Leben und Sterben. Auch hier: kein Rückgriff auf individuelle Erinnerungen, auch nicht der Versuch der brasilianischen Spiritisten, Erfahrungen, Situationen und Reaktionsweisen in einem früheren Leben zu reaktivieren, um damit gegenwärtige Obsessionen und Blockierungen zu erklären mit der Hoffnung auf psychologischen Distanzgewinn. Das frühere Leben kann nicht erinnert werden – eine Art Sicherheit für religiöse Interpretation. Die Rahmentheorie liegt in der Vorstellung, daß der Tod nur der Übergang in ein anderes Leben ist, die frei gewordene Stelle wird re-inkarniert und muß unter anderen Bedingungen erneut ein Leben versuchen.
Ferner ist eine kosmische Hierarchie besserer und schlechterer Lagen vorausgesetzt, man kann als König wiedergeboren werden oder als Straßenfeger, wenn nicht als Tier. Welche Lage in Betracht kommt, hängt von der gegenwärtigen Lebensführung ab, also vor allem von Moral. Es gibt in dieser Lehre also eine feststehende Lehre von besseren und schlechteren Plätzen und die Voraussetzung eines moralischen Urteils über die gegenwärtige Lebensführung.
Man kann vermuten, daß dies eine Lehre ist, die das Ziel hat, den Moralpegel der Gesellschaft zu verbessern. Das mag sein. Aber wenn diese »Funktion« durchschaut würde, würde sie nicht mehr wirken. Unter dem Gesichtspunkt der evolutionären Errungenschaft interessiert uns eine andere Frage. Wie ist es über-

haupt möglich, daß eine derart unwahrscheinliche Konstruktion in die Welt gesetzt wird und offenbar mit großen Erfolgen zur Religion wird?

Zur Beantwortung dieser Frage gehen wir auf die Ausgangssituation zurück. Es gibt eine hierarchische Gesellschaft und eine entsprechend hierarchisierte Kosmologie. Es kann kein Zweifel daran aufkommen, daß dies die Situation ist, in der jedermann sein Leben zu führen hat, wenn er nicht den Weg der Exklusion wählen will. Zugleich ist die Gesellschaft jedoch so komplex, daß Freiräume für Individualität und für die Beobachtung von Individualität entstehen, die irgendwie besetzt werden müssen. In einer solchen Situation überzeugen Konzepte, die Hierarchisierung und Individualisierung zu kombinieren versuchen. Auf diese Bedarfslage reagiert das Konzept der an individuellen Verdiensten ausgerichteten Wiedergeburt. Der Erfolg dieses Konzepts erklärt sich also aus einer historischen Problemlage, und die religiöse (nicht: politische) Behandlung des Problems erklärt die langfristige Restabilisierung der gefundenen Lösung. Man kann die Lösung nicht gegen individuellen Nutzen verrechnen.

Wir erfassen mithin Variation, Selektion und Restabilisierung mit einem Blick. Schon in archaischen Gesellschaften hatte man mit Vorstellungen über ein Leben nach dem Tode experimentiert, abhängig zum Beispiel von der Art, wie man zu Tode gekommen war. Die Variation mußte nicht etwas Neues, gänzlich Unvertrautes erfinden. Die Systematisierung und Universalisierung der Ideen ist jedoch erst der Wiedergeburtslehre zu danken. Und die Restabilisierung folgt, wenn die Religion den Gedanken verwenden kann, um eigene Probleme zu lösen, nämlich das Problem, dem Auseinandertreten von Individualisierung und Hierarchisierung einen Sinn zu geben, der zu anderen Annahmen der Religion paßt.

VII.

Zu den wichtigsten Ergebnissen bisheriger religiöser Evolution wird man das Entstehen von *Weltreligionen* zählen müssen. Damit sind nicht Religionen gemeint, die eine mehr oder weniger ausgearbeitete Kosmologie, also letztlich einen Weltbegriff mitführen. Das ist ja der typische Fall. Weltreligionen sind vielmehr Religionen, die ihre Glaubensinhalte allen Menschen anbieten ohne ethnische, völkische oder territoriale Einschränkung. Das ist, religionsgeschichtlich gesehen, keineswegs selbstverständlich. Es gilt nicht für die jüdische Religion, es gilt nicht für den japanischen Shintoismus. Wenn eine Weltreligion angeboten wird, muß auf ethnische, völkische oder regionale Abstützungen verzichtet werden. Davon wird abstrahiert. Das heißt auch, daß der historische Ursprung der eigenen Religion oft vergessen oder retouchiert wird. Es soll jedermann angesprochen werden, der als Mensch erkennbar ist, und man sieht sofort, daß damit von vielem abstrahiert wird, was für den Einzelnen lieb und teuer sein mag.

Wenn ein religiöses Angebot als Weltreligion formuliert werden soll, hat dies bestimmte Konsequenzen für die Glaubensinhalte, aber diese Konsequenzen sind zunächst eher negativer Art. Es muß von familialen, ethnischen oder sonstigen sozialstrukturellen Merkmalen, von denen der Zugang zur Religion abhängig sein könnte, abstrahiert werden, und auch die Götter müssen de-regionalisiert werden. Sie dürfen sich weder durch Präferenzen für bestimmte Orte, noch durch Präferenzen für bestimmte Menschengruppen auszeichnen. Die wirksamste Formulierung dürfte sein, daß es in Angelegenheiten der Religion allein auf den Glauben ankomme. Die Glaubwürdigkeit des Glaubens ergibt sich dann aus der Glaubenserfahrung selbst, und wenn dies zu tautologisch, zu beliebig, zu individuenbezogen klingt, mag darauf verwiesen werden, daß eine solche Erfahrung eine besondere Gnade Gottes ist. Oder man geht mit dem Buddhismus davon aus, daß die Grundlage der phänomenalen Welt und ebenso des individuellen Glaubens eine »Leere« ist, in die alle Unterscheidungen eingelassen sind; eine Leere, die doch in der Reflexion zugänglich bleibt; und wiederum: für jeden, der sich darum bemüht.

Weltreligionen sind ein wichtiger, vielleicht der wichtigste Beitrag zur Ausdifferenzierung eines Religionssystems. Sie nehmen gleichsam die Weltgesellschaft vorweg und schneiden zugleich Rechtfertigungsmöglichkeiten (und damit auch Plausibilitäten!) ab, die sich aus nichtreligiösen Quellen ergeben könnten. Das muß, wird man als Soziologe vermuten dürfen, zu einer Intensivierung der Glaubensanforderungen führen und damit auch zu einer Verschärfung der Differenz von Inklusion und Exklusion, von Rechtgläubigen und Häretikern oder gar Ungläubigen. Die Religion vibriert gleichsam in ihrem eigenen Anspruch und in der Notwendigkeit, Außenhalte gruppenmäßiger oder regionaler Art, also Rückgriffe auf Bekanntes, zu ersetzen.

Man wird fragen, weshalb eine solche Anstrengung überhaupt nötig ist. Die Antwort kann nur sein, daß sie eine der Formen ist, in denen die Ausdifferenzierung des Religionssystems für die Religion selbst zugänglich wird.

Kapitel 8

Säkularisierung

I.

Für die Soziologie ist, seit Comtes Zeiten, Säkularisierung ein Thema, mit dem sie sich selber mitmeint;[1] eine Charakterisierung, die deshalb schwer zu leugnen ist. Die Soziologie geht nicht von religiösen Glaubensmaximen aus, selbst dann und gerade dann nicht, wenn sie von Religion handelt. Sie pflegt einen »methodologischen Atheismus«, um sich dem Wissenschaftssystem zuzuordnen. Ihre Selbstbeschreibung kann deshalb, wenn das Thema Religion aufkommt, nur auf Säkularisierung im Sinne von religiös ungebunden abstellen. Damit ist jedoch noch nichts darüber ausgemacht, ob Säkularisierung ein sinnvolles Forschungsthema ist oder, anders als zu Zeiten Comtes, eine Selbstverständlichkeit, über die weiter nichts zu sagen ist.

Die These eines Niedergangs der Religion, eines Verlustes an sozialer Bedeutung und individueller Motivkraft, galt im 19. und im frühen 20. Jahrhundert als ausgemachte Wahrheit. Sie wurde auf beiden Seiten des ideologischen Spektrums, in eher progressiven und eher konservativen Sozialtheorien vorausgesetzt[2] und daher nicht eigentlich kontrovers diskutiert. Der Begriff der Säkularisierung bezog sich auf das Gesellschaftssystem und sollte als eine Art Erklärung, jedenfalls als eine Alternativbeschreibung dienen. Heute wird dieser Begriff im wissenschaftlichen Schrifttum kaum mehr verwendet. Er gilt als unbrauchbar.[3] Er faßt zu

---

1 Siehe Bryan Wilson, Secularization: The Inherited Model, in: Phillip E. Hammond (Hrsg.), The Sacred in a Secular Age: Toward Revision in the Scientific Study of Religion, Berkeley Cal. 1985, S. 9-20.

2 Vgl. Thomas Luckmann, The New and the Old Religion, in: Pierre Bourdieu/James S. Coleman (Hrsg.), Social Theory for a Changing Society, Boulder – New York 1991, S. 167-182 (168 f.).

3 Überblicke, die uns eigene Literaturhinweise ersparen, geben die Artikel Säkularisation, Säkularisierung von Hermann Zabel et al. im Wörterbuch Geschichtliche Grundbegriffe: Historisches Lexikon zur politisch-sozia-

278

viele heterogene Traditionen in einem Wort zusammen. Unter Religionssoziologen gilt heute als ausgemacht, daß man zwar von »Entkirchlichung« oder »De-Institutionalisierung« oder auch von Rückgang des organisierten Zugriffs auf religiöses Verhalten sprechen könne,[4] nicht aber von einem Bedeutungsverlust des Religiösen schlechthin.[5] Die richtungsbestimmte These der Säkularisierung wird daher durch die viel offenere, aber auch gänzlich unbestimmte Frage nach dem religiösen Wandel in unserer Zeit ersetzt. Das ermöglicht theoriefreie empirische Forschungen, die aber, bisher jedenfalls, keine klaren, deutungsfähigen Konturen gewinnen.

Auch die Begriffsgeschichte gibt keine brauchbare Führung. Sie spiegelt zu sehr zeitbedingte Konstellationen. »Saeculum« – das war eine Bezeichnung der Welt in ihrem durch Sünde und Leid gezeichneten, erlösungsbedürftigen Zustand. Ein »Säkular-Verderbnis« nannte Jean Paul das in seiner Zeit besonders deutliche Zerbrechen aller Formen des Heiligsten.[6] »Säkularisation« – das war die Enteignung von massenhaft angehäuftem, nutzlosem Kirchengut oder die Aufhebung von kirchlichen Privilegien und Hoheitsrechten. »Säkularisierung« – das war, vor allem in katholischen Ländern, ein ideenpolitisches Programm des Abbaus von religiösen Einflüssen auf die Gesellschaft, auf Schule, auf Wissenschaft, auf selbstbestimmte Lebensführung des Einzelnen,

len Sprache in Deutschland Bd. 5, Stuttgart 1984, S. 789-829; und von Giacomo Marramao, Säkularisierung, Historisches Wörterbuch der Philosophie Bd. 8, Basel 1992, Sp. 1133-1161; ders., Die Säkularisierung der westlichen Welt, dt. Übers. Frankfurt 1996. Vgl. auch, die Relevanz des Themas positiver einschätzend, Hartmann Tyrell, Religionssoziologie, in: Geschichte und Gesellschaft 22 (1996), S. 428-457 (444ff.).

4 Und dies auch nach den neuesten Forschungsergebnissen. Siehe nur W. Jagodzinski/Karel Dobbelaere, Der Wandel kirchlicher Religiosität in Westeuropa, in: J. Bergmann/Alois Hahn/Thomas Luckmann (Hrsg.), Religion und Kultur, Sonderheft 33 der Kölner Zeitschrift für Soziologie und Sozialpsychologie, Opladen 1993, S. 68-91; Studien- und Planungsgruppe der EKD, Fremde Heimat Kirche: Ansichten ihrer Mitglieder, Hannover 1993.

5 Luc Ferry, L'homme-Dieu ou le Sens de la vie: essai, Paris 1996, S. 207, spricht, vorsichtiger, von der »fin du théologico-culturel«.

6 So in Jean Paul, Vorschule der Ästhetik, zit. nach Werke Bd. 5, München 1963, S. 384.

ein oft mit der weltgeschichtlichen Theorie Comtes assoziiertes Programm des antiklerikalen »Positivismus«. Säkularisierung kann man auch als Aspekt der Projektion von Zwecken begreifen, mit denen in eine unbekannte Zukunft Struktur und Differenz eingeführt wird. Wenn man im 20. Jahrhundert von Säkularisierung sprach, konnte man, nachdem der Comtismus selbst als Ideologie behandelt wurde, immer noch auf die zunehmende Indifferenz der Bevölkerung in Religionsfragen verweisen, auf den Rückgang des Kirchenbesuchs, auf die Zahl der Kirchenaustritte, auf Fakten also. Empirische Untersuchungen zu diesem Thema werden fortgesetzt, benutzen aber einen multidimensionalen Begriff, dessen Einheit nur noch in den ermittelten Zusammenhängen besteht.[7]

Während in dieser Form der Begriff Säkularisierung einen sachlich-deskriptiven Inhalt zu haben scheint, nämlich bestimmte Tatsachen bezeichnet, gilt er überwiegend als ein historischer Begriff, den jeweils verschiedene Zeiten mit verschiedenen Inhalten füllen. Als historischer Begriff gerät er jedoch in die Strudel der Geschichtsphilosophie, in denen er heute jede sichere, und sei es epochale, Referenz verliert. Wenn Säkularisierung Aufklärung war, gerät sie in deren dialektische Selbstnegation. Wenn sie modern war, können ihre Figuren in der Postmoderne für vielerlei Kombinationen freigegeben werden. Wenn sie europäisch war, braucht man sich über die vielen religiösen revivals außereuropäischer Provenienz nicht zu wundern. Wenn sie empirisch gemeint war, genügt ein Hinweis auf die aktuelle Bedeutung religiöser und moralischer Themen in den Lehrplänen der Schulen[8] – so als ob es darauf für die Vorbereitung auf eine zivilisierte Lebensführung in der modernen Gesellschaft besonders

---

7 Siehe z. B. Luca Ricolfi, Il processo di secularizzazione nell'Italia del dopoguerra: un profilo empirico, in: Rassegna Italiana di Sociologia 29 (1988), S. 37-87. Über ältere Forschungen unterrichtet Karel Dobbelaere, Secularization: A Multi-Dimensional Concept, in: Current Sociology 29/2 (1981). Vgl. auch ders., Secularization Theories and Sociological Paradigms: Convergences and Divergences, in: Social Compass 31 (1984), S. 199-219.

8 Siehe für einen weltweiten Vergleich John W. Meyer/David H. Kamens/ Aaron Benavot, School Knowledge for the Masses: World Models and National Primary Curricular Categories in the Twentieth Century, Washington 1992, insb. S. 139ff.

ankäme. Schließlich wird dann nicht mehr untersucht, ob die moderne Gesellschaft eine säkularisierte Gesellschaft ist, sondern nur noch: warum dies behauptet wird.[9] Und dies gleichsam kontrafaktisch angesichts der unbestreitbaren Tatsache, daß die Säkularisierung religiöse Betätigungen und Erfahrungen keineswegs ausschließt.[10]

Trotz all dieser guten Gründe kann man den Begriff der Säkularisierung nicht ersatzlos streichen. Gravierende Veränderungen, die um 1800 offen zutage treten, lassen sich schwerlich bestreiten. So wandert mit der Französischen Revolution die Intoleranz aus der Religion in die Politik ein.[11] Und die Funktion der religiösen Symbolisierung wird von der Ästhetik übernommen, zumindest mitgetragen.[12] Zumindest für die Zeit der Romantik kann man Säkularisierung daher auch als »displacement« auffassen, als Verschiebung religiös getönter Erwartungen in außerreligiöse, in weltliche Bereiche.[13] Wollte man auf einen Begriff für so

9 Speziell für die Soziologie könnte man vermuten, daß die These einer säkularisierten Gesellschaft der verzweifelte Versuch sei, an der Zentralität der Religionsfrage für das Problem der gesellschaftlichen Ordnung festzuhalten – aber eben nur noch in Negativfassung. Vgl. Roland Robertson, Sociologists and Secularization, in: Sociology 5 (1971), S. 297-312. Ähnlich begründet Trutz Rendtorff, Zur Säkularisierungsproblematik: Über die Weiterentwicklung der Kirchensoziologie zur Religionssoziologie, in: Internationales Jahrbuch für Religionssoziologie 2 (1966), S. 51-72, das theologische Interesse am Thema.

10 Wie gegen die Irreführung durch den Begriff immer wieder betont wird. Siehe z. B. Donald E. Miller, Religion, Social Change, and the Expansive Life Style, in: Internationales Jahrbuch für Wissens- und Religionssoziologie 9 (1975), S. 149-159, mit der These: nicht das »ob«, sondern das »wie« der religiösen Erfahrung sei das Problem.

11 Und das wird beobachtet. »Der Geist der Intoleranz ist in die Politik übergegangen«, heißt es zum Beispiel bei Ludwig Tieck, Frühe Erzählungen und Romane, München o. J. S. 177f.

12 Siehe Friedrich von Schelling, Philosophie der Kunst. Vorlesung 1802/03, zit. nach der Ausgabe 1859, Nachdruck Darmstadt 1960.

13 Vgl. zu »displacement« Dominick Lacapra, The Temporality of Rhetoric, in: John Bender/David E. Wellbery (Hrsg.), Chronotypes: The Construction of Time, Stanford Cal. 1991, S. 115-147; Peter Fuchs, Moderne Kommunikation: Zur Theorie des operativen Displacements, Frankfurt 1993; Luc Ferry, L'homme-Dieu ou le Sens de la vie: essai, Paris 1996, S. 22,

radikale Änderungen verzichten, würde das ein Vakuum, eine Theorielücke erzeugen, für deren Ausfüllung keine Kandidaturen gemeldet sind. Wir können dies mit Hilfe der Theorie des Beobachtens und mit Hilfe des Formbegriffs verdeutlichen. Wenn wir Religion beobachten wollen, müssen wir sie bezeichnen, also unterscheiden können. Die Form der Religion, die das Beobachten anleitet und unterscheidbar macht, ist eine Form mit zwei Seiten. Die eine Seite ist die Religion, die sich selbst unterscheidet. Und die andere Seite?

Man könnte sich zufriedengeben mit der Auskunft: die andere Seite ist alles andere, ist alles, was man nicht bezeichnet, wenn man Religion bezeichnet; die andere Seite bleibt dann als unmarked state der Welt vorausgesetzt. Das würde Minimalansprüchen genügen, aber mindestens zwei Fragen offen lassen. Die eine lautet: gibt es auf der anderen Seite einen engeren Bereich, den man gern bezeichnungsfähig machen würde, nämlich (für Soziologen) den Bereich nichtreligiöser gesellschaftlicher Kommunikation? Die andere lautet: wie sieht die Religion selbst ihre andere Seite – sei es den Rest der Welt, für den sie eine eigene Bezeichnung haben möchte; sei es die nichtreligiöse gesellschaftliche Kommunikation? Denn offensichtlich kann die Religion für ihre Selbstbeschreibung Bestimmtheitsgewinne nur erzielen, wenn sie genauer angeben kann, was damit ein- und was ausgeschlossen ist.

Mit dem Begriff der Säkularisierung kann man, ohne sich damit schon auf inhaltliche Aussagen oder Zustandsbeschreibungen einzulassen, die Antwort auf diese beiden Fragen zusammenfassen. Es handelt sich um eine Beschreibung der anderen Seite der gesellschaftlichen Form der Religion, um die Beschreibung ihrer innergesellschaftlichen Umwelt. Es geht also nicht um Weltobjekte irgendwelcher Art. Wir wollen nicht von einer Säkularisierung des Mondes sprechen, wenn ihm bzw. ihr göttliche Qualitäten abgesprochen werden. Und es handelt sich um eine Beschreibung durch einen bestimmten Beobachter, nämlich die Religion; oder genauer: um eine Beschreibung der Beschreibung der gesellschaftlichen Umwelt durch diesen und keinen anderen Be-

spricht vom »réaménagement séculier du religieux« und nennt den Kommunismus als Beispiel.

obachter.[14] Andere Beobachter mögen daher dieselben Sachverhalte anders beschreiben, zum Beispiel als Experiment in einem wissenschaftlichen Labor; und es würde ihnen gar nicht in den Sinn kommen, daß man in solchen Fällen nicht beten sollte, daß das Experiment gelingen möge, weil das, wenn effektiv, gegen die Bedingungen des Experiments (ceteris paribus, vollständige Erfassung der relevanten Variablen usw.) verstoßen würde. Ein System, das in der Umwelt des Religionssystems operiert, ist *für sich selbst* nicht dadurch bestimmt, daß es die Umwelt der Religion ist, in der es die *eigenen* Operationen durchführt und beobachtet. »There is a difference between sleeping late on Sunday and refusing the sacraments, between having a snack and desecrating the fast of Yom Kippur.«[15]

Ein so gefaßter Begriff der Säkularisierung genügt den Erfordernissen wissenschaftlicher Limitationalität. Das heißt: er schließt etwas aus. Er ist zugleich beobachterrelativ formuliert. Das heißt: er schließt, und zwar als Implikat des Begriffs der Säkularisierung, ein, daß es andere Beobachter geben kann, bei denen die Säkularisiertheit ihres Beobachtens latent bleibt, ja als blinder Fleck dient, der es ihnen überhaupt erst ermöglicht, das zu sehen, was sie sehen. Dies wiederum kann man nur sagen, wenn man von einer Ebene der Beobachtung dritter Ordnung aus formuliert, das heißt: den beobachtet, der mit Hilfe dieses Begriffs der Säkularisierung beobachtet, was ein anderer Beobachter nicht beobachten kann, wenn er sich auf nichtreligiöse Beobachtungsschemata spezialisiert.

Mit diesen Überlegungen laufen wir auf kaum lösbare logische

---

14 Das heißt, mit anderen Worten: daß Religion und Säkularisierung nur in einem religiösen Kontext eine Opposition darstellen. Mit soziologisch-empirischen Untersuchungen, die objektive Fakten festzustellen suchen, kommt man deshalb nicht zu Rande. Siehe dazu James E. Dittes, Secular Religion: Dilemma of Churches and Researchers, in: Review of Religious Research 10 (1969), S. 65-81; Peter G. Forster, Secularization in the English Context: Some Conceptual and Empirical Problems, in: The Sociological Review 20 (1972), S. 153-168.

15 Robert M. Cover, The Supreme Court, 1982 Term. Foreword: Nomos and Narrative, in: Harvard Law Review 57 (1983), S. 4-68 (8) – ein Versuch, in einer säkularisierten Gesellschaft die Talmud-Tradition für die Interpretation der amerikanischen Verfassung fruchtbar zu machen.

Schwierigkeiten auf.[16] Sie sprengen jedenfalls die Schranken einer zweiwertigen Logik. Sie rekonstruieren aber zugleich, auch wenn entsprechend strukturreiche Logiken (noch) nicht zur Verfügung stehen, die bekannte historische Relativität der Kategorie: Nur die moderne Gesellschaft benötigt und ermöglicht derart komplexe Beschreibungen. Ältere Gesellschaften konnten sich mit der Beobachtung sakraler Objekte oder dann mit der Beobachtung des Beobachtergottes begnügen und konnten diesen im Extremfalle als Alles-Beobachter, also als Beobachter außerhalb der Welt voraussetzen mit der Konsequenz, daß es dann für Beobachtungen *in* der Welt keinen Unterschied ausmacht, ob *Er* sie beobachtet oder nicht. Also mit der Konsequenz eines Umkippens in die Annahme einer voll säkularisierten Welt, *in der* es den Beobachtern freisteht, ob sie sich als religiös definieren oder nicht. Erst in einer theologisch so vorbereiteten Welt treten dann Beobachter auf, die auch dies noch sehen und beschreiben und die reflektieren können, daß sie selbst, in religiöser oder in nichtreligiöser Intention, beobachten, daß Beobachter sich des Schemas der Säkularisierung bedienen, um sich die Möglichkeiten des Beobachtens der Welt verständlich zu machen.

Säkularisierung in unserem Verständnis ist ein Begriff, der auf eine polykontextural beobachtbare Welt zugeschnitten ist, in der die Kontexturen der Beobachter nicht mehr vom Sein her oder von Gott her identisch (oder andernfalls: fehlerbehaftet) sind. Säkularisierung ist deshalb ein Begriff, der in eine Gesellschaft gehört, deren Strukturen ein polykontexturales Beobachten nahelegen und deshalb Vorentscheidungen über Annehmen oder Ablehnen (auch dies eine Kontextur zweiter Ordnung) erfordern. Zwar nicht für jeden Einzelfall, aber jedenfalls dann, wenn man die Möglichkeiten dieser Gesellschaft ausschöpfen und ihrer Wirklichkeit gerecht werden will.

So verstanden führt der Begriff der Säkularisierung den, der ihn trotz allem benutzt, nicht zu der Hypothese, Religion habe in der modernen Gesellschaft an Bedeutung verloren.[17] Eher wird

16 Siehe hierzu im Anschluß an Gotthard Günther Elena Esposito, L'operazione di osservazione: Costruttivismo e teoria dei sistemi sociali, Milano 1992.
17 Vgl. auch die Ausführungen zum »Funktionsverlust« der Religion oben Kap. 3

die Aufmerksamkeit auf die Frage gelenkt, mit welchen semantischen Formen und mit welcher Disposition über Inklusion oder
Exklusion von Mitgliedern die Religion auf die Voraussetzung
einer säkularisierten Gesellschaft reagiert. Säkularisierung wird
als Provokation der Religion beobachtet, und darin liegt auch,
daß es mehrere, vielleicht inkompatible, vielleicht kulturell akzeptierbare, vielleicht »merkwürdige« Formen geben kann, mit
denen die Religion dieser Provokation begegnet. Wir kommen
darauf im Kapitel über die Selbstbeschreibung des Religionssystems zurück.

II.

Nach diesen Einleitungsüberlegungen ist leicht zu sehen, daß
– und wie – Säkularisierung mit funktionaler Differenzierung als
neuzeitlicher Form der Differenzierung des Gesellschaftssystems
zusammenhängen muß. In der Begriffsgeschichte von saeculum,
Säkularisation, Säkularisierung läßt sich das nur im Groben, aber
immerhin ausreichend nachvollziehen. So fällt zum Beispiel auf,
daß in der mittelalterlichen Welt einige der Ausgangspunkte für
die Eigenrationalität wichtiger Lebensbereiche, vor allem sexuell
basierte Liebe und Geld, in der Religion als Lastersymptome
»dieser Welt« geführt werden und die Religion dazu drängen,
mehr als durchhaltbar, auf Askese und Vermögenslosigkeit zu
setzen. Die Wegnahme des Kirchengutes, die Streichung klerika-
ler Privilegien und Hoheitsrechte und die Einrichtung einer
rechtsgültigen Zivilehe, also »Säkularisation«, ist dann nur konsequent im Sinne einer Verlagerung der Mittel in die Systeme, die
sie für ihre Funktion benötigen. Mit Säkularisierung wird schließlich die Invisibilisierung der Hand Gottes und das »le monde va
de lui-même« registriert. Das treibt auch einen tiefen Spalt zwischen die religiösen Skrupel, Hoffnungen, Nöte des Einzelnen
und die Funktionserfordernisse der sozialen Systeme. Weder ökonomisch, noch politisch, noch wissenschaftlich, noch schließlich
in der Familienbildung und der Erziehung oder bei der Kran-
kenbehandlung macht es funktional viel Sinn, sich auf Religion
zu beziehen, auch wenn deren altgewordenen Gestalten eine
Art Gnadenbrot gewährt wird in der Form einzelner Schulstun-

den, rechtlicher Interventionsverbote oder Steuerbegünstigungen. Auch werden gewisse Leistungen, etwa bei den rites de passage des Familienlebens, immer noch gern in Anspruch genommen. Aber die Aufsummierung von Marginalien dieser Art gibt in keiner Weise ein angemessenes Bild von der Bedeutung der Religion in der modernen Gesellschaft; denn diese Beschreibungen legen ja jeweils die Systemreferenz *anderer* Funktionssysteme zugrunde *und nicht die der Religion.*

Über diesen Stand lockerer ideengeschichtlicher Assoziationen führt nur eine sorgfältige Analyse der an Funktionen orientierten Differenzierungsform hinaus. Diese Aufgabe sprengt den Rahmen der an dieser Stelle möglichen Untersuchungen. Wir müssen uns daher mit einigen skizzenhaften Andeutungen begnügen.

Funktionssysteme sind selbstreferentiell operierende Systeme. Sie sind dadurch ausgezeichnet, daß sie ihre Operationen autopoietisch schließen, indem sie sich an ihrer Funktion und an ihrem Code orientieren und andere kognitive oder normative Gesichtspunkte nur auf der Ebene ihrer (änderbaren, nicht identitätsbestimmenden) Programme berücksichtigen. Eine solche Ordnung kann, und wir haben das am Falle des Religionssystems verfolgt, in einzelnen Fällen evolutionär entstehen. Geschieht das, dann stützen sich solche Funktionssysteme zunächst noch auf den primären Modus gesellschaftlicher Differenzierung: Die Funktionäre der Kirche, ja selbst ihre Heiligen, werden der Oberschicht entnommen,[18] und ohne diese Stützung würde die Religion vermutlich in einen Zustand zurückkehren, der allein aus magischen und rituellen Operationen besteht und keine Determination durch ausschließlich eigene Operationen und Strukturen erlaubt. Ebenso korreliert vorneuzeitliche Religion mit einer Differenzierung nach Zentrum und Peripherie; ja sie trägt durch Ausdifferenzierung religiöser Zentren wesentlich zum Entstehen dieser Form gesellschaftlicher Differenzierung bei. Zwar mag die Hochreligion Gleichheit aller ihrer Anhänger unterstellen: sie alle sind mit Seele geboren und sterben mit Seele, so daß allen ein Leben vor und nach dem Leben garantiert

18 Siehe für die europäische Entwicklung seit dem Mittelalter Katherine and Charles H. George, Roman Catholic Sainthood and Social Status: A Statistical and Analytical Study, in: Journal of Religion 35 (1955), S. 85-98; Pierre Delooz, Sociologie et canonizations, Den Haag 1969.

ist.[19] Aber die Glaubensäußerungen und -bestätigungen mögen sich mit der Differenz von Zentrum und Peripherie erheblich unterscheiden, und diese Differenz bildet selbst eine strukturelle Kopplung zwischen Religion und übriger Gesellschaft, ohne in dieser Funktion ein Thema religiösen Glaubens zu sein.

Diese Formationen ändern sich in dem Maße, als mehr und mehr gesellschaftliche Funktionssysteme als autonome, operativ geschlossene Systeme ausdifferenziert werden. Eine solche Evolution untergräbt den Primat traditionaler Differenzierungsformen. Das Angewiesensein der Funktionssysteme auf strukturelle Kopplungen mit Schichtung und mit Zentrum/Peripherie-Differenzen nimmt ab. Die Bevölkerung wird nicht mehr primär durch Rangunterschiede sortiert und damit auf feste status verteilt, sondern jedes Funktionssystem regelt für sich Inklusion und Chancenverteilung. Mehr und mehr Individuen müssen ohne durch Geburt gesicherten sozialen Status zurechtkommen; aber sie können lesen und schreiben und stehen damit für komplexere Inklusionsbedingungen zur Verfügung. Die Gesellschaft wechselt in der Form einer strukturellen und semantischen »Katastrophe« ihr Prinzip der Stabilität aus. Sie ändert, mit anderen Worten, ihre Form der Differenzierung, das heißt die Form, in der sie Einheit und Unterschiedlichkeit zusammenbringt.

In der Semantik zeigt sich diese Katastrophe nicht zuletzt als Auflösung aller kosmischen Korrelate. Die funktionsbezogene Form der Innendifferenzierung unterscheidet sich so stark von allen Strukturen, die in die Umwelt hineinprojiziert werden können, daß die Gesellschaft sich nicht mehr als ein System begreifen kann, das durch die Welt gehalten wird. Während die Stratifikation als Differenz von oben und unten oder als »Kette der

---

19 Wie weit dies auch für Menschen gilt, die nicht der eigenen Religion angehören, mag verschieden beurteilt werden, unter anderem nach Maßgabe der Differenz von Zentrum und Peripherie. Während die christliche Hochreligion sich Sorgen um die Seelen der antiken Philosophen macht, die nicht gerettet werden können, kenne ich einen Süditaliener, der als »Türke« gilt und sich selbst dafür hält, weil er nicht getauft worden ist und folglich keine Seele hat – aber ein Herz, wie er mir bestätigt. Siehe zu diesem Thema aus einem anderen Religionskreis auch Gananath Obeyesekere, The Great Tradition and the Little in the Perspective of Sinhalese Buddhism, in: Journal of Asian Studies 22 (1963), S. 139-153.

Wesen« und die Zentrum/Peripherie-Differenzierung noch als Unterscheidung von Mitte und Rand kosmologisiert werden konnte, ist es nicht mehr möglich, eine den Funktionen entsprechende Einteilung in die Welt zu projizieren. Das Darstellungsschema des »Einteilens« der Welt in Kategorien, Gattungen und Arten verliert seinen Halt. Entsprechend wird (zunächst auf Menschen bezogen) das oben/unten-Schema durch das innen/außen-Schema ersetzt. Die Welt verliert ihren Charakter des Haltgebenden (periéchon) und wird durch die Differenz von System und Umwelt markiert, wobei Umwelt das von jedem System aus Verschiedene, Unbekannte ist, für das sich keine gemeinsamen Wesenszüge mehr ausmachen lassen.

Das führt in letzter Konsequenz zu einem kognitiven Konstruktivismus. Denn nur das System kann Unterscheidungen treffen, nur das System kann deshalb beobachten, während die Umwelt nur ist, wie sie ist. Da bekanntlich im Paradies vor dem Sündenfall keine Unterscheidungen getroffen wurden (obwohl die Berichte, in unserer Beobachtersprache formuliert, dem ständig widersprechen), kann man vermuten, daß die Umwelt nichts anderes ist als das verlorene Paradies, als die natura lapsa. Erst durch Übertreten des Verbots entsteht die Möglichkeit, moralisch, also unterscheidend, zu beobachten; und damit wird das Paradies zur Umwelt, in die man nicht zurück kann, weil das System die eigene Unterscheidungspraktik nur als operativ geschlossenes System bewahren kann.

Zu den wichtigsten und für das Thema Säkularisierung folgenreichen Auswirkungen funktionaler Differenzierung gehört, daß nun nahezu alle Strukturen und Operationen auf Entscheidungen zurückgeführt werden. Selbst die Marktwirtschaft wird, im ideologischen Rückblick, so behandelt, als ob sie durch Entscheidung eingeführt worden sei (und deshalb auch dort eingeführt werden könne, wo sie bisher nicht realisiert worden war). Was auf Entscheidungen zugerechnet wird, kann aber nicht gut (oder nur auf sehr künstlichen, wenig plausiblen Umwegen) auf eine religiöse Weltordnung zurückgeführt werden. Nach einer ganz üblichen Auffassung endet die Zurechnungskette bei der Entscheidung, die einen bestimmten Verlauf, eine neue Wendung in der Geschichte in Gang gesetzt hatte. Fragt man dahinter zurück, endet man bei Ideologien oder bei unbewußten Motiven, also bei semantischen Figuren, die explizit als ein Korrektiv für Zurechnung auf Entscheidungen entwickelt worden sind. Man könnte zwar in der Bibel (und nicht zuletzt im Mythos vom Sündenfall) genug Belege dafür finden, daß Gott den Menschen an der Schöpfung beteiligt hat, aber wollte man dies theologisch berücksichtigen, mußte die Heilsgeschichte neu geschrieben werden.

Das können wir aber auf sich beruhen lassen. Jedenfalls ist es diese Ausdifferenzierung von operativ geschlossenen, sich aus ihrer Umwelt ausschließenden Funktionssystemen, die in der neuzeitlichen Gesellschaft teils in Fortschrittserwartungen, teils in Zukunftshorizonten mit ungewissen Inhalten und teils in Verlustkategorien registriert wird, ohne daß eine strukturelle Beschreibung im Prozeß des Übergangs gelänge. Das Religionssystem (sowie alle, die zu beobachten versuchen, wie vom Religionssystem aus beobachtet wird) reagiert darauf mit der Beschreibung der Gesellschaft und ihrer Welt als »säkularisiert«. Man findet dafür Symptome und Belege, aber gemeint sind nicht die Einzelheiten, sondern das Bild, das die Gesellschaft der Religion bietet. Die Beschreibung als Säkularisierung findet ihren Rückhalt daran, daß auch andere Selbstbeschreibungen des Gesellschaftssystems als »kapitalistische« Gesellschaft, als wissenschaftlich-technologisch operierendes System, als »Risikogesellschaft«, als »Informationsgesellschaft« oder schließlich rein temporal als »moderne« oder »postmoderne« Gesellschaft nicht zu überzeugenden Antworten finden. Ein religiöses »Weltbild« wird nicht zuletzt dadurch unmöglich, daß *auch die anderen* Welt- und Gesellschaftsbeschreibungen *nicht* überzeugen.

III.

Zu den verbreitetsten Bestimmungen des Begriffs der Säkularisierung gehört: daß es zur Sache individueller Entscheidung geworden ist, ob man sich überhaupt religiös engagiere, und wenn ja: in welcher Religion. Religion, sagt man, sei damit zur Privatangelegenheit geworden, von der nichts weiter abhänge als eben das private Wohlgefühl.[20] Sie wird zur Religion à

20 Siehe z. B. Gibson Winter, The Suburban Captivity of the Churches, New York 1962; Harvey Cox, The Secular City, New York 1965.

la carte.[21] Aber damit sind nur weitere Rätsel aufgegeben. »Privat« ist auf alle Fälle eine untaugliche Beschreibung, weil der Gegenbegriff »öffentlich« auf die meisten Religionsausübungen ebenfalls zutrifft. Während in der alten Welt »Privatheit« eine *Exklusions*kategorie gewesen war (privatus = inordinatus; privatio = negatio in subiecto), verschmelzen im Übergang zur Moderne Privatheit und Individualität, so daß der Begriff in Richtung auf soziale Beachtlichkeit (als Konsument, als Wähler, als Subjekt von Urteilsfähigkeit usw.), also in Richtung auf *Inklusion* tendiert. Aber auch Individualität der Person oder der Entscheidung ist eine historisch recht unscharfe Bestimmung. Sie hat, was Intensität der Zuwendung betrifft, schon immer eine Rolle gespielt, und der Grenzfall einer weitgehenden Abstinenz läßt sich von der Entscheidung zur Areligiosität nur schwer unterscheiden. Vermutlich liegt das Problem also darin, daß die Individuen, denen die Gesellschaft die Möglichkeit bietet, sich für oder gegen Religion zu entscheiden, sich gerade nicht entscheiden.

Vor allem in der protestantischen Bewegung war es im Zusammenhang mit einem Unterlaufen der (magisch-sakralen) Differenzen der Lebensformen von Mönchen, Priestern und Laien zu einer Aufwertung des Individuums gekommen, ohne daß man hier von Säkularisierung sprechen könnte. Dasselbe gilt für die »moderne« Vorstellung religiöser Devotion (François de Sales) oder für den Deismus eines Herbert of Cherbury, eine Art metakonfessionelle Religiosität, die es *jedem* ermöglichen sollte, seine spezifische »practice« unmittelbar auf den Willen Gottes zu beziehen. Zumindest bedarf also der Gesichtspunkt der Individualisierung einer genaueren theoretischen und historischen Perspektivierung.

Wir bleiben zunächst auf der Ebene einer gesellschaftlichen Semantik, die »Individuum«, »Individualität«, »Individualismus« favorisiert.[22] Diese Orientierungsbegriffe hatten in der Übergangszeit von stratifikatorischer zu funktionaler Differenzierung eine Art Sicherheit geboten. Mit »Individuen« wird eine neue Art von Mikrodiversität bezeichnet, die beim Übergang zur

21 So Luc Ferry, L'homme-Dieu ou le sens de la vie, Paris 1996, S. 33 Anm.
22 Ausführlicher Niklas Luhmann, Individuum, Individualität, Individualismus, in: ders., Gesellschaftsstruktur und Semantik Bd. 3, Frankfurt 1989, S. 149-258.

Selbstorganisation der Funktionssysteme vorausgesetzt werden muß.[23] Auch wenn alle sozialen Einteilungen des Adels und des gemeinen Volkes, der Orte und der Nationen, der Kirchen und der Sekten, der Patron/Klient-Verhältnisse und vor allem: der Haushalte zu schwanken begannen: mit Rückgriff auf die Individualität der Individuen konnte man diesen Prozeß zugleich vollziehen und ihm gleichsam ein Substrat unterlegen, das vom gesellschaftlichen Wandel unberührt blieb. Diese Individualitätssemantik mußte alle sozialen Etikettierungen abstreifen und sich zunächst auf einige anthropologische Grundtatsachen beschränken, etwa Kognitionsvermögen und Passionen, vor allem aber eine endogene Unruhe, die die Verhältnisse zwischen den Menschen Turbulenzen aussetzte.[24] Das 18. Jahrhundert reduzierte diese Annahmen über die Natur des Menschen nochmals. Wenn man das inzwischen hoch entwickelte »biographische« Bewußtsein und die milieuabhängige Formung des Einzelmenschen in Rechnung stellte und als Erklärung von Diversität gleichsam abzog, blieben als *allgemeine* Aussagen über *den* Menschen die Naturattribute Freiheit und Gleichheit. Diese gerieten in einen offenen Widerspruch zu dem, was man in den Zivilgesellschaften jener Zeit (und wohl aller Zeiten) vorfand, und wurden deshalb zu »Menschenrechten« aufgewertet. An diesem Punkte spalten sich die Weltvorstellungen des modernen Individualismus und der Religion mit der Folge, daß heute religiöser Fundamentalismus und Menschenrechtsfundamentalismus in einen Konflikt geraten, für den keine Lösungen in Sicht sind. Nicht jeder Mensch sorgt sich um sein Seelenheil, und jedenfalls ist das Seelenheil kein Menschenrecht. Und diejenigen, die nach einem Glauben suchen, mag es abstoßen, wenn Religion als Menü angeboten wird, aus dem man nicht mehr auswählen kann.

Das Prinzip der Gleichheit aller Menschen läßt Unterschiede

23 Siehe zu dieser Unterscheidung Stéphane Ngo Mai/Alain Raybaut, Microdiversity and macro-order: toward a self-organization approach, in: Revue internationale de systémique 10 (1996), S. 223-239.

24 Hierzu näher Niklas Luhmann, Frühneuzeitliche Anthropologie: Theorietechnische Lösungen für ein Evolutionsproblem der Gesellschaft, in: ders., Gesellschaftsstruktur und Semantik Bd. 1, Frankfurt 1980, S. 162-234.

religiöser Bekenntnisse zu, nivelliert sie aber zu individuell gewählten Unterschieden.[25] Das Prinzip der Freiheit aller Menschen setzt Bindungen, die einst als »religio« formiert und anerkannt waren, zu etwas Äußerem und letztlich Indifferentem
herab. Sie treten als Zwang auf, für den es mehr oder weniger
gute Gründe und mehr oder weniger Legitimität geben mag. Von
Seiten der Religion mag man diese Entwicklung als Kollektivideo-
logie des Individualismus denunzieren[26] oder, die Verlegenheit
wird noch deutlicher, den Menschenrechten eine religiöse Begründung hinterherschicken. Das Problem liegt jedoch tiefer. Es
liegt im Umbau der Möglichkeiten, Bindungen darzustellen. Da
in der Moderne immer mitbeobachtet wird, *wie* Bindungen
beobachtet werden, ergibt sich unausweichlich das Zugeständnis
der Kontingenz aller Festlegungen. Diese werden damit legiti-
mationsbedürftig mit der Folge, daß auch die Legitimations-
tricks als kontingent erscheinen. »Unschuldig« sind jetzt nur
noch Bindungen, zu denen das Individuum selbst sich entschieden hat. Bindung ist »commitment« geworden.
Wenn aber die Entscheidung für ein religiöses Bekenntnis dargestellt werden muß, kann dies allenfalls noch biographisch, nicht
aber aus der Natur des Menschen begründet werden. Schon seit
langem hatte man dem alten Schluß von der Natur des Menschen
auf bestimmte religiöse Überzeugungen mißtraut. Menschen
denken, meinte zum Beispiel Shaftesbury, in bezug auf natürliche Religion inkonsistent.[27] Sie finden sich in einem kritischen
Zeitalter, meint Jean Paul,[28] »schwebend zwischen dem Wunsche
und dem Unvermögen zu glauben«. Daraus folgt zunächst aber
nur, daß zur Herstellung von Konsistenz eine staatliche Etablie-

25 Wir werden darauf unter dem Gesichtspunkt von »Kultur« zurückkommen. Siehe unten Abschnitt VII.
26 Siehe z. B. Alexandre Vinet, Sur l'individualité et l'individualisme, in:
   ders., Philosophie morale et sociale Bd. 1, Lausanne 1913, S. 319-335;
   zuerst in: Semeur vom 13.4.1836.
27 So in: An Inquiry concerning virtue or merit (1709), zit. nach Anthony,
   Earl of Shaftesbury, Characteristicks of Men, Manners, Opinions, Times,
   2. Aufl. o. O. (1714), Nachdruck Farnborough Hants. UK 1968, Bd. II,
   S. 120.
28 Levana oder Erziehungslehre I, zit. nach: Sämmtliche Werke Bd. 36, Berlin 1827, S. 51.

rung von Religion durch Gesetz erforderlich sei. Das bleibt erträglich, wenn man mit Shaftesbury die eigentliche soziale Disziplinierung des Menschen in die von ihm als natürlich empfundene Moral verlagert. Wenn das aber religiös nicht mehr überzeugt (und hat es je überzeugen können?), bleibt die natürliche Inkonsistenz menschlicher Religionsneigungen zurück. Wenn dann hinzukommt, daß das individuelle Erleben zum Letztgrund religiöser Überzeugungen aufgewertet wird, bleibt die Konsequenz, dem Individuum die Wahl seiner Religion, wenn überhaupt einer, freizustellen. Und wenn dies einmal akzeptiert ist, ist es nur noch ein kleiner Schritt zu der Einsicht, daß die soziale Inkonsistenz, ja das Anders-Denken als die anderen, ein starkes Motiv für religiöse Überzeugungen werden kann.

In der neueren Literatur wird oft gesagt, daß es auf (religiöse) *Erfahrung* ankomme. Die Erfahrung gilt als inkommunikabel, man kann sich nur auf sie berufen, ohne damit anderen den Zugang zu solcher Erfahrung zu erschließen. Der Sprachgebrauch bestätigt mithin den modernen Individualismus, und er bestätigt zugleich die unüberbrückbare Differenz von psychischem Erleben und sozialer Kommunikation.

Es trägt zur Klärung bei, wenn man – gerade beim Thema Individualisierung! – nicht auf eine psychische, sondern auf eine soziale Systemreferenz, also auf Gesellschaft abstellt. In den älteren Gesellschaften kann in der Kommunikation unterstellt werden, daß die Glaubensannahmen (Existenzannahmen, Mythen, Sinn und Wirksamkeit kultischer Formen) zutreffen, und zwar allein deshalb, weil auch die anderen davon ausgehen, daß sie zutreffen.[29] Das ändert sich von Grund auf, wenn man sich aus Anlaß von Kommunikation immer erst vergewissern muß, ob und welche Aussagen der Religion geglaubt werden und von wem. Der Ausweg mag dann sein, das Thema – und sei es nur, um Zeit zu sparen – zu vermeiden, aber das führt natürlich nicht zurück zu einer gemeinsam akzeptierten religiösen »Lebenswelt«.

In der Übergangszeit des 17. Jahrhunderts findet man reiche Belege für eine nicht mehr/noch nicht-Situation. Noch wird reli-

29 Siehe zu afrikanischen Glaubenseinstellungen John S. Mbiti, Concepts of God in Africa, London 1970, S. 218: »The individual ›believes‹ what other members of the corporate society ›believe‹, and he ›believes‹ because others ›believe‹.«

giöser Glaube wie auch moralische Lebensführung für möglich und zwar: auf die einzig rechte Weise möglich gehalten; aber zugleich schon für inkommunikabel. Die »Welt« ist eine Welt des Scheins, der Bilder, der manipulierten Zeichen, in der man weder der Statusordnung, noch den Höfen, noch den Priestern trauen kann. »Sehen, hören und schweigen«, lautet die Losung Graciáns.[30] Und wenn man in der Welt Kommunikation nicht vermeiden kann, muß man lernen, sich in der Welt des Scheins zu bewegen, und stets davon ausgehen, daß die Wahrheit das Gegenteil von dem ist, was gezeigt wird.[31] Noch ist die Einheit vorausgesetzt, aber sie ist nur im Umkehrverfahren zu erreichen. Nichtglauben ist Voraussetzung des Glaubens, und nur in dieser Reflexion kann der Mensch Person sein und sich als Person retten.

Als Ergebnis dieser Bifurkation von kulturellem Religionsangebot und persönlichen Glaubensentscheidungen kann man heute eine weit verbreitete Inkohärenz der religiös qualifizierbaren Meinungen Einzelner beobachten.[32] Diejenigen, die konsequent und auf Grund von Autorität der kirchlichen Orthodoxie folgen, sind ebenso eine Minderheit wie diejenigen, die konsequent atheistische und Religion ablehnende Meinungen vertreten. Die meisten akzeptieren einige Komponenten religiösen Glaubens und andere nicht – die Existenz Gottes ja, aber nicht das Dogma von der unbefleckten Empfängnis; viel esoterisches Gedankengut, aber nicht Astrologie; Heilung durch Glauben ja, aber nicht Erlösung durch Gnade allein; Fortleben als Individuen nach dem Tode, eventuell mit einer Inkarnationsbiographie (Spiritismus), aber ohne die Regeln durchbrechende Wunder. Oder diese oder ähnliche Komponenten in anderer Kombination. Dafür braucht man keinen Rückhalt in gemeinschaftlichen Lebensformen, die alle Aspekte der Lebensführung einbeziehen, wohl aber punktuelle soziale Stützpunkte, etwa Spiritistentreffs oder Selbstfindungsseminare, Informationsblätter oder Freundschaftsgruppen mit ähnlichen Präferenzen. Man könnte mit Sciolla[33] von schwa-

---

30 So Baltasar Gracián, Criticón oder: Über die allgemeinen Laster des Menschen (1651-57), zit. nach der dt. Übers. Hamburg 1957, S. 49.
31 A. a. O. S. 51, 67 u. ö.
32 Siehe dazu Loredana Sciolla, La natura delle credenze religiose nelle società complesse, in: Rassegna Italiana di Sociologia 36 (1995), S. 479-511.
33 A. a. O. S. 507.

cher Institutionalisierung sprechen. Jedenfalls läßt die Gesellschaft das Individuum nicht ohne Unterstützung, aber sie entbindet es von Kohärenzzwängen und läßt ihm die Möglichkeit,
Komponenten seines Glaubens zu wechseln oder in ihrer Bedeutung verklingen zu lassen.

Es muß wie eine Entlastung wirken, wenn man sich schließlich in
der Lage und legitimiert findet, an etwas zu glauben, woran andere *nicht* glauben. Die Authentizität des Glaubens hält sich an
und bewährt sich an Differenzen.[34] Die Paradoxie löst sich in
soziale Differenzierung auf. Nachdem die Individualzurechnung der Religionsentscheidung einmal durchgesetzt und damit
jeder vor sich und anderen rechenschaftspflichtig (= motivbedürftig) geworden ist, wird nur noch die Frage einer sozialen
Unterstützung und Zustimmung akut. Soziale Gleichgesinntheit
ist jetzt nicht mehr einfach unbemerkt vorhanden, und man kann
die Meinungen anderer auch nicht mehr mit einer gleichsam stochastisch zutreffenden Intuition voraussetzen; sondern es muß
eine sichtbare und abgrenzbare Gemeinschaftsbildung eingeleitet werden, in der Glauben soziale Bestätigung findet, *auch wenn
andere nicht oder anderes glauben.*[35] Gleichgesinntheit ist in der
modernen Gesellschaft eine Ausnahmeerscheinung, eine überraschende, eine erfreuliche Erfahrung, die den Einzelnen dazu führen kann, sich einer Gruppe anzuschließen, in der man mit Wiederholung dieser Erfahrung rechnen kann. Fundamentalismen
der verschiedensten Art, revivalism, Erneuerung des Glaubens
an sakrale Inszenierungen, Remystifikationen usw. könnten in
der Intensität der Zuwendung darin eine Erklärung finden, daß
sie, durch Säkularisierung bedingt, sich gegen Säkularisierung
wenden.[36] Sie beruhen denn auch weniger auf den eigenen historischen Quellen, die sie fundamentalisieren, als vielmehr auf den

34 Historisch gesehen war dies eine Idee der Romantik.

35 Siehe Bryan R. Wilson, Religion in Secular Society: A Sociological Comment, London 1966, S. 160ff.

36 Siehe den auf diesen Punkt konzentrierten Vergleich des islamischen und
des amerikanischen (protestantischen) Fundamentalismus bei Dieter
Goetze, Fundamentalismus, Chiliasmus, Revitalisierungsbewegungen:
Neue Handlungsmuster im Weltsystem?, in: Horst Reimann (Hrsg.),
Transkulturelle Kommunikation und Weltgesellschaft: Theorie und Pragmatik globaler Interaktion, Opladen 1992, S. 44-59.

modernen Bedingungen, die ihnen die Möglichkeit einer Opposition bieten. Daraus entsteht dann ein paradoxes Verhältnis zum modernen Individualismus; denn einerseits ist eine individuelle Zuwendung zur Religion (im Unterschied zu: natürlicher Lebensform) vorausgesetzt, aber andererseits geht es gerade nicht um die bloße Möglichkeit, nach eigenen Vorstellungen leben zu können. In der Form religiöser Fundamentalismen wendet der moderne Individualismus sich gegen sich selbst, und deshalb muß die Kommunikation auf Radikalität, auf Glaubwürdigkeit des Unglaubwürdigen bestehen.

Mit einer ersten Erläuterung müssen wir nochmals klarstellen, daß es sich hier nicht um Bewußtseinszustände handeln kann, sondern nur um *Kommunikation*. Bewußtseinszustände, ob auf Erleben oder Handeln bezogen, sind immer individuell und extrem instabil. Das kann sich nie ändern, auch nicht durch einen tiefgreifenden Wandel der Gesellschaftsstrukturen. Was sich ändert, ist das Ausmaß, in dem man sie als individuell, also als einzigartig, also als anders als bei anderen kommunizieren kann oder sogar: kommunizieren muß. Erst wenn und soweit dies der Fall ist, braucht man dafür Motive, mit denen man hoffen kann, Zustimmung zu finden (denn wenn Individualisierung vorgeschrieben ist, heißt dies noch lange nicht, daß alles erlaubt ist; man denke an die spektakulären Konversionen einiger Romantiker). Kommunikation von individuell zurechenbaren Erlebnissen und Entscheidungen in einem so wichtigen Bereich wie der Religion heißt deshalb immer: Neuformierung von (jetzt wahrscheinlich expliziter) Zustimmung und Ablehnung. Erst das erklärt den Befund, daß es jetzt zu Spaltungen in einem vorher einheitlichen religiösen Glaubenszusammenhang kommt und außerdem zur Wendung mancher Sekten ins Exzentrische, von vornherein mit Ablehnung Rechnende und sich genau daran Stärkende.

Eine der wichtigsten Folgen dieser Individualisierung kann man im Bereich der Zuwendung zu und der Abwendung von religiösen Gruppierungen beobachten. Die Vergrößerung des Spektrums vermehrt die Möglichkeiten, dieser oder jener Religionsauffassung zu begegnen und sich je nach Lebenslage angezogen oder abgestoßen zu fühlen. Wer sucht, der findet. Damit wird aber auch das, was früher »Konvertieren« hieß, gleichsam »liqui-

diert«.[37] Es handelt sich nicht mehr um ein erschütterndes Groß-
ereignis im Stile Saulus/Paulus, das von außen kommt und auf
die gesamte Lebenslage durchgreift, also nicht mehr um eine Art
transzendentale Gehirnwäsche, sondern um eine individuelle
Entscheidung, sich auf ein Angebot einzulassen. Oft geht es um
einen phasenförmigen Prozeß: zunächst um ein nicht voll über-
zeugtes Ausprobieren neuartiger Bedingungen sozialer Kontakte, dann um ein Engagement, auf das sich das Individuum als
Individuum, das heißt als Selbstbeobachter, einläßt. Nicht selten
sucht man inhaltlich (und das entspricht alten Religionsmustern)
Erlösung von der Gesellschaft, wofür man soziale Unterstützung in gleichgesinnter Kommunikation braucht. Dem kann
eine Phase der sich limitierenden Gewohnheitsbildung und des
Auskühlens der Erwartungen folgen, in der dann andere Angebote attraktiv erscheinen mögen. Konversion ist in dieser Form
nicht mehr Statusveränderung, sondern folgt eher dem Typus
einer (geglückten oder mißglückten) Karriere, wie sie ohnehin
für die Ordnung der Beziehungen von Individuum und Gesellschaft heute typisch ist.

Neben dieser Zugangs- und Abgangsbeweglichkeit und vor diesem Hintergrund sind vor allem die Rückwirkungen des freige-
setzten Individualismus auf die Autoritätsstrukturen und die
dogmatischen Glaubensgebote religiöser Systeme diskutiert
worden – etwa nach dem Muster von »Exit, Voice, and Loyalty«.[38] Dieser Trend zur selbstbestimmten Individualität, zur
Aufrichtigkeit, zum Offenlegen der eigenen Meinung erfaßt
nicht nur die Laien, sondern, viel gravierender, auch die Priester
selbst. Man kann Mitglied bleiben, Mitwirkung suchen, aber
dabei mehr oder weniger häufig einwenden: das leuchtet mir
nicht ein. Autorität lebt aber davon, daß sie nicht zu häufig zu
Erläuterungen gezwungen wird, und dogmatische Fragen können, wenn über ihre Interpretation entschieden werden muß,

---

37 Vgl. für einen Überblick über die besonders instruktive amerikanische
Forschung James T. Richardson, Studies of Conversion: Secularization or
Re-enchantment, in: Phillip E. Hammond (Hrsg.), The Sacred in a Secular
Age: Toward Revision in the Scientific Study of Religion, Berkeley Cal.
1985, S. 104-121.
38 So Albert O. Hirschman, Exit, Voice, and Loyalty: Responses to Decline
in Firms, Organizations, and States, Cambridge Mass. 1970.

leicht zu formulierten Dissensen führen. Nicht nur der Mitgliederbestand, sondern auch die internen Selbstverständlichkeiten sind durch Individualisierung der Religionsentscheidung betroffen. Wie immer die Religion selbst an den Ursprüngen mitgewirkt hat, weil die Semantik der Individualität immer schon ein Mittel der Strukturkritik gewesen ist (jeder hat eine *eigene* Seele, über die nur er selbst und letztlich nur Gott disponieren kann): der moderne Individualismus wird an die Religion von außen herangetragen und macht ihr zu schaffen.

IV.

Für das, was als Phänomen mit dem Wort »Säkularisierung« beschrieben wird, sind sicher auch die neuen Verbreitungstechniken der Kommunikation von Bedeutung gewesen – zunächst der Buchdruck, dann die Zeitungen und schließlich all das, was man heute mit dem Begriff der »Massenmedien« zusammenfaßt. Dabei geht es nicht nur darum, daß jeder, der die Bibel lesen kann, auch andere Texte lesen kann und daß die Verbreitung des Buchdrucks durch den Markt, nicht durch die Religion bestimmt wird. In einem viel radikaleren Sinne haben die neuen Verbreitungstechniken das gesellschaftliche Verständnis von Realität tiefgreifend verändert, und zwar besonders das Verhältnis von Bild und Schrift zur Realität.[39] Die alte Vorstellung, Bild und Schrift seien selbst Zeugnisse der Realität, löst sich auf. Selbst die »Heilige Schrift« ist keine authentische Explikation der Realität, sondern nur noch ein Glaubenszeugnis, das man annehmen – oder ablehnen kann. Die Frage, die man stellen müßte, lautet dann: was verbindet die mehr oder weniger zufälligen Ausschnitte, die den Einzelnen im Verlauf seines Alltagslebens beeindrucken und irritieren, zu einer imaginierten Einheit, die er voraussetzt, weil auch andere ihre Erfahrungen daraufhin extrapolieren?

Die vielleicht wichtigsten Auswirkungen findet man in der Zeitdimension, und zwar als ein neuartiges Verständnis von Gleich-

---

39 Vgl. Mundus in Imagine: Bildersprache und Lebenswelten im Mittelalter: Festgabe für Klaus Schreiner, München 1996.

zeitigkeit. Spätestens seitdem es Tageszeitungen gibt, ist Gleichzeitigkeit durch den Zeitpunkt des Neuen definiert. Sie wird damit auf die Gegenwart beschränkt (und eventuell dann wieder auf vergangene bzw. künftige Gegenwarten ausgedehnt). Es ist jetzt nicht mehr möglich, Vergangenes und Gegenwärtiges als gleichzeitig zu denken – etwa den Ursprung einer Familie oder die heilige Offenbarung als gleichzeitig mit dem, was gegenwärtig gefordert ist. Damit reißt, schon in der Renaissance, aber irreversibel dann mit dem Aufkommen von Zeitungen, eine Kluft auf zwischen der gerade aktuellen Gegenwart und der Vergangenheit. Die Vergangenheit entfernt sich immer weiter von der Gegenwart. Soll sie relevant bleiben, bedarf es einer emphatischen Reaktualisierung, etwa in der Form des Abendmahls, das nicht nur Erinnerung sein soll, sondern symbolische (identifizierende) Präsenz.

Die neue, nur gegenwärtige Gleichzeitigkeit verändert zugleich die Art und Weise, in der das Erleben soziale Bestätigung am Erleben anderer finden kann. Denn Gleichzeitigkeit heißt jetzt: wechselseitige Unbeobachtbarkeit und wechselseitige Unbeeinflußbarkeit. Aus den Bruchstücken, die dem Einzelnen etwa als Leser oder als Zuschauer einer Fernsehsendung zugänglich sind, muß er erschließen, was andere erleben und welche Schlüsse sie daraus ziehen. Man kann davon ausgehen, daß sie dieselben Nachrichten empfangen, aber daraus ergibt sich noch nicht, welche Welt sie konstruieren. Diese Lücke wird durch Imagination gefüllt.[40] Man unterstellt, daß die Massenmedien »die Realität« repräsentieren, die jeder nur lückenhaft, aber ergänzungsfähig empfängt. In dieser imaginierten Welt gibt es zwar nach wie vor Religion. Man hat davon gehört und eventuell eindrucksvolle, farbige Aufführungen gesehen. Aber die Imagination selbst hat nicht mehr die Form einer Religion. Sie hat die Form einer säkularen Welt angenommen, und nur in dieser Form kann man davon ausgehen, daß andere gleichzeitig etwas erleben, was die eigene Imagination bestätigt.

Eine Riesenmenge völlig verschiedenartiger Ereignisse kann jetzt gleichzeitig geschehen; ja sie muß gleichzeitig geschehen,

---

40 Vgl. dazu an einem Sonderfall Benedict Anderson, Imagined Communities: Reflections on the Origin and Spread of Nationalism, London 1983.

denn nichts kann jetzt schon in der Zukunft oder jetzt noch in der Vergangenheit geschehen. Gleichzeitig aber heißt: zusammenhanglos, denn für Beobachtung und erst recht für kausale Beeinflußung würde man Zeit brauchen. Wie aber kann diese Welt der zusammenhanglosen Gleichzeitigkeit als Einheit begriffen werden? Wohl kaum religiös, sondern allenfalls so, daß man sich, gleichsam als Einlage in der Welt, ein zeitbeständiges Erkennen und kausales Bewirken vorstellt. Das muß man aber mit der Möglichkeit des Irrtums und mit der Möglichkeit kausaler Fehlschläge oder unerwarteter Nebenfolgen bezahlen. Religion kommt jetzt allenfalls noch in Betracht als Trost für die, die es gut gemeint hatten.

V.

Deskriptiv gut zu erfassende, empirisch überzeugend belegte Veränderungen dieser Art bedürfen einer theoretischen Interpretation, wenn man sie auf grundlegende Veränderungen der modernen Gesellschaft beziehen und sie damit »erklären« will. Einen geeigneten Ausgangspunkt dafür findet man in Talcott Parsons' Behandlung des Problems.[41] Auch hier wird zwar von Privatisierung gesprochen, aber gemeint sind Veränderungen in der sozialen Regulierung von Inklusion mit evolutionären Konsequenzen für andere Variable des allgemeinen Handlungssystems. Säkularisation ist danach ein *spezifischer* Ausdruck für das *allgemeine* Phänomen einer Evolution in Richtung auf eine stärkere Differenzierung von adaptive upgrading, differentiation, inclusion and value generalization. Eine wichtige Konsequenz ist: daß Religionen in Anpassung an zunehmende Differenzierung und an Individualisierung der Inklusionsregeln ihre Symbolstrukturen, mit denen sie gleichwohl noch Einheit und »pattern maintenance« behaupten wollen, stärker generalisieren müssen.[42]

41 Vgl. insb. Belief, Unbelief, and Disbelief, und: Religion in Postindustrial America: The Problem of Secularization, beides zit. nach: Talcott Parsons, Action Theory and the Human Condition, New York 1978, S. 233-263 und 300-322.

42 Hierfür lassen sich viele Belege geben. Eine Forderung des 18. Jahrhunderts lautete zum Beispiel: Weglassen der vielen Artikel und Spitzfindigkeiten,

Man hat auch von »Säkularisierung der Theologie« gesprochen.[43] Parsons denkt hier nicht zuletzt an den Komplex, den man oft »Zivilreligion« nennt.[44] Über Parsons hinausgehend könnte man auf die Stärkung des Faktors Organisation nach der Reformation hinweisen als eine Art von adaptive upgrading des Religionssystems. Säkularisierung heißt also nicht: Funktions- oder Bedeutungsverlust der Religion, vielleicht aber vorübergehende (?) Schlechtanpassung an die Bedingungen der modernen Gesellschaft.

Wir schließen hier an, interpretieren den Begriff der Inklusion aber enger, nämlich bezogen nur auf soziale Systeme. Inklusion findet statt, wenn in der Kommunikation sozialer Systeme Personen (als Attributionsformeln für psychische Systeme) als Teilnehmer (Handelnde, Adressen usw.) berücksichtigt werden. Mit Hilfe dieses Begriffs kann man sichtbar machen, daß und wie die Inklusionsregeln einer Gesellschaft sich mit ihren Differenzierungsformen ändern. Während ältere Gesellschaften Individuen über Differenzierung von Haushalten nach Rang oder Stadt/ Land-Unterscheidung feste Plätze zuwiesen, bleibt die Inklusion in der modernen Gesellschaft den Funktionssystemen überlassen, für deren Beziehungen es ohnehin keine Gesamtformel mehr gibt.[45] Entsprechend wäre es grundfalsch, sich das Mittelalter als eine Epoche besonders intensiver Frömmigkeit vorzustellen. Die damalige religiöse Inklusion benutzte primär korporative, rechtliche, zeremonielle und, im Zusammenhang mit der Beichte, moralkasuistische Programme. Der Ort, der die Lebensführung sicherte, war nicht die Religion, sondern das Haus

Vereinfachen! Siehe J. J. (Dom Louis), Le ciel ouvert à tout l'univers, o. O. 1782, S. 163: »L'art de tout simplifier est celui de tout perfectionner«.

43 So Peter Berger, A Sociological View of the Secularization of Theology (1967), zit. nach ders., Facing up to Modernity: Excursions in Society, Politics, and Religion, New York 1977, S. 162-182.

44 Im Anschluß nicht an Rousseau, sondern an Robert N. Bellah, Beyond Belief: Essays on Religion in a Post-Traditional World, New York 1970. Rousseau wird eher als Vorläufer der »secular religion« des Marxismus gesehen. Insgesamt zielt die Diagnose auf eine nichttheistische Religion der Liebe in dieser Welt, offensichtlich beeinflußt durch soziale Bewegungen der 60er und 70er Jahre.

45 Hierzu auch Niklas Luhmann, Inklusion und Exklusion, in: ders., Soziologische Aufklärung 6, Opladen 1995, S. 237-264.

und eventuell, als Ersatz oder Ergänzung, eine Korporation wie ein Kloster, eine Universität, eine Zunft oder Gilde. Erst im Zuge der Umstellung auf funktionale Differenzierung fällt der Familienhaushalt als für Inklusion/Exklusion maßgebende Struktur, und erst daraufhin können die Funktionssysteme eigene Inklusions/Exklusions-Regeln entwickeln und mit ihren Eigenwerten abstimmen. Was jemand »ist«, bestimmt sich jetzt nach dem, was er hat oder verdient, nach den Rechten, die er erworben hat, nach Schulabschlüssen, Reputationserfolgen in Politik, Wissenschaft, Kunst, Massenmedien, und im gleichen Sinne eben auch nach seinem religiösen Bekenntnis. Als Gesamtformel für die gesellschaftliche Inklusion eignet sich allenfalls noch der Begriff der Karriere (in einem weitgefaßten, auf alle Funktionssysteme anwendbaren Sinne). Es ist diese, mit funktionaler Differenzierung korrelierende Struktur, die individuelles Entscheiden wichtiger werden läßt, die Jugend gegenüber Alter bevorzugt, die einen Rahmen abgibt für mögliche Selbstdefinitionen der Individuen und die zugleich weithin offen läßt, wie dies psychisch ausgefüllt bzw. ertragen werden kann.

Sieht man das Problem von der Biographie und dem »Zeitbudget« des Einzelnen aus, dann zeigt sich überdies, daß Religion nicht immer, sondern nur gelegentlich aktualisiert werden kann. Schon im 15. Jahrhundert wurde beobachtet und konzediert, daß die Messen am Hofe sich nach dem Terminkalender des vielbeschäftigten Fürsten richten müssen; und im 18. Jahrhundert ist dann vollends klar, daß der Tageslauf eines Menschen nicht immerzu mit Religion belastet werden könne: »Il est rare que dans le cours de la vie on lui (der Religion) rende constamment le respect qui lui est dû; qu'on ne la laisse à l'écart comme importune; ou qu'on ne la traite comme ces gens qu'il faut voir quelques fois, mais qu'il est ennuyeux de voir toujours«.[46]

Mit einer »Delegation« der Inklusionsregeln auf einzelne Funktionssysteme und mit ihrer Realisierung in der Form von Karrieren und Zeitplänen ist zugleich vorgezeichnet, daß die Funktionssysteme sich auf das Gesamtergebnis in sehr verschiedener

---

46 So Anonym (Jacques Pernetti), Les conseils de l'amitié, Paris 1746, zit. nach der 2. Aufl. Frankfurt 1748, S. 5. Im folgenden wird dann betont: diese zeitliche Fraktionierung von Aufmerksamkeit sei weniger schlimm als die frontalen Attacken der Atheisten.

Weise auswirken. Ohne Geld kann man praktisch nicht leben, ohne Rechtsschutz ebensowenig. Auch werden alle, es sei denn, sie seien völlig ungeeignet, auf Schulen geschickt und müssen sich dann nach dem fragen lassen, was sie erreicht haben. Kranke werden versorgt, chronisch Kranke (was ein ziemlich andersartiger Fall ist) chronisch versorgt. Aber an Kunst muß sich niemand beteiligen, an Politik vielfach nur passiv über Massenmedien, Tourismus muß nicht sein. Obwohl viele es genießen, muß nicht jeder teilnehmen. Und an Religion auch nicht. Dies gilt zwar nur aus der Sicht des Einzelnen und erlaubt keinerlei Rückschluß auf die gesellschaftliche Relevanz und Unentbehrlichkeit dieser Funktionssysteme. Aber Inklusionsformen sind für jedes Funktionssystem eine sehr wichtige Variable, und es hängt für sie viel davon ab, was für die Einzelpersonen davon abhängt, ob sie mitmachen oder nicht.

Zusätzlich zu diesem Aspekt kommen Interdependenzen zwischen den Inklusionen hinzu, die sich zum Beispiel aus der organisationsförmigen Realisierung ergeben. Wer keinen Ausweis hat, findet keine Arbeit, wer auf der Straße leben muß, kann seine Kinder nicht zur Schule anmelden (erzählte man mir in Bombay). Ohne Schulbildung kaum Chancen zu Reputationskarrieren[47] oder besseren Arbeitsplätzen. Ohne jedes Einkommen kaum Chancen für gesunde Ernährung, also auch kaum Kraft für regelmäßige Arbeit. Für Analphabeten kaum sinnvolle Möglichkeiten der Ausübung des politischen Wahlrechts usw. Es gibt zwar keine prinzipielle Exklusion aus Funktionssystemen (während umgekehrt alle Organisationen auch in Funktionssystemen auf Mitgliederselektion, also auf Exklusion angewiesen sind), aber es kommt über die genannten negativen Interdependenzen doch zu einer mehr oder weniger effektiven Gesamtexklusion aus der Teilnahme an allen Funktionssystemen und dies, wie man in den Slums der Städte der dritten Welt und der USA sehen kann, für einen großen Teil der Bevölkerung. Was dem Einzelnen bleibt, ist der eigene Körper, Sorge für dessen Überleben, Hunger, Gewalt, Sexualität.

Im Inklusionsbereich der Gesellschaft findet man erhebliche Freiheitsgrade in der Kombination von Vorteilen und Kosten, in

47 Wichtige Ausnahme: Sport, vor allem Eishockey.

der Ausnutzung oder Nichtausnutzung von Gelegenheiten und mit all dem auch: in der Realisation und Steigerung individueller Unterschiede. Hier sind Personen (mehr als die offizielle Gesellschaftsbeschreibung erkennen läßt) auf Kenntnis von Personen angewiesen. Die Gesellschaft ist entsprechend locker integriert. Das federt sie ab gegen Stöße, die sich gleichsam nur von Zufall zu Zufall fortpflanzen können, soweit sie nicht Strukturvariablen der Systeme treffen. Im Exklusionsbereich dagegen ist die Gesellschaft fest integriert. Ein Defizit stärkt das andere, der Kreislauf der Benachteiligungen ist geschlossen, man kommt nicht hinaus (es sei denn, wie man zugeben sollte: über mafiose Karrieren). Auch in ihrem Exklusionsbereich ist die Gesellschaft jedoch gut abgesichert: es passiert nichts, wenn hier etwas passiert. Und wieder: die von hier ausgehenden kriminellen Karrieren und ihre straffe Organisation mit Verbrechen als Mitgliedschaftsbedingung sind eine wichtige, vielleicht die einzige Ausnahme.

Die klassische (etwa: Durkheimsche) Theorie der gesellschaftlichen Integration muß mithin auf den Kopf gestellt werden. Starke Integration ist immer negative Integration und eben deshalb unheilvoll. Positive Integration kann nur locker eingerichtet werden und gibt eben damit größere Chancen für sozial akzeptierbare Individualität. Weder Moral noch Religion sind in diesem Zusammenhang entscheidende Variable. Vielmehr wird man realistischerweise annehmen müssen, daß die herrschende Moral sich den Inklusions/Exklusions-Verhältnissen anpaßt (zum Beispiel in der Bewertung von Leben, Gewalt, Sexualität) und eine »soziale« Komponente aufnimmt, um die gesellschaftsstrukturell vorgezeichnete Differenz nicht mit voller Härte akzeptieren zu müssen.

Und die Religion?

Unsere skizzenhafte Analyse dieses hochkomplexen Sachverhalts hatte nur den Zweck, diese Frage vorzubereiten.

Auch Religion praktiziert heute systemeigene Inklusion/Exklusion, und dies unabhängig von organisatorisch registrierten Mitgliedschaften (oder jedenfalls hat man auch ohne Mitgliedschaft auf verschiedene Weisen Zugang zu religiöser Kommunikation). Was auffällt, sind jedoch extrem geringe Interdependenzen mit den Inklusions/Exklusions-Regulierungen anderer Funktionssysteme. Eine Exklusion aus der Religion schließt nicht, wie noch im Mittelalter, aus der Gesellschaft aus. Umgekehrt können Beinahe-Exklusionen aus anderen Funktionssystemen – kein Geld, keine Ausbildung, kein Ausweis, keine Chance, von der Polizei ernst genommen oder vor Gericht gehört zu werden – von der Religion souverän ignoriert werden. Das muß nicht heißen, daß jene Exklusionen besondere Inklusionschancen in bezug auf Religion mit sich führen. Das wäre eine empirisch zu klärende Frage oder auch eine Frage, ob und wieweit Religionen in der Lage sind, sich auf die gesellschaftsstrukturelle Differenz von Inklusionen und Exklusionen einzustellen.

Auch wenn man sich auf diesen empirisch leichter zu sichernden Befund einer Unabhängigkeit der Religion von Inklusionen/Exklusionen anderer Provenienz beschränkt, führt das vor wichtige Fragen an die Religion in der modernen Gesellschaft. Daß es sich um ein Problem der »Säkularisierung« handelt, ist kaum noch wiederzuerkennen. Die mangelnde Integration der Religion – und zwar sowohl in den Inklusionsbereich als auch in den Exklusionsbereich – ist zwar eine Folge der Ausdifferenzierung anderer Funktionssysteme, ist aber nicht deshalb schon ein Nachteil oder gar ein Funktionsverlust der Religion. Eher wird man sich fragen müssen, ob und wie Religion die sich daraus ergebenden Chancen nutzen kann. Wir hatten diese Frage im Zusammenhang mit der Behandlung religiöser Organisationen bereits gestellt.[48]

Auf den ersten Blick könnte man den Eindruck haben, sie sei darauf gut vorbereitet, zumindest im christlichen Bereich. Es gibt eine lange Tradition der Fürsorge für die Armen. Es gibt wohlfahrtsstaatlich oder entwicklungspolitisch angepaßte, gleichsam lückenfüllende Engagements im Bereich sozialer Leistungen. Religiöse Organisationen sind in der Tat in der Lage, Mittel und Motive auf soziale Hilfe zu konzentrieren.[49] Es gibt die alte Lehre, Gott sei den Armen näher als den Reichen. Aber das bleibt eine Theologie von oben herab, die ihren Rückhalt in der

---

48 Vgl. oben Kap. 6, Abschnitt V.
49 Vielleicht, wie Dirk Baecker, Soziale Hilfe als Funktionssystem der Gesellschaft, in: Zeitschrift für Soziologie 23 (1994), S. 93-110, meint, im Rahmen eines besonderen, mit Nachbesserung befaßten Funktionssystems der Gesellschaft.

sozialen Schichtung verloren hat. Falls es überhaupt noch See-
lenheilssorgen in Kreisen gibt, die über Finanzmittel verfügen
(vor allem also: den international tätigen Banken), ist nicht zu
erwarten und erst recht nicht zu empfehlen, daß man zu einer
Schenkungs- und Stiftungsökonomie wie der des Mittelalters
zurückkehrte. Es würde jedenfalls nicht zu einer ökonomisch
rationalen (reproduktiven) Verwendung der Geldmittel führen.
Ressentiments, sei es promarxistischer, sei es heute eher antilibe-
raler Prägung, die man in Theologenkreisen antrifft, sind als
Attacken auf unverstandene ökonomisch-politische Bedingungen wenig hilfreich und verraten eher die Unangepaßtheit der
Theologie.[50] Sie belegen ziemlich direkt die Säkularisierung der
Theologie selber[51] und nicht irgendein Religionskonzept für die
in steigendem Maße unerträgliche Situation.

Kirchen- und dogmenpolitische Anpassungen halten sich in
Grenzen. In Lateinamerika scheint sich die katholische Kirche
vorsichtig für eher populäre Varianten von Religion zu öffnen –
mit römischem Segen. Auch scheint die Kirche, so sehr sie eigene
ökonomisch-politische Empfehlungen vermeidet, doch eine Ak-
tivitätsschwelle dort zu sehen, wo die sozialen Bedingungen derart sind, daß ein Glaube an Gott und Christus nicht mehr zugemutet und nicht mehr angenommen werden kann. Nicht zuletzt
besteht die Schwierigkeit darin, daß offensichtlich viel mehr
Schicksal, als man früher annahm, von Entscheidungen abhängt,
also als kontingent erfahren wird – von Zinssätzen und Krediten,
von rechtlichen Regulierungen und ihrer Durchsetzbarkeit, von
der Kostspieligkeit und Riskiertheit avancierter Technologien,
aber auch von der raschen Zunahme und Abnahme des Zulaufs
zu sozialen Bewegungen. Aber Kontingenzen dieser Art hängen
von nicht in der Form von Entscheidungen verfügbaren Bedingungen ab. Eine religiöse Beobachtung dieser Szenerie ist fast
unvermeidlich gedrängt, die allgemeine übliche Form von Kritik
anzunehmen, ohne doch besseren Rat zu wissen.

50 Eindrucksvoll hierzu ein Internationales Symposium an der Universidad
   Iberoamericana in Mexico am 24.-27. Sept. 1991, vor allem die Diskussion.
   Die Vorträge sind publiziert in: La Función de la Teología en el Futuro de
   America Latina, Memorias, Alvaro Obregón D. F. Mexico 1991.
51 Ein Thema mindestens seit Alexandre Koyré, La philosophie de Jacob
   Boehme, 2. Aufl. 1968; siehe auch Berger a. a. O.

VI.

Man könnte der Vermutung folgen, daß die moderne Gesellschaft »ihre Religion«, daß sie eine für sie passende Religion noch nicht gefunden habe und folglich experimentiere – teils mit gepflegten Absonderlichkeiten, teils mit Religionskritik (im Sinne der Lehre vom Tod Gottes), teils mit einem aggiornamento ihrer Dogmen, teils mit der Verschreibung geriatrischer Medizin für ihre Organisationen. Oder mit Textfundamentalismus oder mit pluralistischen Angeboten, aus denen jeder sich das für ihn Passende aussuchen kann. Oder mit Zusatzlegitimationen wissenschaftlicher Art im Stile des New Age oder mit neurophysiologischen Forschungen, die Meditation und Mescalin, Derwischtanzen und mexikanischen Pilzkult als Varianten möglicher psychoanalytischer Therapien zur Disposition stellen. Oder mit rasch wechselnden, immer aber oppositionellen Ausdrucksmoden wie flower power oder Besorgnis um das Schicksal künftiger Generationen oder jetzt schon an Hunger Sterbender. Säkularisierung könnte man dann auch als Aufräumaktion, als Planierung des Terrains verstehen, auf dem sich danach zeitangepaßte religiöse Formen entwickeln können.[52]

Von religionsgeschichtlichen Befunden her gesehen könnte die Zukunft des Theismus eine wichtige Frage sein. Braucht man als Vertreter der Transzendenz einen Beobachtergott, der alles, was man erlebt und tut, mit seinen Blicken begleitet und alles, was geschieht, immer schon gewollt hat, der nicht vergessen, sondern nur vergeben kann? Oder haben nichttheistische Liebesreligionen Chancen, die bestimmte Engagements für »unbedingt sinnvoll« halten, ohne dafür auf die Erfolgs- und Legitimationskriterien anderer Funktionssysteme angewiesen zu sein? In beiden Versionen wären Traditionsbrüche denkbar, aber beide wären (nach der hier vertretenen Theorie) nur dann als Religion erkennbar, wenn sie einen Differenzpunkt behaupten, der als Transzendenz allem, was immanent geschieht, gegenübersteht. Es kann also niemals nur um die Bejahung bestimmter Zwecke gehen.

Eine typische Reaktion soziologischer Beobachter ist: mit einer

---

52 Siehe Kees W. Bolle, Secularization as a Problem for the History of Religions, in: Comparative Studies in Society and History 12 (1970), S. 242-259.

Abschwächung der Anforderungen an den Begriff der Religion zu reagieren.[53] Dabei wird man sich Religion als ein die eigenen Grenzen ausweitendes Objekt vorzustellen haben. Man stößt damit aber letztlich auf die Frage, ob es ein solches unabdingbares Wesenskriterium überhaupt gibt. Wissenschaftliche und besonders religionssoziologische Untersuchungen haben so etwas nicht ausmachen können.[54] Paradigmatisch hat die moderne (avantgardistische) Kunst in ihrem Bereich mit dieser Frage experimentiert, indem sie alle sinnlich wahrnehmbaren Unterschiede (inclusive, im Falle Borges, Textunterschiede) zwischen Kunstwerken und zwischen Kunstwerken und anderen Dingen eliminiert hat, um *durch das Kunstwerk selbst* auf die Frage zu führen, wodurch Kunst sich überhaupt unterscheide.[55] Es reicht sicher nicht aus, diese Frage durch Hinweis auf die definitorische *Absicht* des Künstlers zu beantworten, denn das führt im Blick des Soziologen nur auf die weitere Frage, was denn diese Absicht bestimme und wer sie identifiziere. Ähnlich »subjektivistische« Antworten müssen wir auch für den Fall von Religion ausschließen. Wir ersetzen deshalb eine psychologische durch eine soziologische Antwort, die aber gleichfalls formal bleibt. Religion ist, was als Religion beobachtet werden kann; und dies auf der Ebene einer Beobachtung zweiter Ordnung. Wer in religiöser Bestimmtheit beobachtet (und um dies zu wiederholen: »beobachtet« heißt: erlebt oder handelt), kann dies tun, wenn er sich in seinem Beobachten beobachtet weiß. Das muß nicht heißen, daß er Zustimmung suchen und finden muß; wohl aber, daß die Qualifizierung seines Beobachtens als religiös mitvollzogen wird; oder, um noch vorsichtiger zu formulieren: der primäre Beob-

---

53 Siehe z. B. Thomas Luckmann, The Invisible Religion, London 1967, mit der Absicht, an gewissen strukturellen Gemeinsamkeiten aller religiösen Phänomene, die man posttranszendentalphänomenologisch beschreiben könne, festzuhalten; oder Parsons a.a.O. im Kontext einer evolutionstheoretischen Erklärung der Notwendigkeit semantischer Generalisierungen.

54 Hierzu Detlef Pollack, Was ist Religion: Probleme der Definition, in: Zeitschrift für Religionswissenschaft 3 (1995), S. 163-190.

55 Hierzu Arthur C. Danto, Die Verklärung des Gewöhnlichen: Eine Philosophie der Kunst, dt. Übers. Frankfurt 1984, der darin ein »philosophisches« Problem sieht, mit dem die Kunst selbst sich identifiziert.

achter muß sein Beobachtetwerden als religiös beobachten können, was immer in anderen Beobachtern tatsächlich abläuft. Das
schließt zum Beispiel Engagements aus, die klarerweise einem
anderen Typus zugeordnet werden (zum Beispiel: Briefmarken-
sammeln), und ebenso solche, die absehbar nur als individuelle
Marotte, als Idiosynkrasie beobachtet werden.

Damit löst das Thema »Säkularisierung« in seiner klassischen
Prägung sich auf. Was an der Situation der Religion auf die moderne Gesellschaft hinweist, ist: daß die Bestimmung dessen, was
religiös ist, dem rekursiven Netzwerk der Selbstbeobachtung des
Religionssystems überlassen bleibt. Doch das ist eine Auskunft,
die für alle anderen Funktionssysteme (Kunst hatten wir gerade
erwähnt) ebenfalls gilt. Man kann darüber hinausgehen mit der
These, daß eine binäre Codierung erforderlich ist, um alle Operationen im systemeigenen Beobachtungskontext als kontingent
reflektieren zu können; und daß eine Funktion für das Gesellschaftssystem erfüllt werden muß, weil anderenfalls die Repro-
duktionswahrscheinlichkeit im Kontext eines funktional differenzierten Gesellschaftssystems abnimmt. (Vielleicht könnte man
sagen: nur noch durch Organisation gesichert werden kann.)
Damit sind deutlich einschränkende Vorgaben für eine soziologische (also: religionsexterne) Beschreibung des Religionssystems formuliert. Aus Gründen, die im Wissenschaftssystem liegen, kann und soll nicht ausgeschlossen werden, daß sie ergänzt
oder ersetzt werden können. Sie schließen jedenfalls aus, daß die
Wissenschaft sich auf eine Wesensbestimmung der »wahren« Religion festlegt; denn das würde unvermeidbar bedeuten, daß sie
diskriminierend in das eingreift, was nach ihrer eigenen Theorie
(wenn denn diese sich wissenschaftlich halten läßt) ein autono-
mes, strukturdeterminiertes, autopoietisches System ist.

VII.

Wenn damit der Begriff der »Säkularisierung« im Sinne eines de-
finierbaren Kompaktbegriffs aufgelöst ist, bleibt die Frage, ob
und wie man statt dessen Aussagen machen kann über die Bedingungen, unter denen in der modernen Gesellschaft Religion
beobachtet und praktiziert wird. Es soll dabei nicht gleich um

eine »Modernisierung« des religiösen Gedankenguts gehen, etwa um dessen Anpassung an das wissenschaftliche Weltbild oder um eine Theologie, die religiöse Formen nur noch als »symbolische« Formen auffaßt. Dem widersprechen zu viele gerade als Religion lebendige Glaubensformen und Praktiken. Was man jedoch beobachten kann, ist, daß in der zweiten Hälfte des 18. Jahrhunderts ein neuer Begriff von »Kultur« aufkommt und sich rasch auf alle von Menschen geschaffenen Artefakte und Texte ausdehnt. Bis dahin hatte man unter Kultur die Pflege von ... verstanden – etwa agricultura oder cultura animi. Jetzt wird Kultur ein selbständiger Phänomenbereich, der von »Natur« unterschieden wird und sich nach eigenen Bedingungen, wenn nicht Logiken entwickelt.[56]

Mit diesem Kulturbegriff reagiert die (noch europäische) Gesellschaft des 18. Jahrhunderts auf eine immense Ausdehnung und auf neue Füllungen ihrer räumlichen und zeitlichen Horizonte. Innerhalb größerer Spannweiten werden mehr Verschiedenheiten registriert, so daß alte Zäsuren wie Griechen und Barbaren, Christen und Heiden, Zivilisierte und Wilde ihre Fähigkeit verlieren, die Phänomene zu ordnen. An die Stelle treten Vergleiche regionaler und historischer Art – zunächst mit der Vorgabe eurozentrischer und gegenwartsorientierter Bewertungen, für die im Laufe des 19. Jahrhunderts dann kultur- oder geisteswissenschaftliche Begriffe nachentwickelt werden. Der Vergleich erfordert Vergleichsgesichtspunkte, die ihrerseits kulturell lokalisiert werden, so daß das Syndrom der »Kultur« sich auf sich selbst gründet. Kultur wird einerseits ohne räumliche oder zeitliche Beschränkungen beobachtet. Sie gilt als ein menschheitsuniversales Phänomen, für Parsons zum Beispiel als eine Komponente des Begriffs von Handlung. Aber andererseits ist die Tatsache, daß überhaupt in dieser Form beobachtet wird, ein entschieden neuzeitliches und zunächst spezifisch europäisches Phänomen, das als solches gesellschaftsgeschichtlich, letztlich also soziologisch erklärt werden müßte. Die Modernität dieses Syndroms »Kultur« besteht letztlich darin, daß ein sehr spezifischer Uni-

56 Hierzu näher Niklas Luhmann, Kultur als historischer Begriff, in: ders., Gesellschaftsstruktur und Semantik Bd. 4, Frankfurt 1995, S. 31-54; ders., Religion als Kultur, in: Otto Kallscheuer (Hrsg.), Das Europa der Religionen, Frankfurt 1996, S. 291-315.

versalismus entsteht, der auch das Seltsamste und Entfernteste, Befremdlichste und Unverständlichste noch einbezieht, sofern es nur »interessant« gemacht, und das heißt: vergleichend dargestellt werden kann.

Als Ergebnis dieser Universalisierung vergleichender Interessen findet eine Verdoppelung aller Phänomene statt, und genau das ist Kultur. Kultur ist eine Wiederbeschreibung der Beschreibungen, die das tägliche Leben orientieren. Auch Natur wird in die Kultur einbezogen, wenn man, zunächst vor allem in der Ästhetik, postuliert, daß sie eine Erlebnisnatur ist, die sich an kulturell vorgegebene (und daher kulturell verschiedene) Gesichtspunkte anschmiegt. Seit es Kultur gibt, muß man deshalb zwischen Beobachtung erster und Beobachtung zweiter Ordnung unterscheiden. In der Beobachtung erster Ordnung sieht man auf den Gebrauchssinn der Objekte, auf das, als was sie erscheinen, auch zum Beispiel auf den Gebots- oder Verbotssinn von Vorschriften oder auf die Heiligkeit der sakralen Objekte und Handlungen. Und dies wird von der Kultur weder geleugnet noch angefeindet.[57] Nur wird der Sinn dieser Gegenstände dupliziert und auf eine Ebene der Beobachtung zweiter Ordnung hinübercopiert. Hier erscheint alles, was als natürlich und notwendig behandelt wurde, als artifiziell und kontingent. Man muß dann einen Beobachter mitbeobachten, wenn man verstehen will (und erst jetzt geht es bei allem Kulturgut um »Verstehen«), warum und für wen etwas so ist, wie es ist. Aus dieser Doppelung ergeben sich Folgeprobleme innerhalb der modernen Kultur. Sie werden unter Vorwurfsbegriffen wie Relativismus, Historismus, Positivismus, Dezisionismus abgehandelt und führen auf der anderen Seite zu einem mühsamen Kult der Unmittelbarkeit, der Authentizität, der Echtheit, der Identität, die ihre eigenen Versprechen nicht einlösen können, weil sie wiederum nur Kulturbegriffe sind. Mit einer glücklichen Formulierung von Matei Calinescu[58] kann man auch sagen: es entsteht eine kulturelle

---

57 Wir sehen davon ab, daß Schiller in seiner Abhandlung über naive und sentimentalische Dichtung diese Einstellung als naiv (im Unterschied zu sentimentalisch) bezeichnet hatte – aber als naiv nicht in ihrer eigenen Beobachtungsweise, sondern nur in den Augen des heutigen sentimentalischen Dichters.

58 Matei Calinescu, From the One to the Many: Pluralism in Today's

Symptomatologie, die jedes kulturelle Item als Symptom für etwas anderes behandelt, zum Beispiel mit Verdacht auf Interessen, verdrängte Motive, latente Funktionen.

Hier interessiert nur, was es für Religion bedeutet, wenn sie in der Gesellschaft als ein Teilbereich der Kultur beobachtet wird.[59] Betroffen ist vor allem die Theologie als Reflexionsform des Religionssystems, die sich mit Religionswissenschaften verschiedenster Herkunft konfrontiert findet und der Tatsache Rechnung tragen muß, daß der von ihr vertretene Glaube nur einer unter vielen ist. Ganz anders als in der älteren Tradition wird damit die Besonderheit des religiösen Glaubens und die Auszeichnung des eigenen Glaubens als wahren Glaubens zu einem Hintergrundthema theologischer Reflexion. Während »Säkularisierung« die Betroffenheit der Religion durch zunehmend nichtreligiöse Orientierungen der modernen Gesellschaft meinte, geht es bei »Kultur« darum, daß eine Religion dem Vergleich mit anderen ausgesetzt wird und dabei die Souveränität in der Bestimmung der Vergleichsgesichtspunkte aufgeben muß. Es geht nicht mehr um die Frage, was der eine allzuständige Gott mit den anderen Völkern im Sinn hat; sondern der Vergleich kann sich jetzt auf monotheistische versus polytheistische Religionen oder auf animistische Religionen ohne deutlichen Gottesbegriff beziehen; oder auf Religionen mit Weltbejahung und solche mit Weltverneinung; oder auf Unterschiede im Verhältnis zur Moral oder zur Frage des Lebens nach dem Tode. Je nach stillschweigend eingebauten Präferenzen können Kulturvergleiche verschieden ausfallen. In jedem Falle müssen sie, wenn ernst gemeint, ihre Vergleichsgesichtspunkte neutral wählen und sie nicht auf eine der verglichenen Religionen zuschneiden, so daß dann die anderen gar nicht als Religionen im eigentlichen oder im höchsten Sinne des Begriffs erscheinen.

Thought, in: Ingeborg Hoesterey, Zeitgeist in Babylon: The Postmodernist Controversy, Bloomington Ind. 1991, S. 156-174 (157).

59 Systematische Aufmerksamkeit auf diese Frage findet sich vor allem im Kontext der Theorie des allgemeinen Handlungssystems von Talcott Parsons. Siehe die späten, der Religion gewidmeten Essays in: Action Theory and the Human Condition, New York 1978, S. 167ff. Die Analysen vertiefen jedoch nur Teilaspekte und bleiben in den Systemzuordnungen formal.

Die methodische Beweiskraft des Vergleichens liegt, anders als Kulturphänomenologen annehmen, nicht im Herausvariieren von Invarianten, die dann als »Wesen« der Sache dargestellt werden können,[60] sondern darin, daß Gleichheiten um so mehr auffallen, je verschiedenartiger die verglichenen Phänomene sind. Der Vergleich tendiert zur Überspannung und damit zur Aushöhlung dessen, was für bestimmte Phänomene nach ihrer inneren Selbstbestimmung eigentümlich ist. Er stützt den Erkenntnisgewinn auf Überraschung, auf *unerwartete* Ähnlichkeiten und kann dann nicht mehr gut behaupten, daß diese Art Einsicht einer »Offenbarung« gleichkommt, die das in der religiösen Einstellung immer schon Vorausgesetzte faßbar macht.

Jede Religion muß jetzt damit rechnen, in der gesellschaftlichen Kommunikation als kontingent, als Sache einer Option behandelt zu werden. Aber das ist nur ein relativ vordergründiger Aspekt. Eine genauere Analyse des aller Kultur zugrundeliegenden Vergleichens bringt sehr viel tieferliegende Inkompatibilitäten an den Tag. Jeder Vergleich setzt einen Vergleichsgesichtspunkt voraus, der nicht selbst in den Vergleich eingeht, der nicht mitverglichen wird (auch wenn andere Vergleiche ihn einbeziehen können). Der Vergleich setzt mithin einen »dritten« Wert, einen unbeobachteten Beobachter voraus. Aber dieser unbeobachtete Beobachter ist nicht mehr, wie in der Tradition, Gott. Er ähnelt eher dem Dämon Maxwells, der relevante Unterschiede definiert und danach sortiert.

Dasselbe gilt für die durch Vergleiche stimulierte sekundäre Kultur des Motivverdachts. Zur Erklärung der Unterschiede greift man seit dem 19. Jahrhundert auf latente Motive, Interessen, Funktionen, Strukturen zurück, die aus dem Unbewußten heraus das Handeln steuern. Und auch hier gilt: die wirkungsmächtige, weil unbemerkt operierende Determination ist nicht Gott, sondern etwas anderes. Es ist die unvermeidbare Intransparenz der Systeme für sich selbst.

Die traditionellen Formen der erkennenden ratio und des Handlung bestimmenden Willens, deren Höchstformen (die man im Denken nicht überbieten kann) in Gott verschmelzen, haben

---

60 Zur Methodik vgl. Edmund Husserl, Erfahrung und Urteil: Untersuchungen zur Genealogie der Logik, Hamburg 1948.

jetzt plötzlich eine Alternative, die einige der Gottesattribute, vor allem Unsichtbarkeit und Unbeherrschbarkeit, absorbieren. Sie geben keine letzte Legitimation. Aber was ist das schon? Sie sind Gegenstand von Verdacht, Kritik, Aufklärung, Therapie, Beobachtung zweiter Ordnung. Für Gott bleibt dann noch die Auffangposition für das Scheitern all dieser Bemühungen um Kontrolle der Intransparenz. Aber das ist dann nicht mehr der alte Gott, dessen Gnade man sein Leben anvertrauen konnte.

Man könnte vermuten, daß solche Kulturvergleiche sich schwächend auf die Religion auswirken, aber das ist vielleicht ein voreiliger Schluß. Schließlich ist ein verzierter Topf nicht allein deshalb weniger schön, weil andere Völker ihre Töpfe anders verzieren; und der Vergleich mag sogar dazu führen, daß man distinkten Merkmalen mehr Beachtung schenkt und die Eigenart von Kulturgegenständen besser versteht. Andererseits sind die Merkmale, in denen sich bestimmte Religionen von anderen unterscheiden, nicht unbedingt die, an denen der Glaube sich aufrichtet und stärkt. Die Auswirkungen der Erfindung von »Kultur« auf Religion bedürften eingehender Untersuchungen – vergleichbar den Auswirkungen von Schrift oder den Auswirkungen der Umstellung auf funktionale Differenzierung. Die Ergebnisse solcher Untersuchungen können hier nicht vorweggenommen werden. Die Fragestellung sollte jedoch nicht vernachlässigt werden, wenn es darum geht, ein Urteil über die Bedeutung von Religion (oder: Religionen) in der modernen Gesellschaft zu gewinnen. Auch schließt die Annahme latenter Strukturen und Funktionen keineswegs aus, daß es noch eine andere, sagen wir: »höhere«, sinngebende Art von Intransparenz gibt. Aber wenn man so argumentiert, sind damit zugleich Standards gesetzt, an denen man prüfen könnte, welche religiösen Formen sich heute bewähren können.

Was die Moderne zu erzwingen scheint, ist der sich auf alle Funktionssysteme ausdehnende Modus der Beobachtung zweiter Ordnung. Auch innerhalb der Funktionssysteme ist ein Zustand der Hyperkomplexität erreicht; und das heißt, daß die Funktionssysteme gleichzeitig verschiedene Beschreibungen ihrer eigenen Komplexität hervorbringen. Die damit verbundenen Herausforderungen an alle Realitätskonstruktionen verunsichern zunächst. Jedenfalls kann man sich nicht mehr auf das cartesische

Subjekt berufen als den Garanten der Faktizität und Sicherheit des eigenen Beobachtens. Gerade der Gottesbeweis ist ja das dürftigste Nebenprodukt dieser Form der Selbstvergewisserung geblieben. Hier gibt es keine Anschlußmöglichkeiten mehr, denn das würde nur zu der Leerformel führen, es sei letztlich die Sache eines jeden Einzelnen, in Fragen der Religion zur Gewißheit zu kommen. Die Probleme der Religion müssen mit Bezug auf Kommunikationsmöglichkeiten in der modernen Gesellschaft reformuliert werden. Wenn aber hier die gesamte Kultur auf polykontexturale Beschreibungen und auf Beobachtungen im Modus zweiter Ordnung eingestellt ist, ist nicht zu sehen, daß nicht auch die Religion darauf sich einlassen könnte. Sie muß dann freilich auf ihre ontologisch fundierten Kosmologien verzichten und ebenso auf Selbstsicherheit in Sachen Moral. Aber gerade in diesen Hinsichten hatten einige Religionen, das Christentum zum Beispiel, aber auch der Buddhismus, immer schon Grenzüberschreitungen gewagt.

Wir müssen schließlich nach den Bedingungen und Möglichkeiten der religiösen Evolution in der modernen Gesellschaft fragen. Weder das Stichwort »Säkularisierung« noch das Stichwort »Kultur« erfaßt das Problem vollständig. Bei Säkularisierung denken wir nur an die Folgen funktionaler Ausdifferenzierung mit Abgabe der Kontrolle anderer Systeme an diese selbst. Kultur besagt, wenn sie als Einrichtung von Vergleichsmöglichkeiten begriffen wird, daß Einschränkungen jetzt als Bedingungen des Vergleichens eingeführt werden müssen, und dies auf einer Ebene der Beobachtung zweiter Ordnung. Die »inviolate levels« (Hofstadter), die jetzt neu formuliert werden müssen, verlieren ihre religiöse Qualität. Und schließlich bietet die Evolutionstheorie selbst keine Möglichkeit der Prognose. Sie vermag nur zu zeigen, daß und wie evolutionäre Strukturänderungen wahrscheinlich werden, wenn und soweit die Autopoiesis ausdifferenzierter Systeme gewährleistet ist.

Immerhin ist es möglich, weitere Gesichtspunkte zu sammeln, die für die bereits erkennbare Evolution von Religion (oder besser: Religionen) in der modernen Weltgesellschaft charakteristisch zu sein scheinen. Viel Material dazu findet man in der Diskussion über die fundamentalistischen Strömungen, wie sie besonders in der zweiten Hälfte des 20. Jahrhunderts vermehrt und verstärkt zu beobachten sind. Man scheint sich darüber einig zu sein, daß auf diese Weise im Religionssystem auf die »Globalisierung« der modernen Welt reagiert wird.[61] Aber es fehlt an weiteren, theoretisch fundierten Formulierungen.

Eine mögliche Hypothese wäre, daß alle Funktionssysteme, Religion eingeschlossen, in der modernen Welt unter enorm gesteigerten Komplexitätsdruck geraten. Es wird, wenn die Evolution keine geeigneten Medien zur Verfügung gestellt hat (Paradigma »Geld«), immer schwieriger, in den Systemen »requisite variety« zu beschaffen. Das ist zwar, wenn man das Komplexitätsgefälle zwischen Systemen und Umwelten bedenkt, immer unmöglich. Aber unter modernen Bedingungen wird diese Unmöglichkeit in den Systemen selbst auch *beobachtet*. Die Systeme müssen ihre eigene Sinngebung dann darauf einstellen, daß sie nicht weltadäquat operieren können *und dies erkennen müssen*. In der Wissenschaftstheorie scheint der (radikale oder nicht radikale) Konstruktivismus die Antwort auf dieses Problem zu sein. Im Religionssystem dürfte eine solche Anpassung sehr viel schwieriger sein; man kann das an der Frage testen, ob die Vorstellung, Gott sei eine »Kontingenzformel«, religiös akzeptabel ist oder nicht. Aber wenn der Ausgangspunkt dieser Analyse zutrifft und »requisite variety« im Sinne adäquater Repräsentation der Welt im System offensichtlich unerreichbar ist: wie kann das Religionssystem dem Rechnung tragen, *ohne in einen offenen Konflikt mit seiner eigenen Funktion zu geraten?*

Anscheinend sucht das Religionssystem gegenwärtig ein geeignetes Mischungsverhältnis zwischen »requisite variety« und »requisite simplicity«.[62] Mit einer solchen Auflösung eines fundamentalen Paradoxes in den Beziehungen zwischen System und

61 Vgl. z.B. Roland Robertson, The Sacred and the World System, in: Philipp E. Hammond (Hrsg.), The Sacred in a Secular Age: Toward a Revision in the Scientific Study of Religion, Berkeley 1985, S. 347-358; ders., Globalization: Social Theory and Global Culture, London 1992.

62 Diese Formulierung für eine spezifische Form des Umgangs mit Paradoxien bei Andrew H. Van de Ven/Marshall Scott Poole, Paradoxical Requirements for a Theory of Organizational Change, in: Robert E. Quinn/Kim S. Cameron (Hrsg.), Paradox and Transformation: Toward a Theory of Change in Organization and Management, Cambridge Mass. 1988, S. 19-63 (30f.).

Umwelt experimentiert man derzeit in verschiedenen Religionen auf sehr verschiedene Weise; und vielleicht ist auch dies ein Grund dafür, daß die Vorstellung einer einheitlichen Weltreligion derzeit blaß und unattraktiv wirkt. »Requisite simplicity« kann einerseits den Individuen angeboten werden – etwa als meditative Praxis für ihre persönlichen Probleme oder auch, wie zum Beispiel in Japan, als Beibehaltung von Restformen alter Divinationspraktiken, mit denen Probleme der Unsicherheit gelöst werden, die von der Gruppenkultur nicht absorbiert werden können. Sie kann andererseits als strukturelles Merkmal bestimmter Religionen ausgewiesen werden – zum Beispiel mit der These, daß es nur einen (wenn auch dreifaltigen) Gott gibt. Auch dogmatisierte Glaubensreligionen kennen ein hochindividuelles, auf Selbstbeobachtung und Beichte zurückgreifendes Sündenbewußtsein, das mit Namen für Sünden und quasi-grammatischen Regeln ihrer Bewertung auf Weltthemen zurückgreifen kann, etwa auf Umgang mit Geld oder mit Sexualität, und in diesen Hinsichten dann durch Veränderungen in der Gesellschaft irritiert werden kann. Man könnte dann vermuten, daß »requisite simplicity« selbst die Gefahr läuft, unglaubwürdig zu werden, und nur aufrechterhalten werden kann, wenn es dafür hinreichenden gruppenspezifischen Rückhalt gibt. Das Religionssystem insgesamt müßte dann die Differenz von Glaubenden, von Andersglaubenden und von Nichtglaubenden akzeptieren können und gerade aus der Differenz, aus dem Anderssein, Möglichkeiten der Stärkung des Glaubens gewinnen.

VIII.

Die Situation der Kirchen, wenn nicht der Religion selbst, in der säkularisierten Gesellschaft wird oft mit dem Begriff der Krise belegt. Man spricht von Kirchenkrise, um den Ernst der Situation zu verdeutlichen. Das ist jedoch eine irreführende Darstellung. Von Krise kann man nur sprechen, wenn in absehbarer Zukunft eine Wende – sei es zum Besseren, sei es zum Schlechteren bevorsteht. Eine solche Wende ist jedoch nicht abzusehen. Die Phänomene, um die es geht, beziehen sich auf die Situation der Religion in einer funktional differenzierten Gesellschaft. Es handelt sich um strukturelle Inkompatibilitäten – jedenfalls dann, wenn man Religion von ihren Traditionsbeständen her interpretiert. Die Religion und ihre kirchliche Dogmatik mögen sich auf die eine oder andere Weise, durch dieses oder jenes »script«, auf diese Situation einlassen. Aber darin liegt nicht die Beendigung einer »Krise«, sondern allenfalls der Versuch der Religion, ihren Möglichkeiten und ihren Beschränkungen als Funktionssystem der modernen Gesellschaft gerecht zu werden.

Die Beschreibung als »Krise« enthält eine unnötige Dramatisierung und suggeriert, daß es auf Entscheidungen ankäme. Gerade Entscheidungen (etwa über Fragen der Dogmatik oder der Kirchenorganisation), die als solche kommuniziert werden, können jedoch nicht helfen. Eher wird man annehmen müssen, daß es um Möglichkeiten einer evolutionären Anpassung an neue Lagen geht.

Offenbar kann die Form, die die Religion in der neuen, in der modernen Gesellschaft annehmen wird, noch nicht angemessen gefaßt und beschrieben werden. Das muß nicht erstaunen, denn wenn es um eine evolutionäre Veränderung geht, ist sie in allen Fällen, und so auch hier, nur retrospektiv zugänglich. Man wird sich nicht wundern, daß dabei negative Tonarten überwiegen. Jerome Bruner spricht (bei einer Erörterung von Entwicklungstheorien) vom »unspoken despair in which we are now living«.[63] Das darf nicht als pessimistische Prognose gedeutet werden. Eher bezeugt es die Unmöglichkeit, eine Zukunft zu sehen in einer Gesellschaft, die in einem Prozeß radikalen Wandels begriffen ist.

Wir müssen uns deshalb abschließend fragen, ob der übliche Begriff der Säkularisierung, wie wir ihn bisher verwendet haben, ausreicht oder ob er nicht vielmehr Wesentliches verstellt. Man kann diese Frage verdeutlichen an der komparativen Methode und im romantischen »displacement«, also an Veränderungen der dominierenden Semantik, die gegen Ende des 18. Jahrhunderts aufkamen. Die komparative Methode ist schon deshalb ein Indikator für Säkularisation, weil sie das unmittelbare Verhältnis zum Anderen unterbricht und ihm eine Identität zuschreibt, an der der Beobachter nicht beteiligt ist, die ihn also nicht (wie die

---

63 So in: Actual Minds, Possible Worlds, Cambridge Mass. 1986, S. 149.

Religion) engagiert.[64] Diese Distanzierung hat uns einen Begriff der Kultur aufgenötigt, der das zu Vergleichende übergreift und ihm seine unterschiedlichen Identitäten beläßt, aber zugleich den Beobachter in einen »transzendentalen« Status versetzt, ihn also aus der Welt herausnimmt. Von romantischem »displacement« können wir sprechen im Blick darauf, daß die Romantik vordem religiöse Sinngehalte in andere, vor allem ästhetische, aber auch individuell-biographische Bereiche verschiebt. Das läßt sich mit aller Deutlichkeit an der neuen Verwendung des Symbolbegriffs ablesen. Beides bedeutet zunächst keinen Bruch mit der Religion, zu der man sich gleichzeitig und weiterhin bekennt. Aber der Eindruck ist, daß man einen anderen Grund zunächst einmal ausprobiert, um sich zu vergewissern, ob er trägt.

64 »Could it be«, meint Johannes Fabian, »that the deeper significance of the famous ›comparative method‹ that became a powerful and unifying paradigm in the life sciences and social sciences has been a kind of secularization of conceptions of religious and transcendental ›otherness‹?« – so in: Of Dogs Alive, Birds Dead, and Time to Tell a Story, in: John Bender/ David E. Wellbery (Hrsg.), Chronotypes: The Construction of Time, Stanford Cal. 1991, S. 185-204 (190).

Kapitel 9

Selbstbeschreibung

I.

Alle Versuche, das »Wesen« der Religion »objektiv« (und sei es: phänomenologisch) zu bestimmen, können als gescheitert gelten. Sie sind jedenfalls in langen Debatten gründlich entmutigt worden.[1] Es war nicht schwierig herauszufinden, daß Religionsdefinitionen immer schon einem religiösen Standpunkt verpflichtet sind, also die jeweils eigene Religion vertreten, obwohl es auch andere gibt.[2] Diese Erfahrung mag eine andere Art der Problemstellung motivieren. Statt nach dem »Wesen« der Religion (im Singular) kann man auch danach fragen, wie Religionen Religion beschreiben. Man benutzt dann immer noch einen für alle Religionen geltenden, also universellen Begriff, nämlich »Selbstbeschreibung«. Aber dieser Begriff ist formal genug, er läßt sich auch auf andere Sachbereiche der gesellschaftlichen Kommunikation, ja auch auf die Gesellschaft selbst anwenden, und er setzt nicht voraus, daß die Selbstbeschreibung jeweils wahr oder richtig oder doch zutreffend ist. Es handelt sich einfach um eine Art der Kommunikation unter anderen. Ja mehr noch: Es gilt keineswegs als ausgemacht, daß religiöses Handeln, zum Beispiel kultisches Handeln, sich gleichsam als »angewandte Selbstbeschreibung« des Systems versteht oder doch so kommuniziert wird. Eher muß es als unwahrscheinlich gelten,

1 Exemplarisch gilt dies für Max Weber – trotz oder gerade wegen der Bedeutung von Religion für seine Soziologie. Das hat jetzt Hartmann Tyrell, »Das Religiöse« in Max Webers Religionssoziologie, in: Saeculum 43 (1992), S. 172-230, eingehend dargestellt. Vgl. auch Detlef Pollack, Was ist Religion: Probleme der Definition, in: Zeitschrift für Religionswissenschaft 3 (1995), S. 163-190.

2 Die Untersuchungen der vorangehenden Kapitel haben dieses Problem und damit die Selbstbeschreibung als religiös dadurch vermieden, daß sie von vornherein mit Differenzbegriffen gearbeitet haben, nämlich mit dem Begriff der Funktion und mit dem Begriff der Codierung.

daß die Selbstbeschreibung des Systems zu Prinzipien oder Dogmen gerinnt, an denen religiöse Kommunikation sich selbst als
religiös erkennt. Es gibt zahlreiche andere, viel praktikablere
Möglichkeiten, religiöse von nichtreligiöser Kommunikation zu
unterscheiden. Aber gerade deshalb gilt uns die Selbstthematisierung der Religion als eine Variable, die in soziologischer Perspektive besondere Aufmerksamkeit verdient. Wann kommt sie
vor? Vielleicht gerade dann, wenn sich das Wesen der Religion
schon nicht mehr von selbst versteht, sondern wenn zu sehr auffällt, daß auch die Heiden Religion haben? Und wenn sie zu
Glaubenslehren und Dogmatiken führt, die den rechten Glauben
propagieren: wie paßt sich dann die religiöse Kommunikation
einer solchen Verpflichtung auf sich selbst an?
Parallel zu dem Bedarf an textlich fixierten »theologischen«
Selbstbeschreibungen kommt es zu Differenzierungen innerhalb
des Religionssystems. Seit dem 12./13. Jahrhundert findet man
an Klosterschulen und Domschulen, später an Universitätsfakultäten ausgearbeitete Darstellungen theologischer Fragen. Es
kommt zu Bemühungen um Systematisierung und Konsistenz
und zur Beschäftigung mit anstehenden Streitfragen. Die Arbeit
an Texten trennt sich von den unmittelbar predigtrelevanten rhetorischen Figuren. Sie setzt auch keine Andacht voraus, kein heiliges Fluidum, das unmittelbar auf die Textproduktion einwirkt.
Vielmehr orientieren sich Texte an Texten. (Heute würde man
von »Intertextualität« sprechen.) Die Priesterschaft wird zwar
theologisch ausgebildet. Der Beruf setzt ein Studium voraus.
Aber in der Berufspraxis drängen dann andere Anforderungen
an Kommunikation in den Vordergrund.
In jedem Falle entstehen Selbstthematisierungen dieses Typs erst
auf einem fortgeschrittenen Komplexitätsniveau, also wohl erst
nach der Einführung von Schrift, und dann als Korrelat der Beobachtung von Systemgrenzen. Soziale Systeme, die eine eigene
Grenze zur Umwelt nicht nur operativ erzeugen, sondern auch
beobachten, daß dies geschehen ist und weiterhin geschieht,
benötigen eine Identität, mit deren Hilfe sie Selbstreferenz von
Fremdreferenz unterscheiden und beides kombinieren können.
Die Probleme von Identität und Grenze hängen eng zusammen;
denn im Falle von Sinnsystemen sind Grenzen nicht nur äußere
Membranen oder Häute oder räumliche Linien, sondern werden

mit jeder Operation definiert, weil jede Operation selbstreferentiellen und fremdreferentiellen Sinnverweisungen ausgesetzt ist und sich selbst an Hand dieser Unterscheidung dem System zuordnen muß. Nicht jede Operation muß sich an der Identität des Systems orientieren. Nicht jedes Gebet muß zu sich selber sagen: ich bin eine Operation des Religionssystems. Im Normalfall genügen »konnexionistische« Selbstverortungen, im Falle des Gebets etwa mit Hilfe von Formeln, von Orten, von Anlässen. Aber sobald Abgrenzungs- und Zugehörigkeitsprobleme auftreten, und im Falle von religiösen Kommunikationen nicht zuletzt in einer säkularisierten gesellschaftlichen Umwelt, können von Moment zu Moment Zweifel auftreten. (Soll man beten, daß der Bus pünktlich kommt, weil man es eilig hat? Oder laut beten, um die Lungenflügel zu stärken?[3] Und welche Art Glauben muß man sich und anderen eingestehen, wenn man dies tut und meint, daß es nützt? Oder umgekehrt: wenn man meint, daß es nicht nützen würde, weil Gott sich aus dem Bereich der Spezialprovidenz zurückgezogen hat?)

Schon hier läßt sich eine erste Hypothese formulieren. Anlässe zu und Bedarf für Selbstthematisierungen des Religionssystems hängen zusammen mit dem Ausmaß, in dem die Gesellschaft eine Unterscheidung und Trennung von religiösen und nichtreligiösen Kommunikationen vorsieht, also geschichtlich gesehen mit dem Vorgang, den wir Ausdifferenzierung des Religionssystems genannt hatten. Selbstbeschreibungen thematisieren Grenzerfahrungen. Die Religion sucht eine eigene Form, wenn sie das damit nicht Gemeinte, das dadurch Ausgeschlossene, die andere Seite der Grenze mit im Blick hat. Aber wie das? Muß das Ausgeschlossene eingeschlossen werden? Muß es, wie im Falle von »Säkularisierung«, religiös qualifiziert werden, obwohl, ja gerade weil es nicht Religion ist?

Zunächst muß betont werden, daß Einbeziehung der Tatsache einer nichtreligiösen Umwelt keineswegs bedeuten muß, daß die Religion sich genötigt sieht, einem Anpassungsdruck nachzugeben und sich selbst zu »liberalisieren«. Ebensogut kann sie von der Betonung der Differenz profitieren – sei es in der Form eines

3 Wie Jean Paul zu erwägen gibt, in: Religion als politischer Hebel, zit. nach Jean Pauls Werke: Auswahl in zwei Bänden, Stuttgart 1924, Bd. 2, S. 56.

moralisch aufgeladenen Schematismus, wonach nur die spezifischen Anforderungen genügende religiöse Lebensweise gut und alles andere schlecht ist; sei es in der Form einer Gegenkultur, die die Eigenwerte der religiösen Kommunikation so formuliert, daß sie nicht mit umweltüblichen Bewertungen (etwa: wissenschaftliche Überprüfbarkeit, wirtschaftliche Wohlfahrt oder Misere) konkurrieren, sondern quer dazu stehen und durch sie nicht betreffbar sind.[4] Damit wird die Distanz zur Gesellschaft, wenn einmal bemerkt, zu einem Hintergrundthema religiöser Selbstbeschreibungen, exemplarisch vorgeführt in der Lehre Augustins von den zwei civitates. Religion sieht sich, anders gesagt, genötigt, eine Erlösung von der Gesellschaft in Aussicht zu stellen. Damit allein ist aber noch nicht festgelegt, in welchen Formen diesem Erfordernis genügt wird. Das Hintergrundthema läßt verschiedene Ausführungen zu. Wie immer die Option: schon daß mehrere Optionen möglich sind und sich im Religionssystem nach internen Kriterien bewähren oder nicht bewähren, gibt einen Hinweis auf die Autonomie des Systems und darauf, daß Selbstbeschreibungen Eigenleistungen des Systems sind.

Daß die Welt nicht so ist, wie man es erwarten müßte, wenn man von einer religiös bestimmten Kosmologie ausgeht, ist für die Religion ein altes Problem. Der Buddhismus fand dafür den Ausweg der Substitution anderer oder gar keiner Unterscheidungen. Die Theologie hat, auf wie immer durchdachte Weise, versucht, Gott zu retten, etwa durch Unterstellung eines geschichtlichen Umwegprogramms. Seit dem 17. Jahrhundert spricht man von Theodizee. Dabei war man jedoch davon ausgegangen, daß der Weltzustand den Erwartungen, die sich aus einem weltbezogenen (universalistischen) Religionsbegriff ergaben, aus eigenem Verschulden nicht entspricht und daß der Widerspruch zu erklären sei. Die säkularisierte Gesellschaft konfrontiert in kaum spürbaren Übergängen die Religion mit einem anderen Problem.

4 In der Terminologie von Gotthard Günther könnte man auch sagen, daß Religion über transjunktionale Operationen und »rejection values« verfügt, die nicht nur die Andersartigkeit ihrer spezifischen Werte und Bindungen betonen, sondern positiv/negativ-Unterscheidungen anderer Provenienz *als Unterscheidungen* ablehnen. Siehe Gotthard Günther, Beiträge zur Grundlegung einer operationsfähigen Dialektik Bd. 1, Hamburg 1976, insb. S. 286 ff.

In ihr wird deutlich, daß andere Funktionssysteme der Religion gar nicht bedürfen; daß ihre Codes eigene Paradoxieentfaltungen erzeugen; daß ihre Inklusions/Exklusions-Regeln mit denen der Religion nicht integriert sind; daß sie über eigene »rejection values« verfügen, die auch die Unterscheidungen der Religion neutralisieren; daß also kein Verhältnis des Widerspruchs, der verkehrten Option herrscht, mit dessen Bewertung die Religion leichtes Spiel hätte, sondern ein Verhältnis funktionsnotwendiger Indifferenz. Als Kategorie der zweiwertigen Logik wird der Begriff des Widerspruchs überprüfungsbedürftig, und das schließt auch die Vorstellung der neueren Dialektik ein, Widersprüche seien das treibende Motiv historischen Wandels.

Die Selbstbeschreibung der modernen Religion muß sich also im alten Modus einer wahrgenommenen Differenz von System und Umwelt auf neue Formen einlassen. Es genügt nicht mehr, den nichtreligiösen Kommunikationen eben dies, daß sie nicht auf Religion achten, zum Vorwurf zu machen. Nichtteilnahme kann nicht gut als »Sünde« charakterisiert werden. Aus dem Gesichtswinkel der Religion mag ein solcher Befund nach wie vor zu bedauern sein, aber für die Zuordnung der Selbstbeschreibung des Religionssystems zu den Rahmenbedingungen der modernen Gesellschaft reicht eine solche Abwertung und ein Gegenanpredigen nicht mehr aus. Oder anders gesagt: es genügt nicht mehr, das System/Umwelt-Verhältnis mit einem positiv/negativ-Schematismus zu beschreiben und die Umwelt als Abweichung von dem aufzufassen, was eigentlich (und auch im Sinne Gottes) zu verlangen wäre.[5] Die Autonomie des Religionssystems ist erst jetzt voll realisiert, so daß nicht einmal der positiv/negativ-Schematismus für die Beschreibung des Umweltverhältnisses ausreicht. Wenn das System seine Umwelt negativ besetzt, muß es dies selbst tun und als Moment der eigenen Selbstbeschreibung selbst verantworten. Die autopoietische Autonomie verlangt – und man hat vor allem in der avantgardistischen

5 Zu einem resoluten, alsbald scheiternden Versuch dieser Art siehe Kai T. Erikson, Wayward Puritans: A Study in the Sociology of Deviance, New York 1966. Die Grenzen des Systems, die zugleich seine Identität definieren, werden von den frühen Puritanern Neuenglands so bestimmt, daß alle Devianz als Umwelt des Systems beschrieben wird und im System die sich gegenseitig überwachenden Auserwählten unter sich sind.

Kunst, aber auch in der politischen Utopie Beispiele dafür – die Einschließung der Negation des Systems ins System.

Das Religionssystem hat eine lange Tradition der Selbstdistanzierung von der sie umgebenden Gesellschaft. Man mag sich an die prophetische Kritik der Königsherrschaft erinnern, an asketische, weltabgewandte Tendenzen der spätantiken Religiosität oder an die Aussteiger-Religion des Buddhismus. Extremformen findet man in Ordensregeln, die gebieten, Kommunikation zu minimieren oder überhaupt zu vermeiden, weil schon dies unvermeidlich auf Teilnahme an Gesellschaft, also auf Sünde hinauslaufe.[6] Von Soziologen ist die Unterscheidung von Kirchen und Sekten in diesen Zusammenhang gestellt und als Ergebnis von Meinungsverschiedenheiten über den erträglichen Grad der Anpassung der Religion an die Gesellschaft interpretiert worden.[7] Zugleich mit dieser Distanznahme bietet die Religion aber genau dafür soziale Unterstützung. Man kann dank einer darauf zugeschnittenen religiösen Semantik in der Gesellschaft gegen die Gesellschaft kommunizieren und dafür religiösen Beifall finden. Es ist nur eine Variante dieser ohne/mit-Version, wenn die Religion gesellschaftliche Ungerechtigkeiten hinnimmt und (doch nicht hinnimmt, sondern) deren Ausgleich im Jenseits verspricht. Es geht in all diesen Fällen, könnte man in einer religiösen Terminologie sagen, um Erlösung von der Gesellschaft. Eigene Sünde wird zwar individuell zugerechnet und als Schuld gebucht; aber das Dogma der Erbsünde bietet zugleich einen einsichtigen Grund für persistierende Immoralität; es lehrt, daß der Mensch als Abkömmling Adams, als Spätgeborener, als gesellschaftliches Wesen die Sünde gar nicht vermeiden kann. Also auch hier: Erlösung von der Gesellschaft als das, was die Religion in ihrer gesellschaftlichen Kommunikation in Aussicht stellt.

6 Zur Paradoxie der Kommunikation, Kommunikation zu unterlassen, und zur schweigenden Kommunikation des Unterlassens von Kommunikation siehe Peter Fuchs, Die Weltflucht der Mönche: Anmerkungen zur Funktion des monastisch-aszetischen Schweigens, in: Zeitschrift für Soziologie 15 (1986), S. 393-405: überarbeitet auch in: Niklas Luhmann/Peter Fuchs, Reden und Schweigen, Frankfurt 1989, S. 21-45.

7 Dies ist jedenfalls der Gesichtspunkt, unter dem Benton Johnson, On Church and Sect, in: American Sociological Review 28 (1963), S. 539-549, diese diffus gewordene Unterscheidung zu präzisieren versucht.

Wenn dies die Rahmenbedingung ist, die die Selbstbeschreibungen des Religionssystems konturiert, stellt sich ihr ein letztlich paradoxes Problem in spezifischer Form, die das sinnvoll Mögliche einschränkt. Die Selbstbeschreibung des Religionssystems ist also nicht frei, Imagination spielen zu lassen, um dann das Resultat religiös zu konnotieren. Sie muß dem Rahmenthema Erlösung von der Gesellschaft, das die Ausdifferenzierung des Systems in das System hineinspiegelt, in der einen oder anderen Form gerecht werden. Und zwar auf eine Weise, die religionsgemäß gearbeitet ist, also der Codierung und der Funktion des Religionssystems entspricht.

Der Spielraum semantischer Möglichkeiten ist, wie die genannten Beispiele zeigen, ausreichend groß, um sehr heterogene Lösungen (und damit unterschiedliche Religionen) zu ermöglichen. Lösungen können über vorbildhafte, meritorische Konzepte laufen nach dem Muster von Askese. Oder über Begriffe wie Sünde, Korruptheit, Gottesferne, welche die Abweichungen von einer Norm – für normal erklären. Sehr typisch wird dabei Zeit in Anspruch genommen. Erbsünde ist bis zum Tode ein Dauerzustand, der es aber nicht ausschließt, den Heilsweg der imitatio Christi zu beschreiten. In diesen Varianten war vorausgesetzt, daß es um ein Problem mit kosmischen Dimensionen geht, und entsprechend mußte die Religion ihre Selbstbeschreibung als Kosmologie entwerfen im Hinblick auf eine Ordnung jenseits der Differenz von Ordnung und Unordnung.[8] Dies Jenseits ist nichts anderes als die Position der Transzendenz gegenüber allem, was immanent und damit unterscheidungsgebunden zu beobachten ist. Aber muß diese »stilo grande«-Lösung des Problems die einzige sein, die einzige bleiben, an der dann jede andere zu messen ist?

Wäre es so, dann könnte man Neuerscheinungen im Felde religiöser Bewegungen, vor allem solche der zweiten Hälfte dieses Jahrhunderts, nicht ernst nehmen und ihnen keinen entwick-

8 Siehe als eine berühmte Darstellung dieser These: Gott sei an dieser *Differenz*, an *Antithese*, an *Kontrast* gelegen (und nicht an bloßer Repetition der eigenen selbstgenügsamen Einheit), weil auf diese Weise den Menschen Unterscheidungsvermögen und Freiheit (= Sünde?) gegeben werde, Augustinus, De ordine libri duo, zit. nach der Ausgabe des Corpus Scriptorum Ecclesiasticorum Latinorum 63 (1922), Nachdruck New York 1962.

lungsfähigen Beitrag zur Selbstbeschreibung des Religionssystems zutrauen.[9] Die Abstraktion der Problemstellung ermöglicht aber auch andere Antworten, die besser angepaßt sind an die strukturellen Bedingungen einer »säkularisierten«, funktional differenzierten Gesellschaft mit hoher individueller Mobilität. Offensichtlich ist das Problem der Erlösung von der Gesellschaft nach wie vor aktuell, und offensichtlich braucht man dafür nach wie vor soziale Resonanz in der Gesellschaft. Die benötigte soziale Resonanz wird aber ganz anders bereitgestellt als früher, nämlich in einer Weise, die über individuelle Entscheidungen zugänglich und auf diese Form des Zu- und Abgangs eingestellt ist. Daß man mit einer viel höheren individuellen Mobilität, und zwar mit einer Mobilität von sich selbst beobachtenden, Erfahrung suchenden und auswertenden Individuen, rechnen muß, hatten wir bereits notiert.[10] Damit wird Teilnahme von seiten des Individuums ebenso wie von seiten des Religionssystems aus kontingent. Das kann auf Konkurrenz um Aufmerksamkeit, aber auch auf Diversifikation der Angebote und auf Insulierung und Konsolidierung von Teilsystemen in Nischen hinauslaufen, die gleichsam olfaktorisch anlocken, aber nicht davon abhängen, daß Massen zuströmen und generalisierbare Konzepte angenommen werden. Wie am Beispiel der Anthroposophie oder des »New Age« abzulesen, sind nach wie vor Kosmologien im Angebot; aber ihre sozialstrukturelle Grundlage hat sich verschoben und weicht nicht von dem auch sonst zu beobachtenden Inklusionsmuster ab. Auf der Ebene der Selbstbeschreibungssemantik zeichnet sich, wenn man von der gegenwärtigen Situation her urteilt, kein Konsens ab. Aber dann darf man zurückblickend fragen: war das jemals anders?

9 Diese abwartende Tendenz kann man in der Tat beobachten, und zwar nicht nur bei Verteidigern tradierter Glaubensformen, sondern auch bei Religionssoziologen. Siehe etwa Gregory Baum, Religion and the Rise of Scepticism, New York 1970; Bryan Wilson, The Contemporary Transformation of Religion, New York 1976 (beide unter dem Eindruck der Jugendbewegungen der 60er Jahre). Siehe aber auch Michael Welker, Gottes Geist: Theologie des Heiligen Geistes, Neukirchen-Vluyn 1992, als einen Versuch, Anschluß zu gewinnen an die aktuellen charismatischen Bewegungen des Spiritualismus.

10 Vgl. oben Kap. 8, Abschnitt III.

Die Frage, wie man sich selbst gegenüber einer anders orientierten Umwelt aushält, wird in dieser Situation durch andere Reflexionsanstöße verdrängt, vor allem durch die Unterscheidung von Kontinuität und Diskontinuität, die kaum zu einer durchgreifenden, prinzipiellen Option, wohl aber zum Oszillieren einlädt. Man kann dabei versuchen, sich auf unverzichtbare »essentials« zu einigen. Das wird jedoch angreifbar bleiben. Eine andere Möglichkeit wäre, jede Neuerung an eine »redescription«[11] der Tradition zu binden. Das würde Diskontinuität auf Kontinuität verpflichten und die möglichen Freiheitsgrade der Variation einschränken. Es sind immer noch die alten Themen und Sorgen, aber wir sehen sie jetzt anders.

II.

Jede Selbstbeschreibung erfordert ein Sich-selbst-Voraussetzen der Beschreibung, also ein Unterlaufen der Unterscheidung von Beschreiben und Beschriebenem, von performativen und konstativen Funktionen der Texte, die anzufertigen sind. Jede Selbstbeschreibung hat daher das Problem, daß sie als Operation sich von ihrem Gegenstand unterscheiden und sich zugleich in ihm wiederfinden muß. Oder in linguistischer Terminologie: daß ihre performative Aktivität in ein Spannungsverhältnis gerät zu der konstativen Seite eben dieser Aktivität. Derridas Begriff der »Dekonstruktion« zielt (unter anderem) auf dieses Problem. Er bezeichnet eine Operation, die aufdeckt, daß das performative Operieren des Textes das widerlegt, was der Text selber behauptet. Angewandt auf Schleiermachers berühmte Schrift »Über die Religion: Reden an die Gebildeten unter ihren Verächtern« würde Dekonstruktion zum Beispiel zeigen, daß der Text unter Themen wie Religion, Kunst, Bildung ein unmittelbares Selbstverhältnis nahezubringen, nämlich als Bildung plausibel zu machen versucht; aber daß er dies in der Form rational kontrollierter Unterscheidungen vollzieht, die dem Ziel der Form nach widersprechen. Der Text benutzt Unterscheidungen, um zu insi-

11 »Redescription« im Sinne der Metaphern-Theorie von Mary Hesse, Models and Analogies in Science, Notre Dame 1966, S. 157ff.

nuieren, wie man zur unmittelbaren (also unterscheidungsfreien) Einheit der Einzelheit (des religiösen Gefühls) und der Allgemeinheit gelangen könne. Wäre der Text ein Dokument der Bildung seines Verfassers, könnte er nicht zugleich andere vom Bildungswert der Religion überzeugen (oder dies nur tun, indem er Bildung mit Hilfe von Unterscheidungen so bestimmt, daß sie als Form religiösen Glaubens unangemessen erscheint).[12] Der Text zieht seine Überzeugungskraft, seine kommunikative Wirkung, nicht aus seinen Argumenten, sondern aus einer Art konspirativem Verhältnis seiner performativen und seiner konstativen Funktionen, seiner Argumentation und seinem Beweisziel, seiner für die Argumentation notwendigen Unterscheidungen und seiner (nicht zuletzt künstlerischen) Selbstdarstellung als Bildung. »Dekonstruktion« ist nichts anderes als ein Aufweis dieses Doppelspiels, also weder ein Eingriff in die Argumentation des Textes noch eine Widerlegung, weder ein Vorschlag zu einer sachgemäßeren Interpretation noch eine Äußerung zum Thema des Textes, zur Religion.[13]

Sucht man innerhalb der biblischen Tradition nach einem in sich konspirativen und damit, wenn man es darauf anlegt, dekonstruierbaren Begriff, so bietet es sich an, sich an den (Heiligen) Geist zu wenden. Sowohl in alttestamentlichen als auch in neutestamentlichen Belegen (und also auch unabhängig von Situationen, Zeiten, Lokalitäten, Personen) manifestiert der Geist sich als ein Ergriffensein *und* als Beobachtung dieses Ergriffenseins, in einem außergewöhnlichen Zustand der durch ihn ergriffenen Personen, der sich in wirren Reden (Zungenreden) *und* in der öffentlichen Sichtbarkeit dieses Geschehens äußert. Der Geist kommuniziert, ohne sich auf die Unterscheidung von Information und Mitteilung einzulassen. Er kommuniziert in der Form der Unverständlichkeit der Kommunikation, die aber eben in der Form der Unverständlichkeit als seine Gegenwart verständlich

---

12 Siehe zu diesem Problem (ohne Bezug auf »Dekonstruktion«) auch Thomas Lehnerer, Kunst und Bildung: zu Schleiermachers Reden über die Religion, in: Walter Jaeschke/Helmut Holzhey (Hrsg.), Früher Idealismus und Frühromantik: Der Streit um die Grundlagen der Ästhetik (1795-1805), Hamburg 1990, S. 190-200, insb. 199f.

13 Vgl. hierzu Jonathan Culler, On Deconstruction: Theory and Criticism after Structuralism, Ithaca N.Y. 1982.

ist. Da sein Erscheinen immer spezifische historische Situationen zur Voraussetzung hat (die Situationen der Propheten, die Situation der Jünger Jesu), gibt es einen Kontext, der das Verstehen des Unverständlichen ermöglicht, also die Kommunikation gelingen läßt, obwohl (ja weil!) sie ihre operativen Voraussetzungen nicht erfüllt. Aber der Kontext ist, wie jeder Kontext, dekontextierbar, seine jeweils hilfreichen Schranken lassen sich transzendieren. Der Geist manifestiert mehr als nur eine Deutung der Situation. Er stützt sich auch insofern auf eine Konspiration innerhalb einer Unterscheidung, auf deren Dekonstruktion es ihm anzukommen scheint, nämlich der Unterscheidung von Situation und Welt. Es versteht sich von selbst, daß diese Dekonstruktion ihrerseits dekonstruierbar ist – und sei es: durch Rückverschiebung in die andere Opposition von konstativen, Gott bezeugenden und performativen, sich wirr äußernden Funktionen der Rede. Derrida würde diese Verschiebbarkeit, mit der zugleich negiert wird, daß es hierfür einen festen Ort, eine sichere Gegenwart geben kann, als différance bezeichnen.

Vom heutigen Kenntnisstand aus dürfte es nicht schwer fallen, das Auftreten des Geistes medizinisch, vor allem neurobiologisch zu erklären. Man könnte an Trancezustände denken, die durch Meditation, durch Tanzen, durch Drogen herbeigeführt werden können. Ein derart provozierter Geist würde, wenn es auf eine religiöse Deutung hinauslaufen soll, immer noch einen rituellen Rahmen und eine dadurch garantierte Beobachtbarkeit voraussetzen. (Anderenfalls würde es sich um eine Art von Therapie handeln.) Der Radius der Vergleichbarkeit religiöser Kommunikation ließe sich auf diese Weise beträchtlich erweitern, nämlich in Richtung auf Erscheinungen, die in wohl allen Religionen zu finden sind – vom Schamanentum und dem Derwischtanzen bis zur Monotonie gemeinsamen Betens, von der Meditation bis zum Mescalinrausch. Man könnte zum Beispiel den Voodoo-Kult einbeziehen, der jedem Teilnehmer die Möglichkeit bietet, vom Geist »geritten« zu werden (ein Beispiel im übrigen, bei dem die Outsider-Beschreibung erheblich von dem abweicht, was Insider berichten).

Während der Schamane immer in Gefahr ist, in einen »bad trip« zu geraten und nicht zurückzukehren (das heißt: zu sterben) mit allen Konsequenzen eines solchen Unglückszeichens, scheint der (Heilige) Geist diese Gefahr und die entsprechenden Absicherungstechniken nicht mehr zu kennen. Die Religion ist mit dieser Entwicklung von einer ambivalenten zu einer eindeutig positiven Bewertung des Jenseits fortgeschritten. An die Stelle der Teilnahme an Kulten, die Trancezustände auslösen, tritt das Beten, an die Stelle von Abwehr- und Heilungsinteressen ein breiter angelegtes, auch regional weiterreichendes, religiös gesichertes Wissen.[14]

Solche Vergleiche wären für die Klärung von basalen Strukturen aller Religionen des Weltreligionssystems, wir kommen darauf zurück, nicht ohne Bedeutung. Letztlich wäre damit das Problem aber nur verschoben auf die Frage, welche Rahmenbedingungen eine Interpretation als religiöse Kommunikation ermöglichen. Man würde nicht zu der alten, vorhippokratischen Einheit von Religion und Medizin zurückfinden, sondern nur feststellen, daß nach dieser Bifurkation von Medizin und Religion auf beiden Seiten mit sehr verschiedenen Unterscheidungen gearbeitet wird.

Man wird Sinn und Ergiebigkeit eines solchen wissenschaftlich vergleichenden und erklärenden Vorgehens nicht bestreiten wollen. Die Ergiebigkeit dürfte sich auch und gerade in der Religionsforschung selbst erweisen. Doch diese Vorgehensweise zielt nicht genau genug auf unser Problem der Selbstbeschreibung, und sie verfehlt damit das, was innerhalb der biblischen Tradition als Geist bezeichnet wird – und eben dadurch verdeckt wird.[15] Der Religionsvergleich läßt zwar erkennen, daß die Vorstellung vom Jenseits sich inzwischen von einem ambivalenten, mit Grauen durchsetzten Sinn ins Gute gewandelt hat, und das mag einer der Gründe dafür gewesen sein, daß jetzt die Kontraste zum Normalfall gesellschaftlicher Lebensführung stärker her-

---

14 Siehe hierzu die Fallstudie von Georg Elwert, Changing Certainties and the Move to a Global Religion: Medical Knowledge and Islamization Among the Anii (Baseda) in the Republic of Bénin, in: Wendy James (Hrsg.), The Pursuit of Certainty: Religious and Cultural Formulations, London 1995, S. 215-233.

15 Dasselbe Argument ließe sich für andere Religionen wiederholen, etwa für die religiöse (im Unterschied zur alltagspraktisch hilfreichen) Meditation im buddhistischen Kontext oder für die Stereotypie und Formelhaftigkeit des sich der Beobachtung aussetzenden Betens im Islam.

vortreten. Um aber die daraus folgenden Konsequenzen deutlicher zu erfassen, müssen wir die Lösung in der religiösen Kommunikation selbst suchen, also in den Texten, die sie produziert, und, wenn es heilige, kanonisierte Texte sind, in den Texten, die diese Texte interpretieren.

Die Art und Weise, in der Texte als Supplemente zu kanonisierten Texten sich in den Kontext der Selbstbeschreibung des Religionssystems einfügen, könnte an unzähligen Fällen verdeutlicht werden. Wir wählen Michael Welkers Studie über den Heiligen Geist – vor allem deshalb, weil sie die öffentliche Wirksamkeit, die Resonanz des Geistes herausarbeitet und deshalb der oben skizzierten Problemsicht nahekommt.[16]

Der Text läßt keinen Zweifel an der Existenz und Wirksamkeit des Heiligen Geistes zu. Zweifel bleiben natürlich möglich, aber sie werden auf die andere, die unerwähnt mitgeführte, die freigelassene Seite der Dogmatik verwiesen. Der Text versucht, an Hand von sehr verschiedenen Schriftzeugnissen die Bedeutung des Heiligen Geistes und die Einheit dieser Figur zu zeigen. Die Argumentation folgt dem Stil nach den Schriftzeugnissen. Sie wendet sich an die, die durch das Erscheinen des Geistes überrascht sind und sich abwenden. Der Duktus der Argumentation folgt monoton dem in Predigten bewährten Modell der Konzession und Belehrung: Es mag so scheinen, aber in Wahrheit ist es anders.[17] Durchweg stößt man auf rhetorische Formulierungen, die den Verdacht aufkommen lassen, daß der Text dies nötig hat, um jeden Blick über die Grenzen ins Unerwähnte zu unterbinden. (Aber es gibt kein »hors texte«, würde Derrida sagen.) Glauben bestätigende Aussagen werden im Indikativ gegeben (so ist es!), Fremdreferenzen innerhalb des Religionssystems werden als »Erfahrung« eingeführt. Der Text lebt von der inneren Entfaltung seiner Existenzbehauptung, seine Behauptung der Gegenwart des Geistes. Er versucht nicht, und kann auch nicht versuchen, Ungläubige einzubeziehen, zum Beispiel durch generalisierende Dachformeln, die die Unterscheidung gläubig/ ungläubig überwinden. Der Text bleibt konkret-textbezogen, historisch.

16 Siehe Michael Welker, Gottes Geist: Theologie des Heiligen Geistes, Neukirchen – Vluyn 1992.

17 Siehe zum Beispiel a.a.O. S. 177: »Doch dieser Schein trügt«.

Der *Rahmen* des Textes, die Unterscheidung Glauben/Unglauben, wird also nicht *Thema* des Textes – so wenig wie der Rahmen eines Bildes im Bild zu sehen ist. Auf dieser Ausgrenzung der Ausgrenzung beruht der Reichtum an Aussagemöglichkeiten, die der Text erschließt. Er kann, unbefangen gelesen, abstruse Texte, zum Beispiel die Simson-Geschichten (Richter 13-16) einbeziehen. Er kann grundlegende Unterscheidungen (gut/böse, Wahrheit/Lüge) inkorporieren und glaubhaft machen, daß der Geist *in* diesen Unterscheidungen für die richtige Seite optiert und zugleich *über* diesen Unterscheidungen – sollte man sagen: weht?[18] Er kann die Zeitperspektiven der Texte modernisieren (wieder mit der Figur: Zeit über der Zeitlichkeit[19]). Er kann darstellen, daß die situationsbezogene öffentliche Wirksamkeit des Geistes *in* der Gesellschaft zugleich Erlösung *von* der Gesellschaft bedeutet. Die Auflösung dieser Paradoxie benutzt und interpretiert den Topos der Barmherzigkeit.[20] Die »Ohnmacht des Gottesknechtes« wird folglich nicht weltlich interpretiert als Akzeptieren der Differenz von Religionssystem und politischem System, sondern innerreligiös als gezielter Überraschungseffekt, mit dem die Religion auf sich selbst verweist.[21] An Stellen, wo der Verweis auf andere Religionsarten sich geradezu aufdrängt, zum Beispiel bei der Erörterung der prophetischen Ekstase, begrenzt der Bezug auf biblische Texte die Thematisierung oder verlagert sie in eine Anmerkung und einen Literaturverweis.[22]

Welkers Text ist, im Unterschied zu Beispielen, die man in Gedichten finden kann,[23] nicht ein sich selbst bestätigender Text.

18 Siehe die Behandlung der »Lügengeister« a.a.O. S. 87ff. und die Distanzierung des religiösen Urteils (Gottes Urteils) über gut und böse von der gesellschaftlich kursierenden Moral der Achtung und Mißachtung (Sozialmoralismus) S. 49ff., 119 ff.

19 Siehe z. B. S. 301: Auferstehung des fleischlichen Lebens als nachzeitlich gefaßte Gleichzeitigkeit, als Rettung im Sinne der Unverlierbarkeit des gelebten Lebenssinnes.

20 Vgl. a.a.O. S. 118f.

21 Siehe a.a.O. S. 127f.

22 Siehe a.a.O. S. 82 Anm. 6.

23 Siehe für Beispiele die Analysen von Cleanth Brooks, The Well Wrought Urn: Studies in the Structure of Poetry, New York 1947. Als Kurz-

Es ist in diesem Sinne kein symbolischer Text, der sich selbst als Vollzug der Einheit, die er meint, versteht. Statt dessen verweist er auf andere Texte, auf die biblischen Texte, die ihrerseits als symbolische Texte verstanden werden: als Offenbarungen, als Texte, die sind, was sie sagen. Man könnte diese Verweisung als »framing up« bezeichnen, als Inanspruchnahme eines Rahmens, der seinerseits nicht zwischen Rahmen und Thema unterscheiden muß. Damit ist das Problem der Paradoxie, das Problem der Identität des nicht Identifizierbaren, hier: der Identität von Rahmen und Thema, nicht vermieden, aber verschoben. Es wird dort hingeglaubt, wo es hingehört: in den Heiligen Text der Religion. Und die eigenen Analysen können dann diskursiv ablaufen und sich mit identifizierbaren Identitäten begnügen.

Wenn dieser Fall als typisch betrachtet werden darf, läßt dies einige Schlüsse über die Vorgehensweise bei Selbstbeschreibungen im allgemeinen und bei Selbstbeschreibungen des Religionssystems im besonderen zu. Am wichtigsten ist vielleicht der Eindruck, daß die Grenzen des Systems wie Horizonte behandelt werden. Als im System thematisierte Grenzen würden sie zum Überschreiten einladen, als Horizonte sind sie unerreichbar. Der Standort, von dem jede weitere Thematisierung auszugehen hat, wird klargestellt, wird in Existenzaussagen einzementiert. Die Beschreibungen beruhen auf der Möglichkeit, sich auf diesen Standort zurückzubeziehen. Alles weitere ist eine Frage des Sinnreichtums, der von hier aus erschlossen werden kann. Mit zunehmender Komplexität wird das System zunehmend irritierbar, zunehmend resonanzfähig. Es kann dann auch Gegenbegrifflichkeiten aufnehmen, etwa Lügengeister, die Betonung des fleischlichen Lebens oder die bekannteren Probleme der Theodizee. Dies sind dann Probleme, die die Negation des Systems in das System einführen; aber nur scheinbar, wie sich im Vollzug der Selbstbeschreibung des Systems herausstellen wird, denn das System kontrolliert die Unterscheidungen, mit denen dies bewirkt wird.

fassung etwa S. 17: »The poem is an instance of the doctrine which it asserts; it is both the assertion and the realization of the assertion.« Mit der Begrifflichkeit der »speech act« Theorie könnte man auch sagen: es ist die Einheit seiner konstativen und seiner performativen Komponenten.

Daraus kann sich wie von selbst eine »Heiligung« der Institutionen und Praktiken des Systems ergeben: der Zeremonien, der Binnenräume, die nur gebrochenes Licht hereinlassen oder nur von innen beleuchtet werden, der Gesänge, die andere Geräusche verdrängen, der Weihrauch atmenden Priester, der gesicherten Wiederholungen. Bei all dem bleibt bewußt, daß dies nicht »die Sache selbst« ist, wohl aber ihre Erscheinung, »in der« sich das verbirgt, was als Religion kommuniziert wird.

Es wäre ganz unzutreffend, wollte man diese Selbstkonfirmierung als Imposition von Normen verstehen, die gegen abweichendes Verhalten durchgesetzt werden müssen. Entscheidend ist gerade, daß diese Selbstdarstellung *ohne Verbot des Gegenteils* vollzogen werden kann. Sie ist sich selbst genug, suisuffizient, aber sie beruht auf der Nichtthematisierung des Rahmens der Thematisierung und bleibt in dieser Hinsicht dekonstruierbar.

III.

Während der Heilige Geist die Einheit des Systems repräsentiert und die mit der Codierung vorgegebene Differenz in der Ungewöhnlichkeit seines Erscheinens zum Ausdruck kommt, ist ein weiteres Problem damit noch nicht gelöst. Wenn das System sich über sich selbst nur im Modus der Selbstbeobachtung und der Selbstbeschreibung informieren kann: wie läßt sich dann das Verhältnis der Beschreibung zum Beschriebenen darstellen? Wie läßt sich eine Konfusion verhindern – eine Konfusion in der Form einer Gleichung oder einer Identifikation des Beschriebenen mit der Beschreibung? Oder moderner mit dem Problembewußtsein der Linguistik formuliert: wie läßt sich vermeiden, daß die Information, die der Text zu geben meint, nur noch als Mitteilung verstanden wird, oder anders: die konstative Funktion auf die performative reduziert wird?

Wir hatten schon erwähnt,[24] daß dies Problem in monotheistischen Religionen durch die Kategorie der Offenbarung gelöst, das heißt: verdeckt wird. Die Offenbarung ist eine Kommunikation Gottes, die sich selber als solche zu erkennen gibt. Sie nimmt

24 Vgl. oben Kap. 4, Abschnitt III, S. 165f.

in Anspruch, authentische Kommunikation zu sein. Daß sie nötig ist, ergibt sich direkt aus dem Code, nämlich aus der Notwendigkeit der Transzendenz, in der Immanenz zu erscheinen. In dieser abstrakten Form bleibt jedoch allzu durchsichtig, daß es sich um eine petitio principii handelt. Denn wenn man nur der Offenbarung selbst entnehmen kann, daß es sich um eine Offenbarung handelt: wie soll man dann sicher sein, daß es eine ist, besonders wenn mehrere Angebote vorliegen? Und genau darum ging es schließlich bei der Kreuzigung Jesu.

An diesem Punkte sind die Selbstbeschreibungen des Religionssystems gefordert. Sie müssen die »Parerga« liefern, jene Nebenbeis, die als Zutaten zum Wesentlichen wesentlicher sind als das Wesen selbst, das sich ohne sie nicht behaupten könnte.[25] Solche Verschiebungen werden oft auch »parasitär« genannt in der Annahme, daß die Parasiten von der Binarität des Codes und der Unentscheidbarkeit des Wesens oder von der Anwesenheit des Abwesenden profitieren und heimlich die Herrschaft übernehmen, was sie dann selbst der Parasitierung aussetzt. Wie immer die Terminologie, die noch erkennen läßt, daß es um »Unwesen« geht: unser Problem ist die Entfaltung der Paradoxie, die darin liegt, daß die Beschreibung nicht das Beschriebene sein will, weil sie sonst keine Beschreibung wäre, aber zugleich das Beschriebene ohne Beschreibung nichts anderes wäre als der unmarked space.

Dieser Ausgangspunkt mag wahrheitslogisch unbefriedigend sein, er hat für die historische Empirie den Vorteil, daß er es ermöglicht, nach den historischen Bedingungen der Glaubwürdigkeit und des Glaubwürdigkeitsverlustes solcher »Parerga«, solcher Paradoxieentfaltungen zu fragen. Was Offenbarung betrifft, gehen wir von der Annahme aus, daß sich die Bezugskonzepte für die »Parerga« der Offenbarung im 16. und vor allem im 17. Jahrhundert grundlegend geändert haben, und dies aus vielerlei, schwer zu focussierenden Gründen: wegen der Auswirkungen der protestantischen Reformation und des Buchdrucks, wegen der sich ausdehnenden Marktwirtschaft, wegen der Kritik an der Scheinwelt der höfischen Kultur, wegen einer Neubeschreibung der Legitimation des Königs – nicht mehr als Repräsentant

---

25 Siehe die Interpretation der kantischen Ästhetik unter genau diesem Gesichtspunkt bei Jacques Derrida, La vérité en peinture, Paris 1987.

jenseitiger Mächte, sondern als Repräsentant der Einheit des Untertanenverbandes und nicht zuletzt wegen der Entstehung des
modernen, nicht mehr repräsentierenden, sondern fiktionalen
Bühnentheaters.

Man darf wohl voraussetzen, daß nach der Durchsetzung der
christlichen Religion in den durch sie geprägten Territorien ihre
Offenbarungsberichte wie Welttatsachen genommen und geglaubt wurden. Es mag Zweifler gegeben haben, aber wer Zweifel auszudrücken versuchte, wurde getötet. In die Beobachtung
erster Ordnung konnte so eingeschlossen werden, daß alle Beobachter gleichsinnig beobachten. Das wiederum machte es möglich, eine das offenbarte Wissen symbolisierende Kultur aufzubauen. Das ging zusammen mit einem rein handwerklichen
Verständnis der Ausführung, mit entsprechenden kirchenaufsichtlichen Kontrollen und zum Beispiel mit einem ständigen
Kampf gegen die überbordende Schauspielerei bei religiösen
Spielen. Die Symbole konnten Bilder, Gebäude, Rituale oder
auch Inszenierungen religiöser Spiele sein: immer aber lag ihre
symbolische Qualität darin, daß sie das *waren*, was sie erscheinen ließen. Das Symbolische ist eben die Fusion dessen, was es
als unterschieden voraussetzen muß; es ist die Gestalt gewordene
Paradoxie. Die Offenbarung war damit als symbolische Repräsentation Teil der wirklichen Welt – und nicht etwa nur Sache des
Glaubens. Was so als »Sein« erschien, enthielt zugleich einen
normativen Anspruch. Es sollte auch so sein, wie es ist. Es sollte
also nach der Logik der ontologischen Metaphysik das nicht
sein, was es nicht ist, und entsprechend waren abweichende Meinungen als Irrtum und als Normverstoß zu behandeln.

Die Fusion von Beschreibung und Beschriebenem zerbricht im
skeptischen Jahrhundert nach der Reformation. Rituale werden,
wenn es denn verschiedene gibt, von denen jeder behauptet, die
eigenen seien die einzig-richtigen, als Inszenierungen erkennbar,
die als solche noch keine Gewähr dafür bieten, daß Religion sich
ereignet. Man muß jetzt, statt daran zu glauben, nach der Aufrichtigkeit des Herzens fragen.[26] Die »andere Seite« der religiösen

---

26 Symptomatisch dafür ist, daß jetzt ein korrespondierender Negativterminus benötigt wird: »insincérité«, »insincerity« wird im 16. Jahrhundert
der Sprache hinzugefügt.

Kommunikation, die für sie unerreichbare Welt, verlagert sich in das individuelle Bewußtsein, das allein in der Lage ist, sein Verhältnis zu Gott zu klären. Entsprechend muß die familiale und schulische Erziehung betont werden. Dabei helfen die jetzt im Buchdruck verfügbaren Texte und lösen die formelhaften Wiederholungen (etwa des »Paternoster«) ab, von denen eine primär orale Kultur abhängig gewesen war. Symbole werden jetzt als Anzeichen für etwas verstanden, was sie nicht selber sind. Sie werden in Zeichen, Embleme, Allegorien aufgelöst in einer allgemeinen gesellschaftlichen Entwicklung der sozialen Semantik, der sich auch die Religion nicht entziehen kann. Die Kunst beginnt, eine eigene Welt des sich selbst genügenden schönen Scheins auszuarbeiten. Der religiöse Widerstand dagegen scheitert auf protestantischer Seite wie auf der Seite der Gegenreformation und läßt der Religion nur noch eine Enklave der Sakralkunst, die im Kunstsystem selbst nicht mehr anerkannt wird. Gleichzeitig entwickeln sich die Märkte des Wirtschaftssystems zu einem Transaktionssystem, das nicht mehr als Ausnahme, sondern als Regel die wirtschaftliche Bedarfsbefriedigung bestimmt. Auch die höfische Kultur, die die vermeintliche Spitze des Systems repräsentiert, aber eben: nur noch repräsentiert, bestätigt dieses Bild einer Wirklichkeit, zu der das Individuum sich nur noch reflektiert verhalten kann. Mit all dem wird das sich an sozialen Angelegenheiten beteiligende Individuum zum Problem – für andere und für sich selbst.[27] In den Extremformulierungen eines Baltasar Gracián wird alles, was die Welt bietet, zum Bild, zum Schein; und man kann sich weltklug, aber auch religiös, nur mit der Annahme retten, daß alles das Gegenteil von dem ist, was es zu sein scheint.[28] Der contemptus mundi kehrt sich gegen die Religion selbst.

27 Speziell hierzu Jean-Christophe Agnew, Worlds Apart: The Market and the Theater in Anglo-American Thought, 1550-1750, Cambridge Engl. 1986. Zur Vergeblichkeit einer sich auf Nutzen – jenseitigen Nutzen oder diesseitigen Nutzen – zurückziehenden Polemik vgl. auch Russell Fraser, The War Against Poetry, Princeton N.J. 1970.

28 So Baltasar Gracián, Criticón, 1651-57, dt. Ausgabe Hamburg 1957. Daß die organisatorisch erforderliche Druckerlaubnis seines Ordens für Gracián zeitlebens ein Problem blieb und umgangen werden mußte, aber auch umgangen werden konnte, gehört mit in dieses Bild generalisierter Unsicherheit.

Für die Religion hat das die Konsequenz, daß der Offenbarungs-glaube jetzt im Individuum selbst verankert werden muß, und zwar in der Form der Authentizität des eigenen Glaubens. Die für Luther noch maßgebliche Konzentration auf die innere Wahrheit gegenüber äußeren Verführungen hält jedoch einer intensiveren Nachforschung nicht stand. Alsbald sieht man, daß Authentizität nicht kommuniziert werden kann, so daß Kommunikation (und damit Kirche) ausfällt, um Zweifel zu beheben. Das Problem des immer wieder aufbrechenden Widerspruchs von konstativen und performativen Aspekten der Kommunikation kehrt in neuer Form als Zweifel an individueller Aufrichtigkeit zurück. Erst dieser Kontext macht die Weber-These verständlich, daß man statt in der Religion im handfesten weltlichen Erfolg Erlösung sucht, für den es an äußeren, kommunikablen Anzeichen nicht fehlt. Aber damit ist die Frage nicht beantwortet, wie die Religion in ihrer eigenen Selbstbeschreibung darauf reagieren kann.

Sie kann sich als Organisation regenerieren und sich abwartend verhalten, um zu sehen, ob die Individuen ihr »Angebot« annehmen oder nicht. Damit stellt sie sich auf eine Gesellschaft ein, die sie als »säkularisiert« begreift. Entsprechend wird ihr Gott ein Gott, der seine Liebe anbietet und es dem Menschen überläßt, über Annahme oder Ablehnung zu entscheiden. Und Offenbarung besagt dann, daß man wenigstens dies noch glaubt und nicht auch noch diese Unterscheidung für eine bloße Selbstsuggestion der Kirche und damit für unbeachtlich hält. Was bleibt, ist das Angebot einer Möglichkeit, der Welt und dem eigenen Leben Sinn zu geben; und das Wissen, daß die Gesellschaft arm dran wäre, wenn es auch diese Möglichkeit gar nicht mehr gäbe.

Nach der Erfindung einer neuen Semantik der »Kultur« und im Zuge einer vergleichenden Behandlung der »Weltreligionen« und schließlich aller Religionen im 18. und 19. Jahrhundert entstehen neuartige Selbstbeschreibungsprobleme, die nicht mehr im Rückgriff auf besondere Dogmatiken oder Orthodoxien gelöst werden können. »Dogmatik«, »dogmatisch«, »Dogmatismus« wird in der allgemeinen gesellschaftlichen Kommunikation jetzt negativ konnotiert. Statt dessen sucht man nach neuen Möglichkeiten, den Sinn von Religion zu bestimmen – und findet sie in der Anthropologie.

»Dem Menschen« wird das Bedürfnis unterstellt, seinem Leben Sinn zu geben. Er möchte die Gewißheit haben, ein sinnvolles Leben zu führen oder jedenfalls das Gefühl der Sinnleere, der Sinnlosigkeit seines weltlichen Daseins zu überwinden. Religion wird nun als »Angebot« begriffen, das auf diesen Sinnbedarf reagiert. Das kann und muß in Formen geschehen, die geschichtlich variieren und ihre Plausibilität aus den jeweiligen sozialen und kulturellen Umständen ziehen. Die Einheitsformel für diese Variation der Formen wird im subjektiven Erleben »des Menschen« verankert und damit externalisiert. Sie paßt sich damit einer Welt an, die als säkularisiert beschrieben wird, und stellt sich auf eine gesellschaftliche Kommunikation ein, die auch nichtreligiös gebraucht und verstanden werden kann. Entsprechend firmiert die Anthropologie als Philosophie, wenn nicht gar als Wissenschaft.

Daß es in der religiösen Zuschreibung eines Sinnbedarfs trotzdem um eine Selbstbeschreibung von Religion geht, ist leicht zu erkennen. Die alte Sorge um Heil und Erlösung kann fast bruchlos entdogmatisiert und in die neu konzipierte Sorge um Sinn überführt werden. Dabei ist »der Mensch« eine Fiktion, der keine Realität entspricht. Die ungeheure Vielfalt individueller Erlebniswelten aller Zeiten wird systematisch verkannt, entsprechende Informationen werden systematisch unterdrückt oder »vergessen«. Der »dem Menschen« unterstellte Sinnbedarf ist schon die Deutung, auf die die Religion eine Antwort zu geben hofft. Die Problemlösung liegt im Formenschatz der Religion und in der Rede von »Heil« und »Erlösung« bereits vor, nur das Problem wird hinzuerfunden.

Was den systemtheoretisch geschulten Beobachter beeindrucken muß, ist: daß die Schließung der Selbstbeschreibung des Systems über eine Externalisierung erreicht wird. Aber diese Externalisierung ist eine Eigenleistung des Systems, ein Eigenwert seiner autopoietischen Operationsweisen, ein kognitives Konstrukt, mit dem die Differenz von System und Umwelt ins System wiedereingeführt wird. Das System gödelisiert sich selbst, um sich auf diese Weise von seiner Geschlossenheit überzeugen zu können. Zugleich wird damit deutlich, daß die Selbstbeschreibung des Systems als Reflexion des Systems im System eine Sonderleistung ist, die unter bestimmten gesellschaftlichen Bedingungen vorkommt, aber für die religiöse Praxis gar nicht benötigt wird und auch nicht in der Lage ist, Glaubenszweifel zu beheben. Denn niemand wird sich von der Aufrichtigkeit seines religiösen Glaubens dadurch überzeugen lassen, daß man ihm sagt, dies sei nötig, um seinem Leben Sinn zu geben. Auch insofern ist die Kommunikation dieses Angebots paradox und anfällig für Dekonstruktion. Der performative Vollzug einer solchen Kommunikation widerspricht dem, was sie konstativ behauptet.

IV.

Selbstbeschreibungen haben, so hatten wir die Analyse begonnen, ihren Anlaß in der Beobachtung einer selbstproduzierten Differenz von System und Umwelt. Eine Zuspitzung dieses Problems wird man für alle Funktionssysteme der modernen Gesellschaft annehmen können. Das garantiert die Vergleichbarkeit der entsprechenden Befunde und ihre Auswertbarkeit für Bemühungen um ein Verständnis der modernen Gesellschaft. Vor diesem Hintergrund kann man dann aber sehr wohl nach der Spezifik der Selbstbeschreibungen der einzelnen Funktionssysteme, hier also der Religion fragen.

Zu den auffälligsten Befunden gehört die Mehrzahl von Hochreligionen, die sich voneinander unterscheiden, und erst recht die unübersehbare Vielzahl von religiösen Sekten, Kulten, Bewegungen, oft sehr junger und oft kurzfristiger Existenz. Geht man von einem den Erdball umspannenden Kommunikationsnetz, also von einem Weltgesellschaftssystem aus, fällt auf, daß es keine in ihren Grundlagen welteinheitliche Religion gibt. Das muß uns (unter Voraussetzung bestimmter systemtheoretischer Grundlagen) nicht hindern, ein Funktionssystem für Religion als Subsystem der Weltgesellschaft anzunehmen. Denn die religiöse Kommunikation ist überall von anders orientierten Kommunikationen unterscheidbar. Systemgrenzen sind gegeben und werden reproduziert. Die interregionale Mobilität und Ausbreitungsgeschwindigkeit einiger Religionsformen, seien es neue Sekten und Kulte, seien es Formen mit langer Tradition, die sich erst jetzt weltweit ausbreiten im Sog von Interessen an religiöser Mystik und Esoterik, sprechen für einen weltgesellschaftlichen

Zusammenhang von Religionen der verschiedensten Art.[29] Auch
die wunderlichsten Synkretismen indianischer, afrikanischer
und christlich-europäischer Provenienz an den Rändern des
Katholizismus Südamerikas machen auf Formenwanderungen
aufmerksam, die von keiner Religion kontrolliert sind. Außerdem bieten die Weltgesellschaft und allgemeiner: die besonderen
Eigenarten der modernen Lebensbedingungen zahllosen Neu-
formierungen religiöser Kommunikation, aber auch einer Radi-
kalisierung und Revitalisierung alter Religionen, etwa im Islam[30],
einen günstigen Nährboden – und dies in der Form reflektierter
Gegnerschaft. Offensichtlich kommt es jedoch nicht, und nicht
einmal unter dem blassen Vorzeichen von »Theismus«, zu einer
einheitlichen Weltreligion. Das Parsonssche Gesetz, wonach die
Kultur auf stärkere strukturelle Differenzierung mit einer stärkeren Generalisierung ihrer Einheitssymbolik reagiert, findet
hier offenbar Grenzen. Eine die erforderliche Generalisierung
leistende Semantik würde alle Bindungen an religiöse Traditionen, Mythen, Texte aufgeben müssen und wäre vermutlich nicht
mehr als Religion erkennbar. Sie könnte einen Code der Religion
mit der Unterscheidung von Transzendenz und Immanenz noch
behaupten, aber könnte diesen Code nicht mehr mit durchgehend akzeptierten Programmen respezifizieren. Der Grund für
diese Generalisierungsschranke muß in der Religion selbst liegen.

29 Roland Robertson, The Sacred and the World System, in: Phillip E. Hammond (Hrsg.), The Sacred in a Secular Age: Toward Revision in the Scientific Study of Religion, Berkeley Cal. 1985, S. 347-358 (352f.), nimmt
sogar an, daß die »Globalisierung« menschlicher Beziehungen einer der
wesentlichen Faktoren in der gegenwärtig zu beobachtenden Revitalisierung von Religion, in der Ausbreitung von Fundamentalismen aller Art
und in der religiösen Thematisierung der menschlichen Situation in der
modernen Gesellschaft ist. Siehe auch ders. / Jo Ann Chirico, Humanity,
Globalization and Worldwide Religious Resurgence: A Theoretical
Exploration, in: Sociological Analysis 46 (1985), S. 219-246; und zusammenfassend Roland Robertson, Globalization: Social Theory and Global
Culture, London 1992.
30 Speziell hierzu: M. Abaza/Georg Stauth, Occidental Reason, Orientalism,
Islamic Fundamentalism: A Critique, in: Martin Albrow/Elisabeth King
(Hrsg.), Globalization, Knowledge and Society, London 1990, S. 209-233.
Vgl. auch Peter Beyer, Religion and Globalization, London 1994.

Religionen sind schon deshalb zur Diversifikation disponiert, weil keine Religion eine Widerlegung durch externe Kriterien zuläßt. Die Torah beispielsweise gilt den Juden als ein selbstreferentieller, vollständiger, geschlossener Text, der keine externen Anhaltspunkte für seine Interpretation zuläßt. Um so mehr werden dann aber der Interpretation selbst Freiheiten der Vergeistigung des Sinnes und der Kontroverse zugestanden.[31] Der christliche Glaube, der so stark auf die historische Einmaligkeit des Erscheinens Christi abstellt und sich dadurch insuliert, ist gegen historische Forschung immun. Er mag deren Ergebnissen Anregungen für eine Dogmeninterpretation entnehmen, aber die Auswertung endet vor dem Grundbestand des Dogmas. Erst recht sind die Mythen und Riten tribaler Kulturen oder ihre heutigen Nachbildungen gegen Analysen und Erfolgskontrollen gefeit. Je mehr die Diversifikation der Glaubensformen fortschreitet auf allen Niveaus intellektuellen Raffinements, um so mehr ist gerade die Formenvielfalt ein Argument für die Ablehnung externer Kontrollen. Amalgamierungen sind damit keineswegs ausgeschlossen; aber wenn sie gebildet sind, schließt sich ihr Formenbestand. Auch die hochgradig synkretistischen Kulte der peripheren Moderne entscheiden selbst und an Hand ihres eigenen Formenschemas über Aufnahme neuer Figuren oder Teilung und Zusammenfassung der ihnen bekannten Geister. Nur so können sie Strukturveränderungen, die als Anpassung an die eigene Expansion oder an veränderte Bedingungen der Unterdrückung interpretiert werden könnten, mit religiöser Wirksamkeit ausstatten. Daraus ergeben sich zwangsläufig auch Abgrenzungen innerhalb des Religionssystems. Andere Religionen sind eben *andere* Religionen. Fast fühlt man sich an die genetische Isolierung der Populationen in der biologischen Evolution erinnert. Aber das ist kein beweiskräftiges Argument, sondern allenfalls eine instruktive Parallele. Der Grund für die Insulierung von Religionen muß in der Eigenart des Mediums Sinn und damit in der besonderen Funktion von Religion gesucht werden.

Dieser Grund für eine nicht nur operative, sondern auch seman-

---

31 Siehe z.B. José Faur, Golden Doves and Silver Dots: Semiotics and Textuality in Rabbinic Tradition, Bloomington Ind. 1986.

tische Schließung könnte in der Verweisungsoffenheit allen Sinnes und in der spezifischen Funktion der Religion liegen, Unbestimmbarkeit in Bestimmbarkeit zu verwandeln und die Paradoxien des sprachlich (positiv/negativ) codierten Sinns zu entfalten. In der Weise des Nikolaus von Kues formuliert: Die Welt ist eine ohne erkennbaren Grund und contingenter in eine Vielfalt transformierte Einheit. Und ohne erkennbaren Grund – eben das ist der Grund, Gott anzunehmen. Aber dies ist aus christlicher Sicht formuliert. Ins rein Logische abstrahiert, kann man eine Paradoxie auf verschiedene Weise entfalten, und das »contingenter« würde sich dann nicht nur auf die Wesensformen der Seinswelt, sondern auch auf die Formen des Glaubens, des Beobachtens, des Beschreibens beziehen.

Glaubensformen nehmen daher gern die Form einer gegen andere Möglichkeiten fixierten Dogmatik an. Das folgt unmittelbar aus der Funktion der Religion. Dogmatiken leisten den Ausschluß, also den Einschluß des Ausschlusses des Unbekannten, und sie setzen sich damit operativ unter Wiederholungszwang, müssen also identifizieren und erinnern. Sie sind gegen mögliche und als möglich erkannte Zweifel gesetzt. Das heißt auch, daß sie sich allenfalls die Selbstwiderlegung vorbehalten und sich nach außen als unirritierbar geben müssen.

Als Form einer elaborierten Selbstheit entwickelt sich eine Dogmatik nach dem *Prinzip der Anpassung an sich selbst*. Die christliche Religion kennt nur einen Heiligen Geist (obwohl ihre Texte in dieser Hinsicht keineswegs eindeutig sind) und schafft sich für Funktionen der Diversifikation Sonderfiguren wie Engel oder Heilige. Einfachere Religionen kennen viele Geister, muten sich die schwierige Unterscheidung von Geistern und Engeln nicht zu und hätten auch gar nicht die Möglichkeit, Heilige (im Unterschied zu Besessenen) zu erkennen und auszuzeichnen. Von Dogmatik im Sinne einer expliziten Festlegung von Tradition und Lehre spricht man zwar nur im Falle von Hochreligionen mit fixierten Glaubensartikeln. Aber der latente Vorbehalt der Selbstwiderlegung gilt generell, er ist unmittelbar mit dem Sinn von Religion (re-ligio) und mit dem Prinzip der Selbstanpassung gegeben.

Wenn es unter diesen Bedingungen überhaupt zur Evolution einer religiösen Semantik kommt, ist daher eine Diversifikation der Arten kaum zu vermeiden. Sie findet zwar innerhalb des Gesellschaftssystems statt und findet an der Gesellschaft Halt und Beschränkung des Möglichen. Religionen müssen im Hinblick auf gegebene Gesellschaftsstrukturen plausibel bleiben – auch und gerade, wenn sie Distanz suchen oder auf Ablehnung spekulieren. Aber dieses »containment«, dieses Enthaltensein ist seinerseits eine evolutionäre Variable, deren haltgebender und beschränkender Effekt sich im Laufe der gesamtgesellschaftlichen Evolution ändert. Man denke an die viel diskutierten Auswirkungen von Schrift und Buchdruck, aber auch an die Vorgabe einer stratifizierten Gesellschaftsordnung und an deren Auflösung im Übergang zu einer primär funktionalen Differenzierung.

Sowohl Schrift als auch funktionale Differenzierung lockern die Bindungen und erweitern die Möglichkeiten für Varianten von Religion, sich zu behaupten. Die schriftliche Überlieferung separiert Texte und überläßt sie der Exegese, der mündlichen Erläuterung, der hermeneutischen Reproduktion von Texten aus Texten. Die bemerkenswerte Immunität des christlichen Mittelalters gegen die hochentwickelte jüdische und arabische Gelehrsamkeit gibt dafür ein Beispiel.[32] Erst recht schützt die autopoietische Autonomie des Funktionssystems Religion gegen die Zumutung des unkritischen Anschlusses an gesellschaftlich kursierende Meinungen; und dies verstärkt, wenn auch in der gesellschaftlichen Umwelt des Religionssystems Funktionssysteme entstehen, die sich erkennbar nur noch über Eigenwerte reproduzieren.

Diese Eigenwerte können die Form religiöser Dogmen annehmen, denen man im Glauben folgt und die sich dadurch bestätigen. In traditioneller Sicht symbolisiert die Dogmatik die Authentizität der Glaubensgrundlagen. Heute scheinen Dogmatiken eher als Differential zu fungieren, als Gabelungspunkt, an denen man sich Entscheidungszusammenhänge verdeutlichen und Inkonsistenzen ausmerzen kann. Sie bieten eine Orientie-

---

32 Man kann den Beweis auch umgekehrt führen, nämlich an Hand der Folgenlosigkeit von Ausnahmen lokaler Art – etwa der Mehrheit von Schulen unterschiedlicher Glaubensrichtungen und dadurch motivierter »ökumenischer« Bestrebungen im Otranto des 12. Jahrhundert, wie sie heute noch an dem berühmten Mosaik der Kathedrale sichtbar sind.

rungshilfe – sofern man es nicht bevorzugt, sich intuitiv oder aus »Sympathie« für eine bestimmte Religion zu entscheiden. Wird Dogmatik als Differential begriffen, verliert auch die Überwachung der Grenze zwischen Orthodoxie und Häresie durch die Fundamentaltheologie an Bedeutung. Das soll nicht heißen, daß Dogmen ihre Bedeutung verlieren. Jedenfalls markieren die Dogmen bestimmte Glaubensinhalte und weisen damit zugleich ab, was man auf ihrer anderen Seite, mit anderen Religionen oder ganz ohne Glauben an Möglichkeiten hätte.

Das Ergebnis dieser Analyse ist nur scheinbar paradox: Gerade weil sich eine Weltgesellschaft und ein weltgesellschaftliches Religionssystem gebildet haben, ist mit einer zunehmenden Artenvielfalt von Religionen zu rechnen. Gerade die Faktoren, die den Trend zur Bildung eines welteinheitlichen Gesellschaftssystems ausgelöst haben, nämlich technologisch erweiterte Kommunikation (Schrift, Buchdruck, Elektronik) und funktionale Differenzierung, tragen dazu bei, Religionen zu ermöglichen, die sich auf unterschiedliche Texttraditionen stützen oder sich, sei es in den Zentren, sei es in der Peripherie der modernen Zivilisation, neu bilden: Die von Californien ausgehende »New Age«-Semantik oder der rassisch und sozial unterdrückte Bevölkerungsschichten anziehende Maria-Lionza-Kult Venezuelas, die eher für karriereorientierte Mittelschichten Japans und Amerikas bestimmte Tenri-Sekte (Botschaft: in allem Unglück ist immer auch etwas Gutes zu finden), die Esoterikzirkel europäischer Universitätsstädte oder der an Re-Inkarnation orientierte, auch therapeutisch wirksame Spiritismus südamerikanischer Intellektueller (»Kardecismus«, nach Allan Kardec) – es ist nicht zu erwarten, daß all dies in einer Gesamtbeschreibung »des« Religionssystems integriert werden könnte. Denn das würde, wie man vermuten kann, zu einem Verzicht auf Abgrenzbarkeit des Religionssystems führen und damit zu einer Devaluierung des Religiösen schlechthin.

Statt dessen finden wir ein System (*ein* System!) mit einer Mehrheit von nichtintegrierten Selbstbeschreibungen. Als Gemeinsamkeit kann man unterstellen: Codierung, Funktion und Abgrenzbarkeit gegenüber nichtreligiöser Kommunikation. Das ermöglicht »transjunktionale« Operationen im Sinne von Gotthard Günther, also ein switching von einer Kontextur zu einer anderen, das heißt: von einer Leitunterscheidung zu einer anderen. Auch die verschiedene Formen annehmende Selbstvalidierung des Glaubens gehört zu den durchgehenden Merkmalen. Es kommt nicht zu einem Zentralismus der Selbstbeschreibung, wie man ihn in der erkenntnistheoretischen, der rechtstheoretischen, der wirtschaftstheoretischen Diskussion findet, wo dann nur noch unterschiedliche Theorien konkurrieren und ihre Konkurrenz nicht zuletzt auf wissenschaftlichem oder »philosophischem« Terrain austragen. Statt dessen findet man eine bemerkenswerte Fähigkeit der Anpassung an unterschiedliche lokale und sozialstrukturelle Vorgaben, an unterschiedliche Varianten von Publikum, an unterschiedliche Bedingungen für Inklusion und Exklusion. Der Eindruck der Vielfalt und Lebendigkeit religiöser Kommunikation, der gegen alle Prognosen des Austrocknens dieses Sumpfes von Mystizismus und Irrationalität, also gegen Comte, sich am Ende unseres Jahrhunderts auch in der Religionssoziologie durchgesetzt hat, ist empirisch wie theoretisch gerechtfertigt. Und auch die Selbstbeschreibungen des Religionssystems müssen sich dieser Sachlage fügen.

Weltreligionen der Tradition hatten mit Vorstellungen wie Symbol oder Zeichen oder semantischen Äquivalenten gearbeitet. Das setzte den Unterschied von Zeichen und Bezeichnetem voraus. Die mit Saussure einsetzende selbstkritische Semiologie hat jedoch diesen Unterschied einerseits reformuliert (signe ist der *Unterschied* von signifiant und signifié) und andererseits dekonstruiert. Man spricht (bewußt widersinnig) von referenzlosem Zeichengebrauch. Entsprechend müßte es aber auch auf der anderen Seite der Zeichenform etwas Bezeichnetes geben, dem kein Zeichen entspricht, ein signifiant ohne signifié und deshalb ohne signe. Ist es das, was mit Transzendenz gemeint ist?

Man müßte dann immer noch, wie im Falle der Sprache, eine Zeichenrelation, eine Differenz von Bezeichnendem und Bezeichnetem annehmen, um von Übersetzungen sprechen zu können. Auf eine Weltsprache kann man verzichten, weil Übersetzungen möglich sind. Das Gleiche wird man für das Religionssystem der Welt gelten lassen müssen.

V.

Die Einsicht, daß das Religionssystem auf eine einheitliche Selbstbeschreibung des Gesamtsystems verzichten oder sie als Anthropologie externalisieren muß, hindert uns nicht, weitere Fragen zu stellen. Im Gegenteil: die Buntheit der Bilder gibt die Anregung, nach Problemstellungen zu suchen, die die Fülle der Erscheinungen ordnen könnten, und der Ausgangspunkt kann nochmals die Frage sein: was erzeugt Diversität?

Voraussetzung ist hier wie in aller Evolution: daß es immer schon Religion gibt, auf die Abweichungen vom Gegebenen (Unterschiede!) sich aufpfropfen lassen. Selbst wenn es sich um den take-off eines autopoietischen Systems handelt, das sich operativ und semantisch schließt, muß der vorherige Zustand für das System als Religion interpretierbar sein; denn sonst würde daraus keine religiöse Formendiversifikation, sondern irgend etwas anderes entstehen. Und selbst wenn Religion ihre letztgültigen Formen erst auf der Ebene reflexiver Selbstorganisation gewinnt, setzt dies eine reichhaltige »Mikrodiversität« religiöser Kommunikation voraus. Hiervon ausgehend, kann man aber mindestens zwei verschiedene Auslöseweisen unterscheiden, deren Unterschied selbst ein Produkt der Evolution ist.

Seit eh und je und auch heute entstehen neue Kulte, oft (zum Beispiel in der hellenistischen Phase der Antike oder in der heutigen Zeit) in großen Zahlen, so als ob die religiöse Energie in diese Quellen geleitet würde. Dazu kommt es, wenn die Inklusionsleistung der vorhandenen Religionsformen abnimmt und die Funktion von Religion nicht mehr ausreichend erfüllt wird. Das gilt in der antiken Kultur für das Altwerden der homerischen Gestalten, die fast nur noch in den Adelsgenealogien, aber nicht mehr als Religion festgehalten werden, und für die Säkularisierung der Poesie, besonders der Tragödie. In unseren Tagen sind es eher die Auswirkungen der funktionalen Differenzierung, von denen die Religion auf verschiedene Weisen profitiert: Sie machen die religiöse Kommunikation als *distinkte Operationsweise* sichtbar, und dies nicht nur situativ, sondern an Hand *dauerhafter* Systemgrenzen. Das erschwert zum Beispiel eine *politische* Verfolgung *religiöser* Abweichler – es sei denn aus politischen Gründen.[33] Außerdem erzeugen die Auswirkungen funktionaler Differenzierung in großen Mengen *Folgeprobleme*, die in den Funktionssystemen nicht angemessen bearbeitet werden, sondern gleichsam übrig bleiben. Die zunehmend krassen Differenzen von inkludierten und exkludierten Bevölkerungsteilen hatten wir bereits erwähnt. Aber auch weniger scharfe Differenzen können zu Fragen an die Religion führen, die in den Hochreligionen nicht oder nicht angemessen beantwortet werden – etwa im Bereich der Karriereunsicherheit und des Karriereabfalls, die bei der karriereförmigen Integration[34] von Individuum und Gesellschaft laufend entstehen. In beiden Fällen, Exklusion und Karriereschicksal im Inklusionsbereich, kommt es zu religiösen Neubildungen, etwa Kulten, die mit Trancezuständen arbeiten und religiöse Inklusion im gesellschaftlichen Exklusionsbereich erreichen, oder Esoterikinteressen von Intellektuellen, die ihrerseits an »bewußtseinserweiternde« Techniken oder Drogen anschließen und dazu passendes religiöses Gedankengut rezipieren.

Ganz andere Formen von Diversifikation ergeben sich innerhalb

33 Diese Feststellung einer Begünstigung von Religion durch funktionale Differenzierung relativiert sich mithin, wenn man bedenkt, daß es in der Autonomie des politischen Systems liegt zu definieren, welche religiösen Bewegungen politisch gefährlich sind. Das zeigt sich an nationalistisch orientierten Regimes und vor allem an Ein-Parteien-Regimes, die es der Partei überlassen, die einzig-richtigen Meinungen zu definieren, oder konkret an den Problemen marxistisch orientierter Regimes Asiens mit buddhistischen Mönchen. Siehe hierzu Donald E. Smith, Religion and Politics in Burma, Princeton 1965; Milton Sacks, Some Religious Components in Vietnamese Politics, in: Robert F. Spencer (Hrsg.), Religion and Change in Contemporary Asia, Minneapolis 1971, S. 44-66; Holmes Welch, Buddhism under Mao, Cambridge Mass. 1972. Vgl. ferner Urmila Phadnis, Religion and Politics in Sri Lanka, Manohar 1976; S. J. Tambiah, World Conqueror and World Renouncer: A Study of Buddhism and Polity in Thailand Against a Historical Background, Cambridge Engl. 1976; Somboon Suksamran, Buddhism and Politics in Thailand: A Study of Socio-Political Change and Political Activism of the Thai Sangha, Singapore 1982.

34 Integration hier (wie auch andernorts) begriffen nicht als Übereinstimmung, sondern als wechselseitige Beschränkung der Freiheitsgrade der beteiligten Systeme.

der Hochreligionen, und zwar als Folge der schriftlichen Fixierung heiliger Texte und sie interpretierender Dogmatiken. Wie typisch für Schrift werden Inkonsistenzen in der Überlieferung sichtbar oder auch, wenn man es darauf anlegt, produzierbar.[35] Damit steigen zugleich die Ansprüche an Konsistenzkontrolle zur Bewahrung der Einheit der Selbstbeschreibung des jeweiligen Religionssystems. Zugleich sensibilisiert aber jede Systematik für spaltende Argumente, und alles, was streng gefaßt wird, produziert eine andere Seite, die sich dem nicht fügt. Das folgenreichste Beispiel für diese Spannung findet man in der katholischen Theologie des Mittelalters und den Versuchen ihrer kirchenpolitischen Kontrolle mit organisatorischen und rechtlichen Mitteln. Gerade der Versuch, Theologie konsistent zu systematisieren, sei es auf eher kognitivistischen oder eher voluntaristischen, eher wesensformenrealistischen oder eher individualistischen und nominalistischen Grundlagen, arbeitete die Bruchstellen aus (zum Beispiel im Verständnis der Sakramente oder im Themenkreis von Heilsgewißheit und Gnade), die schließlich zur Kirchenspaltung führten. Über Glaubensartikel kann man sich streiten, sobald sie aufgestellt sind, und der Streit bleibt nicht auf Einzelpunkte beschränkt, wenn die Dogmatik auf begriffliche Grundlagen und Zusammenhänge hin durchdacht ist. Sobald es zu Glaubensspaltungen kommt, wiederholt sich das Konsistenz/Inkonsistenz-Problem innerhalb der Einheiten, die man bezeichnenderweise jetzt »Konfessionen« nennt. Und mehr noch als das gesamtkatholische Mittelalter sind die Konfessionen gehalten, ihre Glaubensregeln und theologischen

35 Wie wenig das für den Buddhismus gilt, der sich als atheistische Religion sogar mit Göttern anfreunden kann und in vielen regionalen Versionen Popularisierungen zuläßt, ist mehrfach behandelt worden. Siehe Maung Htin Aung, Folk Elements in Burmese Buddhism, Westport Conn. 1962; Michael M. Ames, Magical Animism and Buddhism: A Structural Analysis of the Sinhalese Religious System, in: Edward B. Harper (Hrsg.), Religion in South Asia, Seattle 1964, S. 21-52; S. J. Tambiah, Buddhism and Spirit Cults in North-East Thailand, Cambridge Engl. 1970; Steven Piker, The Problem of Consistency in Thai Religion, in: Journal for the Scientific Study of Religion 11 (1972), S. 211-229. Vielleicht liegt das daran, daß die Selbstbeschreibung des Systems hier die Nichtigkeit aller Unterscheidungen betont, darin ihre Einheit sucht und eben deshalb mit Unterscheidungen leben kann.

Doktrinen zu systematisieren, um sich dadurch gegeneinander abzugrenzen. Mehr als zuvor wird die Selbstbeschreibung damit zu einem Operationsmodus, der die Einheit des Systems sichern soll und sie dadurch gefährdet.

Für ein Verständnis der Art und Weise, in der Diversifikation zustande kommt, scheint uns deshalb die Entwicklung einer operativen Ebene für Selbstbeobachtung und Selbstbeschreibung der Religion als Religion eine Schlüsselvariable zu sein. Es gibt offenbar beides: Man findet eine Spontangenese von abweichenden Formen, die (zumeist latent wirkende) Anlässe haben, sich zu unterscheiden. Dabei kann die Unterscheidung selbst geleugnet werden – so wie Geisterglauben und magische Kulte sich in Globalvorstellungen von katholischer Religion hineinentwickeln.[36] Man hat keinerlei Konsistenzsorgen, denn die Formenentwicklung ist nicht auf eine Selbstbeschreibung der Identität und der Grenzen von Religion angewiesen. Daneben kontinuiert aber auch die kirchenpolitische Konsistenz/Inkonsistenz-Problematik, die zum Beispiel aus Anlaß des Entstehens einer »Theologie der Befreiung« zu der Frage geführt hat, ob mit der Abspaltung eines spezifisch lateinamerikanischen Katholizismus zu rechnen sei.

Offenbar gibt es gegenwärtig im Religionssystem der Weltgesellschaft keinen »zivilisatorischen« Fortschritt, wie ihn das 18. Jahrhundert erwartet hatte – weder in Richtung auf zunehmende Durchdringung der Religion mit säkularen Elementen, noch in Richtung auf eine moralische und kulturelle Ökumene. Dies waren noch Ideen, die von einer einheitlichen, richtunggebenden Selbstbeschreibung des Religionssystems ausgegangen waren;

36 Ich erinnere den Seufzer eines hohen katholischen Geistlichen aus Anlaß eines vor allem von der indianischen Bevölkerung gefeierten Marienfestes in Andacollo, Chile: Ob sie an Gott glauben und ob sie katholisch sind, weiß ich nicht; daß sie an Maria glauben, steht fest. Und im übrigen war der Kontrast auch zu sehen und vor allem zu hören: Vor der Kirche magisch motivierte Tanzgruppen mit ihren Musikinstrumenten und aus der Kirche mit Hilfe von Lautsprechern das Ave Maria über die tanzenden (sich voneinander, aber nicht von der Kirche unterscheidenden) Gruppen gesprüht. Im übrigen wurden die Gruppen nicht als Gruppen, sondern nur als Einzelpersonen in die Kirche hineingelassen, um dort auch den kirchlichen Segen zu empfangen.

und es waren Vorstellungen gewesen, die es sich zutrauten, die Gesamtheit der religiösen Formen aus dem Blickwinkel einer Beobachtung zweiter Ordnung einzuteilen in primitiv und zivilisiert, barbarisch, traditional und modern und die dann mit einer (wie man heute sagt: »postkonventionellen«) Phase individueller religiöser Selbstfindung und entsprechender Kommunikation rechneten. Die damaligen Realitäten suchte man mit der Figur der Gleichzeitigkeit des Ungleichzeitigen zu berücksichtigen. Diese »Historisierung« der Komplexität war aber ihrerseits bereits eine Antwort auf die sich abzeichnende Polykontexturalität religiöser Beschreibungen. Die Einheit des Systems konnte im Kontext einer sich selbst als Kultur reflektierenden Kultur nur noch historisch beschrieben werden. Selbst das ist aber heute nicht mehr möglich bzw. allzuleicht als »Eurozentrismus« zu entlarven.

Geht man statt dessen von der Inklusions/Exklusions-Problematik aus und dies in doppelter Systemreferenz: mit Bezug auf das Gesellschaftssystem und mit Bezug auf das Religionssystem, dann gelangt man zu der Frage, ob und wie das Religionssystem eigene Möglichkeiten der Inklusion so einsetzen kann, daß sie auch Personen erfassen, die aus anderen Funktionssystemen ausgeschlossen sind. Vor dieser Frage versagen die traditionellen Leitlinien der Selbstbeschreibung, wie sie von den Reflexionseliten der Hochreligionen entwickelt und gegen Randerscheinungen (Volksglauben usw.) ihres Systems durchgesetzt worden sind. Und dann empfiehlt sich für den soziologischen Beobachter der Rückgang auf einen Begriff der Funktion von Religion, der für die Selbstbeschreibung des Religionssystems unzugänglich bleibt.

Welche Begrifflichkeit immer man hier einsetzen will: Chiffrierung der Unbestimmbarkeit von Sinn, Kontingenzformel, Entfaltung der Formparadoxie, immer geht es um die Auflösung von Einheit in Vielheit und um die Einsicht, daß dies nur »contingenter«, nur mit Seitenblick auf andere Möglichkeiten erfolgen kann. Im klassischen Duktus der Theologie ist dies eine Beschreibung der Perfektion der Welt, die in ihrer Vielfalt von dem einen und einzigen Gott gewollt ist und beobachtet wird. Ein Soziologe wird dem noch hinzufügen können, daß das Religionssystem (ohne sich damit der Gesellschaft »anzupassen«) aus diesem Formenreservoir auswählt, was unter gegebenen gesell-schaftlichen Bedingungen (zu denen auch die Tradition des Reli-gionssystems selbst gehört) Plausibilität erreichen kann. Für den Soziologen sind auch die Selbstbeschreibungen des Systems Operationen des Systems, die wie alle anderen Operationen zur Autopoiesis des Systems beitragen. Sie mögen »Dogmen« fixie-ren; aber auch die bleiben unvermeidlich Unterscheidungen, das heißt Formen, die eine andere Seite haben – einen Gegensatz oder auch einen unmarked space anderer Möglichkeiten. Auch Selbstbeschreibungen unterliegen daher wie alle religiöse Kom-munikation einem Plausibilitätstest. Sie mögen sich ändern oder auch nicht; aber wenn sie inadäquat werden, wird die religiöse Kommunikation sich auf dadurch nicht disziplinierte Formen unmittelbarer Sakralität verlagern. In der christlichen Theologie findet man zum Beispiel Tendenzen, auf »wissenschaftstheoreti-sche« Fundierungen und überzogene Generalisierungen zu ver-zichten und zur Bibel zurückzukehren.[37] Das setzt freilich die Sakralität des Textes voraus.

VI.

Zusammenfassend sei auf ein allgemeines Merkmal von Selbst-beschreibungen hingewiesen. Wie alle Beschreibungen sind auch Selbstbeschreibungen Simplifikationen, die alles außer acht las-sen, was sie nicht inkorporieren können. (Wir hatten von der anderen Seite ihrer Form gesprochen.) Dieser Ausschließungsef-fekt tritt nicht nur ein, wenn eine Dogmatik sich um Konsistenz bemüht. Er entsteht auch dann, wenn mit offenen Paradoxien oder mit ambivalenten Formeln gearbeitet wird; denn auch die-sen rhetorischen Techniken liegen jeweils bestimmte Unter-scheidungen zugrunde, die zugleich verwendet und sabotiert werden. Es handelt sich um ein Begleitphänomen jeder Textbil-dung. Deshalb können Selbstbeschreibungen nicht nur als »Dis-kurse« begriffen oder als Texte interpretiert werden. Aus der simplifizierenden Struktur folgt, daß sie gegen Störungen emp-

---

37 Siehe nur Michael Welker, Schöpfung und Wirklichkeit, Neukirchen – Vluyn 1995.

findlich sind, die von Sinnbereichen ausgehen, die unberücksichtigt geblieben waren.

Eine Selbstbeschreibung »steuert« mithin nicht nur das, was sie bestätigt, sondern auch das, was ihr Schwierigkeiten bereitet. Sie festigt nicht nur den rechten Glauben, sondern bestimmt zugleich das, was abgewiesen werden muß, auch wenn es sich aufdrängt. Sie reproduziert nicht nur ihre Texte, sondern auch das, wogegen die Texte, offen oder verschwiegen, gerichtet sind.[38] Wir hatten oben bereits notiert, daß religiös Sinnvolles im Medium Sinn kommuniziert werden muß und bei der Inanspruchnahme von Sinn der Einsicht nicht ausweichen kann, daß auch andere, gegensätzliche Formen möglich sind.[39] Ein aktuelles Beispiel wäre die Behandlung von Fragen der Sexualität in der katholischen Kirche.[40] Auch hier muß man also zweifach unterscheiden: die Festlegung von Konformität und Abweichung einerseits und das, was durch diese Unterscheidung als irrelevant, als unmarked space ausgeschlossen wird andererseits.

Wenn wir hinzunehmen, daß die Selbstbeschreibungen der Religion eine Distanz zur sie umgebenden Gesellschaft suchen, wenn nicht gar eine Erlösung von der Gesellschaft versprechen, wird das Langfrist-Risiko aller Dogmatisierungen erkennbar. Ihr Schema mag sich auf eine Gesellschaft beziehen, die ihre Strukturen verändert und dadurch das obsolet werden läßt, wovon die Religion sich distanziert. Auch in dieser Hinsicht dürfte eine Vielzahl unterschiedlicher Religionsangebote und eine Art »Marktorientierung« im Blick auf individuelle Glaubensbereitschaften das Problem entschärfen. Einerseits wird dadurch die Funktion der Selbstbeschreibungen verstärkt in Anspruch genommen durch innerreligiöse Abgrenzungsquerelen; aber andererseits wird dadurch auch ein breit gefächertes Spektrum erzeugt, das sehr unterschiedliche Aspekte der modernen Gesell-

---

38 Für entsprechende Thesen in der Literaturwissenschaft vgl. Henk de Berg/Matthias Prangel (Hrsg.), Kommunikation und Differenz: Systemtheoretische Ansätze in der Literatur- und Kunstwissenschaft, Opladen 1993; dies. (Hrsg.), Differenzen: Systemtheorie zwischen Dekonstruktion und Konstruktivismus, Tübingen 1995.

39 Siehe Kap. 1.

40 Vgl. nur Stephan H. Pfürtner, Kirche und Sexualität, Reinbek 1972 – eine Publikation, die den Verfasser seine Professur gekostet hat.

schaft im Visier hat; das auf die Bedürfnisse von rassisch und sozial benachteiligten Schichten eingehen (und nicht nur in der Form von Sozialhilfe eingehen) kann und andererseits auch modernisierungskritischen Intellektuellen etwas zu sagen hat. Offenbar gibt es kaum noch religiöse Bewegungen, die ohne elaborierte Selbstbeschreibungen auskommen und sich allein durch Frömmigkeit tragen lassen. Auch Frömmigkeit braucht Gründe. Dafür sorgen schon die Existenz einer Schriftkultur und das Vorbild der Hochreligionen. Stärker als man es für ältere Gesellschaften unterstellen darf, sind daher heute auch elementare religiöse Operationen durch Systembeschreibungen mitbestimmt. Und das kann nicht überraschen, wenn man zum Vergleich andere Funktionssysteme heranzieht – etwa die Bedeutung von Wirtschaftstheorien für die Versuche einer Selbststeuerung der Wirtschaft und von Managementtheorien für Organisationsplanungen, oder die Bedeutung von »redescriptions« der Vorgängerkunst für das Schaffen neuer Kunstwerke.

Jede Selbstbeschreibung muß sich auf logische Probleme einlassen, die mit der klassischen zweiwertigen Logik (und folglich mit der ontologischen Metaphysik) nicht zu lösen sind. Sofern überhaupt von Beschreibung die Rede ist, wird eine Unterscheidung von Beschreiber (Subjekt) und Beschriebenem (Objekt) vorausgesetzt; zugleich sabotiert aber die Rückbezüglichkeit der Selbstbeschreibung genau diese Unterscheidung, die sie voraussetzt. Ob sich jemals, wie Gotthard Günther hoffte, strukturreichere Logiken entwickeln lassen, die diesem Problem gewachsen sind, müssen wir offen lassen. Aber die logischen Probleme müssen irgendwie aufgelöst werden, und wenn nicht durch Logik, dann eben durch Imagination.

Mit all dem ist noch nichts ausgemacht über die Bedeutung soziologischer Theorien für die Entwicklung neuer oder die Modifikation traditioneller Selbstbeschreibungen des Religionssystems. Selbstverständlich kann es nicht darum gehen, die Reflexionen des Religionssystems als »angewandte Soziologie« aufzufassen oder sie zu kritisieren, wenn sie den Anforderungen soziologischer Kritik nicht genügen. Inhaltliche Durchgriffe könnten nur zu Dekonstruktionen und zu einem ständigen Umlagern der Probleme auf andere Konstruktionen führen. Vielleicht könnten aber religiöse Kosmologien, Theologien oder

Hintergrundannahmen für Meditationspraktiken von der allgemeinen Formenlehre profitieren, die von seiten der Soziologie vorgeschlagen wird. Zumindest ist es heute möglich, genauer zu beschreiben, auf was man sich einläßt, wenn man Selbstbeschreibungen eines Systems produziert. Man kann dann immer noch nostalgisch oder fanatisch verfahren – aber nicht mehr naiv.

Dabei setzen wir, wie bisher durchgehend, voraus, daß die soziologische Gesellschaftstheorie Religion und deren Selbstbeschreibungen als einen Forschungsgegenstand behandelt, über den sie nach wissenschaftlichen Kriterien Aussagen zu produzieren hat, die sie als »wahr« vertreten kann. Im Verhältnis zur eigenen Theorie charakterisiert sie die Selbstbeschreibungen der Religion als *different*. Ein ganz anderes Verhältnis entsteht, wenn es zwischen Soziologie und Religion zur Kommunikation kommt. Dann rückt, von der Soziologie aus gesehen, die Religion in die Stellung eines *Anderen*, der an Kommunikation teilnimmt und dadurch verwundbar wird.[41] Im Sicheinlassen auf Kommunikation wird Zuhören und Verstehen zugemutet und auch Offenheit für Annehmen oder Ablehnen des Sinnvorschlags. Kommunikation verunsichert zunächst, und schon die Entscheidung zur Teilnahme erzeugt Verletzbarkeit. Zwar ist der Teilnehmer noch nicht gebunden zu akzeptieren, aber er findet sich in einer Position, die dies als Möglichkeit auferlegt. Es wird zumindest erwartet, daß er diese Möglichkeit ernsthaft prüft. Das mag dazu führen, daß die Position, aus der heraus abgelehnt wird, artikuliert werden muß ohne Rücksicht darauf, ob dieser Grad an Verdeutlichung der Selbstbeschreibung des ablehnenden Systems bekommt – oder nicht.

41 Hierzu Klaus Krippendorff, A Second-Order Cybernetics of Otherness, in: Systems Research 13 (1996), S. 311-328 (Festschrift Heinz von Foerster).

Editorische Notiz

Die Arbeit an diesem Buch über Religion, mit der Niklas Luhmann in den frühen neunziger Jahren begann, wurde durch seine Erkrankung und schließlich durch seinen Tod abgebrochen. Schon zuvor hatte die bevorstehende Publikation der Gesellschaftstheorie[1] alle anderen Publikationsprojekte zurücktreten lassen. Was ihm danach noch an Zeit blieb, reichte nicht aus, um den hier vorgelegten Text in eine Fassung zu bringen, die ihn ganz überzeugt hätte. Hinweise auf neuere Literatur, denen er offenbar nachgehen wollte, aber auch knappe Notizen über weitere Aspekte des Themas lagen dem Manuskript bei. Sie lassen erkennen, daß der Text noch anwachsen sollte. Man kann also nicht sagen, daß dies Buch nur darum nach dem Tode seines Autors publiziert wird, weil der Autor vor der Publikation starb, denn es gibt keinen Hinweis darauf, daß Luhmann den Text schon für druckfertig hielt. Aber sehr weit entfernt von diesem Zustand ist das, was man nun lesen kann, nicht. Über das bloße Fragment geht der Text weit hinaus, und vermutlich hätte ein winziges Mehr an Lebenszeit ausgereicht, um die Arbeit am Manuskript abschließen zu können.

Der hier vorgelegten Buchfassung liegt ein Computerausdruck zugrunde, der aus dem Februar 1997 stammt.[2] Luhmann hatte die Abschrift offenbar bereits durchgesehen und den Text an verschiedenen Stellen um maschinenschriftliche Zusätze ergänzt. Bei der Redaktion habe ich mich darauf beschränkt, diese Zusätze in das Hauptmanuskript zu integrieren, bisher übersehene Tippfehler zu berichtigen und lückenhafte Literaturhinweise zu komplettieren. Außerdem habe ich solche Anmerkungen, in denen der Autor sich selbst zitiert, auf den neuesten Stand gebracht, um dem Leser die Orientierung an der jeweils aktuell-

---

1 Siehe dazu Niklas Luhmann, Die Gesellschaft der Gesellschaft, Frankfurt 1997.

2 Zu ungefähr diesem Zeitpunkt dürfte die Gesellschaftstheorie in den Druck gegangen sein. Das könnte dafür sprechen, daß Luhmann die Absicht hatte, sich danach auf »Die Religion der Gesellschaft« zu konzentrieren.

sten Version der Theorie zu erleichtern. Der Gewohnheit von Luhmann folgend, wurde der Text um ein Sachregister ergänzt. Bernd Stiegler vom Suhrkamp Verlag und Veronika Luhmann-Schröder, bei der die Rechte liegen, haben bei der Vorbereitung dieser Publikation miteinander, aber auch mit dem Herausgeber in der produktivsten Form kooperiert, die sich denken läßt. Bei beiden möchte ich mich dafür bedanken.

München, im Mai 2000
André Kieserling

Register

aeternitas/tempus 49, 99
Abweichung 152
Ahnenkult 152, 198 f., 218
Aktualität/Potentialität 19 ff.
Alterität 356
Anstalt 229
Anthropologie 12 f., 139 f., 339 ff.
Autorität 57, 133,

Begründung 91
Beobachter 24 ff.
– Gott als 152 ff., 157 ff., 284, 267
– Teufel als 163, 166 f.
Beobachtung 24 ff., 30 f.
Beobachtung zweiter Ordnung
   29 f., 71 f., 183 f., 307 ff., 314
beobachtbar/unbeobachtbar 34,
   56
Bewußtsein 13, 39 f., 112 ff., 140
Bezugsproblem s. Funktion
Bürokratie 232 f.
Bund 175, 196

Code, Codierung 38, 53 ff., 65 ff.,
   89 ff., 126 ff.
– /Einteilung 90
– /Differenzierung 69
– Funktion der 124
– /Programmierung 92 ff.
– Reflexivität 67
   s. Immanenz/Transzendenz
creatio continua 160

Dekonstruktion 13, 74, 107, 161,
   185, 271, 328 f.
Designationswert/
   Reflexionswert 66
Differenzierung
– gesellschaftliche 115

– von Situationen 189 ff.
– von Rollen 193 f., 228,
   257 f.
Diskurs (Habermas) 234
Displacement 281 f.
Divination 87, 165, 250, 255
Dogmatik 237 f., 266 ff., 339, 344,
   349 f.

Entscheidung 102 f., 239 ff.,
   247 ff., 288 f., s. Organisation
Erlösung 131, 150 f.
– von der Gesellschaft 323 ff.,
   333
Evolution 210 ff., 250 ff.
Exklusionsbereich 242 ff., 303 ff.,
   s. Inklusion/Exklusion

Familien 217 f., s. Ahnenkult
Freiheit 291 f.
Fundamentalismus 295
Funktion 116 ff.
– der Religion 115 ff., 127 f., 154,
   316, 352
– latente 119, 220
– /Leistung 49 f.
Funktionsverlust 143
funktionale Analyse 172
funktionale Differenzierung 110,
   115, 125 f., 144, 173, 182 f., 285 f.,
   302 ff., 345 f., 384
– Folgeprobleme 349

Geheimnis 60 f., 80 f., 258 f.
Globalisierung, s. Weltgesellschaft
Grenzen 82 ff., 85
Glaube 42, 134, 136, 295
– als Kommunikationsmedium
   205 f.

Glaubensfragen
– Entscheidung über 239, 247 ff.
Gleichheit 291 f.
Gleichzeitigkeit 298 ff.
Gott 108, 147 ff.
– als Beobachter 157 ff., 267, 284
– als Kontingenzformel 150 ff.
– Begegnung mit 134
– Bund mit 175, 196
– /Welt 155, 159
– /Seele 206 f., 267 ff.
Gottesbeweise 155, 161

Heiliger Geist 329 ff.
Heilsgewißheit 270
Hierarchie 69, 257
Himmel/Hölle 180 f.
Hochreligionen 199, 249 f., 259, 263
Horizont 16, 334

Idolatrie 88
Imitationskonflikt 9 f., 130
Immanenz/Transzendenz 63, 77 ff., 89
s. Codierung, Transzendenz
Individuum, Individualismus 109 f., 289 ff., 339
Inhibierung (Einschränkung) 8 ff., 14, 60 ff., 81
Inkommunikabilität 168 f., 293, s. Geheimnis
Inklusion/Exklusion 145, 154, 208 f., 233 ff., 241, 301 ff., 349
s. Exklusionsbereich
Inkohärenz 294 f.
Integration 125, 304
– negative 242 f.
Interaktion 202 f.
Interesse 208 f.
Irritation 67

jüdische Überlieferung 63 f., 90, 166, 262, 343
Jüngstes Gericht 98

Kanonisierung 248
Karriere 297, 302
Kirche
– Mitgliedschaft in 229
– Krise der 317 f.
– Reform der 244 ff.
s. Organisation
Kognition 44 ff.,
Kommunikation 41 ff., 201 f.
– mündliche/schriftliche 257
– paradoxe 170 ff., 328 f.
– religiöse 40 ff., 114, 140, 168, 271
– Ritual als 190
– Unverständlichkeit von 329
Kommunikationsmedien 203 ff.
Kontingenzformel 147 ff.
– Gott als 150 ff.
Konsistenz/Inkonsistenz 349 f., s. Dogmatik
Konversion 296
Korporation 226 f.
Kultur 309 ff.
– Religion als 172, 312

Leben nach dem Tod 48 ff., 81, 161, 195 f., 267 f.
Liebe 162 ff.
Lokalgötter 215
lose Kopplung/feste Kopplung 20 ff., s. Medium/Form

Magie 85 f., 255
Medium/Form 15 ff., 20
Mensch, s. Anthropologie
Mikrodiversität 223 f., 290 f., 348
Metaphysik, s. Ontologie
Moderne, s. funktionale Differenzierung

Monotheismus 267
Moral 178 f.
– und Religion 95 ff., 173 ff.,
265 ff.
– polemogene Struktur 181 f.
Mysterium, s. Geheimnis
Mystik 167
Mythen 86, 113 f., 191, s. Riten

neue Mythologie 106
Negation 16 f., 36 ff.
Nominalismus 158

Offenbarung 165 f., 335 f.
– historische Einmaligkeit 135
– als Kommunikation 166
Opfer 97, 121
Opposition, asymmetrische 185 f.
Ontologie 78, 158 f.
Organisation 226 ff.
– Mitgliedschaft in 231
– Kirche als 229 f.
– Autopoiesis von 247 f.

Paradies 288
Paradoxie 17 f., 55, 62, 70 f., 74,
117, 131 ff., 136
Perfektion 155 f.
Person 301
– Gott als 152
Phänomenologie 11 ff., 18 f., 122 f.
Plausibilität 52, 135
Polykontextualität 284
Polytheismus 151
Priestertum 194
Priester/Laien 196, 228, s. Rollen
Privatheit 290
Protestbewegungen, s. soziale
Bewegungen
psychisches System, s. Bewußt-
sein

Quasi-Objekte 60, 256

Rahmen (frame) 333 f.
Realität 28
Realitätsverdoppelung 58 ff., 79,
89
re-entry 26 f., 32, 44, 84, 253 f.
Reform 244 ff.
Rejektionswerte 72 ff.
Religion
– als System 194 ff., 346 f., 351 f.
– Artenvielfalt von 346 f.
– Ausdifferenzierung 75, 77,
187 ff., 322
– Begriffe für 7 ff., 307 ff.
– Funktion der 115 ff., 127 f.
– Integration durch 125
– Selbstbeobachtung/Fremd-
beobachtung 57 f., 172, 219 ff.
– und Familie 217 f.
– und Moral 95 ff.
– und Kunst 221 ff.
– und Politik 218 f.
– und soziale Bewegungen 224 f.
– und Wissenschaft 172 f., 219 ff.
Religionssoziologie 8 ff., 83 f.,
120 f., 220 f., 251 f., 278, 307 f.
Restabilisierung, evolutionäre
269 ff.
Riten 86, 189 f., 337, s. Mythen
Rollen 193 ff.
– Nachfolge in 213 f.

Säkularisierung 278 ff.
– Begriff 282 f.
– Transzendentalphilosophie als
105 ff.
– Wortgeschichte 279 f.
Sakrales 59 f., 61
sakral/profan 89
Schöpfung 133
Schrift 197, 202, 257 ff., 345 f.
Seele 48, 206 ff., 267 ff.
Selbstbeschreibung 219, 320 ff.
– Säkularisierung als 282 ff.

- Mensch als 339
- Simplifikation durch 352
Selbstreferenz/Fremdreferenz 26 f.
Selektion, evolutionäre 262 f.
Selektion/Restabilisierung 266 ff.
Situationen, religiöse 189
Sinn 15 ff., 258, 343
- des Todes 47 ff.
- als Medium 15 ff., 129 f., 147
Sinnlosigkeit 22, 35
soziale Bewegungen 224 f.
Sprache 38
Subjekt/Objekt-Differenz 9, 39
Sünde 99, 325
Sündenfall 264
Stratifikation 286 ff.
Symbole 337 f.
Systemdifferenzierung 198
System/Umwelt 19 f.

Tabu, Tabubruch 61
Taufe 228
Technik 256
Texte 23 f., 64, 90, 170, 199, 328 f.,
  354
- performative/konstative
  Funktion 271 f., 328 ff., 335 f.
  s. Schrift
Teufel 163, 166 f.
Themen 197 ff.
Theodizee 99, 171, 179
Theologie 349 f.
- negative 36
- Säkularisierung der 301, 306
  s. Selbstbeschreibung
Tod 47 ff., s. Leben nach dem
  Tod
Torah 343, s. jüdische Überliefe-
  rung
Tradition 63, 261, s. jüdische
  Überlieferung
Trance 193, 194, 330
Transjunktion 71, 323

Transzendentalienlehre 70
Transzendentalphilosophie
  105 ff., 109
Transzendenz 326
- als Überforderung
- Individuum als 110
- Personalisierung von 134, 152
- und Unterscheidung 126
  s. Immanenz/Transzendenz

Universalismus, Universalität
  142
unmarked space, unmarked state
  22, 29, 31, 36, 54, 89
Unterscheidung 24 ff., 126 ff., s.
  Beobachtung
Unsicherheitsabsorption 236 ff.

Variation, evolutionäre 213 f.
- folgenlose 254
- Selbststabilisierung von 260
Variation/Selektion 214, 253 ff.
Vergleich 313
Vermitteln 82
Vermittler 151 f.
Voluntarismus, mittelalterlicher
  158
vertraut/unvertraut 83, 266
violence symbolique (Bourdieu)
  104

Welt 29, 59
Weltbegriffe 18 f.
Weltgesellschaft 272, 276, 341 ff.
Weltreligionen 263, 275 ff.
- Pluralität von 342
Wiedergeburt 274 f.
Wiederholung 56

Zentrum/Peripherie-Differenzie-
  rung 286 ff.
Zweck/Mittel-Verschiebung 240
Zufall 252 ff.